21 世纪网络与新媒体专业系列教材

网络传播概论

徐敬宏　胡世明　侯彤童◎编著

清华大学出版社
北京

内 容 简 介

本书立足于当前纷繁复杂且多变的网络环境，为应对网络环境的实践与研究的需要编撰而成，在借鉴了同类优秀教材可取之处的基础上，更加追求创新和发展。本书不仅详细介绍了网络传播所涉及的众多概念和各项实践活动，也详细介绍了网络传播研究的具体流程。本书在横向维度上尽可能地归纳与总结了网络传播中的各种现象；在纵向维度上回溯网络传播的起源与发端，在梳理网络传播脉络的同时展望未来，对网络传播的发展做出预测。

本书既适合作为本科院校网络与新媒体以及新闻传播等相关专业学生的教材，也适合作为网络与新媒体从业者提升自身业务能力与素质的参考书。

本书封面贴有清华大学出版社防伪标签，无标签者不得销售。
版权所有，侵权必究。举报：010-62782989，beiqinquan@tup.tsinghua.edu.cn。

图书在版编目（CIP）数据

网络传播概论 / 徐敬宏，胡世明，侯彤童编著. —北京：清华大学出版社，2022.12（2024.7重印）
21世纪网络与新媒体专业系列教材
ISBN 978-7-302-62233-8

Ⅰ．①网… Ⅱ．①徐… ②胡… ③侯… Ⅲ．①计算机网络—传播媒介—教材 Ⅳ．①G206.2

中国版本图书馆CIP数据核字（2022）第229765号

责任编辑：邓　婷
封面设计：刘　超
版式设计：文森时代
责任校对：马军令
责任印制：刘　菲

出版发行：清华大学出版社
　　网　　址：https://www.tup.com.cn，https://www.wqxuetang.com
　　地　　址：北京清华大学学研大厦A座　　邮　编：100084
　　社 总 机：010-83470000　　邮　购：010-62786544
　　投稿与读者服务：010-62776969，c-service@tup.tsinghua.edu.cn
　　质量反馈：010-62772015，zhiliang@tup.tsinghua.edu.cn
印 装 者：三河市天利华印刷装订有限公司
经　　销：全国新华书店
开　　本：185mm×260mm　　印　张：16.5　　字　数：390千字
版　　次：2022年12月第1版　　印　次：2024年7月第2次印刷
定　　价：66.00元

产品编号：086182-01

前言 Preface

随着 5G、VR、AR 等计算机技术的飞速发展，人类社会进入了全新的网络传播时代。网络传播作为一种全新的现代化传播方式，有着与传统媒体截然不同的新特征。更加快速的传播速度、更为多样的传播载体、更加丰富的传播内容、更为全面的传播效果，网络传播给当今时代提供了更快捷、更便利的传播方式。可以说，网络传播是有史以来发展得最快的传播手段。因为网络传播，人与人之间的沟通与交往似乎可以突破"对空言说"的无奈，使得"交往在云端"的美好愿望逐渐成为可能甚至是现实。

网络传播对于社会的影响是全面的，不仅影响着政治和经济方面，而且影响着人们的生活方式和思维方式。网络传播正在以不可抵挡的势头迅速渗透到世界各国的政治、经济、思想以及文化等诸多领域，它改变着人们的生活，改变着世界的面貌。然而，网络传播的特性决定了它与传统大众传播方式截然不同，也就不可避免地带来了一系列负面问题，如意识形态和文化渗透，假新闻、假信息传播，色情泛滥，个人隐私遭到侵犯，知识产权遭到侵害等，所有这些都值得我们去研究和探讨。建立网络传播学的理论体系并加快培养网络传播方面的人才，以加快我国网络传播业的发展，这是一件非常有意义、有价值的事情。

基于以上思考，本书分十二章讨论以下内容，分别是网络传播的发展史，网络传播的基本问题，网络舆论，网络文化，网络技术与新闻传播，网络营销，网络传播中的失范现象，网络治理的基础知识与网络安全法律体系的构建路径，网络治理的现实困境以及我国网络治理的发展历程与主要措施，网络传播受众，网络传播效果研究，网络传播研究的发展脉络、热点与展望。

希望各位读者能够通过本书的介绍与讨论，结合当下的各类网络传播现象与实例，充分思考与探究，运用网络传播知识破解"对空言说"的无奈与窘迫。

在此，感谢 2019 级硕士研究生张如坤、杨波、张世文，2020 级硕士研究生袁宇航、邓雨欣、沈晓霞、张学友为本书编写提供的帮助。

编　者
2022 年 9 月

目录

第一章　网络传播的发展史 1
第一节　网络技术的发展历程 1
　　一、互联网技术的发展历史 2
　　二、我国互联网的发展历史 3
第二节　网络传播的发展历程 4
　　一、网络传播的总体历程 5
　　二、网络媒体的发展历程 8
第三节　网络传播的形式与特征 10
　　一、移动互联网 10
　　二、App 应用 11
　　三、移动视频直播 11
　　四、自媒体 12
第四节　网络传播的机遇与挑战 13
　　一、网络传播的机遇 13
　　二、网络传播的挑战 16
思考题 18
实践任务 18
本章参考文献 19

第二章　网络传播的基本问题 20
第一节　网络传播的模式 20
　　一、传统大众传播模式 21
　　二、网络传播模式 24
第二节　网络传播的特性 28
　　一、网络传播的内容与形式特性 28
　　二、网络传播的主体特性 31
　　三、网络传播的过程特性 32
第三节　网络传播的分类 34
　　一、网络人际传播 34
　　二、网络群体传播 36
　　三、网络组织传播 38
　　四、网络大众传播 39

思考题 41
实践任务 41
本章参考文献 41

第三章　网络舆论 43

第一节　网络舆论的概念 43
一、从舆论看网络舆论 43
二、网络舆论的属性 44

第二节　网络舆论的构成要素、外在动因及内在心理机制 47
一、网络舆论的构成要素 47
二、网络舆论的外在动因 50
三、网络舆论的内在心理机制 52

第三节　危机四伏的网络舆论现状 54
一、网络舆论的失序现象 55
二、网络舆论的正向影响 56
三、网络舆论的引导机制 57

思考题 59
实践任务 59
本章参考文献 60

第四章　网络文化 61

第一节　网络文化的内涵及特征 61
一、理解网络文化 62
二、网络文化的概念 62
三、网络文化的基本形态 63
四、网络文化的特征 65

第二节　网络文化与大众文化 65
一、大众文化的概念 65
二、大众文化理论的发展过程 67
三、网络文化与大众文化的关系 68

第三节　网络文化与主流文化 70
一、主流文化的概念 70
二、主流文化与网络文化的冲突和融合 72

第四节　网络文化与亚文化 73
一、亚文化的概念 73
二、亚文化中的主力军——青年亚文化 73
三、网络文化背景下的亚文化与主流文化 77

- 思考题 78
- 实践任务 78
- 本章参考文献 78

第五章 网络技术与新闻传播 80

第一节 网络时代背景下新闻传播生态的变化 80
- 一、网络时代背景下主体的扩展 81
- 二、网络时代背景下分发平台的扩展 82
- 三、网络时代背景下相关政策的完善 82
- 四、对未来新闻传播生态的展望 83

第二节 网络技术在新闻传播生产中的运用 86
- 一、多元生产：新闻主体泛化 86
- 二、新闻内容：以用户为导向 86
- 三、表现形式：新闻形式创新 87
- 四、生态模式：走向媒介融合 88

第三节 网络新闻传播中的专业主义与把关人 89
- 一、网络新闻传播中的专业主义 89
- 二、网络新闻传播中的把关人 90

第四节 网络时代新闻传播的困境与出路 93
- 一、网络时代新闻传播的困境 93
- 二、网络时代新闻传播的出路 95

- 思考题 97
- 实践任务 97
- 本章参考文献 97

第六章 网络营销 98

第一节 网络营销概述 98
- 一、网络营销的概念 98
- 二、网络营销的优、缺点 99
- 三、网络营销的理论基础 102

第二节 网络营销的起源与发展 103
- 一、网络营销的起源 103
- 二、网络营销的发展 105

第三节 常见的网络营销方式 107
- 一、搜索引擎营销 107
- 二、微信营销 109
- 三、微博营销 118

  四、直播营销 ... 122
 第四节 网络广告、网络公关与网络营销 ... 127
  一、网络广告 ... 127
  二、网络公关 ... 129
  三、网络广告、网络公关和网络营销的区别与联系 ... 130
 思考题 ... 131
 实践任务 ... 131
 本章参考文献 ... 132

第七章 网络传播中的失范现象 ... 133

 第一节 网络谣言 ... 133
  一、谣言的起源与定义 ... 133
  二、网络谣言的定义与分类 ... 134
  三、网络谣言的特征 ... 135
  四、网络谣言的形成机制 ... 136
  五、网络谣言的治理 ... 138
 第二节 网络侵权 ... 139
  一、版权的基本概念 ... 139
  二、网络版权的基本概念 ... 140
  三、网络版权侵权的表现 ... 140
  四、当前网络版权保护存在的问题 ... 144
  五、网络版权保护的对策 ... 146
 第三节 网络诈骗 ... 147
  一、网络钓鱼 ... 148
  二、网络购物诈骗 ... 148
  三、网络中奖诈骗 ... 148
  四、冒充熟人诈骗 ... 148
  五、其他网络诈骗方式 ... 149
 第四节 网络暴力 ... 149
  一、网络暴力的定义与特征 ... 149
  二、网络暴力的主要形式 ... 150
  三、网络暴力的治理对策 ... 151
 第五节 网络媒介审判 ... 151
  一、媒介审判与网络媒介审判的概念 ... 151
  二、网络媒介审判的成因 ... 152
  三、网络媒介审判的影响 ... 153
  四、如何规避网络媒介审判 ... 153
 第六节 媒体泛娱乐化 ... 154

一、媒体泛娱乐化的表现 154
　　二、媒体泛娱乐化的成因 155
　　三、网络泛娱乐化的对策 156
第七节　其他失范现象 156
　　一、信息爆炸与信息污染 156
　　二、网络色情 157
思考题 158
实践任务 158
本章参考文献 159

第八章　网络治理的基础知识与网络安全法律体系的构建路径 160

第一节　网络治理的基础知识 160
　　一、网络治理的概念与内涵 161
　　二、网络治理的历史演进 162
　　三、网络治理的基本要素 163
第二节　网络安全立法 166
　　一、网络安全的概念与内容 167
　　二、国内外网络安全立法概况 168
　　三、网络安全立法规范的构建路径——构建立体化网络安全法律体系 170
第三节　网络行政监管相关规范 172
　　一、网络行政监管的内涵 172
　　二、我国网络行政监管的现状 173
　　三、网络行政监管的方式 174
第四节　网络行业自律 175
　　一、行业自律与网络行业自律的内涵 176
　　二、网络行业自律的主体 177
　　三、我国网络行业自律机制的构建路径 178
思考题 179
实践任务 180
本章参考文献 180

第九章　网络治理的现实困境以及我国网络治理的发展历程与主要措施 181

第一节　网络治理的现实困境 181
　　一、网络治理的政策、法规滞后 182
　　二、网络监管队伍的建设进展缓慢 182
　　三、网络违法行为适用法律困难 182
　　四、网络犯罪取证困难 182

五、网络跨国传播管辖受限 ... 183
　第二节　我国网络治理的发展历程和主要措施 ... 183
　　一、我国网络治理的发展历程 ... 183
　　二、我国的网络治理措施 ... 186
　思考题 ... 190
　实践任务 ... 190
　本章参考文献 ... 190

第十章　网络传播受众 ... 191

　第一节　认识受众 ... 191
　　一、受众观的变迁 ... 191
　　二、受众的发展阶段 ... 192
　第二节　网络传播受众的特征 ... 193
　　一、传、受同体 ... 193
　　二、个性化 ... 194
　　三、数字化生存 ... 194
　　四、积极参与 ... 195
　第三节　网络传播受众的典型身份及影响 ... 195
　　一、"生产者"与"消费者"重合的受众身份——IP 时代的到来 ... 195
　　二、粉丝群体的产生 ... 197
　　三、"分众化"的受众群体身份 ... 201
　第四节　网络传播的受众调查 ... 202
　　一、网络调查的分类 ... 203
　　二、受众调查的主体 ... 204
　第五节　网络传播媒介素养 ... 205
　　一、网络传播媒介素养的内涵 ... 205
　　二、培养媒介素养的重要性和现实性 ... 205
　思考题 ... 207
　实践任务 ... 207
　本章参考文献 ... 207

第十一章　网络传播效果研究 ... 209

　第一节　网络传播效果概述 ... 209
　　一、网络传播效果的含义 ... 209
　　二、网络传播效果的特征 ... 210
　　三、网络传播效果的表现层次 ... 210
　第二节　与网络传播效果有关的理论 ... 211

一、议程设置理论 211
　　二、"沉默的螺旋"理论 213
　　三、培养理论 216
　　四、媒介依赖理论 218
第三节　网络传播效果研究的常用方法 220
　　一、经验学派范式 220
　　二、批判学派范式 226
　　三、网络传播效果研究的其他范式——麦克卢汉的思想启发 228
思考题 230
实践任务 230
本章参考文献 230

第十二章　网络传播研究的发展脉络、热点与展望 232

第一节　网络传播研究的发展脉络 232
　　一、1996—1999 年：网络传播研究的起步阶段 233
　　二、2000—2007 年：万维网时代的网络传播研究 234
　　三、2008—2012 年：移动互联网时代的网络传播研究 237
　　四、2013—2016 年：网络传播研究沉淀阶段 238
　　五、2017 至今：智媒时代网络传播研究精细化阶段 239
第二节　当下网络传播研究的热点 240
　　一、技术发展研究 240
　　二、媒体发展研究 243
　　三、传播伦理研究 244
　　四、网络产业发展研究 245
第三节　未来网络传播研究的展望 247
　　一、网络属性的转变——从工具属性到媒体属性 248
　　二、研究范式的转变 248
　　三、研究主题与方法的转变 249
思考题 249
实践任务 249
本章参考文献 250

第一章

网络传播的发展史

> **本章导读**
>
> 进入网络传播时代，通信技术手段的变革带动了新闻传播形态的多样化以及传媒产业的结构调整，网络技术使得信息的扩散与传播具备更加出色的视听效果。通过本章的学习，要求学生了解网络技术的发展历程，掌握网络传播的发展历程、网络传播的基本形式与主要特征，从历史的角度正确地看待网络传播带来的机遇与挑战。

网络传播是基于互联网技术、以网络为载体的传播活动，它的历史是伴随着互联网技术的发展而逐渐形成的。互联网技术的高速发展深刻地改变着人类的政治、经济与社会生活，相较于人类以往的传播活动，互联网技术引起了传播模式的质的转变，对传媒业造成了革命性冲击。

第一节 网络技术的发展历程

根据传播介质的不同，人类的信息传播可以分为五个阶段：口语传播阶段、文字传播阶段、印刷传播阶段、电子传播阶段以及网络传播阶段。每一种新的传播介质的产生并不意味着旧的传播形式的消亡，而是促使旧的传播形式在新的传播格局中获得重新定位。同时，每一种新的传播形式都包含着旧的传播形式的内容，如文字将口语传播的内容落于纸面、印刷技术大大提升了文字传播的效率和广度。网络传播集中了图书、报刊、广播、电影、电视等各种传播媒介的特点，对人类社会产生了极为深远的影响。马歇尔·麦克卢汉早在1964年就提出了"地球村"的概念，随着网络的发展，这一预言般的概念正在实现。互联网消弭了地球上各个角落进行信息传播的时空距离，人与人之间的联系再度加强，国家之间的交流日趋便捷，地球也随之"重新村落化"。

一、互联网技术的发展历史

尽管现在的互联网被认为是一种和平、开放的媒介，但它最初实际上是作为"战争机器"被研发出来的。互联网的前身阿帕网（ARPANET）诞生于1969年，是美国国防部高级研究计划署（Advanced Research Projects Agency，ARPA）出于军事目的研制的一个实验性网络。

第二次世界大战后，全球形成了美苏对峙的冷战局面。20世纪60年代初，古巴核导弹危机爆发，使美国与苏联之间的冷战状态更为紧张，人类面临着核战争的威胁。在这样的背景下，美国国防部担心如果全国唯一的军事指挥中心被爆发的核战争所摧毁，那么整个军队通信网络将陷入瘫痪状态，后果不堪设想。为了保障在核战争威胁下的军队通信系统能够安全运行，美国国防部认为有必要设计一个新的军队指挥系统，使得在受到核导弹袭击之后，仍能够保持军队中各个网络之间的联系。

为了实现这样的诉求，阿帕网被设计为一种分布式网络结构。相比于"集中型"和"分散型"网络结构来说，分布式网络结构由一个个相互分散的节点构成，去掉了唯一的中心交换点，形成了由许多节点连接成的网络，即使部分节点被摧毁，其他的节点仍然能够正常工作，并且它们之间仍能通过通信网进行通信。阿帕网采用的包交换（packet switching）技术是互联网技术史中的重要组成部分，这一技术使网络得以具备"去中心化"的特点，防止出现"一损俱损"的情况，解决了军用计算机网络应对战争威胁的安全性问题。1969年，ARPA开始通过阿帕网连接美国的军事及研究用途的计算机。最初这个网络只连接了4台计算机，置于美国国防部高级机密保护之下，不具备向外推广的条件。到1972年，这个网络上的节点达到了40多个并开发出电子邮件、远程登录、文件传输三项重要功能。

1974年，温顿·瑟夫（Vint on Cerf）和罗伯特·卡恩（Robert Khan）提出了TCP/IP协议（传输控制协议/网络间协议），这种通信协议解决了网络通信中不同计算机、不同操作系统之间的软、硬件兼容问题，使阿帕网成为一个真正的"资源共享的计算机网络"。1982年3月，美国国防部宣布TCP/IP被指定为美国军用计算机网络的标准协议，至1983年1月1日，阿帕网正式全面转换为TCP/IP协议。TCP/IP协议的诞生在互联网技术史上具有里程碑式意义，意味着网络世界有了统一的"语言"。人们将使用TCP/IP进行通信的计算机网络定义为互联网（Internet），在此基础上，全球互联网得以诞生和发展。

1985年，为促进美国科研机构、教育机构之间的网络互通，美国国家科学基金会（National Science Foundation，NSF）发起了NSFNET项目。1986年，基于TCP/IP协议的NSFNET高速信息网络建成。NSFNET将计算机网络的应用范围从军事、计算机科学领域拓展到了科研和教育领域，NSFNET逐渐发展为美国境内广域网的骨干基础。1990年，阿帕网正式退出了历史舞台。

计算机科学家让最初的互联网具有去集中化的结构，提高了它作为学术研究工具的价值。此后，互联网协议的合作发展、开放源码的披露使互联网在发展初期延续了科学文化的传统，即开放和互惠。不过，这里的开放仅限于专家之间的开放，并不是向大众开放互联网。初期的互联网仍然是技术精英的工具，而互联网真正走向普罗大众是在商业网络服务兴起之后。

在 NSFNET 建立期间，一些互联网服务提供商（Internet service provider，ISP）也开始出现，它们被允许在美国国家科学基金会规定的使用政策范围内通过 NSFNET 进行通信。1991 年，几家主要的互联网服务提供商成立了商务互联网交换中心（commercial Internet exchange，CIX），奠定了互联网被大规模商用的基础。从那时起，网络不再局限于政府机构、研究机构与高等院校，开始走向商业化与私有化。

早期的商用互联网虽然对普通公众开放，但由于存在较高的技术门槛，使用互联网依然是专业人士的"专利"，真正让互联网走入寻常百姓家的是万维网的产生。万维网的产生和发展基于"超文本"（hypertext）思想，1981 年，特德·内尔逊（Ted Nelson）在他的著作中使用"超文本"来描述创建一个全球化大文档的想法，文档的各部分分布在不同地区的服务器之中，可以通过链接相互跳转。这一思想为万维网的出现奠定了基础。1991 年，在欧洲粒子物理实验室的赞助下，蒂姆·伯纳斯·李（Tim Berners-Lee）设计出一个超文本链接的软件——万维网（world wide web，WWW），它能够通过超文本链接的方式存取网络中的信息文档且支持图形、声音、视频和文本。1992 年，伊利诺斯大学的马克·安德森（Marc Andreessen）和他的同事埃里克·比纳（Eric Bina）开始设计用于万维网的浏览器——马赛克（Mosaic）。1993 年，第一个支持图形的 Web 浏览器 Mosaic 正式问世。万维网浏览器的图形化网络操作界面大大降低了使用互联网的技术门槛，使网络操作变得简单、方便、有趣。万维网及其相关技术的发明是互联网发展史上的又一个里程碑，它们的出现助推了互联网的普及，让不懂计算机和网络技术的人也能享受互联网带来的信息便利。

商业化运作下，工商企业、新闻媒体等纷纷连入互联网，为人们提供信息服务。1994 年，随着并入 NSFNET 主机数量的急速增长和用户网络使用需求的多样化，亚马逊、雅虎、网景等一大批互联网公司出现，互联网世界逐渐转变为新兴网络公司的商业舞台。1995 年 4 月，政府资助的、非营利主干网 NSFNET 被正式停止使用，由美国国家科学基金会推动、各大网络运营商提供服务的商业化主干网形成。自此，互联网彻底走上了自我发展的道路。

互联网发展的历史离不开计算机网络技术的不断创新和演进，但是互联网发展史不仅仅是一部科学技术史。回顾互联网的发展历程可以发现，互联网技术发展的各阶段都受到开发者和提供资金支持者的导向影响，军事、政治、文化、商业市场等因素在其中相互碰撞，共同形成了互联网的发展史。

二、我国互联网的发展历史

20 世纪 80 年代末，互联网开始进入我国。虽然我国的互联网开发建设较美国晚二十年左右，但是与美国、日本等较早接入互联网的国家相比，我国的互联网建设迅速、发展迅猛，1995 年后基本与世界网络保持同步发展。

早期，我国建设互联网是出于学术研究的需求。1986 年，北京计算机应用技术研究所与德国卡尔斯鲁厄大学（University of Karlsruhe）合作实施了一个国际互联网项目——中国学术网（Chinese Academic Network，CANET）。1987 年 9 月，中国兵器工业计算机应用技术研究所建成了我国第一个电子邮件节点并于 9 月 14 日发出了我国第一封电子邮件"跨越长城，通向世界"（Across the Great Wall, we can reach every corner in the world），这标志着我国开始通过互联网与世界进行沟通。

1990 年，我国顶级域名.cn 在国际互联网络信息中心（Inter-NIC）注册登记，同时开通了使用".cn"的国际电子邮件服务。由于当时我国尚未正式接入互联网，.cn 域名服务器暂时由德国卡尔斯鲁厄大学帮助运行。

1990 年，我国国家技术科学委员会（简称"国家科委"）正式立项了"中关村地区教育与科研示范网络"，简称中关村网络。它包括一个主干网和中国科学院、北京大学、清华大学三个院校网。1993 年 12 月，主干网开通。1994 年 1 月，美国国家科学基金会同意我国正式接入互联网的要求。1994 年 4 月 20 日，中国科学院高能物理研究所网络与中关村网络正式接入国际互联网，我国被正式认可为拥有互联网的国家，我国互联网发展开启了新时代。

1994 年 5 月 15 日，中国科学院高能物理研究所设立了我国第一个 WWW 服务器，推出了我国的第一套网页。该网页除介绍我国的高科技发展之外，还包括一个名叫"Tour in China"的栏目。此后，该栏目内容不断丰富，包括新闻、经济、文化、商贸等图文并茂的信息并在后来改名为"中国之窗"。同年 5 月 21 日，我国完成了顶级域名.cn 主服务器的设置，结束了.cn 域名服务器置于国外的历史，开始为我国互联网用户提供.cn 域名的注册服务。

1994 年 8 月，我国邮电部与美国斯普林特公司（现为斯普林特 Nextel 公司）签署协议，由斯普林特协助建立我国公有计算机互联网。1995 年 1 月，北京和上海通过斯普林特公司接入美国的 64K 专线并通过电话网等方式向社会提供互联网的接入服务。此后，我国的互联网开始向社会大众普及。

在发展初期，我国互联网主要由国有力量推动网络的基础设施建设。随着基础网络设施的逐渐完善，民营力量也开始介入互联网发展，互联网服务提供商（ISP）开始涌现。1996 年，新浪网前身"四通利方网站"和搜狐网前身"爱特信信息技术有限公司"成立，1997 年网易成立，这三大商业网站后来发展为我国互联网的"三大门户"。1998—2000 年，腾讯、阿里巴巴、百度相继成立。自此，对我国互联网发展影响深远的互联网商业巨头开始登上时代的舞台。

第二节　网络传播的发展历程

网络传播的发展不仅依赖技术驱动，社会政治、经济、文化等因素亦对其有影响。同时，作为现代社会中使用得最广泛、最普遍的传播形式之一，网络传播也重塑了人们的社会生活、交流方式、信息获取习惯等。对于新闻传播领域而言，网络传播正在深刻地冲击着传统的传媒行业，重绘着传媒业的版图，改变着人类传播的格局。因此，了解网络传播历史，理解其发展逻辑，可以更好地帮助我们认识网络传播及其对于社会和传媒业变革的重要影响。

一、网络传播的总体历程

（一）网络传播的代际特征

正如前文所述，阿帕网的设计初衷是服务于军事系统，应用范围仅限于军队的通信和科研机构之间的资源共享，并没有实现规模化的信息传播。随着民用互联网与军用互联网的分离，互联网逐渐走向私有化，成为大众的信息传播工具。此后，互联网各种形式和功能的应用不断被开发、普及，并因其在信息传播方面的强大性能而广受欢迎。

在 Web 1.0 时期，电子邮件（E-mail）、网络论坛（BBS）、网络聊天室（chat room）、新闻组（usenet）等传播方式得到广泛应用。其中，门户类网站是 Web 1.0 时期的重要代表形态。门户类网站是一种中心化传播模式，网站运营方是传播内容的编辑者和发送者，用户主要扮演信息接收者的角色。在这个时期，大众门户网站的传播模式与传统媒体的传播模式是相似的，扮演着互联网传播中心的角色，网站提供丰富的内容，通过内容吸引眼球，靠点击量来盈利，进行的是一种"点对面"的传播。

2004 年，由蒂姆·奥莱利（Tim O' Reilly）创办的 O' Reilly Media 公司发起的 Web 2.0 大会（O' Reilly Media Web 2.0 Conference）将"Web 2.0"这一术语普及化，预示了互联网的新一轮变革，即强调用户参与的互联网应用模式。与 Web 1.0 相比，Web 2.0 具有强烈的参与性、交互性。这一时期的代表性应用有博客、播客、维基（WiKi）、社会网络服务（SNS）等。在这一时期，用户不仅仅是网站内容的浏览者，也是网站内容的创造者。用户通过网络应用平台创造和发布信息，打破了以往门户网站单向传播模式造成的信息垄断。因此，由 Web 1.0 到 Web 2.0 的转变被认为是网络传播模式从以"内容"为中心到以"人"为中心的变革。

社会网络服务（social networking service，SNS）与社会化媒体（social media，也称社交媒体）是 Web 2.0 时代的标志性应用。SNS 网站为人们提供了一个建立线上社交关系、构建社会网络的平台，这种线上社交网络以人们共同的个人兴趣、职业生涯、参与的活动以及真实生活中的人脉关系作为连接依据。美国线上社交网站脸书（Facebook）就是 Web 2.0 时代 SNS 网站的代表。人们在社交媒体上发布自己创作的文字、图片、音频、视频等内容，并且以内容为纽带，在网络社会中扩展和延伸自己的社会关系。同时，互动性强、反馈及时的内容为人们连接到更多的社会关系。社会关系与内容生产相互融合、相互促进。

Web 2.0 时代，网络内容生产的主体从专业网站的编辑和运营人员扩展到了一般的用户，这促进了自媒体（we media）的出现和发展。与传统媒体不同，自媒体指的是那些不从属于专业媒体的私人的、平民的、普遍的、自主的个体或者组织传播者。这一概念最早由美国专栏作家丹·吉尔莫（Dan Gillmor）提出。2001 年 9 月，吉尔莫在自己的博客中提出"新闻媒体3.0"（journalism 3.0）的概念，区别于1.0（old media）、2.0（new media），3.0指的是自媒体（we media）。2003年，美国新闻学会媒体中心出版了一份自媒体研究报告，进一步对自媒体进行了定义，即自媒体是一种"普通公民经由数字科技与全球知识体系相连，提供与分享他们的真实看法、自身新闻的途径"。自此，自媒体与"新闻媒体三阶段"的概念逐渐受到认可，即传统媒体（old media）——新媒体（new media）——自媒体（we media）。

在Web 2.0之后，还出现了Web 3.0这一概念。目前，学界对于Web 3.0尚未形成一个统一的定义，但基本都认可Web 3.0的重要代表是语义网（Semantic Web）。"语义网"这一概念由蒂姆·伯纳斯·李于1998年提出，它的核心是为万维网中的文档添加能够被计算机所理解的语义，提升万维网资源的易用性和实用性，使网络应用更加智能。

（二）网络传播形式的流变

随着网络技术不断成熟、网络服务不断丰富，传播形式也不断发生着流变。从电子邮件、BBS到门户网站、社交媒体，网络传播的范围逐渐扩大，传播路径从点对点、点对面转变为多维度、多方位的传播，由少数专业人士作为传播主体转变为人人皆为内容的制造者、传播者，网络传播对于社会的影响力也在不断增强，成为现代社会传播格局中不容忽视的力量。

电子邮件是最早出现的网络传播方式之一。1972年，波士顿BBN公司的职员雷·汤姆林森（Ray Tomlinson）发明了电子邮件。时至今日，电子邮件仍然是人们日常生活和工作中必不可少的通信方式。相较于以往的通信方式，电子邮件几乎不需要任何时间和经济成本就能通过互联网传送文字、文档、图片、视频等内容，不仅可以实现一对一的人际传播，也可以通过邮件列表进行一对多的传播。在实际应用中，电子邮件满足了人们进行工作沟通、订阅内容服务、共享信息资源的多种需求。

尽管能够实现一对多的传播，电子邮件毕竟还是一种小范围、具有私密性质的人际传播方式。电子公告板系统（bulletin board system，BBS）是最早通过网络进行大众传播且形成一定社会影响力的网络传播形式。在我国，第一个BBS于1994年5月由国家智能计算机研究开发中心开通，名为曙光BBS。可以说，BBS几乎与我国互联网同步诞生。BBS允许用户进入各个讨论区获取信息、发布自己的意见供他人阅读以及回复他人的文章。由于话题覆盖面非常广泛，BBS也曾一度成为网络舆论的主战场，对于民意的表达、思想文化的多元发展具有重要的促进作用。随着新形态社交媒体的出现，BBS因形态落后、用户体验较差等原因，影响力逐渐式微。

除BBS以外，最早通过网络进行大众传播的方式还有网站传播，即利用Web页面发布信息、提供各种内容服务并与受众进行互动。除前文提到的互联网服务提供商以外，网站的主体还包括媒体机构、政府部门、工商企业以及其他组织和个人。其中，专业化的新闻媒体利用网站进行新闻发布标志着网络新闻的产生。1987年，美国加利福尼亚州的《圣何塞信使报》将报纸上的内容放到了尚在起步阶段的互联网上，开创了电子报刊的先河。此外，广电媒体和通讯社也开始建立网站，提供网络广播电视节目。网站逐渐成为媒体机构进行新闻传播的主要渠道之一。在传播模式上，网站与传统媒体有很多相似之处，它们都是点对面的传播，尽管用户可以发布留言，但对于网站的主体内容来说仍然是被动的浏览者，网站的经营者对于网站内容具有极大的控制权。

在BBS之后，网络日志，又称博客（Blog）是较早出现的一种社会化媒体。博客是使用特定的软件在网络上出版、发表和张贴个人文章的人或者是一种通常由个人管理、不定期张贴新的文章的网站。用户可以在自己的博客上面发布文章或图片等，这些信息按照发布的时间倒序排列。与BBS不同，博客为个体用户提供了一个展示自我的社会化舞台，突出了博主（即博客的拥有者）的主体地位。人们可以浏览他人的博客并以博主的帖子为中心发布留言、评论。相比于早期出现的个人主页（homepage），博客的技术门槛较低，不需要进行网站的建设和运营，只需在博客上进行简单操作便可以发布内容。时至今日，这种为个体提供的意见表达平台在记录社会、影响社会方面具有了更大的力量，承担着重要的知识生产与传播作用。

Blogger是最早出现的博客网站之一，于1999年8月由伊万·威廉姆斯（Evan Williams）等人创立并于2003年被谷歌公司收购。博客兴起于移动互联网普及之前的PC时代，而微博的成长则伴随着移动互联网的发展。2006年，伊万·威廉姆斯推出了一种新的社交网络平台——推特（Twitter），"微博客"（microblog）由此诞生。微博客简称微博，是一种基于用户关系的信息分享、传播、获取平台。2009年，我国的门户网站新浪网推出新浪微博，成为我国门户网站中第一家提供微博服务的网站。

与传统博客相比，微博最大的特点在于篇幅短小，如Twitter最多仅允许用户在一条内容中发布140个字符。因此，相比传统博客，微博在内容的创作上更即兴、在信息的传播上更即时。微博提供的浓缩式信息和超快的传播速度贴合现代人对于信息获取和人际交往的需求。用户可以通过计算机、手机等互联网设备随时随地发布信息，也可通过评论和转发与他人共享信息、交流意见。通过用户之间的连接，微博形成了一种"海纳百川"的网状结构，具备高效、快捷的信息传播能力，塑造了一种"所有人面向所有人"的传播格局。

微博的特点是即时、高效和灵活，而SNS则更突出社交属性。马克·艾利奥特·扎克伯格（Mark Elliot Zuckerberg）等人于2004年在美国创办的网站Facebook是全球范围内影响最大、最典型的SNS平台。截至2012年9月，Facebook已经拥有十几亿个活跃用户。在Facebook上，用户可以创建自己的个人信息及联系页面，包括照片集、个人喜好和兴趣等，用户之间也可以进行公开评论或私下聊天。在我国，典型的SNS平台有人人网和开心网。我国最早的SNS社区成立于2005年12月，名为"校内网"，2009年更名为"人人网"。开心网创建于2008年，于2012年与人人网实现互联互通，两站的注册用户可以在两个站点任意切换。除SNS的个人展示和社交功能以外，人人网曾凭借其中的"开心农场"游戏和"偷菜"玩法风靡一时，红遍我国的大江南北。在"开心农场"游戏中，用户扮演农场主的角色，需要悉心照料自己农场中的作物并且及时摘取，否则就会被朋友"偷摘"。这款小游戏吸引了上百万的用户，尤其是都市白领。"偷菜"这一朋友间的互动成为该游戏的焦点，一些人甚至会定闹钟在半夜起来"收菜"或者"偷菜"。简便的操作、较强的互动性使人人网的"开心农场"游戏成为当时我国SNS用户最喜爱的与朋友互动和自我解压的方式。

除 SNS 平台以外，即时通信也是被广泛使用的重要网络传播方式。通过即时通信软件，人们可以实现点对点、同步的即时交流，包括文字、图片、声音与视频等丰富的交流形式。从微观上看，即时通信的交流结构是一种点对点的人际传播，但是从宏观上看，每一个参与交流的个体都是一个庞大而复杂的交流网络上的一个节点，共同构建了一个社会网络系统，因此即时通信又具有群体传播和大众传播的效果，具有大众文化传播、舆论表达和社会动员等功能。2011 年以前，MSN 和 QQ 是我国最主要的两种即时通信工具。2011 年，腾讯公司推出了微信，其随后取代 QQ 成为亚洲地区拥有最大用户群体的移动即时通信软件。微信为用户提供免费通信服务，仅需少量的网络流量便可以进行语音聊天以及文字、图片、视频等信息的传送。和微博相比，微信这一即时通信工具主要耕耘的是"强关系"社交，是一个基于线下熟人、朋友圈的社交网络平台，同时也可以通过"摇一摇""附近的人"等功能扩展线上社交。此外，微信用户还可以通过微信公众号来进行大众传播。因此，微信兼顾了强弱关系链，兼具人际传播与大众传播的特点，在当今我国网络传播格局中占有重要地位。2013 年 8 月，微信推出了"微信支付"功能，此后在电子商务以及生活服务等领域不断扩张。目前，对于广大用户群体来说，微信已不仅仅是一个社交入口，更是一个集内容、社交、服务为一体的应用软件。

搜索引擎（search engine）是指根据一定的策略，运用特定的计算机程序从互联网上收集、组织和处理信息，为用户提供检索服务并将检索的相关信息展示给用户的系统。在很长一段时间里，搜索引擎都是网民使用得最多的互联网服务。在我国，随着微信的兴起，搜索引擎成为网民使用率第二高的应用，但它仍然是一种重要的互联网应用，可为网民提供他们所需要的内容服务。随着搜索引擎的兴起，它作为内容分发工具的作用也凸显出来。检索信息的展示顺序先后决定了内容被用户点击的可能性高低。尽管搜索服务提供商并不生产内容，但它们通过算法决定着哪些内容更容易被用户看到。搜索引擎对检索内容的排序体现了其对于内容及其生产者权重的一种衡量，起到了明显的调度网站流量的作用。

二、网络媒体的发展历程

如前文所述，世界上最早将新闻报道搬运至网站的新闻媒体是美国的《圣何塞信使报》，它于 1987 年首先将报纸放到互联网上发行。随着互联网技术不断发展，互联网基础设施建设逐渐加强，万维网的应用逐渐普及，世界各地的新闻媒体机构纷纷上网。1996 年年初，全球约有九百家报社开通网站，而到了 1998 年，这一数字已经超过三千。

在我国，第一份在网上发行的电子刊物是《神州学人》，这份杂志由国家教育部主办，1995 年 1 月经中国教育和科研计算机网进入互联网。1995 年 10 月 20 日，《中国贸易报》正式上网，成为我国第一份在互联网上发行的电子日报。1997 年 1 月，《人民日报》网络版创刊。《人民日报》网站开通初期，访问人数约为每天 5000 人次，到 1998 年年底，日访问量就已达到 50 万人次。如今，新华社等传统媒体的网络版用户也实现了爆发式增长。

随着传统媒体大量入驻互联网，"各自为政"和重复建设成为掣肘媒体发展的主要问题，因此一些媒体开始进行横向联合，整合信息资源。1998 年 10 月，四川新闻网开通，在一年多的时间内，它整合了四川省内的 9 家综合类报纸、42 家专业类报纸、16 家杂志、

21家广播电视台。2000年5月8日，千龙新闻网开通，它集合了北京市的多家传统新闻媒体，包括《北京晨报》《北京日报》《北京晚报》《北京青年报》《北京经济报》《北京广播电视报》以及北京人民广播电台、北京电视台、北京有线广播电台9家北京市属新闻媒体机构。上海的东方网也在2000年5月开通，该网站联合包括解放日报社、文汇新民报业集团、上海人民广播电台、上海电视台、东方广播电台、东方电视台、上海有线电台、青年报社、劳动报社、上海教育电视台等多家上海的传统新闻媒体。

除具有专业新闻机构背景的网络媒体以外，非传统媒体背景的新闻网站也发展迅速。自1998年下半年起，我国一些商业网站开始将"新闻"作为一个内容增长点，以期向门户网站进行转型。其中，以新浪网为首的一批商业网站进入网络新闻传播领域，成为我国网络媒体中一支异军突起的力量。根据我国法律规定，新浪、搜狐、网易等商业网站不具备时事新闻的采访权。因此，商业网站的新闻业务以整合新闻、非时事新闻报道和新闻评论为主。通过连续滚动报道、全方位报道等方式，这些网站及时报道、跟进了一系列国际、国内重大事件，如克林顿总统弹劾案、北约空袭南联盟、北约轰炸中国驻南斯拉夫大使馆等，受到了网民的广泛关注。

在国外，传统媒体开办的网站在网络媒体中仍然具有强大的影响力。1994年，BBC（英国广播公司）的网站BBC在线（BBC Online）上线，其最初提供的主要内容是BBC电台、电视频道的节目介绍以及新闻、体育、财经、天气等方面的信息。1998年，BBC在线开始提供BBC广播台和电视台重要新闻的相关背景资料、深度报道和多媒体资源，同时提供网络内容搜索服务。1999年，BBC在线成为欧洲访问率最高的网站。2005年之后，BBC在线成为BBC应对数字化时代挑战的媒介融合战略中的重要环节。2007年，BBC发布iPlayer，允许用户收听、收看错过的BBC广播及电视节目。2011年，BBC开始对网站进行重组改造并针对付费用户提供个性化定制服务。BBC在线的不断发展和改革使这一传统媒体网站能够充分发挥自己的优势，跟上网络传播发展的形势，在互联网空间延续自己的影响力。时至今日，BBC网站仍是全球范围内最具有影响力的媒体网站之一。

同样具有代表性的还有美国《纽约时报》。1996年1月，《纽约时报》成立了自己的网站，提供报纸内容的在线阅读服务。2002年9月，《纽约时报》网站的日访问量已经超过日报的平日发行量。与BBC在线类似，《纽约时报》网站不断根据网络传播的发展形势进行改革，在传统媒体的数字化转型方面颇有成效。2009年5月，《纽约时报》推出了Times Wire，该产品以网站新闻和博客为信息来源，向用户提供资讯。这些按时间排序的资讯被称为"新闻河"（river of news）。同时，Times Wire还支持用户定制自己感兴趣的内容，以更好地向用户提供实时的个性化信息。此外，《纽约时报》也尝试进入社交领域，于2010年年底推出个性化新闻聚合应用News.Me，该应用依靠优质内容与社交连接在网络新闻传播中产生了一定的影响力。

除加快自身改革和尝试，传统媒体还通过与互联网公司谋求合作的方式在网络传播阵营中占据一席之地。2000年，老牌媒体公司时代华纳与仅有15年历史的互联网公司美国在线合并，一时间轰动媒体界。"美国在线时代华纳"覆盖了报纸、杂志、电视、电影、音乐、卡通、互联网等领域，两家公司优势互补，成为互联网时代初期跨媒体合作的典范。

但由于两家公司的文化差异等原因，这个合作最终宣告失败。此外，由美国全国广播公司（NBC）和微软公司于1996年联合创办的微软全国广播公司（MSNBC）也是合作性网络媒体的代表。MSNBC既有微软公司的技术优势，又有NBC的优质新闻资源，体现了传媒业与互联网技术行业相互合作的趋势。根据尼尔森公司的统计，2008年，MSNBC超过了美国有线电视新闻网（CNN）和雅虎新闻网（Yahoo! News），成为美国第一大"时事和全球新闻网站"。

雅虎网站是国外聚合型网络媒体的代表，以提供基于"分类目录"的搜索数据库起家，逐渐发展出新闻聚合业务。雅虎与传统媒体也进行了积极合作，从数百家报纸、新闻通讯社获取新闻。2010年10月，雅虎与美国广播公司（ABC）达成广泛的"在线联盟"，两家公司整合新闻部门，共享内容和人才，共同打造全新的节目。通过与ABC进行合作，雅虎获得了更多、更新的内容资源。但由于不能够适应移动网络和社会化媒体的新趋势，雅虎的影响力逐渐降低并最终于2016年7月被威瑞森电信（Verizon）收购。

国外还有一种特殊类型的网络媒体，它们没有传统媒体背景，但通过自己的独特价值产生了较强的影响力，可以称之为"原生网络媒体"，《赫芬顿邮报》（The Huffington Post）就是其中最典型的代表。2005年，阿里安娜·赫芬顿（Arianna Huffington）、肯尼斯·勒利尔（Kenneth Lerer）和乔纳·佩雷蒂（Jonah Peretti）共同创建了《赫芬顿邮报》。2011年2月，该网站被美国在线收购。2011年5月，其月用户访问量超过《纽约时报》，达到3800万人次，标志着它已经进入主流媒体的行列。《赫芬顿邮报》采用了一种类似于"众包"的模式，接受"公民记者"、博客作者以及读者的投稿，扩大了媒体内容的来源。

《赫芬顿邮报》的联合创始人之一乔纳·佩雷蒂于2006年在纽约创建了一个社会化新闻聚合网站，命名为BuzzFeed。BuzzFeed探索了一种新型网络媒体形式，它的核心是对社会化媒体中的内容进行聚合和优化，为用户提供一种信息再加工服务。BuzzFeed的关注点不在于将用户拉到自己的平台上，而是将内容推送到Facebook等社交媒体平台上。作为新型新闻聚合网站，BuzzFeed以其丰富的娱乐内容、良好的用户体验、利用算法进行的传播效果分析实现了"病毒式内容传播"效应，在网络媒体的传播阵营之中占据了一席之地。

第三节　网络传播的形式与特征

作为一种新兴传播形式，网络传播具有传统媒介无法比拟的优势，体现在传播的多元化、个性化、交互性、快速性、广泛性和全球性、开放性、丰富性等方面。目前，网络传播的表现形式主要有移动互联网、App应用、移动视频直播和自媒体。

一、移动互联网

互联网技术与移动终端的发展促进了移动互联网的普及。相比早期个人计算机时代的互联网，移动互联网具有私人性、随身性、流动性、个性化与场景化的特点。移动互联网的发展与手机从功能手机发展为智能手机密切相关。功能手机只有语音通话、收发短信等基本功能，不具备操作系统，用户不能在手机上自行安装与卸载应用程序。而智能手机具备开放式操作系统，可以通过移动通信网络实现无线网络接入。在智能手机上，用户可以自行安装由第三方服务商提供的应用程序，对手机的功能进行拓展。

1993 年，国际商务机器公司（IBM）推出了 Simon，这是世界上第一款智能手机。2007 年，苹果公司发布 iPhone 系列手机，真正地推动了智能手机的普及。除智能手机外，移动互联设备还包括平板计算机、电子书以及正在发展的可穿戴设备等。

智能手机和移动互联网的普及进一步打破了人类传播的时空界限，这对于传媒行业的发展、现代人的传播行为以及现代社会传播格局的影响是深远的。移动互联网的广泛应用使人们接触和使用网络的时间变得碎片化，人们可以随时随地发布和获取信息，这不仅冲击了媒体惯性和用户共性，也影响了人们的行为方式、思维方式和表达方式。

二、App 应用

App（application）指的是智能手机、平板计算机、智能电视等设备上的第三方应用程序或软件，它能够让设备的功能更完善，为用户提供更丰富的使用体验。App 最早是苹果公司为 iTouch、iPhone 平台推出的一种提供内容和服务的方式。软件开发商可以基于 iOS 系统开发相关的应用程序并在苹果的"应用商店"（App Store）上架，供用户下载使用。随着智能手机的普及，人们在沟通、社交、娱乐等活动中越来越依赖于手机 App。

2010 年，美国《连线》杂志主编克里斯·安德森在一篇题为《万维网已死 互联网万岁》的文章中谈到了 App 技术对 Web 的冲击。随着移动智能终端的兴起与普及，App 逐渐成为人们日常生活中习惯使用的网络传播工具。相较于在浏览器中输入网站、打开网页，App 仅需要点击图标就可以打开相关服务，简化了获取信息的路径，便于人们在移动状态下操作，同时也容易让用户形成使用依赖。

不同于传统门户网站的"大而全"式内容服务，App 提供的通常是一种专业的内容或服务，不仅适合于移动终端小屏幕阅读，也有利于强化体验。目前，手机及其他智能终端设备上的 App 已经是现代社会中每个人都离不开的应用服务。用户可以根据自己的需求和判断购买、下载和使用不同的应用软件，App 的普及为人们寻求个性化定制服务提供了便捷的途径。

三、移动视频直播

网络视频直播的形式早已出现，而移动互联网的发展不断地拓展了网络直播的应用范围和场景。移动互联网时代的视频直播不仅给用户带来了丰富的视觉体验，还为其带来了亲历现场一般的真切感受，塑造了"在场感"。凭借着这种优势，移动视频直播不仅扩充了新闻事件的报道形式，也成为社交互动的重要形式之一。

影像传播的核心优势在于对现场的再现能力，但是在这些传播影像的制作过程中，被

"再现"的现场实际上是经过专业人员精心组织的"蒙太奇",涉及编导的意图、摄像的机位、导播的剪辑等因素。尽管图像相比于文字更加直观地展示了"真实世界",但这些图像只是反映了局部的真实,实际上仍然是影像制作者的主观性表达。

同时,电影与电视节目的剪辑思维同样被运用到了电视直播之中。相比于录播节目,电视直播能够将正在发生的事件实时地展示给观众。因此,电视直播被广泛应用于重大政治事件、体育赛事等,这些直播事件被戴扬和卡茨称为"媒介事件",是一种电视仪式和"文化表演",它们更多地发挥着制造全民仪式感的作用,而非记录真实和反映现场。

移动直播为观众塑造了一种完全不同于电视直播的"在场感",每个人都可以通过主观视角,利用移动设备成为事件的记录者和见证者,不再是传统媒体中作为背景的被动参与者。

除播报新闻事件以外,移动视频直播还具有一定的娱乐性和社交性。在电视时代,只有重大的事件和活动才会被直播,直播主体往往是电视从业者、政治家和其他公众人物。而网络直播的盛行使每个人都可以成为直播主体,每个地方都可以成为直播现场。2016年被称为我国的"网络直播元年"。截至2021年6月,我国网络直播用户规模达6.38亿,占网民整体的63.1%,超过半数的网民都是网络视频直播的用户。[①]流行的网络直播主体大多是"网红"和"草根",以娱乐和社交互动为目的,很多直播是无事件、无主题的,直播内容仅仅是主播不停地说话、与观众维持互动,但仍然有很多人乐此不疲。

四、自媒体

自媒体是伴随着博客的兴起而普及的,是指普通大众通过网络等途径向外发布他们自身的事实和新闻的传播方式。2000年,博客被引入我国,我国的自媒体开始兴起。当时,韩寒等公众人物以及一些媒体人的博客形成了一批具有影响力的自媒体。博客动摇了主流媒体在信息发布方面的垄断地位,将"宣讲"变成了"对话"。和传统媒体相比,人人皆可发声的自媒体使传播的互动性得到了极大的改善。

2009年,微博的出现掀起了我国自媒体发展的第二个高潮。微博不仅篇幅短小、易于编辑,对于文字创作能力的要求也相对较低。相比于博客,微博将话语权进一步向"草根"阶层下放,同时加强了社交属性。每一个用户的微博都成为一个传播节点,形成了一个巨大的传播网络,使得自媒体的内容可以产生裂变式传播效果。

进入移动互联网时代,微信成为我国自媒体发展的新阵地。微信公众号将人际传播、群体传播以及大众传播紧密地结合在一起,使自媒体内容有了更多的传播渠道。此外,网络直播、短视频平台的发展进一步促进了自媒体的发展,从"人人都是作家、记者"到"人人都有麦克风",又发展到了"人人都是电视台"。作为一种新的文化现象,自媒体的出现和普及是对传统媒体的补充,它凸显了互联网的知识价值,标志着互联网的内容服务进入了一个新的阶段。

---

① 这一数据来源于2021年8月由中国互联网络信息中心发布的第48次《中国互联网络发展状况统计报告》。

第四节 网络传播的机遇与挑战

随着我国进入网络信息高速发展的时代，网络传播方式更加多元化、专业化和智能化。作为信息传输与节点交互中介的媒体在新一代通信技术逐渐变为现实的背景下，势必迎来更为广阔的业务创新与服务拓展的市场空间，区块链、5G、物联网等技术的发展必将重塑新闻传媒业的生态。同时，新技术的蓬勃发展也必然给建基于旧技术语境的新闻传播与舆论工作格局造成冲击，向当前的新闻与舆论工作发起挑战。

一、网络传播的机遇

随着网络信息技术的不断发展，网络传播将会迎来更多的发展机遇，媒体转型和社会发展都将迎来巨大的变革和升级。

（一）万物互联

物联网（Internet of things，IoT）是在互联网基础上延伸和扩展的网络。物联网技术通过射频识别、红外感应器、全球定位系统、激光扫描器等信息传感设备将物品连入互联网并且进行通信，实现对物品的智能化识别、定位、跟踪、监控和管理。

互联网可以实现人与人之间的跨时空连接，而通过物联网，人与物、物与物也可以进行连接和通信。依托物联网，任何物体都可以成为一个智能终端、一个网络传播节点，可以自主地收发信息。"智能家居"就是物联网在日常生活中的实际应用。物联网技术使得未来的移动网络成为"个人""物"合而为一的空间，通过这个空间，人们不仅可以与他人互联互动，还可以与物体和周围的环境进行互动。通过附有传感器的可穿戴设备，人体被延伸为一种"终端"。可穿戴设备可以采集人体的信息（如体温、血压、脉搏等）或者与个体相关的信息（如地理位置），将这些信息传送给相关的人或者设备，人的状态将会更多地被"感知"。在未来，物联网将超越智能家居，深刻地改变人们的交流和生活方式。

物联网的发展依托于一系列计算机网络技术和通信技术。其中，IPv6（Internet protocol version 6，第6版互联网协议）就是一项起到关键作用的技术。IP协议的版本号主要有IPv4和IPv6，目前应用的主要协议是IPv4，它用32个二进制位来定义地址，这种方式最大可容纳2的32次方个地址。而IPv6的地址长度为128个二进制位，也就是说最大可容纳2的128次方个地址。目前，互联网地址已经面临资源紧张的情况。由于地址资源分配不均，大多数地址在美国，我国的公共网由于IP地址匮乏不得不大量使用转换地址。如果物联网普及，每个物体都要成为网络传播节点，那么对于IP地址的需求将会大大增加，现在使用的IPv4协议将无法支持"万物互联"的愿景。如果采用IPv6，IP地址资源紧张的问题将会得到有效缓解。对于IPv6的地址容量有一个流行的说法：IPv6协议得到应用以后，地球上的每一粒沙都可以分配到一个IP地址。除地址容量增大以外，IPv6将使网络在速度和安全性等方面也得到提升。

另外，云计算技术也是物联网发展所依托的一项关键技术。云计算可以将计算机处理任务自动拆分为多个较小的子任务，将这些子任务分配给由多部网络服务器所组成的系统进行处理，在极短的时间内完成复杂的信息处理并将处理结果反馈给用户。在物联网应用中，对于终端设备的性能要求有所下降，更多的物品可以成为物联网的终端设备，由于数据和应用并不是存储在设备上，而是在"云端"，云计算可以轻松实现不同设备之间的数据和应用共享。

（二）大数据及其处理技术

大数据通常指体量大、类别多的数据集，无法通过传统数据库工具对其内容进行抓取、管理和处理。其特点可以用 5 个"V"来归纳，即多样性（variety）、体量（volume）、速度（velocity）、价值密度（value）以及真实性（veracity）。大数据与物联网、社交网络、移动互联网等的发展密切相关。例如，社交网络可以连接大量的社会成员，每个成员会基于自身产生各种内容和行为数据；又如，物联网技术使可以成为智能终端的物体数量大大增加，这些终端上面也会产生大量需要处理和传输的传感数据。因此，大数据的出现和发展"脱胎"于互联网技术的发展，在未来也会对互联网的走向产生重要的影响。

大数据采集、传输、处理和应用的相关技术就是大数据处理技术。例如，传统的用户调查研究一般是通过抽样调查的手段进行，尽管具备一套科学、完备的抽样程序，但是仍然难以保证调查结果的全面性。运用大数据技术则可以对用户进行全面、深入且真实的分析，可根据用户的各种特征对他们进行细分并将这些特征与用户的态度、行为甚至价值偏好关联起来，建立一个完整、立体的用户群体画像，以便更深入地了解用户的需求、行为特征、态度、意见以及媒介的传播效果。

另外，大数据还会对媒介平台的内容推送形式和盈利模式等产生影响。在大数据技术的支持下，企业可以根据用户的兴趣偏好实现媒体内容或广告内容的"精准投放"，以更少的投放成本获得更大的收益。例如，与传统新闻播报不同，"今日头条"依靠数据挖掘，基于每个用户的兴趣爱好、地理位置等信息为用户推荐个性化定制资讯，包括社会新闻、音乐、电影、购物等资讯，在满足用户需求的同时实现对用户的进一步控制。

（三）人工智能技术

人工智能（artificial intelligence，AI）是计算机科学领域的一个分支，它的目标是了解智能的本质并利用计算机模拟、延伸和扩展人的智能，其研究领域包括自然语言处理、图像识别、语音识别、机器人、专家系统等。美国学者凯文·凯利说过："我们以前曾经将一切东西电气化，现在我们将让它们认知化。"目前，人工智能正在走进人们的生活，智能手机中的语音助手（如苹果的 Siri）、家庭中使用的智能音箱（如天猫精灵）等都含有人工智能的技术成分。例如，语义网技术让计算机能够理解人类的语言，从而使计算机的信息搜索服务更加智能。通过"智能代理"，计算机可以判断出用户最需要的有用信息，将用户从检索庞杂信息的困境中解放出来。

在新闻传播领域，人工智能重塑了媒介生产模式，使人们使用媒介和获取信息的方式产生根本性变化。2010 年，美国的 Narrative Science 公司推出了一款机器新闻写作工具，利用该工具撰写一篇新闻报道大约只需要 30 秒。其工作原理主要为从数据库中寻找新闻素材，决定新闻的角度、调性和风格，最后通过学习资深记者创作的新闻模板来生产一篇新闻。目前，美联社、路透社、Facebook 以及我国的新华社、腾讯、今日头条等媒介组织已经开始探索机器新闻写作的应用。

值得注意的是，如今机器写作还存在一定的局限性，如只能应用于财经、体育或天气等类型化叙事，段落结构的连接不够流畅，事实与观点的逻辑错位等。在未来，随着计算机技术的发展和进步，机器新闻写作可能有进一步的突破，应用到更广泛的新闻写作领域之中。

（四）VR/AR 技术

VR（virtual reality）技术即虚拟现实技术，是一种可以创建和体验虚拟世界的计算机仿真系统。它利用计算机生成一种模拟环境，用户通过 VR 眼镜等可穿戴设备与虚拟世界中的对象进行交互，获得身临其境般的感受和体验。AR（augmented reality）技术是指增强现实技术，是将真实世界和虚拟世界集合在一起的技术，通过数字手段模拟某些实体信息并将其与现实叠加在一起，从而实现对真实世界的"增强"。

目前已经有很多媒体尝试了 VR 新闻。VR 新闻可以营造亲临现场般的体验，使用户获得一种"沉浸感"。与传统的媒体呈现新闻相比，用户可以依据主观视角从新闻现场发现自己的兴趣点。目前，在大型活动和体育新闻中，"直播+VR/AR"正在成为一种新趋势。由于 VR 设备尚未普及，技术尚不完善且使用 VR 设备往往需要特定的空间，VR 的临场感和沉浸感大打折扣。此外，一些用户在观看 VR/AR 时会产生生理晕眩感，这一问题能否得到克服也会影响 VR/AR 技术的前景。

（五）5G 技术

第五代移动通信技术（5th generation mobile networks，5G）是具有高速率、大连接和低时延特点的新一代宽带移动通信技术，是实现人、机、物互联的网络基础设施。

高速率的信息传递是 5G 最主要的标志。从传媒角度来说，5G 时代的来临是传媒行业技术变革的标志，单一依赖报纸派发过程所形成的文字信息传递新闻的模式已经成为历史，人们可在短时间内通过网络信号完成新闻视频、画面的高质量传输，AR、VR 等互动技术的引入也让传输内容增加了更多趣味性、可互动的元素，充分展示了新阶段信息传递的多样化。在 5G 背景下，新闻的传递不仅仅依赖于技术变革对新闻传输效率的大幅度提升，同时也在技术革命的支持下改变了传统新闻的播报形式，更加强调新闻报道传播过程中用户自身的体验感，借助多种表达形式增强新闻展示效果。

5G 的高容量和低能耗使得所谓的"万物互联"成为可能。万物互联背景下，传感器无所不在，当 5G 传感器成为主要的内容生产源时，它所带来的海量数据会成为未来内容生产当中最重要的生产品类之一，人们会迎来技术的内容生产，即所谓的传感器资讯。这种资讯将形成巨大的生产力、影响力，成为人与社会需求之间的重要接口。因此，在未来的传播过程中，基于 5G 海量连接的对用户、市场、内容生产的智能化驱动将成为未来媒介内容生产、传播和效果实践中最重要的命题之一。

在 5G 技术低延时、高可靠特性的加持下，家庭新媒体、个人移动新媒体和车载新媒体等新兴媒体被塑造出来，不仅拓宽了媒介信息传播的应用场景，也为社会各领域和垂直行业传播生态提供了创新的可能。这些新兴媒体的共同之处就是对现实的影响力和重塑性强，使现实性场景与虚拟性场景的界限被打破，媒介深度介入现实性场景，创造出全新的现实增强性场景，各种具体场景能够进行自由组合，场景呈现"叠加态"，可提高媒体视觉内容的品质，让用户感受到多样、交融的场景体验。例如，2020 年 5 月 27 日，"央视新闻"微博发布视频直播"珠峰高程测量登山队冲顶"，在长达 38 个小时，高海拔、低气温的极限环境下，5G 技术保障了信号和传输的稳定性，将队员的艰辛和自然景色的震撼都实时、清晰地传达给用户。

二、网络传播的挑战

（一）网络传播与媒介接近权

媒介接近权（the right of access to mass media）这一概念最早由美国学者巴隆（Jerome A.Barron）提出。1967 年，巴隆发表了一篇名为《接近媒介——一项新的第一修正案权利》的文章并在文中首次提出"媒介接近权"的概念。1973 年，巴隆又出版了《为了谁的出版自由——论媒介接近权》一书，系统地论述了这一概念。媒介接近权指的是社会的每一个成员都应该拥有接近、利用媒介发表意见、阐述主张、进行社会文化活动的自由和权利。同时，传媒也具有向作为一般社会成员的受众开放的义务和责任。传媒向受众开放是媒介接近权概念的核心。在传统媒体时代，利用媒介发布信息是媒介从业人员的专利，尽管在一些情况下受众也可以在传播中进行互动、发表意见，但媒体专业人士仍然占据着传播的主导地位，普通的社会成员很难控制传媒的内容和形式。

互联网提升了个人意见传播的广度、速度和力度，降低了个人参与大众传播的门槛。在传统媒体时代，受众在大部分时候只能被动地接收信息，但在网络传播时代，每个人都可以通过网络媒体获得媒介接近权，各类网络平台成为"观点的自由市场"。由于媒介接近权的下放，那些在过去属于非主流甚至是边缘、小众的话语和内容也有了低成本传播的机会，更加容易受到关注、得到沟通，这种新的传播格局也影响到了传统媒体的传播模式和习惯。

（二）网络传播中的新闻专业主义

新闻专业主义这一概念来自西方，是西方新闻工作者恪守的最主要的新闻职业规范，主要包括新闻传媒理念、价值观和操作方法，它们都是历史的产物并不断经历着变化。新闻专业主义要求媒介行业的自律，需要传媒职业共同体内的自我规范和相互监督。新闻专业主义以保证新闻的"客观性"为核心，要求新闻工作者服务于公众利益而不仅仅是政治和经济利益集团，在理性、客观的原则之上建立专业规范。在传统媒体时代，新闻的客观性、新闻传播规范与道德伦理一直为媒体所坚守。

在网络传播语境下，人人皆是传播者，自媒体的兴盛向传统媒体的新闻专业主义发起了挑战。但即使在复杂多元的新媒体传播环境下，新闻专业主义仍然是受众所需要的。有学者指出，尽管在新媒体环境中，社会公众可以进行新闻信息的传播，但这并不会改变社会对新闻的基本诉求，因此新闻专业主义仍然是一个有效用的概念。未来的新闻专业主义不再是行业内的专业精神，而是所有参与新闻传播活动的个体都需要坚守的交往信条和基本精神。新闻专业主义不会消失，而是会内化为个体交往的基本规则，每一个个体都是这个规则的参与者、阐释者和监督者。

尽管这种普遍化的新闻专业主义是一种理想状态，但是对于网络传播环境来说，新闻专业主义是一种至关重要的精神，对于网络传播的良好发展和秩序维护具有重要意义。

（三）网络传播中的把关人

把关人（gatekeeper）理论是由美国心理学家库尔特·卢因（Kurt Lewin）提出的。1947年，他在《群体生活的渠道》一书中指出群体传播中存在把关人，把关人的价值判断决定哪些信息内容符合群体规范，适于进入群体渠道。1950年，传播学者 D. M. 怀特（D. M. White）将其引入新闻传播学界。怀特指出，媒介组织在新闻传播的过程中设置了重重把关人，包括政府、利益集团、广告商、受众组织、传媒机构的管理者、传媒企业的股票持有人等。美国学者休梅克等人的研究进一步阐明了媒介把关的五个影响因素：来自媒介工作者个人的影响、来自媒介日常工作惯例的影响、媒介组织方式对内容的影响、媒介机构之外的组织对媒介内容的影响以及意识形态的影响。这五个因素分别从微观和宏观层面影响信息的选择，其中意识形态的影响处于结构的最顶端，揭示了媒介把关的深刻社会背景。这些因素使把关人从自身的利益和价值取向出发对新闻的内容进行取舍，决定哪些内容最终面向受众。

把关人理论描述了传统大众传媒的新闻制作过程，体现出传统大众传媒的新闻报道并不是有闻必录，而是一个经历了价值判断和取舍选择的过程。在这个过程中，媒介组织用重重把关人筛选社会上存在的大量新闻素材，而最终传达给受众的新闻只是众多新闻素材中的少数。在传统媒体中，把关人的角色往往由记者、编辑、传媒管理者以及背后的政治和利益集团扮演，传播者与把关人的角色可以是重合的，也可以是分开的。

在网络传播环境下，网络传播具有个性化和匿名性的特点，传媒内容的把关出现了角色的泛化和不确定性，把关作用被弱化，把关的形式变得多元化，传播者与把关人之间的关系也出现了变化。网络空间的低门槛打破了传统媒体把关人对信息发布的控制，每个人充当自我传播的把关人。尽管网站的管理者有权利删除内容或者屏蔽某个用户，但这些措施往往只能在信息发布出来以后实施，是一种"事后把关"。和传统媒体的把关相比，这种"事后把关"的控制力度大为减弱。

（四）网络传播的后真相困境

"后真相"（post-truth）一词被《牛津词典》选为"2016年年度词语"。这个词语反映了网络传播环境中的一种典型现象，即"对客观事实的陈述往往不如诉诸情感和煽动信仰容易影响民意"，即今天的受众在网络新闻传播中不再追求事实与真相，而是容易受到各种情感和情绪的煽动。

2016年8月，美国《纽约时报》网站发表了一篇伦敦大学教授威廉·戴维斯的文章，题为《后真相政治时代》。文章指出，在西方自由民主制度中，事实一直占据着神圣的位置。但在今天的社会，事实似乎正在逐渐失去主导社会共识的力量，人们认为社会已经进入"后真相"的政治时代。后真相现象的出现与社会化媒体的传播机制密切相关。社会化媒体的内容传播是以个人为中心、以个体作为传播节点、以社交网络作为传播渠道的。在这种传播机制中，诉诸情感的内容比诉诸理性的内容更容易得到传播。信息在传播的过程中会附加上人们带有个人情绪色彩和价值的判断，这些情绪和立场常常会凌驾于事实之上，同时又渗透到对事实的描述之中。在这样的传播过程中，事实与意见之间的界限日益模糊。

"后真相"现象引发了一系列社会问题。当一些重大事件和社会新闻发生时，网络空间内的相关热烈讨论中夹杂的情绪与立场表达会掩盖事实本身，甚至影响真实社会环境中人们对真相的判断。当下频发的"媒介审判""反转新闻"等事件就是典型的例证。为了应对"后真相"现象带来的问题，我们需要重新高举真相的大旗，重建一个可以接近客观真实性标准的框架，而不是由情绪和意见裹挟我们对于真相的追求。

（五）算法推荐与媒介伦理

不同的媒介技术环境下，媒介伦理的研究范围也在不断发生改变。随着媒介技术和媒介形态的演变，媒介伦理的研究范围由内容、行为的判断延展至技术自身规范。在以报纸、广播电视为代表的工业化时代和以互联网、移动 App 为代表的信息化时代，媒介伦理主要围绕媒体报道的内容是否符合道德伦理规范进行探讨，如探讨虚假新闻、泛娱乐化、媒介审判、媒介寻租等现象带来的负面社会影响。

人工智能时代，算法新闻不仅颠覆了传统新闻的传播方式，突破了新闻传播的固有理念，更对原有的媒介伦理发起了挑战。以编辑为中心的传统信息审核模式被颠覆，以算法技术为核心的推荐系统会通过计算得出贴合用户兴趣的内容排序进而将内容分发给受众，决定受众关注哪些事实、忽略哪些观点。算法工程师通过编码算法系统拥有了把关和议程设置的能力，他们设置的程序能够决定受众接收哪些内容，决定信息的流向。一方面，算法技术可使受众所获得的内容更加符合其自身的阅读习惯和兴趣爱好，另一方面它也带来了新的媒介伦理问题，即算法技术摆脱了传统编辑对新闻价值的坚守，忽略了新闻本身应肩负的使命和社会功能，造成公共性缺位、算法歧视等问题。

---- 思 考 题 ----

1. 我国网络技术的发展历史有什么特点？
2. 当下的重要网络传播现象有哪些？
3. 网络传播给传媒业带来了哪些影响？

---- 实 践 任 务 ----

分小组讨论，从 Web 1.0 简单"人机互动"的互联网初创期到 Web 2.0"用户互动"的

社交化时代，再到以智媒为主导的 Web 3.0"人机交互"时代以及未来的 5G 影像时代，物质是如何改变网络传播方式的。

本章参考文献

[1] 柯兰，芬顿，弗里德曼. 互联网的误读[M]. 何道宽，译. 北京：中国人民大学出版社，2014：46.

[2] 彭兰. 网络传播概论[M]. 4版. 北京：中国人民大学出版社，2017：6.

[3] 王婉妮. 网络新媒体特点及其现状分析[J]. 今传媒，2014，22（12）：123-124.

[4] 曾苗. 算法推荐给网络传播秩序治理带来的挑战和机遇[J]. 传媒论坛，2019，2（22）：119-120.

[5] 张志安，汤敏. 网络技术、人工智能和舆论传播的机遇及挑战[J]. 传媒，2018（13）：11-14.

[6] 郭建勇. 浅谈5G时代的新闻传播[J]. 记者摇篮，2020（9）：13-14.

[7] 喻国明. 5G时代视频传播的机遇与挑战——在"5G融合、智慧赋能：2019视频融合传播数据价值创新峰会"的演讲[J]. 现代视听，2019（10）：87-88.

[8] 孙宇，马晓丹. 立体、叠加与拟真实：5G时代传播场景升维的基本方向[J]. 中国出版，2020（19）：43-46.

[9] 赵双阁，岳梦怡. 新闻的"量化转型"：算法推荐对媒介伦理的挑战与应对[J]. 当代传播，2018（4）：52-56.

第二章

网络传播的基本问题

> **本章导读**
>
> 　　本章着重探讨了网络传播的模式、特点和分类。相较于传统媒体时代的传播活动，互联网的普及极大地改变了传者与受众二元孤立的状态，促使网络传播向着节点化、网状化和互动化的方向发展。互联网时代的传播内容和形式呈现出多元演进的态势，用户个体的信息需求更加受到重视，个性化信息推送成为常态。本章依循传播类型分别阐明了网络人际传播、网络群体传播、网络组织传播和网络大众传播的内涵与特征。

　　当前，互联网已经成为继报纸、广播和电视之后的第四媒体，对人们的信息交流和社会互动方式产生了巨大的影响。人们可能会有如此疑问，在网络时代，还有必要继续学习传统的传播模式吗？学术界对网络传播模式的探讨都取得了哪些成果？网络传播具备哪些新的特点，又该如何去深入了解？本章将围绕这些问题，帮助读者更好地理解网络传播的具体内涵。

第一节　网络传播的模式

　　在科学研究中，模式（model）是为类比事物的结构形式而采取的一种直观而简化的理论描述方式，可以帮助人们科学、高效地理解事物运行的规律和社会活动的本质。就传播过程的研究而言，采用模式化的研究方法有助于凝练复杂传播过程中各个要素的关系及传播结构的层次。尤其是在网络传播时代，人们的信息获取和互动越发多元化，对网络信息传播模式的探讨已逐步成为传播理论研究的重要组成部分。

一、传统大众传播模式

在传播学的发展过程中,控制论、信息论和系统论的研究方法及视角发挥着关键作用。它们丰富了人们对于大众传播过程的理解并产生了相应的传播模式,其中具有代表性的包括拉斯韦尔模式、香农和韦弗的数学模式、格伯纳模式、纽科姆模式、施拉姆模式、韦斯特利-麦克莱恩模式、马莱兹克模式等。这些大众传播模式互有"继承"又各具特点,对这些模式的理解有助于更好地分析和把握网络传播的本质和规律。

(一)拉斯韦尔的"5W 模式"

1948 年,美国传播学学者哈罗德·拉斯韦尔(Harold Lasswell,1902—1978)在《传播在社会中的结构和功能》(*The Structure and Function of Communication in Society*)一文中首次提出传播过程模式。之后,拉斯韦尔将构成传播过程的五种基本要素进行顺序化和结构性处理,形成了广为人知的"5W 模式"或"拉斯韦尔模式"。5W 即"who(谁)""say what(说了什么)""in which channel(通过什么渠道)""to whom(向谁说)""with what effect(有什么效果)"。

之后,英国传播学者丹尼斯·麦奎尔(Denis McQuail,1935—2017)对该模式进行了图示化处理,如图 2-1 所示。

图 2-1 拉斯韦尔的"5W 模式"

该模式从传播活动中各个环节和要素的关联互动入手,对信息的传播过程进行了简明的勾勒。其中,"谁"指传播过程中担负着信息的收集、加工和传递任务的主体,即传播者。传播者是整个传播活动的控制者,既可以是单个的人,也可以是集体或专门的机构。"说了什么"指传播者所发出的信息内容,是由众多符号组成的信息,包括语言符号内容和非语言符号内容。"通过什么渠道"指信息传递所经过的中介或借助的载体,如报纸、广播、电视等。"对谁说"指传播活动的对象,即信息的接收者(受众)。"有什么效果"指信息到达接收者处之后,接收者产生的各种类型的心理、生理反应以及行动,是检验传播活动是否成功的重要尺度。

"5W 模式"对传播活动进行了整体性描述并框定了传播学研究的大致范围。时至今日,人们仍旧在控制研究、内容研究、媒介研究、受众研究和效果研究五大领域中深入耕耘。但囿于当时技术发展和相关知识的局限,这一模式并非完美无缺:首先,它只是一个单向的直线模式,过分夸大了传播者在信息传播活动中的主导作用,将受众视为只能被动接收信息内容的角色;其次,它忽略了传播过程中的社会环境以及"传播者""受众"之间的互动与反馈,将传播活动置于真空的理想状态,存在过度简化的问题;最后,它带有明显的劝服特征,将传播视作一种宣传活动,因此较为重视对效果的检验。

(二)香农和韦弗的"数学模式"

1949年,美国著名数学家、信息论的创始人克劳德·香农(Claude Shannon,1916—2001)和沃伦·韦弗(Warren Weaver,1889—1970)在《通信的数学理论》(*The Mathematical Theory of Communication*)中提出了一个适于解释电报传播的"数学模式",从信息论的角度对传播的过程加以描述,如图2-2所示。

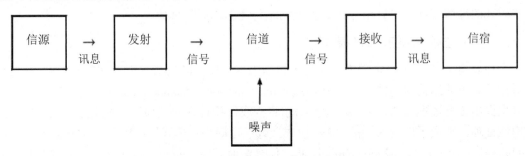

图2-2 香农和韦弗的"数学模式"

这一模式认为,传播不是一个偶然的过程,而是包括信息、信息传递、信道、编码、解码、再编码、信息冗余、噪声等在内的综合性活动。其贡献在于发现了传播的负功能,即因噪声对信号的干扰所造成的不稳定和信息传、收之间的差别。香农和韦弗提出,在传播的双方或多方之间存在由信道和噪声决定的制度性调节,从而导致了信息的失真和变形。更进一步而言,噪声和信道有可能成为实施权力的工具,一旦实现对两者的独占,他人的沉默无声将可能变成一种制度性规范。

"5W模式"、香农和韦弗的数学模式都是线性模式的代表,它们将媒介视为社会传播过程中的重要介质并将传播描述为直线的、单向的过程。相比拉斯韦尔的模式,香农和韦弗的"数学模式"对"噪声"的引入突出了传播的空间存在和社会性质,表明传播不是在一个封闭的真空环境里进行的,会受到各种干扰。该模式认识到信息科技在传播中的作用,更多地强调传播的技术层面。如同"5W模式"一样,该模式仍然忽略了反馈的环节,忽视了人类社会传播的互动性。

(三)施拉姆的循环模式

自20世纪50年代起,传播学界逐渐出现了一批以控制论为主导的传播模式,侧重于关注反馈(feedback)在传播活动中的作用,其中以施拉姆的循环模式为典型代表。1954年,美国传播学者威尔伯·施拉姆(Wilbur Schramm,1907—1987)受心理学家奥斯古德(Charles Osgood,1916—1991)的观点启发,在《传播是怎样运行的》(*How Communication Works*)一书中提出了传播的双向循环模式,如图2-3所示。

该模式的重点不在于分析传播渠道的各个环节,而是解析传播双方的角色功能,认为传播双方都是传播的主体并在不同阶段扮演着译码者、释码者、编码者的角色。循环模式将传播的过程表现得更加细致,弥补了传统线性模式的不足,突出传播的双向性和互动性并注意到了反馈的存在。每个传播单位既是传者,又是受者,没有主客之分并且可以根据不同反馈来调节传播的内容和方式。循环模式比较适于解释人际传播中传者与受众的信息互动，它将人际传播中交流双方"点"对"点"的思维特征展现了出来，但无法显示双方在交流中的情境以及双方的社会地位等背景信息。

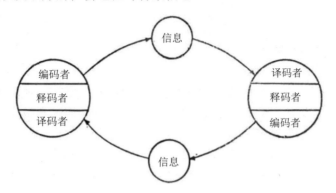

图 2-3　奥斯古德和施拉姆的双向循环模式

（四）马莱兹克的系统模式

以上三种模式主要集中于对传播过程本身的描述，着重梳理传播的内部结构和要素。但是作为人类的一种互动行为，传播并非在真空的环境中进行的，而是具有很强的社会性。除噪声以外，传播过程不可能不受到外部条件和社会环境的综合影响，这就需要从系统运行的宏观视角来看待传播过程。

德国学者马莱兹克（Gerhard Maletzke，1922—2010）于 1963 年在《大众传播心理学》（*Psychologie der Massenkommunikation*）一书中提出了传播的系统模式，充分说明了传播不仅是有形的社会作用力之间的互动，也是无形的社会作用力——社会、心理因素之间的互动，如图 2-4 所示。

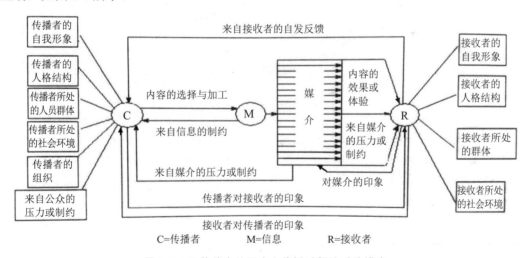

图 2-4　马莱兹克关于大众传播过程的系统模式

马莱兹克的系统模式以宏观的视角来考察传播的过程，认为社会是一个包含多种因素的复杂系统，评价和解释任何一种传播活动都必须对该活动或过程涉及的各种因素和影响力进行全面、系统的分析。例如，传播者和接收者并非孤立存在的，他们处于一定的社会环境之中并分属于各个群体。虽然马莱兹克列举了影响传播活动的各种因素，却并没有对这些因素的作用强度或影响力的大小差异进行分析。这种均质化的因素处理导致人们在考察大众传播过程时很难抓住主要矛盾。

二、网络传播模式

目前，互联网已经成为继报纸、广播和电视之后的第四媒体，对人们的信息交流和社会互动方式产生了巨大的影响。数字媒介生态下，从论坛、博客到微信、微博，人们享受着媒介技术发展带来的交流便利的同时，也对自身媒介使用习惯进行着重塑。以往的人际传播和大众传播模式已不能全面地解释互联网时代的社会互动和信息共享行为，新的媒介环境需要用新的传播模式来解读。下面简要介绍的几种网络传播模式可为人们理解数字时代信息社会的传播活动提供参考。

（一）网状模式

王中义认为，网络传播主要以计算机网络为传播媒介，呈现出点对点、点对多或者多对多、多对一的网状结构，如图 2-5 所示。网络传播融大众传播和人际传播等为一体，赋予了传播者和接收者以平等的地位。对于个别用户来说，不管身处地球的哪个角落，只要上了网，他/她就是中心，可以自由地发布、传递信息，可以自由地搜索、储存和加工信息。

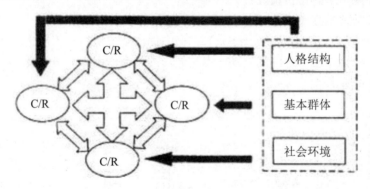

图 2-5　网络传播的网状模式

在这一模式中，每个传播主体既是传播者（C）又是接收者（R），同时受到微观、中观和宏观层面的影响，即个体的人格结构、所处的基本群体和社会环境的影响。这些因素一方面影响主体作为传播者时对媒介、内容的选择、加工，另一方面也会影响主体作为接收者时对媒介、内容的选择、接收。

较之传统的传播模式，网状模式明确了互联网时代"传、受一体"的身份转换并对传播主体在信息互动过程中的影响因素进行了具体说明。但是，这一模式没有对传播渠道和传播内容加以描述，未能体现信息技术在传播过程中的中介效应。同时，尽管我们已经进入了微粒化社会，但传播主体之间并非一个个绝对的"点"式存在，圈层化和从属特征仍旧显著。

(二)阳光模式

阳光模式是指通过宏观的、整体的眼光所抽象出来的,以信息交换中心(如电信局或网站等)连接各个信息系统进行信息创造、分享、互动的结构形式。这一模式的外观呈放射状,类似"阳光"图案,因而得名,如图2-6所示。该模式的提出者邵培仁认为,假如撇开人际传播和大众传播的惯用形式不论,那么用阳光模式来描述和反映网络传播或互动传播的现存状况和发展趋势是比较合适的。

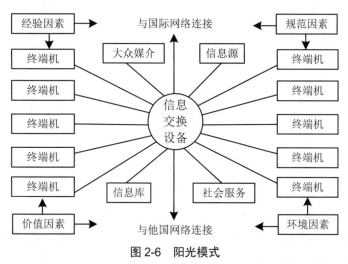

图2-6 阳光模式

阳光模式主要包括六大要素和四项因素,其中六大要素为:① 终端机,理想配置应包括个人计算机(具有通话、通信、放音放像、录音录像、翻译、校对、编辑、搜索等各种功能)、传真机、复印机、自动打印机等;② 信息交换设备,这是网络传播的枢纽,要求容量大、性能高、线路多,以便与亿万个终端机以及与信息库、大众媒介、信息源之间任意联通和交流;③ 信息库,包括印刷资料库、声像资料库、档案资料库和各种科研资料库;④ 大众媒介,是指计算机通过网络与各种传统媒体(报社、杂志社、出版社、电台、电视台等)相结合而发展成的新型大众媒介,如网络报刊、书籍、广播、电视、视频信息等;⑤ 信息源,如新华社新闻信息系统、路透社经济信息系统、中国经济电讯系统等,也包括电子产品和音像制品的生产、制作中心和场所;⑥ 社会服务,如"三金"工程系统、计算机购物购票系统、社会咨询(股票行情、天气预报、健康与心理咨询)系统等。四项因素主要是指网络传播中的经验因素、环境因素、价值因素和规范因素。

尽管阳光模式已经将诸多要素容纳在内,甚至考虑到了跨文化传播中的网络连接,但并非尽善尽美,其所关注的是终端机器的连接,忽略了受众主体的相连,未能彰显传播过程中人的能动性。随着传播科技的进步以及认识的扩大和深入,阳光模式仍有待进一步补充和完善。

(三)整体互动模式

在阳光模式的基础上,邵培仁依据网络传播和互动传播的现有状况提出了具有高度综合性的整体互动模式。这一模式不仅充分考虑了本系统与外部世界的复杂联系，同时重视传播过程中各种因素共同构成的整体关系以及人类传播的全部现象，力求再现各个要素在整体中的互动情况和规律，参考图2-7。

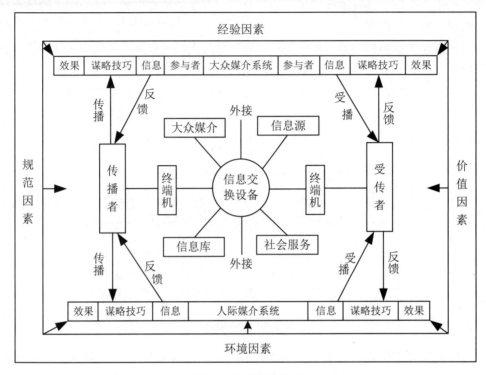

图 2-7 整体互动模式

整体互动模式包括三个系统，即人际媒介系统、大众媒介系统和网络媒介系统。这三个系统不存在谁取代谁的问题，它们协同并存、互动互进，共同绘制人类传播图景。整体互动模式还包括了构成传播活动的四大圈层因素，即核心要素、次级要素、边际要素和干扰要素。它抛弃了传播的单向性和被动性，突出强调了传播的双向性和能动性，昭示了传播的多向性和复杂性。整体互动模式具有四个特点：① 强调整体性和全面性。② 强调辩证性和互动性。③ 强调动态性和发展性。④ 强调实用性和非秩序化。

这一模式将整体看作互动因素的整合与合并，将互动当作整体形态的链条与部件，将二者的有机统一视为对人类传播活动的全面而综合的呈现，为传播研究提供了一个辩证分析的模式和途径。它虽从实用的角度勾画出了传播活动的过程或步骤，但在实际执行中并不一定要以精确的顺序正规地执行模式中的所有步骤，决策者和传播者也无须对所有步骤给予同样的重视，因而存在一定的理论偏差。

（四）相对于一个节点的传播模式

网络传播的过程非常复杂，不可能对整个过程进行详细的描述。为了更好地理解网络传播的过程，谢新洲提取网络传播中的一部分——从一个传播者到一个节点构造了一个具体的模型并将其称之为"相对于一个节点的传播模式"，如图2-8所示。

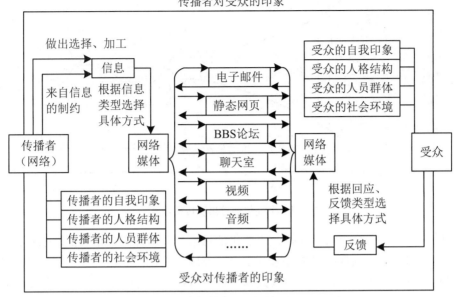

图 2-8 网络传播中相对于一个节点的传播模式

在信息传播的过程中，不管是信息的传播者还是受众，都受到一定的自我印象、人格结构、人员群体和社会环境的影响。这些因素会对传播者选择信息、接收者理解信息产生巨大的影响。网络传播者对信息进行选择和加工，根据信息的类型选择具体的网络信息传播方式，将信息传播给受众。受众在接收信息后，在上述几个因素的作用下，对信息进行回应和反馈并同样通过网络渠道，选择适当的网络传播方式，将自己的反馈和回应传递到传播者处。

传统的大众模式中，传播者和受众之间的交流较少，而且这种交流不太可能通过同一个渠道实现，效果较差。而相对于一个节点的传播模式反映出在网络传播中，传播者和受众可以通过同一个媒介——网络实现彼此之间紧密、迅速的联系和交流。

但是，这个模式所解释的仅仅是网络传播过程中的一段，描述了信息怎么从网络传播中的传播者处传递到一个节点，再从这个节点获得反馈。事实上，在网络传播过程中，信息到达节点后，除产生反馈以外，还会经由一个个节点发散、传递到其他的节点，实现更广泛的传播，最终形成一个循环流通的网状结构。

（五）个性化信息推荐传播模式

网络传播的要点在于个性化信息的聚集与传播，基于这种变化，原有的线性、互动、循环等传播模式都受到挑战，在可以随时变化的传者和受者之间加入了智能化的信息过滤系统。从简单的垃圾信息清除到搜索引擎的关键词搜索，再到个性化推荐系统，网络信息过滤技术逐渐成熟，改变了新媒介生态下信息的传递模式，由此出现了个性化信息推荐传播模式，如图 2-9 所示。

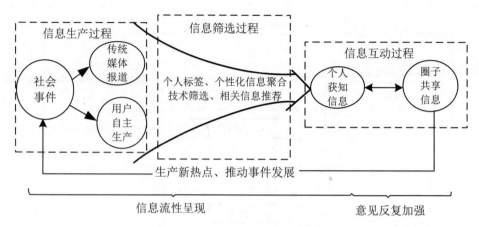

图 2-9 个性化信息推荐传播模式

这一模式认为,通过个人、标签、个性化信息聚合技术筛选、相关信息推荐,社会事件往往会按照用户的个人选择与喜好进行组合,形成个性化信息,个人获知信息后通过与圈子好友的共享进一步强化认知,达成共识,进而对社会事件的走向产生新的影响,推动事件的后续发展。传播科技手段的发展层出不穷,面对如此复杂的传播现象,要像传统媒介时代那样建构普适性传播模式是很困难的,关键在于把握新传播体系的关键性要素,如信息的生产或创造过程(处于信息流程之中)、信息的筛选过程、信息的分享和互动过程。

需要注意的是,模式方法虽然是一种科学研究的方法,但存在着不可克服的局限,如具有不完整、过分简单及掺杂某些未被阐明的假设等缺陷。因此,适用于一切目的和一切分析层次的模式无疑是不存在的。推而广之,无法建立一个万能的、适用于网络信息传播所有过程和全部内容的模式。但是,我们完全可以根据不同的场合和条件,针对不同的目的去选择合适的模式。

第二节 网络传播的特性

麦克卢汉认为,任何媒介(亦即人的任何延伸)对个人和社会产生的影响都是由新的尺度引起的,而我们的任何一种延伸(或者称为一种新的技术)都要在我们的事物中引进一种新的尺度。印刷术的发明、电子媒介的出现都曾对社会的结构、生活方式乃至思维方式产生或大或小的影响。从这个意义上讲,以通信技术为手段,利用计算机共享信息资源,能传递文字、图片、声音、图像、动画的互联网具有数字化、多媒体化、交互性和全球性的独特优势,是最具有感官多元化掌控能力的新媒体。

一、网络传播的内容与形式特性

(一)传播内容的海量化、多样化

传统媒体中,报纸的版面是有限的,一定的版面所能容纳的字数和图片量是有限的。

报纸若多印 1 万字内容，就需增加版面，这会给印版、排版、发行及成本带来很多问题。广播、电视更是如此，线性的传播方式使得它们在固定时间只能播出固定量的信息。

网络传播则不同，作为一种节点化的拓扑结构，互联网具有传递性、自由性、实时性、交换性、共享性、开放性的既有特征，使得用户能够摆脱时空局限，便捷地共享全球信息资源。中国信息通信研究院发布的《大数据白皮书（2020年）》显示，2035年全球数据产生量预计达到 2142 ZB。互联网让人人都成为信息源，保障了网络能获得源源不断的信息供给。作为新的大众传媒，互联网提供了言论多样化的舞台以及信息流通的新机遇。同时，网络上的历史信息可以分期、分类地以数据库的形式存储，读者可以随时从信息数据库中对历史文件进行检索。

（二）传播形式的多媒体、超文本和碎片化

1. 多媒体

所谓多媒体（multimedia），即集合多种媒体表现形式（如文字、声音、图片、动画、视频等）来传送信息，使计算机成为一种可以作用于人的多种感知能力的媒体。互联网之所以能够成为多媒体，关键在于它是一种建立在数字化技术基础上的信息系统，把所有信息（包括文字、图形、图像、声音、视频等各种形式的信息）都用一连串的"0""1"组成的代码来表示并且用数字电子技术来加工、处理、存储、传输和接收。

作为一种多媒体的传播，网络传播可借助文字、图片、图像、声音等任何一种或几种的组合来进行传播活动，使得平面的或静止的信息在网络上以立体、动态的形式表现出来。特别是 VR、全息技术、360 度摄影技术等新科技的出现与日益成熟，更是将网络媒体信息形式的表现能力提升到以往传播手段无法企及的高度。网站、客户端、电子邮件、即时通信、论坛、博客、微博、微信等各种媒介形式相互连接、渗透的潜力不断增大，而传统的文字媒介（报纸）、声音媒介（广播）和视觉媒介（电视）之间难以逾越的鸿沟正在慢慢消失。

在当前的媒介发展中，融合逐渐成为主流趋势。1983 年，美国麻省理工学院的伊契尔·索勒·普尔（Ithiel De SolaPool）在其著作《自由的科技》中提出了"传播形态融合"（the convergence of modes）的概念，用以描述各种媒介呈现出多功能一体化的趋势。普尔指出，"传播形态融合"是一种正在"模糊媒介间界线"的过程，甚至涉及点对点通信和大众传播。目前国内外对"媒体融合"的定义大体分为狭义和广义两个角度。从狭义上讲，"媒体融合"指不同的媒介形态融合在一起，形成一种新的媒介形态；而广义的"媒体融合"则包括一切媒介及其相关要素的结合、汇聚和融合，如媒介形态、传播手段、所有权、组织结构等要素的融合。

概而言之，媒体融合是指各种媒体形态的边界逐渐消融，多功能复合型媒体逐渐占据优势的过程和趋势。它不是单纯媒体形态的融合，更是一种全方位、深层次的融合。随着网络带宽的改善，多媒体融合报道也逐渐成为网络新闻的新追求，由此促进了融合性新闻的出现和创新。在不同的阶段，多媒体融合报道的整合形式有所不同，其中典型的包括网页整合的融合报道、Flash 整合的融合报道、电子杂志整合的融合报道、信息与图表整合的融合报道、移动终端基于 H5（HTML5）的融合报道等。

2. 超文本

人类的思维活动不是线性的，而是多维、发散的。作为一种非线性的信息组织方式，超文本（hypertext）试图模拟人类思维的方式，对数据进行关联性整合，通常的形式是用户单击文本中加以标注的特殊的关键词和图像就能打开另一个文本，形式包括声音、图形、网站、视频等。

超文本的链接方式挑战了以往的信息表达路径和表达手段。传统新闻媒体的表达方式是有顺序的、线性的，注重从时间顺序或者演进逻辑对信息内容进行单向描述。但网络信息的传播方式突破了线性表达的桎梏，采用多维的表达方式，具有联想功能，从而更接近于人类对知识、概念、思想的表达习惯。它将分布于全世界的图文并茂的多媒体信息以超链接的方式组织到一起，用户只要连接到一个网页，用鼠标在链接字上一点就可以访问相关的其他网页。网络新闻采用互联网的"超链接"概念，以超文本、超媒体方式来组织有关新闻背景及内容，使受众在阅读新闻时能按照自己的意愿和思路实现新闻内容的"跳转"及表达方式的转换。如果超链接运用得当，可以更好地体现受众的主体地位及思维规律，提升网络新闻报道的广度和深度，但如果运用不当，可能会干扰受众的注意力，造成信息的过载与浪费。

3. 碎片化

碎片化研究最早出现在20世纪80年代的后现代主义研究文献中。进入21世纪后，以黄升民为代表的学者把碎片化引入我国的传播学研究并将其概念界定为：社会阶层的多元裂化导致消费者细分、媒介小众化。在科学技术日新月异的今天，随着移动互联网、大数据、人工智能等新科技的快速发展，社会大众接收、传播信息的方式正在发生巨大的变化。面对纷繁复杂的海量信息和快节奏的生活，人们已经很难形成持久的注意力。传统媒体大板块、长时段的节目形态也很难适应受众碎片化的视听、阅读习惯，因此在移动媒体时代，网络媒体也开始探索适应小屏幕、碎片化时空的传播形式。

麦克卢汉指出，"从古登堡时代起，我们的全部技术和娱乐一向不是冷的，而是热的；不是深刻的，而是切割'肢解'的"。以新浪微博为例，其在移动媒体时代的崛起很大程度上得益于不超过140字的体量。不同于传统媒体力求表达精简、用词明确的格式要求，微博平台消弭了话语表达的权威性，用户真正成为传播的主体，在对私人事务进行记录的同时，也能够对社会公共事件发表看法，人们的只言片语甚至是情绪化内容也能够便捷地在网络空间中进行传播。

但这种碎片化的交流方式也导致了一系列负面效应。首先，快速接收大量信息导致注意力分散。碎片化阅读要求受众在短时间内跳跃式地快速浏览各种信息，获取信息无须高度集中精力，这种形式的阅读常常出现在人们学习、工作、生活的空隙，久而久之，人们便无法长时间地关注某一条信息，而是习惯性地希望尽可能快地获取知识，最终导致无意识的浮躁心理。其次，浅层次接收信息导致思维积极性下降。人们在各类庞杂的信息中跳转浏览，速度越快，获取的信息越多，但思考总要花费时间和精力，人们长期获取简单的浅层次信息，必将导致思维的惰性。再次，过度依赖信息导致社会参与性降低。相较于现实行为，人们更愿意花时间在社交媒体上与朋友互动，如评论好友的最新状态、给好友发私信、朋友过生日时发微博@好友；灾难性事件发生时，人们也会在转发信息时附上一个"蜡烛"的图案。这样就造成一种参与社会的错觉，无形中减少了人们参与社会的实质行动，降低了人们的积极性。

不可否认，碎片化已成为社会发展的趋势并对社会发展产生一系列影响。阅读习惯、思考方式和生活方式的碎片化使得人们进入了微粒化生存的状态。人们在短时间内尽可能地接收更多的信息，进而做出事实判断和行为选择。但是，这种信息接收的个人化和圈层化现象也使得人们更倾向于以"我"的兴趣和认知对社会现象做出评判，导致当前的社会舆论场已经越来越难以形成有价值的交流成果与思想结晶，各种后真相和舆论反转现象接连不断。

二、网络传播的主体特性

（一）传者的多元化

传统的新闻传播活动中，传播主体都是高度组织化的新闻机构，在传播过程中扮演着信息供给者的重要角色，表达方式和文本内容相对单一。而互联网在总体上是网状的信息传播结构，任何节点都能够以非线性的方式进入网络，网络空间的信息流通渠道全面开放，少数人垄断信息和文化的时代宣告结束。互联网的平权特征使得大众能以较低的成本享受技术带来的"言论自由"并在信息传播的过程中逐渐改变被动的地位——每个人既是传播者，又是受传者。在当前的网络内容生态中，用户生成内容（user-generated content，UGC）已经成为能够与专业生成内容（professionally-generated content，PGC）分庭抗礼的重要组成。

在资本和技术的支撑下，越来越多的互联网科技公司正在颠覆传统的信息传播模式和格局，脸书（Facebook）、推特（Twitter）、微博、微信等社交媒体的用户数量已达几十亿。以我国为例，百度、腾讯和阿里巴巴三家互联网巨头在内容产业的布局已经覆盖知识、娱乐、新闻资讯等领域，成为大众文化的重要供给商。

此外，机器生成内容（machine-generated content，MGC）逐渐兴起，发稿效率快、数量多是其主要优势，所生产的新闻、诗歌、小说等内容所占的比例也正在快速攀升。2015年11月，新华社推出写作机器人"快笔小新"，主要负责体育赛事、中英文稿件和财经信息稿件的自动撰写，最初生产的稿件内容较为粗糙且拼凑感较强，对一些有思想性或形式更灵活的报道力不从心。但经过数次的算法更迭，写作机器人在内容生产上的"拟人化"特征越发明显。当然，专业新闻传播机构的把关功能在互联网时代仍然存在，但网络传播技术的赋能与赋权正日益催生新的传播主体，促进信息内容的多元生产和多向流动。

（二）受众的个性化与连通性

1. 个性化

"使用与满足"研究开启了大众传播的"目的和快乐叙事"（the purpose and pleasure narrative），它将人们看作积极的、有意识的和有目的的使用者，会主动接触或者创造人力资源、物质资源和象征资源。在"使用与满足"的研究框架中，媒体机构不再是传播过程中的主导力量，而是合作伙伴，甚至在某些时候要努力地取悦有鉴别力的受众。这一特征在互联网时代越发明显，多元化的网络信息使受众不再是被动的客体而成为驾驭信息的主人，他们不再被动地接收信息而是主动地发现、获取、处理信息。受众不再处于同一传播口径或单一传媒的影响之下，可以听到来自多方面的声音并根据自己的判断和利益进行选择。

正如尼古拉斯·尼葛洛庞帝（Nicholas Negroponte）所言，在数字化生存的情况下，"我"就是"我"，而不是人口统计当中的一个数据。互联网时代，个体价值的重新发现使信息传播的个性化与收阅的定制化成为一种常态。通过对用户人口变量的统计和信息使用偏好的学习，算法机制能够为个体提供"我的日报"（the daily me）式的信息服务。例如，"今日头条"在发展初期凭借"你关心的，才是头条"这一理念成功俘获众多用户并迅速成长为国内头部资讯平台。但是随着用户的"信息偏食"和算法的推送窄化，很容易产生"信息茧房"，即用户在选择关注哪些信息领域时会习惯性地被自己的兴趣所引导，从而将自己的生活桎梏于蚕茧一般的"茧房"中。这种"茧房效应"使得每个人执着于自己的信息圈层，而对社会公共事件缺乏应有的关心，这在很大程度上消弭了公共领域理性讨论的可能性。

2. 连通性

虽然在线信息消费已经成为一种常态，但用户并非在一个封闭的空间里进行信息获取，而是经常受到现实社会环境和人际关系的影响。由于共同的群体归属和信息偏好，分散的用户之间会产生各种各样的联系。这种联系不仅改变了传播模式，也影响了人们的社会关系，它能使分散的、隐藏的个人选择外化为一种集体的选择，使弱小的个人意见集成为一种强大的集体声音。通过评论、回复、点赞和转发等行为，用户可在社会化媒体平台中找到属于自己的网络社区、用户圈层，实现尊重需求和自我实现需求的满足。例如，作为基于社会化媒体生成的互联网社群，"罗辑思维"曾以微信公众订阅号为基础，通过"让我们来进行互联网试验"的口号招募付费会员，形成了一个有较高忠诚度和较强凝聚力的庞大社群。

三、网络传播的过程特性

（一）传播的快捷性

依托数字化电子通信技术的发展，网络传播主要以光纤通信线路为传输载体，这就为迅速地传递信息提供了强有力的物质保障。同时，由于其传播的介质是比特（bit）而非原子，使得网络传播具备迅速、快捷、方便和"高保真"等特点。与传统的印刷媒体相比，网络传播不受印刷、运输、发行等因素的限制，信息上网的瞬间便可同步发送给所有用户。与同样是以电波或光纤为信息载体的广播电视相比，网络传播可以做到同步传播与异步传播统一，网络传播的即时刷新特点提高了新闻的时效性，其本身具有的"接收的异步性"又方便用户随时随地地接收，使用户可按自己的需要随时进行信息的阅读、收听和收看。

与传统媒体相比，网络可以全天候发布信息，在突发事件或动态新闻报道中，网络媒体即时发布、全过程跟踪、不间断报道的优势尤为明显。例如，在2020年新型冠状病毒肺炎（以下简称"新冠肺炎"）的抗疫报道中，众多媒体采取微信公众号、头条号和微博号等网络传播渠道作为信息发布的主流阵地，对疫区的人员收治、医护资源和居民状况进行即时报道和实时发布。

需要注意的是，个别媒体和自媒体（非新闻机构）为了"抢头条"，过分追求速度，对信息源真实性的核实不够，造成了新闻失实的恶劣影响，导致负面内容在未经核实的情况下被迅速传播。这在一定程度上使得"新闻真实是一个过程"的论断越发明显，各种新闻反转的闹剧提示着我们"后真相"时代确已来临。例如，2018年10月28日，重庆万州区发生公交车坠江的道路交通事故。事件初期，媒体报道事故系公交车避让一辆逆行的女司机所驾驶的小轿车所致（后被证实为不实报道），引发了社会对于小轿车驾驶员乃至女司机的攻击。由于信息网络交互性强与传播速度快等特点，一个小的错误会被放大且迅速传播，新媒体引发的"蝴蝶效应"可能造成严重的社会安全问题。

（二）传播的交互性

网络传播是一种开放的互动式（interactive，又称为交互性）传播。传统媒体的传播方式往往遵循单向的线性逻辑，传受双方只能通过读者来信、听众来信等有限的互动方式进行沟通交流，而网络传播则展现出了较好的兼容性，既可以通过设定权限进行单向传播，也可以实现双向（编者与读者之间）甚至多向（编者与读者之间、读者与读者之间）传播。

同时，网络媒体不断开发出新的互动形式，逐渐提高与受众互动的能力。从电子邮件、BBS、聊天室到新闻跟帖、博客、微博、微信等，网络传播方式不断更新，受众与传播者之间的交流方式、表达方式与沟通通道越来越多。近年来，弹幕视频网站逐渐受到年轻用户的喜爱，在这种新型视频分享与网民互动网站中，用户评论能够以字幕的形式出现在视频当中，用户通过一种围观、集体吐槽某一视频的方式构建一种共享的观看经验。

从网络新闻的实践发展来看，网民不仅是信息的接收者与反馈者，也是新闻的生产者，可以在一定程度上影响网络新闻的传播流量与流向。有时，在一个新闻事件的传播过程中，网民与新闻网站的作用几乎是同等重要的，两者渐渐融为一体，难分彼此。受众在网络新闻传播中的作用得到了更为充分的体现，同时他们对于社会生活的干预能力也增强了。两者之间的沟通已经不再是简单的反馈与交流，而是一种你中有我、我中有你的共同协作。

（三）传播的全球化

在麦克卢汉看来，随着大众传媒的广泛运用，地球上的重大事件可以同步/即时传播，空间距离和时间差异不复存在，整个地球在时空范围内已缩小为一个很小的地方，人们具有了获得公共信息的相等机会。事实上，由于存在着政治、经济、文化等种种制约，卫星电视的传输与接收很难在全球范围内进行。传播全球化在互联网得到大规模普及后才具有实质性进展，网络传播打破了传统的或者物理上的空间概念，世界变成了地球村，物理上的空间距离被信息技术消弭，各个国家之间的跨文化传播得到了发展。

然而，相较于传统的大众传媒，国际传播内容更加多样，意义更加深刻，意识形态愈加复杂，互联网已经突破了国际传播的地域藩篱，随着网络空间中的信息传播引发的冲突和争议日益频繁，使得网络空间中的跨境信息治理成为各国共同面临的问题。合作共治势必被各国提上议事日程，而跨国治理也必将成为网络空间信息治理的必由之路。由于法律框架、文化背景和社会规范的差异，跨国信息传播的治理面临价值观、判定标准、操作方式等诸多方面的掣肘，各个国家和地区对不良及有害信息的界定很难达成共识。即便是共识度较高的色情信息治理领域，因为监管条例的不同，各国间也存在分歧。

第三节　网络传播的分类

作为一种全新的传播类型，网络传播将人际传播和大众传播融为一体，在过程和手段上呈现出了新的特征。为了便于说明，本节仍沿用传播学既有的分类方法，将网络传播细分为网络人际传播、网络群体传播、网络组织传播、网络大众传播，结合具体情况对网络传播的内涵和外延进行介绍。

一、网络人际传播

简单来说，人际传播指个人与个人之间的信息交流活动，其形式可以是两个人面对面直接传播，也可以是以媒体为中介的间接传播。伴随信息技术和智能终端的普及，互联网构筑和改变着日常社会生活，带来了传播手段、交流方式和时空关系的变化，博客、QQ、微博和微信等社交平台不断涌现，人际传播在传者、受者、内容、方式和效果上也呈现出一些新的特征。

（一）网络人际传播的新特征

1. 公开性与隐匿性

现代人将社交媒体平台，如微博和微信朋友圈视为展现自我的窗口，热衷于公开表露自己的思想、诉说自己的情绪，在某种程度上打破了人际传播传统的隐私性。人与人之间通过发布、接收、评论、转发信息达到交流的目的，同时令原本私密的人际传播变得公开化。网络的虚拟性决定了其传播具有隐匿性的特点，人们在虚拟的网络空间中交流可以暂时抛开现实社会的诸多限制，不必担心现实社会中他人的眼光和看法。但是，一旦这种匿名保护成为人们过度宣泄情绪、情感的工具，便难免助长网络暴力、造谣传谣甚至犯罪行为的发生。当前，越来越多的网络平台通过实名认证的方式规约用户的线上行为及发言，试图在公开性与隐匿性之间寻求"互联网并非法外之地"的底线准则。

2. 延伸性与平等性

马克思曾说，人的本质不是单个人所固有的抽象物，在其现实性上，它是一切社会关系的总和。我们在社会环境中成长，必须依赖人际群体而生活并在人际交往中形成一个满足自身交往及心理需求的"关系网"，即人际交往圈。这个"圈子"是人际传播的出发点和归宿，也是确证个体存在的重要依据。网络人际传播将这个"圈子"延伸到了互联网，将"现实的交往圈子虚拟化"，而网络聊天、微博、微信等新媒体使"圈子"不断扩大，同时也将网络上产生的新型人际关系延伸到现实生活而形成一个新的交际圈。此外，网络人际传播将平等性推向了更高的水平，人际交流变得相对自由而开放，以往精英阶层把控话语权的格局不再，平凡的个体也可以表达自己对其他事物、其他人的观点和真实想法。

3. 多元性与海量化

从传播内容看，传统人际传播是一个利用多元化传播介质与元素进行传播的过程，语言、体态、表情、服装、发型等都是人际交流中的重要因子。互联网延伸了传播时空，将数字化元素注入人际传播，以文字、声音、图画、图像等为载体生动立体地传播信息。同时，人际传播也有了更加多样的方式，如短信、彩信、移动通话、视频通话等。新媒体时代的人际传播也促进了网络语言的创造和更新，表情包成为网民表达情感的新载体，丰富了人际信息和情感表达的内涵。此外，在网络上，一个人可同时与多个对象或者在不同时候与不同对象进行交流，在不同的交流情境中，他/她扮演的角色可能是不同的，这就需要传播者适时调整自己的角色。互联网时代人际传播还实现了异地、即时、同步的传播，通过电子邮件、留言板或论坛等方式，网络用户可以便捷、快速地与世界上任何一个角落的其他网络用户联系，获取海量信息，同时也便于信息的储存和翻阅。

4. 自主性与交互性

传统人际传播本身就具有双向性强、反馈及时、互动频率高等特点，但由于技术条件的限制，传受双方在时空上不能分离。而互联网颠覆了原来人与人之间的交流形式，突破了时间和空间的限制，同时也赋予人们新的沟通平台和传播权利，使传受双方的地位发生根本性变化。作为单纯传者或受众的个人已不复存在，受众不再是被动的接收者，而是集编码者、译码者等多种角色于一身的主体并可与信息传播者进行即时互动，极大地激发了受众的主动性。

5. 存储性和复制性

传统人际传播尤其是面对面的人际传播主要依靠口语或身体语言来完成，信息的传递转瞬即逝，信息的可记录性较差，其保存和积累只能依赖人脑的记忆能力，极大地约束了信息的留存和传播。而网络中的人际传播集合了文字媒介和数字新技术所具有的优势，沟通信息不仅可以长期保存并回溯，而且能够进行批量复制、传播。例如，电话或在线视频交流时可以录下通话或视频进行信息保存，网络聊天时可以保存聊天记录，转发、评论时也可以复制和保存交流的信息。

（二）网络人际传播对现实人际关系的影响

作为符号互动论的代表人物，欧文·戈夫曼（Erving Goffman）在人际交往的研究过程中提出"拟剧理论"。他把人际交往比作演戏，把生活的社会场景比作剧场，认为日常交往的过程是社会成员在这个剧场里按照剧本需要扮演各自的角色以获得自我身份认同的过程。从这一理论出发，人际传播过程可以理解为交流双方进行自我表演的过程，而人际传播者实际上是戴着符号制作的"假面具"的表演者。借助网络等新媒体，面对面进行传播所需要的声音、动作等符号的制约作用被弱化，具体时间、地点等场景的影响也基本消失，这使得传播双方的表达过程更加自由。在与陌生人或新朋友交流时，个体塑造理想自我的可能性得到提升，这个理想的自我超越了文化背景、身份地位，使个体在现实社会交流中没有表达出来的那一部分自我得到充分展现。

网络人际传播通常比现实世界的人际传播更轻松，凭借信息技术的中介效应，通过表情包、点赞、送花等相对轻量的人际互动，人们能以低成本建立与他人的"好友"关系，麻醉自己，忘却现实中的烦恼与痛苦。但是，如果将这种方法作为逃避现实的手段，随着时间的推移，其负面效果会越来越明显。如果人们长时间浸染在线上的交流和互动模式中，回到现实世界时便难免产生一种脱域的抽离感，即新的社交孤独——手机通信录等里面有很多好友，却仍旧无人可以对谈。正如美国心理学家雪莉·特克尔（Sherry Turkle）所提出，"无论是机器人生活还是网络生活，都可以帮助我们把自己从现实的、复杂的、凌乱的生活浪涛中转移出来，一旦实现这种转移，我们就会更不愿意离开。"

（三）网络人际传播的社会意义

人际传播可以形成一个巨大而复杂的社会网络，尽管这个网络中每一个人的能力是有限的，但将作为节点的每一个人的能量联结起来以后，就会产生巨大的社会能量。一条信息如果迎合了多数人的需求或兴趣，那么它不仅可以在网络中迅速传播，也可以在人际传播渠道中广泛流传，形成一传十、十传百的几何式增长。另外，网络人际传播还具有劝服作用，在统一意见、态度等方面具有强大的力量，甚至优于大众传播渠道的传播效果。因此，在舆论传播、社会动员方面，网络人际传播的作用越来越重要，成为流行文化传播、病毒式营销的重要渠道。

二、网络群体传播

对于群体传播概念的内涵和外延，学者有着不同的理解。有学者将"群体传播"的特点概括为：有共同的目标和期望；具有相同的兴趣点和爱好；情感的交流，寻找安全感和力量；提高工作效率；有强烈的"我们"意识；具备组织宣传作用，寻找更大的发展空间等。这里关注的网络群体主要指通过论坛、社区以及博客等组成的临时的、松散的、事先未"串通"的群体，是针对当下社会热点或自身兴趣、爱好所组成的集合体。依托于线上交往中的弱关系和互联网的开放性，此类群体在一定程度上挣脱了地域、年龄、性别、阶层、国籍等的限制，更加强调"趣缘"关系的接近。

（一）网络群体的特征

1. 成员匿名性

网络群体成员的身份并不都是真实且具象的，具有很强的匿名性或半匿名性，这在保证了网络空间之中的言论自由的同时，也可能带来一定的问题：真实身份的丧失与隐匿使网络群体成员处于不受社会与道德约束的状态，容易失去社会责任感与自我控制能力，表现为在网络空间肆无忌惮地发表自己的言论并对他人的言论予以极力反驳。部分人为了彰显自身存在或表达自我思想会在网络上发布大量过激，甚至带有人身攻击色彩的言论，这可能使网络公共领域沦为宣泄情绪和暴力的"涂鸦空间"。

2. 虚实互动性

网络群体的许多言论、行为、状态都直接受现实群体的影响，是现实个人在网络中的折射，在这种现实与网络的互动中，网络群体的言论在某种程度上也展现了现实的意见，可以在无形中将某种意见或行为放大并最终将其由网络意见或行为转变为现实意见或行为。

3. "反沉默的螺旋"

1974年，德国传播学家伊丽莎白·诺埃勒·诺依曼（Elisabeth Noelle-Neumann）在"意见气候"和"多数意见"的基础上提出了"沉默螺旋"理论，后发展为传播学的重要理论之一。"沉默螺旋"理论描述了这样一种现象：人们在表达自己的观点时，如果发现自己处于优势地位，会倾向于积极而大胆地表达；反之会倾向于保持沉默，甚至会转向支持具有优势的观点。如此循环往复，优势观点的支持人数越来越多，而劣势观点则逐渐销声匿迹，形成一个螺旋运动的过程。从心理学上来说，从众行为是个体在群体压力下在认知、判断、信念与行为等方面自觉与群体中多数人保持一致的现象，而从众心理的产生主要是由于认知失调和对孤独的惧怕。

新媒体的发展使得参与传播活动的受众个体变得相对独立，在网络虚拟空间内，个人可以对某个事件或问题进行评论，可以屏蔽自己不喜欢的内容，甚至可以删除和自己观点不一致的评论。受众个体的意见表达意识逐渐增强，越来越多的人不再继续保持沉默或者"被"趋同，而是主动表达自己的观点，通过网络互动的形式实现与他人的交流，在广阔的网络世界中寻找自己感兴趣的话题并进行评论、分享。如果说这类受众在最初表达意见时还存在一些顾虑，网络传播的匿名性和互动性则让他们的顾虑大大降低，其害怕被孤立的心态渐渐被表达自我的意识所取代。

（二）网络群体传播存在的问题

1. 群体极化现象

群体极化是指经过群体讨论形成的群体态度往往比个人原始态度的平均值更趋向极端化。在互联网环境中，算法主导的信息推荐技术在一定程度上促进了群体极化。算法会自动帮助用户过滤其"不认同"和"不感兴趣"的信息，使其"只看我想看的，只听我想听的"，使处于舆论场中的受众的信息接触面逐渐变窄，使其对社会议题的理解越来越趋向极端并对自身所持立场以及观点的正确性和正当性越来越有信心，由此固化观点极化的倾向，"被动"群体极化现象由此产生。

凯斯·桑斯坦（Cass Sunstein）认为，网络的普及与广泛使用让个体有能力获取自己喜欢的信息，如果整个社会都是如此的话，那么其中的社会群体便会分裂，让整个群体充满误会与偏见。粉丝之间的各类"骂战"便是最典型的案例，大规模的粉丝群体通过明星"超话"进行圈内互动，只接收夸赞、表扬"爱豆"（偶像）的信息，面对不同群体产生的质疑，粉丝则通过污蔑、辱骂来攻击对方，导致不同的粉丝群体之间的关系处于剑拔弩张的状态，社群的间隙不断加深，甚至引发网络暴力等问题。由此可见，社群间隙的加深严重影响了社会的和谐与稳定，正确引导网络舆论、消解群体极化现象势在必行。

2. 集合行为

"集合行为"指的是在某种刺激条件下产生的非常态社会聚集现象。随着互联网的发展，以群众骚乱、自发集会、游行等为表征的集合行为延伸到"线上"，形成网络舆论场中的以群体偏向性意见等为主体形态的"新集合行为"。1894年，法国著名社会心理学家古斯塔夫·勒庞（Gustave Le Bon）在《乌合之众》中考察了个人聚集成群体时的心理变化,认为集群的特征表现为有意识的人格已经消失,无意识的人格占据主导地位,情绪和观念的感染、暗示的影响使集群心理朝着某一方向发展并具有将暗示的观念转变为行动的倾向。在集群中,个人的文明程度降低,理性思考和自我控制减弱甚至消失。在群体感染的作用下,个体会被一时的冲动所主宰,卷入非理性的狂乱。

人肉搜索便是网络时代的一种集合行为,它兼具了集合行为的狂热性、非理性和破坏性,演变成为网络暴力。传统集合行为的破坏性后果是在非理性的驱使下直接对社会造成负面影响,而作为网络集合行为的人肉搜索暴力,其破坏性体现在线上、线下两个方面:一方面是由人肉搜索本身直接造成的网络上的暴力,如在网上发表具有攻击性、煽动性和侮辱性的失实言论,造成当事人名誉被损害,侵犯其隐私权等;另一方面则是网络上的暴力在现实生活中的延伸,人肉搜索演变为现实生活中的行为暴力。

三、网络组织传播

组织就是有序化的人群,是人类社会的构成要素。所谓组织传播,是指某个团体凭借组织和系统的力量所进行的有领导、有秩序、有目的的信息传播活动。在人群演化为组织的过程中,需要具备三个条件:既定的共同目标,协调、统一的系统以及具有普遍约束力的为组织成员共同遵守的规范。任何组织都是与信息传播同步生成的,组织的目标、规范的形成和系统的运作都离不开传播活动。

(一)网络组织传播的特点

1. 传播主体的独特性

组织传播是以组织或团体的名义进行的,实际执行人是组织的成员。不管是传者还是受者,都被赋予组织的某个具体机构位置,因而不再是纯粹、自由的个体,而是以组织赋予的某种身份来发送或接收信息并对组织负责。组织传播中成员之间的交流具有明确的目标,或是为了一次工作任务的完成,或是为了提高相互协作的效率,主体之间具有清晰的分工和等级秩序。

2. 传播行为的阶位性和强制性

组织有着清晰、明确的责任分工和管理层级,系统内的领导和被领导、管理和执行、任务下达和目标实现都需要大量的指令性、教导性和劝服性信息内容来完成。这些决定了组织传播具有明确的阶位性和强制性,组织内无论是成文的规范还是约定俗成的组织习惯,都对规范对应的层面具有约束力和强制力。

3. 传播对象的确定性和封闭性

组织传播有身份限制和界定清晰的范围。绝大多数组织成员是确定的,而且具有成员身份上的进入和退出机制。组织传播对象的确定性表现在成员固定,传递对象清晰可见,具体会议、文件都有明确的传达目标和参与身份界定。一些政治组织和商业组织的信息传播内容往往有保密的要求且阶层内外差别明显,使得传播对象通常局限于一定的范围和空间内。

4. 传播渠道的多样性

新媒体时代,传播渠道的丰富多样使组织传播活动的开展更加灵活:口头交流和书面文件等传统方式继续留存的同时，网络视频、电视电话等现代网络传播技术（卫星技术、数字技术、多媒体技术）也开始大规模应用。尤其是伴随网络"提速降费"的开展和新一代网络通信技术的普及，采用线上会议等方式"远程在场"已经成为当前组织传播的常态，呈现出迅速及时、全球传播、自由交互的新特点。

（二）网络组织传播的功能

1. 沟通协调，保持内部和谐

组织正常运转的基本要求是统一协调，落实主体责任。组织信息传播连接了各个部门和岗位，贯通了组织运行的每一个环节。这些环节通过信息的传递和反馈相互支撑，成为在统一目标下协同作业的整体。在多元文化背景下，人性化管理需要组织内部有效的信息沟通协调，形成独特的组织文化，为组织目标的实现达成共识，从而形成和谐的内部合力。

2. 指挥整合，提高管理效率

领导指挥是组织传播中实现组织目标和任务的必需环节。在组织体系内，从组织目标的设立到具体的任务下达、实施、执行，再到过程的监督和程序的修整，后期完成总结等，都需要在一定的规范和整合中实现。

3. 应对变通，优化组织生态

社会发展瞬息万变，组织环境也是风云变幻，任何组织都会面临内部的变化和社会外部环境的变迁。新矛盾通常伴随着组织的存在和发展，适应新情况、解决新问题的过程就是建立在对组织信息的收集、整理、分析、判断之上的。及时快速的信息融通应变能力是组织实现可持续发展和优化传播生态的关键。

4. 整合资源，提升社会影响

一个组织要保持良好的发展态势，必须在复杂的社会背景下不断开拓，在组织传播中有意识地达成共识，整合内部信息资源和智力资源，挖掘并形成强大的凝聚力和向心力，以完成组织目标。同时，作为独立的团队，组织可以通过传播释放的符号信息提升组织的影响力和美誉度，获得社会认可和理解，为组织发展、壮大提供良好环境。

四、网络大众传播

大众传播是指专业化媒介组织运用先进的传播技术和产业化手段，以社会上一般大众为对象而进行的大规模信息生产和传播活动。随着信息技术的进步和媒介载体的发展，大众传播在人们日常信息的获取上正发挥重要的作用。在一定意义上，大众传播是一种以社会作为空间的最大规模的组织对外传播。

（一）传统大众传播的特点

1. 传播者既是主体又是客体

传统的大众传播从业人员主要是报纸、广播和电视的记者、编辑，接受过新闻采写编评培训，信息产出的专业化程度较高。在传播过程中，专业人员掌握着信息发布的权力，决定着受众的接收内容。同时，传播者所发布的新闻要经过受众的阅读、收听才能实现应有的价值，因而也是客体化的存在。

2. 传播活动具有社会性

与其他传播模式不同，大众传播的受众是零散的、不确定的广大社会个体，这要求大众传播必须提供丰富多样的信息，在满足受众信息需求的同时，唤起大众对于公共事务的关心。同时，正因为大众传播具有社会性，所以在发布信息时要注重考量其内容是否侵犯他人隐私、泄露国家安全以及违反社会公序良俗等。

3. 传播路径由"点"向"面"

"点"主要指专事这种传播活动的大众传媒，而"面"则是分散的、不确定的大众，数量从几千到几亿不等。为了弥补传受双方悬殊的人数差异，信息的批量生产成为必需，以往的报纸、杂志印刷，通讯社的新闻供稿以及电视台的信息共享均体现了这一特点。

4. 传、受者间关系较为低级

传播者与受众之间的关系是间接的、松散的，反馈是偶然的、延时的。大众传播渠道主要把持在报社、广播电台和电视台等传统媒体机构手中，传受双方存在明显的层级差异。在多数情况下，大众只能相对消极地接收传播者发布的信息内容，通过读者来信、听众来信的方式与传播者进行有限互动。

5. 信息内容具有双重属性

新闻机构与社会公共利益的关系密切，大众传播的信息既有商品属性，也有文化属性，对受众的立场、观点、态度、行为等方面可以产生一定的影响。受众通过阅读新闻，可以及时获知外部环境的变化，进而对自己的决策和行为做出调整，以更好地从事生产和生活活动。

（二）网络大众传播的特点

进入网络时代后，大众传播受到挑战。网络传播是以个人通信为基础的传播平台，提供虚拟界面人际传播、小群体传播、组织传播、大众传播和跨文化传播叠加起来的整合传播。从大众传播的角度来看，网络作为"第四媒体"，其特点体现在如下几个方面。

1. 传播主体多元

相对于传统的大众传播，网络传播门槛较低，传播主体更多元，传播格局相对复杂。不仅是传统的大众媒体，商业网站、政府部门、各种社会组织与机构甚至个人都可以利用网络来进行制度化传播，这就使具有"特权"的传统媒体的地位受到挑战，过去由媒体发出的单一声音被多元的声音所冲击，在给受众提供了更多参考信息的同时，也造成了信息质量的良莠不齐及虚假新闻的泛滥。

2. 人际与大众传播相结合

网络中的大众传播常与人际传播、群体传播、组织传播等其他的传播类型相互交织，多级传播在网络中非常普遍，它们往往取决于受众的自主选择与组合。然而，在多级传播中也很容易出现信息失真现象，这也使传播效果的预测与控制变得更加困难。

3. 传播手段多样

网络媒介可以突破过去任何一种大众媒体手段的限制，无论是什么背景的网站，都可以采用多种媒体方式来传播信息。除 Web 网站和客户端，网络中的大众传播还可以利用

BBS、电子邮件、博客、微博、微信等多种方式进行信息的传递、接收。

4．受众的能动性增强

与传统大众传播相比，网络大众传播中，受众的能动性得到充分体现，具体体现在以下几个方面：① 受众在信息生产方面的能动性。例如，受众利用各种社会化媒体发布自己创作的内容，能够发表评论（新闻后跟帖、论坛、博客、微博等），提供新闻线索，进行在线交流、在线调查等。② 受众在信息消费方面的能动性。与传统大众传播相比，网络大众传播中受众在信息源选择以及获取信息的时间、方式、广度与深度等方面具有更多的自主权，他们可以决定自己的信息消费行为。

5．传播效果不可控

在传统媒体时代，如果传媒机构能较好地把握传播规律，便可以预测与控制传播效果。但是，对于网络大众传播而言，预测其传播效果并不容易且其传播效果往往是开放的、难以控制的。其主要原因在于受众在网络大众传播中的主动权大大加强，受众的深度参与使网络传播不再是传播者可以单方面把握的过程，而是双方"互动"乃至"共动"所形成的一个复杂的传播过程。

思 考 题

1．有人认为，在互联网时代，传统的大众传播模式已经彻底失灵了。请你谈谈自己的看法。

2．请简述网络传播的特点。

3．请结合具体案例，说明现代社会"碎片化生存"对人们信息消费的影响。

4．相较于传统的人际传播，网络人际传播呈现出哪些新的特征？

实 践 任 务

结合本章第一节对于大众传播模式的介绍，请尝试自行绘制网络大众传播的基本模式。

本章参考文献

[1] 郭庆光．传播学教程[M]．2版．北京：中国人民大学出版社，2011：52.

[2] 王中义，史梁，丁代谊，等．网络传播：原理与实践[M]．合肥：中国科学技术大学出版社，2001：35.

[3] 邵培仁．传播模式论[J]．杭州大学学报（哲学社会科学版），1996（2）：159-170.

[4] 邵培仁．传播学[M]．3版．北京：高等教育出版社，2015：84-85.

[5] 谢新洲．网络传播理论与实践[M]．北京：北京大学出版社，2004：63-65.

[6] 麦克卢汉．理解媒介：论人的延伸（55周年增订本）[M]．何道宽，译．南京：

译林出版社，2019：13.

[7] 孟建，赵元珂. 媒介融合：粘聚并造就新型的媒介化社会[J]. 国际新闻界，2006（7）：289-294.

[8] 李良荣，周宽玮. 媒体融合：老套路和新探索[J]. 新闻记者，2014（8）：16-20.

[9] 麦克卢汉. 理解媒介[M]. 何道宽，译. 北京：商务印书馆，2000：382.

[10] 尼葛洛庞帝. 数字化生存[M]. 胡泳，范海燕，译. 海口：海南出版社，1997：192.

[11] 付玉. 自媒体视阈下人际传播的变迁研究[J]. 新闻爱好者（上半月），2012（9）：18-19.

[12] 中共中央马克思恩格斯列宁斯大林著作编译局. 马克思恩格斯选集（第一卷）[M]. 北京：人民出版社，1995：60.

[13] 赵高辉. 圈子、想象与语境消解：微博人际传播探析[J]. 新闻记者，2013（5）：66-71.

[14] 刘婷婷，赖翠琼. 网络环境下的人际传播[J]. 海南师范大学学报（社会科学版），2008（1）:129-132.

[15] 彭兰. 网络中的人际传播[J]. 国际新闻界，2001（3）：47-53.

[16] 戈夫曼. 日常生活中的自我呈现[M]. 黄爱华，冯钢，译. 杭州：浙江人民出版社，1989：17-18.

[17] 芮必峰. 人际传播：表演的艺术——欧文•戈夫曼的传播思想[J]. 安徽大学学报，2004（4）：64-70.

[18] 特克尔. 群体性孤独：为什么我们对科技期待更多，对彼此却不能更亲密[M]. 周逵，刘菁荆，译. 杭州：浙江人民出版社，2014：166.

[19] 杨馨兰. 新媒体发展对"群体传播"的作用[J]. 新媒体研究，2016，2（14）：31-32.

第三章

网络舆论

> **本章导读**
>
> 作为当下社会舆论的重要构成部分，网络舆论反映了社会中部分群体或阶层的意见与情绪，是社会舆论不可忽视的一部分。本章从梳理网络舆论的概念入手，学习网络舆论的形成机制，对其形成原因及特征进行总结，介绍其现状并探讨现状背后的心理机制，最终提出引导机制。

关于舆论，不同学科有着不同的研究角度。政治学将舆论视作民主政治的基础，社会学则认为其是社会互动的产物。网络舆论是复杂的公众意见集合体，本章从宏观逻辑、微观生态与构成主体等角度对其进行概念的辨析与界定。

第一节 网络舆论的概念

互联网的发展促进了自媒体的急速兴起，网络舆论成为社会舆论的重要组成部分。网络意见人士通过对热点事件的即时、互动式评论表达自己对社会政治事务的见解，通过自身"粉丝群"的转发、扩散不断提升自身的重要性，产生一系列社会影响。随着时代背景和社会形势的变化，舆论工作理应与时俱进，研究和解决时代性新问题。

一、从舆论看网络舆论

讨论"网络舆论"的概念，绕不开对"舆论"的理解。舆论是时代生活的产物，是社会发展变动的风向标，舆论所反映的社会价值观与技术进步息息相关。美国学者罗纳德·因格尔哈特对 1990—1993 年包括我国在内的 43 个国家和地区的社会价值观进行调查分析后认为，社会价值观转变与工业革命、技术进步密切相关。在因格尔哈特看来，社会价值观的演变与工业化进程密不可分，而舆论正是社会价值观演变的集中体现和表征。

舆论有广义和狭义之分。广义的舆论即"社会舆论"，指代范围宽广，人们常说的官方舆论、国际舆论、新闻舆论、公众舆论等都可以归入其中。狭义的"舆论"则限定在"公众舆论"的层面上，这样可以将"舆论"与它和其他词语组合产生的相关概念区别开。据初步查证，国内外对舆论的定义多达四五十种。例如，陈力丹先生指出，舆论是公众对现实社会以及社会中的各种现象、问题所表达的信念、意见、态度和情绪表现的总和，具有相对的一致性、强烈程度和持续性，对社会发展及有关事态的进程产生影响，其中混杂着理智和非理智的成分。

什么是网络舆论？简单地说就是通过互联网表达的社会舆论。

网络舆论亦有广义和狭义之分。网络传播兼容了人类传播的两种主要形式：一是传统的大众传播，如新闻媒体通过网站发布新闻供网民浏览或收看；二是新兴的人际传播，如在线论坛、聊天室、QQ 群等。因此，广义的网络舆论几乎包括所有的社会舆论形式，既有经过精心选择的经由传统新闻媒体表达的新闻舆论，也有未经任何过滤的公众舆论；既有各种利益集团及其代理人故意制造的舆论"气球"，也由来自草根阶层的真实民意，其主体也是多样的，这让网络舆论充满了矛盾和复杂性。狭义的网络舆论即以网民为主体，以引人注意的社会事件为客体，以网络为载体，以所形成的较为一致且对社会的经济、政治、思想文化产生影响的意见或言论为本体，以某些社会职能部门或人员为受体，自上而下发生的信息传递过程。

二、网络舆论的属性

（一）网络舆论的形成属性

新媒体时代，网络空间的自由、互动、共享带来了公众意见表达的开放化、多样化、广域化，促进了网络舆论传播过程中舆论主体和舆论机构之间的博弈互动。网络媒介制造与传播舆论的优势克服了舆论形成过程中社会资源与制度性资源之间的差距，赋予了网民在传统媒体和社会组织中的话语权，培育了网络公众中的"意见领袖"，提高了网络舆论的社会影响力，使网络舆论形成了不同于其他舆论形态的鲜明特点。

1. 网络舆论意见的多样性

网络技术和平台为网民提供了相对平等的话语权。网络自媒体和网络信息符号的发展为网民的碎片化表达提供了便利，使媒介传播的形式、渠道更加多种多样。在舆论行为上，浏览多，参与少；批评多，肯定少；情绪宣泄多，理性思考少；盲从多，自信少；娱乐八卦多，宏大叙事少。由于意见表达过程中多主张、少论据、去权威、反世俗、弱规范、好戏谑，形成了网络舆论的非主流性、负面性、非理性、从众性、逆反性、娱乐性。离散的拓扑结构实现了网络舆论传播的移动化、互动化、及时化和平民化，使得网络舆论的生成、传播和演化的机制比以往任何时候都更加复杂多变。在网络舆论意见的"自由市场"，意见、观点的共享与扩散刺激、感染和调动着社会群体的情绪，分化、聚集、叠加了网民的意见、观点，网络舆论发挥着越来越大的社会动员作用和社会监督作用。权力型、专家型、娱乐型、公共型、利益型、技术型等体制内外的网络舆论领袖增多，网络舆论危机和网络群体性事件增多。

2. 网络舆论要素的多级性

虚拟与真实、开放与封闭、自由与控制的相互交织决定了网络舆论要素存在的悖论。网络舆论场上，热门话题、重大事件和花边新闻同在，潜舆论与显舆论并行，意见真实与意见假象并存，精英与草根合流，传统媒体与新兴媒介融合，官方舆论场与民间舆论场共存。网民对舆论客体的批判、谩骂、攻击大于赞扬、褒奖、支持。网络流行语、网络"恶搞"、戏谑以及视频、漫画、图片等网络文字表达形式的出现，加速了舆论事件和社会情绪的传播，使网络舆论的扩散扑朔迷离。在网络舆论要素的力量对比上，民间舆论、大众舆论、非主流舆论的力量在一定程度上超越了官方舆论、精英舆论和主流舆论。一个数量庞大、层次有别的匿名性网络群体充满了多维关系，在众声喧哗中，网络舆论事件的反转随时可能发生，形成了一个多元而又断裂、令人难以捉摸的舆论场域。

3. 网络舆论演化的阶段性

舆论的形成是时空交错的意见博弈过程。在各种舆论力量的博弈过程中，舆论主体根据舆论事件的发展变化表达和讨论意见，形成渐趋稳定的意见分布状态。一方面，网络平台和网络言论的开放性、网络舆论传播载体的多样性以及网络信息资源的离散性、不规范性、不均衡性使得网络舆论的演化呈现出危机传播的特点。另一方面，网络舆论演化过程以网民主体、社会公众对网络舆论事件的介入和关注度为主线，清晰地再现出舆论的潜伏、爆发、蔓延、反复、缓解和长尾等演化周期的阶段性特征。

4. 网络舆论传播的不可控

引导网络舆论传播的动力既有网络公众客观、冷静、清醒、公正的理性力量，也有网民群体情绪化、感性化、激进化的非理性力量。宣泄不满情绪，不冷静、不负责、不规范，缺乏独立的思考、深入的反思和严密的逻辑思维，刻意挑战权威，调侃主流意识形态，怀疑和排斥传统观念，以讹传讹甚或谩骂与恶意攻击，这些非理性行为犹如风吹浪起、山崩地裂，随时可能引致网络舆论的畸变，使得网络舆论场域中情感与理性、真相与谣言、同化与异化竞相赛跑。与此同时，在网络舆论的传播过程中，尽管人们在技术上可以控制并选择聊天室、QQ、BBS论坛、贴吧、博客、微博、微信等网络传播的载体和信道，但面对网络舆论场上充斥的离散、动态、不规范和不均衡的网络信息资源，人们既无法实现对网络舆论传播的完全控制，更无法抑制负面的网络舆论及其行为的产生。

（二）网络舆论的本体属性

1. 广泛性

网络舆论的广泛性是指网络舆论传播的地域和时间的广泛。正如麦克卢汉在其"地球村"的观点中所描述的一样，网络犹如一张巨大的织网将地球上的各个部分联结起来。在传播媒介产生之前，信息传播较为滞后，地区与地区之间处于封闭状态。由于种族、地域和交通等条件的限制，信息只能在小范围的地区内流通，而传统媒体很难打破地域的局限性。网络出现之后，空间与时间的局限被网络信息传播所打破，舆论的形成、传播和发展也变得更加迅速而广泛。在时间上，网络传播的迅速、及时使得网络舆论追求时效性所受的束缚越来越小；在空间上，在网络中传播信息不受疆域的局限，可以轻而易举地将信息传播到世界的各个角落。网民构成了一张四通八达的信息网，只要有可以上网的网络和设备，就可以直接或者间接地接收到网络上来自世界各地的信息，网络上的舆论信息也可以被世界各地的网民所接收。

2. 自由性

网络赋予了受众较大的自主权，网民比以往的受众拥有更大的话语权，可以随时随地上网浏览自己感兴趣的网页及论坛，跟进社会热点事件的发展动态，发表自己的观点及言论。著名的未来学家尼葛洛庞帝（Nicholas Negroponte）在其著作《数字化生存》中提到，"在网络上，每个人都可以是一个没有执照的电视台。"即每个人都可以在网络上自由发声。网络为网络舆论的形成提供了相对自由的空间，人们可自主选择发布的信息且每个人在任何时候既可以是信息的传播者，也可以是信息的接收者。而以网络技术为支撑的微博、论坛等平台也成为个人观点的"私人订制"平台。

3. 多元性

网络具有的开放性决定了网络舆论的内容是多元化的。在网络上，各种言论从四面八方"齐聚一堂"，论坛、微博等成为网络舆论的主要阵地，是许多新闻和观点的集散地，囊括各种各样的言论。对引发热议的事件，网络舆论中既有挺身而出为事件或其主角愤愤不平的言论，也有表达同情的言语，更有冷静、客观的分析。由此可见，网络舆论具有明显的多元性和庞杂性。

4. 虚拟性

网络舆论的虚拟性主要表现在两个方面：一为网络舆论主体的身份虚拟。网民是网络舆论的主体，任何人在网络上都可以使用一个虚拟的网名，隐匿现实生活中的真实身份，姓名、年龄、性别、职业等都是隐藏的，因而造就了网民角色身份的虚拟化。二为网络舆论形成的空间虚拟。以多媒体技术为支撑的门户网站、微博、论坛及社区是网络舆论产生和形成的空间。我国学者喻国明教授曾以"包括若干相互刺激的因素，从而使许多人形成共同意见的时空环境"界定"舆论场"。换言之，作为舆论形成的空间环境的网络，其本身就有虚拟性特点。网络构建了一个拟态世界，从而在现实世界和人的主观世界之间发挥作用。

（三）网络舆论的宏观逻辑

网络舆论的生成与发展所折射的是广大人民群众对美好生活和国家富强的渴望。因为追求美好的生活，所以有最基本的安全需求（网络安全、出行安全、医药安全等），有对优质、平等的教育的需求，有对物美价廉的商品的需求，有对稳定房价的需求，有对高品质影视、文艺及文学作品的需求。因为渴望国家富强，所以关注国家改革与开放的持续发展，有对国家安定团结、政治清明，成为科技强国、体育强国，真正崛起、屹立于世的需求。这些自然而美好的需求与渴望，在我国现代社会正处于全面建成小康社会从而富起来、强起来的承前启后的历史时期，在当下我国复杂而又远未完成的现代性的、独特的"社会—历史—文化"场域下，与不平衡、不充分的社会发展现实之间产生各种矛盾，从而在物质与情感,文明与道德,发展、公平与正义等诸多领域产生冲突。这些冲突和矛盾正是酝酿、生成网络舆论的根源,形成网络舆论的宏观逻辑。反过来,基于对网络舆论的考察也能帮助我们理解网络舆论对社会矛盾与冲突的筛选与聚焦作用,进而深入理解当代我国现代性发展的独特而复杂的"社会—历史—文化"场域。

第二节 网络舆论的构成要素、外在动因及内在心理机制

一、网络舆论的构成要素

(一) 网络舆论的主体

一般来说,公众总体状况是决定现代舆论环境的质量和特征的关键因素。从网络舆论主体构成来看,网民并非成熟而独立的舆论主体。截至 2019 年 6 月,10~39 岁的网民群体占网民整体的 65.1%,其中 20~29 岁的网民群体占比最高,达到 24.6%;初中、高中/中专/技校学历的网民群体占比分别为 38.1%、23.8%,受过大学专科、大学本科及以上教育的网民群体占比分别为 10.5%、9.7%。网络舆论公众总体的情况并不理想。

此外,移动网络快速发展,智能终端普及,媒介接触环境复杂而多变,网民的媒介接触行为呈现碎片化特征,他们不愿或无法对信息进行精细化加工或者批判式理性解读,对事实或意见信息的接触是囫囵吞枣式的,由此群体化、情绪化现象更容易发生在网民身上。

(二) 网络舆论的客体

网络舆论的客体即网络舆论所针对的对象,通常指某一引起广泛关注的焦点事件或人物。本书将网络舆论的客体定义为引起网络环境中网民的关注和讨论并与社会讨论(含传统媒体报道)形成互动的社会事件。网络舆论客体通常具有草根性、多样性和不可控性。

(三) 网络舆论的本体

舆论本体为舆论的核心,即民意,是舆论主体针对舆论事件所表达的各种意见的综合。由于网络媒体渠道多,网络舆论主体具有匿名性、普遍性,网络舆论的本体也表现出区别于以往意见表达的突出特点。网络舆论本体并非在理性思辨与讨论中产生的。我国学者王艺指出,网民交往过程中出现较多的是"非理性互动",如在评论区连续发表无意义的数字、字母等符号进行"灌水",发布语义表达不明确、严重偏离讨论议题的信息。

(四) 网络舆论的载体

网络媒体即网络舆论的载体。一方面,一些网络媒体为了吸引流量,屈从利益,违背新闻媒体职业道德,甚至违法。社交媒体的内容生产者往往以夸大事实的渲染手法,使用赤裸的脏话或通过谩骂宣泄情绪,部分网民利用人们对政府、精英和富裕阶层的不满,故

意散播虚假消息、制造社会矛盾。另一方面，网络媒体因其自由度更高，内容过度娱乐化。直接后果是，很多需要网民关注的社会公共事务会被自动过滤。而作为公共空间的社交平台一旦被各种娱乐信息大量占用，那些事关民生利益的新闻信息将不能被大多数人看到，一些需要被听见的声音也会逐渐淹没在娱乐信息中。此外，相比于传统媒体，网络媒体更容易出现把关不严或缺失的情形。部分网络媒体在传播信息时为了与其他媒体竞争，对很多信息的考证、调研不够认真、准确，只追求传播速度快，造成了很多失实信息的传播，如"上海女江西过年""记者回乡手记"等虚假网络舆论事件均在社会层面产生了较大的负面影响。

（五）网络舆论各构成要素的变化

1. 网络舆论主体的变化

当前，我国网络舆论的作用日益突出，媒体格局逐渐从传统媒体占据绝对优势转为传统媒体与新媒体各显其能。在新的舆论格局中，网络舆论的主体也发生了明显的变化。

首先，网络舆论主体的意识发生了变化，由想象共同体转向偏见共同体。本尼迪克特·安德尔森认为，印刷品为公众提供了"虚拟的共识性"并使他们经由这种共识性而产生共同体想象，舆论的主体由此被视作"想象的共同体"。传播手段从印刷循序渐进到网络媒体传播，新的传播手段依然具有提供"虚拟的共识性"的能力，不同阶层的公众在网络平台上聚集，形成了全新的想象共同体。社会化媒体时代，信息是海量的，快节奏的生活方式与浅表式的阅读习惯让很多网民面对热点事件、公共事件时会形成先入为主的认知，形成偏见共同体。

其次，舆论主体的行为方式发生了变化，边缘话语获得尊重，公众的参与意识被唤醒。在新媒体环境下，公众获取新闻的渠道由报纸、杂志、新闻网站、电视广播逐渐演变为"两微"、移动客户端以及短视频平台。同时，公众接触新闻的方式也在发生改变。在"两微"、直播平台、短视频平台等传播环境下，公众已经成为新闻信息生产和传播流程的重要环节。社会化媒体转变了公众接触新闻的习惯，使公众介入新闻的积极性更高。新媒体使得原来的边缘话语在新的环境中获得尊重，唤起了公众的参与意识，通过公众转发扩大新闻的传播范围。

同时，网络舆论主体的构成发生了变化，中间阶层与网络新生代联合。我国网民中，中等教育水平、中等收入的群体仍是主力军。与先前主要由高知人群掌握互联网热点话题的方向不同，社会化媒体的发展使得兴起的中间阶层与网络新生代联合重构了网络舆论的新生态，对网络热点话题的关注方向产生了重要影响。

2. 网络舆论话语表达方式的变化

传播群体从"窃窃私语"转变为"公共讨论"。新媒体环境下，趣缘群体不断增多，其成员拥有相似的价值观与世界观，与圈子成员相左的意见会逐渐消失，最终形成信息茧房。相关事件发生后，圈子内的成员会形成自己的交流空间，在归宿感、群体压力、群体动力的强烈影响下，情绪会被放大，意见会被加强，很容易形成意见一致的"意见气候"且这种意见难以被改变。在利益多元的网络时代，不同公众对同一件事情会有不同的看法，公共讨论成为舆论话语的主要表达机制。传播群体经由圈子式传播形成既有态度并在公共空间中推动事件的发展进程。受众议题设置主动性增强，在传统媒体生态中，政府以及相关新闻单位是新闻议程制定的直接实施主体，根据相应的舆论环境和主流价值进行新闻的价值判断。新环境下，这一特征发生了转变。公众的影响力正在扩大，主要体现在信息传播、舆论引导以及议程设置方面。在社交媒体时代，一般大众上传的内容若能引发网民的价值认同，便有可能被层层扩散，形成民间舆论，实现公众议程设置，倒逼传统媒体发声。无论是受众议程影响政府决策，还是受众议程影响媒介议程进而影响政府决策，都体现出受众在议程设置中的主动性与重要性有所提高。

3. 网络舆论本体的变化

网络舆论本体从个体对事实的争论转为群体为情感的困斗。新媒体时代下，信息的传播呈现数量多、节奏快的特点，公众在接触信息的过程中逐渐忽视对事实的关注转而专注于情感的宣泄。碎片化的信息使得公众已经没有耐心对事实进行全面的了解与探究，而是仅仅对片面事实进行情感性宣泄。事实上，相较于纯粹的事实信息言论，公众对于在网络上接触到的带有激烈情感的观点会产生更多的共鸣并且深信不疑。这些带有情感的信息比其背后的事实和真相具有更强的传播力度。传统新闻传播理念中，信息和娱乐泾渭分明，两者各自承担相应的职能。但随着市场力量的增强，新型"信息娱乐"出现。"后院篱笆原则"指出，电视新闻最应该选择的题材应当是两个家庭主妇在后院聊天时最关心的问题，如军备竞赛和王妃产子两个话题中，王妃产子的话题更容易引人关注，因此更容易被选择为大众传播内容。社会化媒体时代，公众拥有广泛讨论话题的空间，但在微博的热搜话题中，娱乐新闻占绝大多数，关注时事政治的话题寥寥无几，公众的关注点明显呈现出娱乐化的态势。

4. 网络舆论场域的变化

布尔迪厄认为，场域可以界定为在各种位置之间存在客观关系的网络或架构。新媒体时代不同媒介实现融合，传统媒体的影响力逐渐减小，热点事件舆论场正逐渐在各方角力下重组，其中官方舆论和网民舆论逐渐实现良性互动，境外舆论介入国内热点事件值得关注。

（1）网民舆论中"网络巴尔干化"现象日益明显。"网络巴尔干化"是指通过社会化媒体的传播演化出具有共同利益或共同价值观且相对稳定的阶层新聚合以及由此形成的群体现象。媒体所呈现的社会现象传播到网民舆论的各个圈层，具有相同价值观和共同利益的群体加以传播与解读，"过滤气泡效应"下形成"回音室"，圈子与圈子的沟通对话难度在逐渐加大，社会群体被撕裂，圈子化生存现象逐渐形成。

（2）官方舆论和网民舆论逐渐实现良性互动。随着社会的深刻变革与新媒介技术的跨越式发展，舆论场格局也在逐渐发生变化。近年来，官方舆论逐渐开始使用社会化媒体与网民展开对话，通过开通政务两微一端、及时回复公众诉求、采用多媒体技术手段发布信息，为实现双方良性互动提供可能。

（3）境外舆论场受到关注。在热点事件的发展过程中，网络舆论场域通常受到多方面的影响，传播内容、方式、解读、渠道等都将影响网络舆论的变化以及舆论场域的发展。

其中，一些境外媒体和政客也会对我国国内热点事件进行评论。此外，我国国际话语权地位不高，这就导致了我国在国际舆论环境中时常陷入被动和僵局，以至于我国在国际媒体上的形象经常被丑化、歪曲甚至妖魔化。

（六）网络舆论的价值取向

网络舆论关乎国家命运，关乎千家万户的实际利益，应充分发挥网络舆论的多元价值，引导网络舆论关注公共领域、国计民生，监督政策实施，推进民主政治，培育网络舆论积极主动的良性价值取向。

1. 社会民生渐成核心议题

随着通信技术的不断革新，社会化媒体赋予了网民更大的话语权，持有不同价值立场和利益诉求的主体开始将新媒体作为发声的渠道，就社会中的多种话题表达自身的思想、观点以及利益诉求，公众不再满足于自上而下地传达信息，也不仅仅将关注的焦点停留在信息表面，而是由表及里地挖掘事件发生的原因以及相关事件的专业解释，社会公平正义、民主法治、生态文明等相关话题和现象逐渐成为核心议题。

2. 网民与媒体意见的合意共振

在传播过程中，媒体与网民往往各自偏向于自身的诉求与立场，主流媒体注重宏观把控，网民则强调具体细节，二者在互动过程中容易产生错位。但在近年来的热点事件中，网络自媒体开始成为事件的首发者并且在后续报道中提供交叉信源、多角度报道，还原了很多不为人知的细节信息，一定程度上得到了公众的信任，这便为媒体与网民的意见融合提供了新的渠道。在热点事件的发酵过程中，主流媒体不断揭露事件发展的细节，还原事实真相，网民关注与媒体聚焦、重合度较高，网民与媒体逐渐实现意见的合意共振。

3. 社会价值观念整体向上

一个社会的价值观念既是对各种客观存在的经济社会、政治结构和发展状况的反映，也是对人们理想中的个人发展目标和社会关系状况的期盼。改革开放以来，我国社会价值观发生了明显的变化。这种变化不是细枝末节的变化，不是价值观边缘、外围的变化，而是价值观主轴、核心的变化，是价值观的整体性变革，是价值观范型的转换。从当前的热点事件中可以看出，公众的社会价值观呈现出一种向上的趋势，公众越来越重视精神力量。同时，公众在面对政治性话题时，参与度明显增强，爱国情绪高涨，理性爱国主义精神、向心力增强。

二、网络舆论的外在动因

网络舆论的产生是多种因素共同作用的结果，是由于各种事件的刺激而产生的通过互联网传播的人们对于某事件的认知、态度、情感和行为倾向的集合。当出现严重挑战普遍价值的事件且存在社会情绪宣泄机制缺失时，大量网民就会依靠网络渠道对相关事件进行关注、议论以及传播。同时，网络传播高速、便捷、互动性强及覆盖面广等特质，网络虚拟社会开辟的无形空间以及智能终端的多元化等也为网络舆论发展提供了便利条件。

（一）根源：变化迅速的现实社会

马克思曾言："不是意识决定生活，而是生活决定意识。"网络舆论大多是社会现实问题在网络上的表现。网络社会是由电子信号、表意符号等介质建构起来的虚拟对应"空间"，网络信息也仅仅是现实事件的"翻版"，而网络舆论的目标指向是现实社会的存在。可见，网络舆论的"源刺激物"根植于现实社会，网络社会为其提供了产生与存在的场域。目前，在现实社会中极易引发网络舆论的事件大致有以下 7 种：① 不公平、不公正的社会事件；② 有违伦理道德、风俗习惯的事件；③ 危及弱势人群生命与财产安全的事件；④ 危及大众生命安全的事件；⑤ 政府行政不当事件；⑥ 贪污腐败事件；⑦ 知名人士言论不当事件等。

（二）"助推器"：缺位的表达机制

网络舆论的发展及演化取决于现实社会表达途径与机制的完善程度以及社会化解矛盾的能力。健全的社会表达机制、畅通的表达渠道与及时的回应机制能够有效地消解社会矛盾，避免网络舆论进一步演变为网络暴力。反之，当利益得不到保障而又难以通过现实渠道表达时，自身力量的弱小和对各种社会潜规则的惧怕会使个体将网络视为表达情绪的首选渠道，借以引起网络社会的关注。

（三）技术环境：飞速发展的网络环境

网络舆论能够产生在很大程度上得益于网络技术自身的优势，即自由、廉价、便捷、互动性强、影响广泛、传播迅速等特点为信息的发布、传播提供了极大的便利，为舆论的形成提供了虚拟平台，成为"声音"的"爆炸场"。网络的普及和快速发展使得社会个体不再是单纯的信息接收者，而是演变为制作、传播和接收"三位一体"的角色。社会个体通过 QQ、微博、播客等自媒体可畅通无阻地将现实社会的事件加工成信息并发布在虚拟空间中，进而获得关注。帕特·华莱士（Patricia Wallace）认为，"网络中的群体极化现象更加突出，大约是现实生活中面对面时的两倍。"在这一过程中，网络接入的低成本，接入终端设备的多元化，网络信息发布、审核制度的缺失，发布信息者身份的虚拟与隐蔽性，信息传播的快速与接收的广泛等为网络舆论的形成提供了极大的便利，而这些优越性都来自互联网本身。

（四）"推手"：蓬勃发展的网络媒体

网络媒体与传统媒介不同，"点击经济获利模式"决定了它们所发布的信息必须足够吸引网民，才能赢得较高的"点击率"，争取到更多的广告投放。而要达到这一目的，网络传媒不仅要对信息加以全面、深入的报道，还要附加独到、新颖的评论与分析，更重要的是要撰写足够吸引眼球的新闻标题。"标题党"就是最好的例证，他们更加专注于"吸引点击"，而不再过于强调信息的真实、可靠及客观等，致使现实社会事件被网络新闻记者、撰稿人无限夸大，甚至被制造为谣言。正如萨维尼所言："媒体所呈现的信息往往是被扭曲的，只是为了赢得注意而不是提供信息。"

(五) 观念支撑：错位的价值共识

网络舆论之所以被传播，与网民群体普遍持有的价值观有着密切的关系。正所谓"好事不出门，坏事传千里"，只有那些不符合普遍价值认同的、挑战大众共同认知的社会事件，才会激起强烈的反应。无论是现实舆论还是网络舆论，舆论能够产生都足以说明社会存在的价值规范与舆论本身传达的价值存在"错位"。网络舆论的规模、强度等特性既取决于"价值错位"的程度，又与价值共识的程度密切相关。价值错位程度越大，引发的网络舆论越强；反之，价值错位程度越小，引发的网络舆论越弱。

(六) "加速器"：滞后的回应引导

纵观近年来的网络舆论事件，因政府行政不当、反馈滞后与管理能力欠佳等引发的不在少数。在网络舆论形成之初，政府的消极回应和沉默不仅不能规避网络舆论的风险，反而会激化矛盾，使政府的合法性、权威性及公信力受到怀疑，更会波及社会管理工作，增加管理成本且极易引发社会群体性暴力事件。

三、网络舆论的内在心理机制

(一) 网络舆论的形成

1. 网络舆论主体的认知因素

网民作为网络舆论的主体，对网络舆论的形成发挥着重要的作用。面对纷繁复杂的社会事件和新闻信息，受众对信息的筛选与选择对网络舆论的产生来说至关重要。选择的机制之一就是网络使用者即网民的认知心理，网民的认知心理是网络舆论形成的关键所在。网民根据已有的知觉主动选择感兴趣的话题并参与讨论，社会事件折射出的心理价值与受众的认知越趋于一致或反差越大，则舆论持续的时间越久。当人们对某些现象或者新兴的事物予以关注甚至产生喜爱的心理倾向时，就形成了猎奇心理，也就是通常所说的好奇心，进而驱使人们一探究竟。由于时效性不强，传统媒体传播的信息无法满足受众的需求，他们的媒介接触对象就会转向迅速、及时而丰富的网络媒体。

德国著名心理学家、拓扑心理学创始人勒温提出心理场理论，他指出，人的心理现象具有空间属性。面对同一个舆论客体，不同的舆论主体有不同的看法，同一个舆论主体在不同的心理场中也会有不同的态度。在一个舆论场中，两种或多种不同的认知相互碰撞，最终汇聚成相对一致的意见，舆论因而形成。

美国社会心理学家里昂·费斯廷格（Leon Festinger）提出的"认知失调理论"认为，当人在心理上出现两种甚至多种不一致的认知时，就会出现认知不协调现象。网络舆论充斥着碎片化的信息和情绪化的声音，新闻事实真相难以窥见，受众通过拟态环境所形成的对真相的认知一次次被推翻，受众的心理认知活动也会受到影响。受众一方面要依赖媒体，另一方面又陷入判断迷茫的恐慌。面对反转新闻带来的认知变化，受众可能产生一定的认知失调，这种认知失调又会进一步反映到舆论中，激化舆论矛盾。

2．网络舆论主体的情感因素

情感是一个人的情绪体验，往往影响一个人的选择。网民的情感因素是除认知之外和网络舆论的形成密切相关的一个选择机制。感情是网络舆论的推助器，不同的人面对同一件事情，因价值观、人生观的不同会有不同的情感体验。情感使得网民持续地关注某一话题或事件，直接影响舆论的形成和发展。瑞士著名心理学家让·皮亚杰（Jean Piaget）认为，作为认识发展的基本要素的平衡，对于结构的发展变化的认识是非常重要的。当接收信息的人与传播信息者的观点和意向相一致的时候，同化作用就会发生，进而使接收者的心理达到平衡；否则，冲突、矛盾继而发生，接收者就会出现心理失衡。心理失衡状态下，人们便会产生一种平衡欲望，这种欲望会使人们通过修正自己对于信息的观点和意图或者通过改造自己的主观情感，促进心理系统达到平衡。对于受到社会高度关注和热议的社会事件，网民通过自己已有的价值观念和认知做出具有个人色彩的认知和判断，这种由情绪化的情感表达形成的网络舆论显然已经与理性渐行渐远。

3．网络舆论主体的动机因素

动机往往涉及人们行为发生的原因，进而影响行为发展的方向、持续时间和强度等。也就是说，动机在很大程度上影响甚至驱使着某种行为的产生。可见，心理动机对网络舆论形成与否会具有决定性影响，甚至还会影响着网络舆论的发展方向。不同的心理动机会产生不同的行为。以明星离婚事件在网络上引起网民热议为例，从道德层面进行思考的网友口诛笔伐的是当事人对婚姻不忠，违背伦理道德，也有网友从法律的角度对离婚财产分割问题进行讨论，更有人认为这只不过是一场基于利益的商业炒作。可见，基于不同的动机，网民表达着自己对这一事件的看法并参与到舆论的形成之中，使得网络舆论场变得更加多元化。

（二）网络舆论的爆发

1．网络舆论主体的宣泄性

网络情绪宣泄是指舆论主体通过网络来释放心中的压力，是网络主体内心的抑郁不满情绪在网络中的外在表达，是一种以网络为载体的社会心理现象。这种"抑郁不满情绪"主要源自于主体自身的生存、发展压力及其对社会现状的不满。有研究者把网络情绪宣泄看作洪水猛兽，认为网络情绪宣泄是一种"不良社会现象"和"病态心理"。也有研究者认为，宣泄不满、寻求心态平衡是人类的一种正常心理，是社会主体舒缓精神压力的有效方式。喜怒哀乐是人之常情，有了不满就需要通过一定的方式宣泄出来，网络情绪宣泄在某种程度上是一种较为隐蔽的甚至是体面的、伤害较小的宣泄方式。只有当主体沉溺于网络情绪宣泄而不能自拔，陷入偏执、狂躁、极端的非理性状态，对己对人造成重大伤害的时候，我们才能说网络舆论主体已经陷入了一种"病态心理"，网络情绪宣泄是一种不良社会现象。

2．网络舆论主体的从众性

早在 20 世纪末，法国社会心理学家古斯塔夫·勒庞（Gustave LeBon）就曾在他的著作《乌合之众》中揭露出人在群体状态下往往容易出现盲目从众的心理。互联网的出现打破了传统媒介单向的传播方式，在信息双向或者多向流通的网络时代，每个人都可以是信息的传播者和接收者,可以通过网络自由地接触和选择自己所需要的资源和信息。某一群体的成员对某一事件表达的意见越一致,从众心理和行为的产生概率就越大;反之,从众现象就越不容易出现。微博、微信作为连接人与人的群体空间,是网民普遍使用的社交工具。在网络热点事件中,网络"大V"和知名博主以及阅读量巨大的微信公众号的意见表达对网络舆论的形成具有至关重要的影响。同时,一部分网民基于以上这些群体的知名度和影响力而出现从众心理,跟风评论,表达着与他们相同或者相似的言论,进一步影响其他网民的观点和态度,使得从众的群体数量越来越多,从而爆发了从众的网络舆论。而持有不同意见和观点的一小部分人则渐渐地陷入了"沉默的螺旋",网络舆论的影响力及其群体进一步扩大,甚至占据绝对优势。

3. 网络舆论主体的匿名性

美国互联网专家埃瑟·戴森(Esther Dyson)曾指出,"数字化世界是一片崭新的疆土,可以释放出难以形容的生产力量。但与此同时,它也可能成为恶意中伤或弥天大谎的大本营,甚至会成为江湖巨骗行骗或恐怖主义者实施恐怖行为的工具。"目前,我国网民在网络上的发言仍然是可以匿名的,还未实现全员网络实名制。在这种匿名状态的驱使下,部分网民不顾及甚至不屑于深挖事件的真相,而是根据主观意见轻易地做出评判或者随意地发表攻击性或煽情性言论,甚至采取极端的行为,影响网络环境甚至是现实社会的安全与稳定。在对一些突发的街头破坏性骚乱进行调查后,研究人员发现,一些犯罪分子在平时生活中是循规蹈矩的人甚至是良好公民,他们做出这些越轨行为的原因是他们自认为在集合行为的群体中处于一种匿名状态,行为不受社会约束力的限制,这种状态使他们失去了自我控制的能力,更失去了应有的社会责任感,从而在一种法不责众心理的支配下做出种种冲动的越轨行为来宣泄自己的情绪。

(三) 网络舆论的消退

网络舆论热点事件在经历了舆论的顶峰之后,相关舆论的热度有所下降并逐渐地淡出人们的视野。一方面,通过一段时间的信息选择与接触,人们已经获得了自己所需要的信息,对事件也有了自己的判断和认识。另一方面,随着媒体的多次和深入报道,事件的真相也逐渐浮出水面,其话题热度也在慢慢消减。另外,随着时间的推移,事件的新鲜度也在逐渐地减弱,人们的注意力会转移到新出现的事物和事件上。这些因素综合起来,事件逐步淡出网民的视线和讨论范围,网民的情绪得到缓解,注意力被转移,舆论也进入消退期。

第三节 危机四伏的网络舆论现状

与传统舆论方式相比,网络舆论在时间和空间上更具广泛性,形成和反应更快,传播内容也更多元。正是因为如此,越来越多的民众才意识到"网络民主"与"网络监督"与自己如此贴近,他们依靠微博、博客、QQ等虚拟平台最终形成强大的社会舆论群体。自媒体时代,网络舆论就是一把双刃剑,作为一种新型舆论力量,它是各种因素相互作用的结果，要在社会环境、网络技术、网络意见领袖以及普通参与者等的相互作用下方可奏效。要使自媒体时代背景下的网络舆论真正发挥正面价值，必须建立和完善强有力的政府、民众监督与管理制度以及道德、行为约束机制，减少各种网络乱象和网络舆论失范事件的发生，避免各种道德与信仰危机的出现。

一、网络舆论的失序现象

（一）虚假丛生的网络信息

得益于网络传播的信息成本低、传播速度快，各种虚假的、零碎的、没有根据的信息如滔滔江水滚滚而来，带有个人仇恨色彩的、暴力倾向的和鼓吹色情的非法且有害的信息也不断进入广大网民的视野。这样的信息若被某些没有甄别能力和分析能力的网民所接收或再次传播，会使网络信息平台乱象丛生。例如，2018年5月11日，"二更"公司的微信公众号"二更食堂"发出一篇名为《托你们的福，那个杀害空姐的司机正躺在家里数钱》的文章，短短几个小时就引起了巨大的反响。由于微信平台疏于监督与管理，这篇多处措辞不当的文章发布之后引发了部分网民的不当言论甚至是极端行为，不仅严重破坏了网络生态环境，还严重影响了正常的社会秩序。这表明了当前我国自媒体运营依旧存在各种问题，如浮夸的用词、流水线式的创作、不严谨的内容以及流量至上等。

（二）非理性化与情绪化的网络舆论状态

非理性化与情绪化言论会严重影响网络舆论状态。例如，2018年11月11日，搜狐发布文章《泉州石化C9事件：一些自媒体的病确实该治了》指出，一些极端的自媒体账号通过各种非理性手段（缺乏事实依据进行断崖式评判）大肆渲染泉州石化C9事件，进行了虚假、夸张报道，甚至将泉港区描绘成"死城"，引起了部分网友不必要的恐慌。这种夸大事实甚至编造不实信息混淆视听的现象在很大程度上与当前自媒体从业规则不成熟、相关从业人员缺乏自律、平台缺乏社会责任感和监管措施尚未到位有关。

（三）层出不穷的网络舆论暴力

舆论暴力是指部分媒体利用自己的宣传力通过剪辑、偷拍等手段制造舆论声势，对个人或者某个组织进行封杀或者对事实进行扭曲。按照危害程度不同，网络舆论暴力分为轻度网络舆论暴力和重度网络舆论暴力。轻度网络舆论暴力指的是一些谩骂行为，这种行为在网络上比比皆是，但是由于没有给当事人造成严重的危害，所以并没有得到人们的重视。重度网络舆论暴力是指对当事人大肆侮辱和围攻，甚至将当事人的个人信息公之于众，干扰当事人的现实生活，对当事人的心理造成创伤。这些行为不仅超越了正常的理性范围，也触犯了道德伦理和法律规范的底线。言语攻击、恶意诋毁、群起声讨、行为骚扰等均属于网络舆论暴力范畴，这些行为造成的负面影响是极为严重的。

（四）网络舆论带动群体极化

"群体极化"（group polarization）最早从社会心理学领域发展而来，它是指个人在进行群体决策时，个人先前已有的想法和观点在经过群体讨论之后会得到强化，个人变得更加坚信这个观点，并且其观点有可能比原来更加偏颇。美国学者凯斯·桑斯坦认为，团体成员一开始即有些偏向，在商议后，人们朝偏向的方向继续移动，最后形成极端的观点。随着网络的不断发展，网民的话语权不断被放大，网络舆论中体现出的群体极化现象变得更加显著和激烈。因此，网络群体极化是指网络群体针对某一社会问题或现象进行讨论并通过讨论出现观点的交锋和偏移，最终使群体意见走向极端偏颇的状态和过程。

因为群体最终形成的极端的观点并不是静止的，而是在各方因素的推动下不断激化和发展的，所以可以把群体极化理解为一种状态和过程。群体极化在现实社会中表现于群体性事件中，在网络空间则表现为极端情绪的出现和蔓延。在网络舆论中，网民就一个舆论热点争论不下并出现大规模的言语攻击和谩骂是群体极化的直接表现。事实上，在现实生活中和网络空间中的群体极化并不是泾渭分明的，二者之间存在着一定的联系并且相互影响、相互催化。

（五）网络舆论反转频繁出现

近年来，网络舆论反转事件频发，愈演愈烈。据人民网舆情监测室统计，仅 2016 年上半年就有近二十起事件发生舆论反转，"江苏女教师监考中猝死""上海女逃离江西农村"等事件不断搅动舆论场，引发社会的广泛关注。从最初的积极参与到作壁上观，公众在表达意见时变得越来越谨慎，甚至走向另一个极端——宁可信其有，不可信其无，坐等反转。这一态度的转变不仅阻碍了舆论场上的观点沟通，也意味着媒体公信力正面临着严重的危机。

网络舆论反转不同于多方利益主体间的力量博弈、观点较量，其舆论走向较为单一，意见较为一致。伴随着更多事实细节的披露和完整真相的呈现，舆论一般呈现整体逆转的状态，前后对比明显，令人咋舌。网络媒体的即时性为公众了解信息提供了便利，不仅加快了网络舆论的产生速度，更提高了事件发生及舆论表达的不可控性，使热点事件的舆情反转概率上升。随着更多事实信息的披露，真相得到公开，公众对于事件会形成客观、全面的认知，态度趋于理性，舆论观点得到及时矫正。然而，当这种出尔反尔、反转"打脸"的情况成为常态时，无谓的质疑和习惯性不信任会加大舆论引导的难度，加重社会的撕裂程度，增加社会不稳定因素，为今后的新闻工作埋下巨大的隐患。

二、网络舆论的正向影响

社会离不开舆论监督，更离不开良好的舆论环境与氛围。作为舆论监督的重要组成部分，网络舆论的主要诉求是反映民意，透过网民表面的感性表达看到其内在的合理诉求，网络舆论正日益发挥着正面影响。当下我国网络舆论仍以揭露事实真相、追求公平正义为主流价值取向。

（一）网络舆论塑造正向公共形象

网络舆论是由网民在一定时间、空间范围内所发表的普遍意见和言论所构成的，被视为公众意见表达的思想观点的集合，对社会生活具有重要的影响。随着体育、政治与医疗等事业的快速发展，运动员、政府发言人以及医生等形象越来越受到公众和媒体的关注。例如，2020年电影《夺冠》播出后，网民对运动员张常宁在影片中转动排球的动作以及从沙滩排球转至室内排球的经历大加讨论，这一网络舆论对张常宁接地气的一面进行了放大，使她在网络上收获了大量网民的喜爱。网络舆论对张常宁运动员形象的塑造体现了网络舆论在运动员形象的多元化解读方面起到的积极作用。再如，在北京朝阳医院陶医生被砍伤这一事件中，网络舆论集中关注医生在工作中面临的危机与困难，揭露了陶医生被砍伤事件背后的医患关系问题的同时，也将敬业的医生形象摆到了公众面前。随着网络舆论对这一事件的关注度逐渐上升，越来越多像陶医生一样敬业、满腔热血的医生形象进入公众的视野。

（二）网络舆论成为政治参与新形式

与传统的传播模式相比，依赖互联网信息技术的网络传播具有信息传递更快捷、更丰富，交互性更强的特点，网民能够快速、准确地找到自己感兴趣的公共话题，这在助推公民实现政治参与方面具有巨大的优势。同时，随着近年来我国政府治理理念的转变，网络舆论作为民意、民情的一部分也受到越来越多的重视，公众通过网络舆论参与政治生活的现象越来越常见。例如，越来越多的公众开始在北京政务等微博的评论区以及微信公众号后台等场合进行意见与观点表达，这些舆论的加总形成了公众政治参与的意见集合体。再如，2020年"两会"期间，公众通过央视新闻客户端观看直播并留言互动真正实现了实时的政治参与。由此可见，互联网信息技术的快速发展为网络舆论对民意的表达提供了更多的可能。

三、网络舆论的引导机制

当前，现实社会和网络空间相互影响，网民和公民相互重叠，引导每位好公民成为好网民对于加强网络空间治理、促进网络空间生态良好来说尤为关键。党的十八大以来，习近平总书记高度重视新闻舆论工作，曾在多个场合发表重要讲话，深刻阐述了新闻舆论工作的重大意义、职责使命、方针原则及其创新发展等一系列问题。2016年4月19日，习近平总书记主持召开"网络安全和信息化工作座谈会"并发表重要讲话，阐明了为何要"培育中国好网民"，更为"培育中国好网民"提供了方法与指引，主要包括以下三点：网上网下要形成同心圆、依法加强网络空间治理、加强互联网内容建设。此外，还要做好舆论引导工作，主要包括以下七点。

（一）坚持党性与人民性相统一

基于对新闻舆论工作意识形态属性的深刻洞察，马克思主义新闻观把党性原则作为新闻舆论工作的根本原则。坚持党性原则，把正确的政治方向放在新闻舆论工作的首位，首先要坚持党性和人民性的统一。党性和人民性的统一既是一个理论问题，也是一个实践问题。从理论维度看，全心全意为人民服务是党的根本宗旨，党除了工人阶级和广大人民群众的利益，没有自己特殊的利益。因此，坚持党性就是坚持人民性，宣传党的主张，与党保持高度一致，就是为了统一全党意志，组织和动员人民群众创造属于自己的美好生活。坚持人民性就是坚持党性，充分反映人民群众的丰富创造和利益诉求，就是践行党服务人民的根本宗旨。从实践维度看，无论是战火纷飞的革命年代，还是热火朝天的建设岁月，无数共产党人之所以能为人民的利益舍生忘死、不懈奋斗，就是因为他们牢记共产党员的使命，坚持信党、为党、护党。

（二）重视理论与方法

做好网络舆论引导工作的前提是要做好理论工作，即做到两个巩固：一是巩固马克思主义在意识形态领域的指导地位，二是巩固全党全国人民团结奋斗的共同思想基础。首先，巩固马克思主义在意识形态领域的指导地位就要强调立场和方法。立场是什么？就是以人民为中心的立场、以中国为中心的立场。方法是什么？辩证唯物论、历史唯物论就是实事求是的方法。其次，巩固全党全国人民团结奋斗的共同思想基础。爱国主义、社会主义、改革开放是思想基础的最大公约数，这三者结合在一起，网络舆论引导工作就会有一个正确的方向。

（三）强化正面宣传

社交媒体时代，舆论的主体是社会民众，而宣传的主体是政党或政府组织。舆论的流向从过去自上而下的单线型传播转化为去中心化的离散型传播，舆论已经成为影响政府决策和我国政治进程的一个极其重要的因素。互联网实现了信息的相互传递，每个网民都可以成为信息的发布者。部分信息发布者别有用心，故意散布不实消息、宣扬物质主义等，对社会风气造成了恶劣影响。

因此，网络舆论需要突出主流意识形态的指导地位，弘扬社会主义主旋律，指引社会前进方向，反映人民群众的现实需要，发挥正面宣传的作用。马克思主义新闻观将新闻事业和国家发展联系在一起，强调新闻工作者的重要职能。马克思主义新闻观对新闻工作者提出要求，对新闻行业提出要求，必须保证新闻的真实性、及时性，为人民群众提供引导，宣传我党的最新路线、方针、政策。依靠马克思主义引导网络舆论，能够始终站在人民群众的角度传播信息，强化正面宣传，树立党的正确形象。

（四）发挥主流媒体作用

主流媒体是社会舆论的风向标，对于我国这样一个疆域辽阔、民族众多的社会主义国家来说，发挥主流媒体的舆论导向作用对于统一全民思想、维护社会稳定、保障经济发展具有至关重要的意义。智能媒体时代，我国主流媒体大多建立了自身的网络平台，如微博、微信公众号、短视频账号等，承担着引导社会舆论的重任。从整体上来看，我国主流媒体依靠网络平台引导舆论的时间较短，管理经验相对不足，处在发展初期。

在发展过程中，应该促进主流媒体机构的交流协作，增加新闻网站数量，形成网络平台矩阵；通过分析不同年龄段网民的接收特征，实现社会各阶层用户的全覆盖，为舆论引导奠定坚实的基础；塑造主流媒体的良好品牌形象，使其在舆论引导中占据主要位置。值得注意的是，在依靠网络平台传递信息的同时，主流媒体需要注重传统新闻放送平台，实现舆论消息的双向传递。主流媒体网络舆论引导会受到市场经济的影响,需要遵循市场运行规律,也需要坚定社会主义路线,融入社会主义核心价值观念,渗透马克思主义,弘扬改革创新精神。

(五)完善权威信息发布渠道

舆情是否真实、可靠在很大程度上取决于信息发布是否及时有效、公开透明。当"信息饥渴"时,如果供给不足,需求就会变得多种多样,往往造成谣言盛行。如果权威信息比谣言传播得快,就控制了话语权。反之,如果等到谣言被传播后再纠正,就容易丧失话语权。因此,完善权威信息发布渠道十分有必要,可以通过寻找共同关注话题进行有焦点的、诉诸理性的告知;选择适宜的渠道、传播者与表达方式,有针对性地传播信息;在缺少确切信息与可靠结论的情况下,要做到态度明确、敢担责任,在完善信息发布的同时安抚公众的情绪,缓解社会矛盾。

(六)维护合理意见的自由流通

政府拥有网络舆情调控的合法性,但应遵循谦抑性原则和比例法则,保证其采取的手段与其所追求的目的之间符合一定的比例,从而将网络舆情调控对民众表达自由权和监督权的侵害降低在最低限度,最大程度地实现公共利益。在网络舆论引导的过程中,要寻找最大公约数,把如何促进意见共识和对话放在首位,通过构建平等对话渠道,以平等的姿态、平和的心态与民众进行风险沟通,消除矛盾、隔阂,配合日常活动,用正和思维形成社会认可的信任文化。在通过正和思维创造增量的同时,适当向相对弱势的意见群体倾斜,以矫正当前社群意见过于分散的状态。同时,要继续对当前舆论治理思维和方向进行反思,进行有效度的引导。

(七)建立有效回应机制

及时、有效地回应人民群众的期盼和关切是现代政府的重要标志,也是保证现代民主政治有序运行的关键。建立有效的回应机制就是要在政府政策及其治理措施的出台与民众对政策的接纳和反应之间形成平等、通畅的沟通和交流,让政府回应职能在消解社会矛盾、平衡利益冲突中的作用得到充分发挥。

思 考 题

1. 简述网络舆论的概念及其与舆论的关系。
2. 尝试用自己的语言解释网络舆论产生的原因。
3. 列举一到两个现实生活中网络舆论的正面与负面事例并阐释其背后的心理机制。

实 践 任 务

分小组讨论当下的一起网络舆论事件,梳理整体发展历程并尝试分析其背后的发生机制。

本章参考文献

[1] 肖兵艳. 理性认识网络舆论 加强网络舆论管理[J]. 新闻传播, 2019（19）：80-81.

[2] 邓纯余, 李瑞希. 新媒体时代网络舆论形成的特点及其引导[J]. 大庆师范学院学报, 2017, 37（5）：28-30.

[3] 王树亮, 刘姗. 网络舆论形成的原因与规避机制探析[J]. 陕西行政学院学报, 2014, 28（4）：26-29.

[4] 陈洪娟. 从热点事件看网络舆论变化与价值取向的转移[J]. 当代传播, 2019（5）：79-82.

[5] 刘栢慧. 网络场域中舆论生成的影响因素研究[J]. 声屏世界, 2019（9）：91-92.

[6] 翟明杰. 浅析新媒体语境下网络舆论形成的心理机制[J]. 东南传播, 2018（7）：106-109.

[7] 刘岩松, 赵芷仪. 自媒体时代网络舆论失范的挑战与政府应对措施探讨[J]. 延边教育学院学报, 2019, 33（5）：13-15.

[8] 周燕, 刘大明. 试论"微时代"的"舆论审判"现象及规制[J]. 华中传播研究, 2018（2）：182-194.

[9] 牛月, 龚小润. 网络舆论中群体极化现象的产生发展与治理对策[J]. 新闻论坛, 2019（3）：82-85.

[10] 马箫. 浅析"网络舆论审判"的现实影响[J]. 商, 2016（9）：239.

[11] 马冰星. 网络舆论引导研究[D]. 北京：北京交通大学, 2013.

[12] 郭航. 浅析新时代下如何以马克思主义新闻观引导网络舆论[N]. 中国产经新闻, 2019-12-13.

[13] 夏旻. 网络环境下舆论监督乏力的原因与对策[J]. 传媒论坛, 2019, 2（24）：94-95.

[14] 刘宏, 周婷. 新媒体环境下网络舆论引导问题与策略[J]. 中国新闻传播研究, 2019（2）：36-50.

第四章
网络文化

> **本章导读**
>
> 网络塑造了全新的文化景观，而网络文化在诞生与流行的过程中也充实了网络空间，成为网络世界里不可忽视的社会现象，对现实世界造成革命性影响。如今，网络文化已经在我们的社会生活中占据重要的地位，因此对网络的研究绝不能忽视文化层面的讨论。本章主要介绍网络文化的内涵及特征并从网络文化与其他文化的关系这一角度出发展开深入分析。

网络文化依托于互联网技术而产生，正因如此，它比人类社会中任何一种文化都更加多元、更加复杂。如何定义内涵多元、层次复杂的网络文化，从哪些角度去认识网络文化的特征以及如何认识其丰富多样的形态是本章要分析的主要问题。

第一节 网络文化的内涵及特征

人类社会进入 21 世纪，"网络"已然不再是为人津津乐道的科技发展前沿，而是成为人类社会普遍接受的历史发展空间，随之而来的各项技术和功能都在各个层面深刻而具体地塑造着人们所处的经济、政治和文化环境。在宏观层面上，作为人类历史上第一个全球性文化传播媒介，网络突破了人类文化交流的时空边界，也相应地为人类搭建了新形式的文化传播载体，不仅促进了全球范围内不同文化的交流沟通、各类资源的流动重组，也丰富了不同文明间的相互关系和符号形态。

在微观层面上，网络媒介的发展和网络传播的进步重塑了人类的行为和活动轨迹，改变着人类的交流和沟通习惯。作为人类精神交往的第二世界，网络传播帮助人们实现了对世界的延伸和扩展。网络对于现代社会进步的促进作用已经超出了技术、经济学和社会学的研究领域，对于文化的传播方式、文化的生产与消费、文化资源的配置与重组都产生了难以估量的改变和影响。

一、理解网络文化

从发展的脉络来看，网络传播经历了一百余年的电信革命、五十余年的计算机革命和近二十年以微处理器为核心的 PC 革命，最终得以进入以互联网为标志的网络革命阶段。由此可见，网络传播产生的前提就是计算机技术不断与通信技术的发展相互融合。网络文化这样一种伴随着网络传播发展诞生的全新文化形态，不能全然采用传统的文化研究视角去看待，而是要结合其数字化的技术前提来分析它的本质。

首先，不同于人类社会原有的文化范式，网络文化并非以报纸、杂志、书籍等有形实体的方式存在，而是在计算机网络中以数据为载体供人们所使用；网络文化的相关活动也并非在人们的现实生活空间中进行，而是在突破时空限制的网络虚拟环境中存在。

其次，网络文化具有包容性，能够融合现实文化和虚拟文化。人类传统的文化观念对于人类的主观能动性和创造物总是保有一种客观的肯定态度，认为其具有现实生活中的合理意义。而作为一种数字化的构成，虚拟文化由抽象的概念和符号组成，是数字的具象化，被称作"现实文化的反向生成"。网络空间中既有现实中已经或可能实现的现实文化，也展示着现实中不可能出现的虚拟文化。

最后，信息数字化宣告了人类走出以纸张为文化传播媒介的"纸文化时期"，开辟了"无纸化传播"的新时代。存在形态数字化的虚拟文化在更大程度上拓展了人类的创造潜力，纵深发展了人类的智慧，因此网络文化的兴起实际上也是一场文化传播的革命。

二、网络文化的概念

人类文化本身就是社会各个层次的不同群体在一定时期内形成的关于思想、理念、行为、风俗、习惯、基础学说及其代表人物和群体整体意识辐射出来的一切思想活动、行为活动。因此，想要用一个简单的概念限定网络文化是很困难的。正是由于网络文化自身内涵的多元化和层次的复杂性，任何在网络中的主体都可以被称为网络文化的构成细胞。人们在各式各样的网络平台和网站上所表达的信息、形成的现象、组织的活动等都具有网络文化的意义。网络文化是社会现象在网络空间的集合表现，是网络的主、客体之间互动的过程与结果的总和。

通过了解不同学者出于不同角度的定义，我们可以更好地理解网络文化的内涵。有学者认为，网络文化并不是一个十分抽象的概念，如果自己觉得以某种方式生活，这里面本身就体现了文化，当你的吃、住、行、交友等日常活动按网络的方式来进行，自然就形成了网络生存方式，也就是网络文化。还有学者提出，网络文化作为一种以网络技术为基础、以网上生存为核心内容的新文化形式，它不仅造成了人们对以往传统的、占主流地位的文化价值规范的反思和检讨，也极大地扩展了现代社会中人们文化生活的深度和范围并正在塑造着全新的文化价值规范体系。国外研究者认为，网络文化是一个分布很广的、松散的、合法的、有选择性的、对立的亚文化复合体，可分成几种主要领域：视觉技术、边缘科学、先锋艺术、大众文化。

三、网络文化的基本形态

正如麦克卢汉所强调的，"媒介即讯息"。他将媒介技术变革视作社会发展的重要推动力，认为每一种新媒介技术的产生都开创了人类感知和认识世界的方式，创造出了新的社会文化类型。网络作为现代媒介的集大成者，网络文化也成为一种全新的文化表达形态，通过对网络文化基本形态的分析，我们可以更好地理解网络文化的意蕴内涵。

（一）去中心化

"去中心化"是网络文化的核心理念之一。中心化指的是一个组织或机构掌握和控制文化发展和传播过程中的大多数资源，拥有绝对的话语权。这些机构或组织的权力控制范围相对较广，信息、知识及决策权相对集中，信息的流动是自上而下的单向传播，它们在客观上控制了信息传播的内容资源，也因此拥有了主要的话语权力。去中心化则是对"中心化"文化传播模式的冲击与消解。去中心化意味着信息流通的决策权朝向组织的底层进行迁移和配置，知识、信息和决策的主动权下移。随着网络服务形态的多元发展，个人浏览器、客户端、数据库等服务形态逐渐兴起，网络文化的"去中心化"经历了从个人权威（少数精英）到媒体权威（门户网站）再到个人权威（网民个体）的发展过程，个体网民逐渐成为网络文化生产和传播的主角。

由于各种传播手段及其功能的不断融合，公共传播与私人传播之间的差异日益缩小。所谓被动的收听者、消费者、接收者或目标对象，这些典型的受众角色将会终止，取而代之的将是搜寻者、咨询者、浏览者、反馈者、对话者、交谈者。原本处于弱势的个体网民得到了 Web 2.0 的技术支持，有了获得更大权力的可能性。由于不同个体在喜好、分析视角和对事物的看法方面存在较大的差异，他们创建、分享的不同作品和文化观也就丰富了网络文化的内容与内涵。以互联网为交流互动的平台，通过博客、微博、BBS 等社交媒体和交流论坛积极参与网络文化的构建与更新已经成为网络传播时代的普遍现象。"去中心化"已给网络文化带来深刻的影响，成为网络文化发展进步的基本形态，极大地促进了网络文化个体化、多元化的转变。

（二）碎片化

齐格蒙特·鲍曼（Zygmunt Bauman）认为，碎片化是文化在后现代时期表现出来的一种"症候"。文化碎片化是一个动态的过程，它的产生离不开文化本身发生的转变。网络文化作为一种互联网时代新型文化形式，以每个单独的受众个体为中心，匹配他人的需求和喜好，构建信息与文化的传递、接收体系，极大地模糊了传播主体在传者与受者角色之间的界限。喻国明教授在解读新媒体发展时提到，"传统的社会关系、市场结构及社会观念的整一性从精神家园到信用体系，从话语方式到消费模式瓦解了，代之以一个一个利益族群和'文化部落'的差异化诉求及社会成分的碎片化分割"。网络传播中的碎片化形态主要体现在以下四个方面。

1. 传播主体的碎片化

传统社会文化中，媒体往往是统治社会的工具，普通的个体受众尤其是底层的劳动者几乎没有表达意见的发言权。如今，网络的出现打破了这种权威，带来了集中式话语权的消解与下放，"人人都有麦克风"已经成为社会文化发展的常态，平民、草根势力不断崛起，作为传播主体的受众的主观能动性也逐渐放大并在发展中拥有了彼此之间平等对立、势均力敌的碎片化倾向。

2. 传播内容的碎片化

以纸媒为代表的传统大众传媒的传播内容大多是满足公众基本信息需求的公共信息，因此其传播和接收的方式也具有线性、完整叙事的特征，在文化发展较为单调的传统媒体时代，受众接收的是完整叙事类型的信息传播。但互联网的数字化特征催生了信息的膨胀与爆炸，受众逐渐被海量的信息片段所淹没。旧有的信息知识体系崩裂、破碎而又以新的形态重新组合、出现，形成了非线性的信息获取和接触方式。对于受众而言，一方面，短小精悍且结构完整的信息能够节省接收信息的时间、简化信息解码的方式和渠道；另一方面，由于支离破碎的信息片段充斥网络，传播内容"鱼龙混杂"也对受众的信息接收方式提出了挑战。

3. 传播主、客体注意力的碎片化

网络时代，信息更新的速度发生了翻天覆地的变化，受众面对海量的碎片化信息难免感到应接不暇、力不从心，"信息焦虑症"也因此应运而生。如果说个体的崛起摧毁了媒体作为内容生产机构的中心化原则，那么注意力的碎片化则是对媒体传播渠道中心化的一种解构。注意力的碎片化源于数字互联网时代的信息爆炸和其转瞬即逝的片刻性。受众简化了获取信息的过程，同时也消解了对信息进行深度理解和判断的过程，往往快速地被某个信息吸引，又快速地进行注意力的转移，随着一个又一个新热点的出现，受众的注意力也被逐渐地切分，因此无论是传播主体还是传播客体，都在这极速更新的信息海洋中割裂着自身的注意力。

4. 传播时间、空间的碎片化

我们熟知的传统媒体在进行信息的处理与分发时往往要受到时间和空间的双重限制，这就是为什么我们以地方性报纸、地方性电视台等传媒机构作为空间的中心并以日报、周报、阶段性电视节目等方式构建时间上的规律和中心。由于空间的有限性和时间的滞后性，文化传播的过程在过去常常营造出一种"仪式感"——你有没有在某个固定时间段收看某档电视节目的经历呢？而网络的出现则将信息和文化的传播这一社会发展过程推下"神坛"，由于网络媒介更加便捷和简易，受众摆脱了时间和空间对于接收和传递信息的支配和限制，传播过程的时间范围、空间范围都分散成了碎片，受众可以在任何时间、在世界上的任何一个连通互联网的角落接触到所关注的信息，这种传播环境的碎片化被视作网络传播活动的一种解放，实现了更大程度的信息交互自由。

（三）多元化

网络文化是新兴技术与文化内容的综合体，是在网络空间形成的文化活动、文化方式、文化产品、文化观念的集合。各类网站发展迅猛，形成网络文化建设新格局。如今，我国以重点新闻网站为骨干，各级政府网站、知名商业网站和专业文化类网站积极参与，共同推进网络文化建设的生动局面逐步形成。知名商业网站积极投入网络文化产品的研发与服务，有影响的社科类、文学类、艺术类、教育类、科技类专业网站快速成长，满足网民多样化、多层次的精神文化需求。

四、网络文化的特征

（一）技术依赖性

网络文化的产生伴随着对网络和新媒体技术更新的依赖，背靠数字化技术的更新换代和全球化网络的沟通互联，网络技术与网络文化既不是二元对立，也不是二元分立，而是一个相互联系、不可分割的系统的整体，两者相互依赖、相互制约。

（二）虚拟性与现实性

网络文化存在于虚拟的网络空间，是受众超脱于实际生活而构建的文化模式。同时，作为虚拟的精神产品，网络文化也能够对受众的现实世界产生极大的影响和作用，是兼具虚拟性和现实性的文化类型。

（三）赋予传播活动平等、开放与自由

网络文化的构建依靠各个终端的贡献和作用，跨越时间、空间限制的网络文化并不依靠社会阶级、角色、信仰等标准衡量一个人的话语权，而是赋予了受众相对的权利和自由，传播活动因此而发生了中心下移，受众的信息接收和态度表达更加平等、开放。

第二节 网络文化与大众文化

网络文化作为一种互联网高速发展所催生的文化形态，其本质是一种新兴的大众文化。从大众文化的视角来认识、理解网络文化，能够更好地建构对其内涵和意义的理解，深化对其长远影响的研究。

一、大众文化的概念

大众文化是一种建立在强调以大众为对象的社会背景下的文化形态。大众社会理论滥觞于 20 世纪早期的西方资本主义社会，以北欧和北美地区为代表，因为那里形成了人类历史上最初的工业社会规模。

随着技术的不断发展，工业社会开始呈现出以下三个方面的特点：一是社会的工业化和都市化进程导致农耕时代的农业文明瓦解，传统的社会结构、固有的等级秩序和统一的价值体系被逐渐打破，人类的理性光辉开始发散。二是工人阶级的崛起使得人们失去了作为庶民的统一的行为参照体系，人与人之间的关系也随着工业机械化程度的加深而变得更加冷漠和疏远。人们变成了互相隔离的、孤立分散的存在，大规模分散的、不定量的具有不同社会归属但有着相同行为倾向的，容易受到外界刺激和动员的流动特殊社群——"大众（mass）"应运而生。三是大众传播媒介的迭代和迅速发展使得人们抛弃了传统纸媒时代的信息获取渠道，享受着诸如广播、电视等电子媒介带来的便利与新鲜感，而人们对于新兴电子媒介的热情和好奇也促使其成为联系分散的大众个体之间的纽带和桥梁。

伴随着工业化发展，人类社会迎来了巨大的变革，大众文化也随之不断进行着革新与改变。大众文化研究中所关注的大众文化并非一个泛化的发展概念，也不等同于以往历史上出现的通俗文化或民间文化，而是具有特定范畴的、以工业化大批量生产和复制消费性文化商品为基础的文化形式。

大众文化这一概念最早出现在西班牙哲学家奥尔特加所著《民众的反叛》一书中，主要指的是一个地区、社团或国家中新近涌现的，被大众所信奉、接受的文化。美国学者D. 麦克唐纳曾在其1944年发表的《大众文化理论》中指出，大众文化不再是过去不入大雅之堂的低层次、低品位文化，它发端于底层社会并受到统治阶层的影响和控制，提供了不同于主流或官方文化的另一种视野和行为方式。我国台湾学者杭之认为，大众文化特指"一种都市工业社会或大众消费社会的特殊产物，是大众消费社会中通过印刷媒介和电子媒介等大众传播媒介承载、传递的文化产品，它服务于大众，因而有着标准化和拟个性的特色"。

到了网络时代，大众文化（mass culture）更多地表现为以大众传播媒介（机械媒介或电子媒介）为手段，按商品市场规律去运作和生产的旨在使普罗大众获得感官上的愉悦体验的日常文化形态。从这个定义来看，人们生活中随处可见的畅销小说、商业电影、电视剧、流行歌曲、娱乐报刊、卡通影像、营利性体育比赛、时装模特表演等为大众所喜闻乐见的文化形式都属于大众文化的范畴，它们的共同特点是符合商业时代的发展规律，具有突出的商品性，注重在最大程度上迎合更多人的文化需要，尽可能实现利润的最大化。

除经济因素对大众文化发展的影响，政治因素也在大众文化的形成过程中起到了关键的作用。大众社会理论认为，社会主要由两部分构成：广泛的大众和少数权力精英。大众的特征是孤立、分散而数量庞大，能够产生不可抗拒的"多数"压力和力量。因此，精英阶级掌握着社会大部分的权力，总是试图控制和影响大众。在这个过程中，大众传媒为精英操控大众提供了必需的技术工具和技巧。而与之相对的，精英人物也容易受到来自大众的压力和影响。例如，影视在权力精英与大众的力量博弈中发挥了巨大的作用。影视作品等一系列文化产品的生产与再生产有效而隐蔽地将支配与被支配的权力关系转换为社会成员心甘情愿接受的自然现状，蒙蔽了受众的眼睛，使受众相信自己所看到和感受到的。

二、大众文化理论的发展过程

美国信息学教授詹姆斯·罗尔认为,"大众文化是指这样一些艺术风格,它们来源于普通人民的创造力并根据人们的兴趣、偏好和品位流传于人们之间"。总体来说,从近代到现代,西方和我国的大众文化研究存在着较大的差异。

(一)西方的大众文化研究

在西方的研究中,大众文化对应的英文有"mass culture"和"popular culture"两种,法兰克福学派倾向于使用"mass culture"来表达大众文化,他们认为"大众文化是标准文化、程式文化、重复文化和肤浅文化的同义词,是为一种虚假的感官快乐而牺牲了许多历久弥新的价值观念"。随着理论的发展,目前更多的学者倾向于使用"popular culture",因为"流行"更加符合人们对大众文化的一般性理解。

德国法兰克福学派和英国伯明翰学派都是从马克思的批判理论出发,通过两种不同的研究路径对大众文化进行了研究。法兰克福学派在对马克思主义理论旨趣和辩证方法论的继承中,坚持以文化精英主义的研究视角对大众文化进行批判,认为其剥夺了"精英文化",因此对大众文化抱有抵制和超越的态度。其理论局限性体现在意识的高度理想化和实践的空想性,忽视了大众这一群体的主观能动性,这是站在精英主义视角上对大众的能力进行低估和误判的结果。

英国的伯明翰学派则在实践中运用了马克思主义的政治立场,坚持工人阶级的主体地位,采用历史现实主义的态度,认为工人阶级对英国社会具有创造"共同文化"的贡献,将工人阶级本身的文化生活作为一种研究的范式和经验。该学派的研究视角是从大众文化产品和大众消费互动过程来切入的,认为大众中每个个体的差别解读构成了对于权力集团的抵抗,这种差别化的抵抗正是大众文化产生的根本原因。因此,受众的主观能动性在这个研究过程中得到了充分的调动和利用,然而该学派更关注媒介的作用,没有深入考虑文化产品产生过程中所聚集的政治、经济和文化因素。

(二)我国的大众文化研究

孕育和培养大众文化的土壤是大众社会,作为一种特殊的文化形态,大众文化产生于高度发达的现代工业文明社会,受到市场经济体制、传播媒介技术、政治体制环境的多方面影响,因此在不同的历史阶段、不同的社会形态和不同的民族或国家中,大众文化都呈现出不同的内涵和意义指向。

随着我国文化理论的不断深入发展,我国学者在思考西方大众文化理论的同时也逐渐展开了关于我国社会环境中大众文化发展的研究。中国人民大学金元浦教授是早期理论研究的代表者,其在文章《定义大众文化》中总结了既往研究中 12 种大众文化的定义并提出"今天的大众文化是一个特定范畴,主要是指兴起于当代都市的,与当代大工业密切相关的,以全球化的现代传媒(特别是电子传媒)为介质大批量生产的当代文化形态,是处于消费时代或准消费时代的,由消费意识形态来筹划、引导大众的,采取时尚化运作方式的当代文化消费形态"。金元浦教授评价大众文化是人类有史以来广泛参与的、规模最大的文化事件。王一川教授则提出要从四个方面批判地审视大众文化：第一，产生于工业文明的大众文化并非任何社会都市化的产物；第二，作为社会都市化的产物，要以普通市民大众作为主要受众和制作者；第三，大众文化具有一种与政治权利斗争和思想争论相对立的感性愉悦性；第四，大众文化是日常的，而非神圣的。

通过对前人研究的重读与认识，我们能够大致勾勒出以下几个大众文化的特征。

一是在文化主体方面，大众文化的产生依赖于大众社会的形成，它并非特定阶层的文化，而是属于社会上散落的无数"一般个体"的文化，迎合着广大处于社会中下层群体的爱好与品位，具有通俗性。

二是在文化传播手段方面，大众文化的传播载体是以电子媒介为代表的现代传播媒介。依赖于现代传媒技术的海量信息和快速复制的特点，大众文化才得以建立广泛的社会传播网络，在这个意义上，大众文化也是一种传媒文化。

三是在文化生产方式方面，大众文化的生产是以产业化形式推进的，伴随着文化工业的大量生产、分发、销售，本质上是一种买卖关系构成的消费行为。

四是在文化内容特征上，大众文化具有普遍的流行性和娱乐性。通过"象征性资本"的创造形成的消费热潮和时尚赋予了大众文化的广泛流行和普遍接受，符合社会发展过程中人们对于享乐的本能需求。

三、网络文化与大众文化的关系

（一）网络传播对大众文化的影响

随着互联网的发展和普及，人们的信息传递和接收方式发生了巨大的改变，网络传播对社会发展过程中既有的大众文化造成了冲击，逐步解构原有的大众文化模式，因此网络文化对于现存大众文化的影响是显著且直接的。

首先，网络传播方式的便捷性和易操作性改变了大众文化的发展趋势。大众文化经过了从工业产品到文化消费产品的发展过程，具有一定的普适特征，即忽视受众的个体差异，强调受众在文化发展过程中的同质性。而网络时代便捷、简易、快速的传播特征赋予了受众更多的个性化差异，每种网络文化的受众都拥有发布内容的自由和权利，如同独特定制的产品，没有必要经过流水线的标准化打磨，这在本质上与大众文化的实质相反。

其次，网络传播重塑了品牌价值。商业发展中诸如"品牌战略"的铁头寨律同样适用于网络传播，即品牌的地位在网络环境中愈加被重视，著名的品牌会在网络传播环境中越来越有名。在大众文化主导的时代，许多地方性媒体机构作为大众文化的品牌领袖，具有文化发展中的绝对权威。而在网络文化冲击下，品牌泛化高度集中，一方面强化了品牌的知名度，另一方面也使品牌更加脆弱。在"人人都有麦克风"的网络环境中，除品牌的自身宣传外，口碑掌握了媒体所不能替代的品牌评价话语权。

（二）网络文化是否会带来大众文化的终结

在关于网络文化是否会导致大众文化走向终结的探讨中需要理解两个关键问题：一是

网络文化与大众文化之间的关系，二是网络文化和大众文化间的差异。前者有助于厘清两种文化在社会发展中的地位，后者则着重探讨强势的网络文化是否具有绝对的优势，可取代大众文化。

网络社会的发展和进步伴随着商业利益的驱动，赢利是网络厂商的根本动机，无论是从文化的普及性考虑还是从文化发展的驱动力方面考虑，网络文化都可以看作互联网时代催生出的一种具有大众文化潜力的现代文化形态。网络文化的产生、普及和流行都依赖于大众文化的前期铺垫，因此为了达到同一个商业目标，网络不仅要传播由其他媒介生产出来的传统形态大众文化，还要努力生成自己的大众文化。

大众文化的重要特征之一是生产方式的工业化，即具有流水线般的统一标准和大批量生产规模，这也是大众文化常为人所诟病的一点——在看起来多样化的外衣之下，掩饰着对虚假精神需求的满足，将个性化价值作为其发展的牺牲品。换句话说，大众文化不仅表现为标准化、程式化的样式，在本质上也呈现出对个体欲望和特性的压抑。因此，当网络成为一种崭新的传播媒介登上历史舞台，对"个性化"的讴歌吸引了大众的眼球，网络文化承载了人们对于个性化特性和自我表达的欲望，也承载了对于传统大众文化产生冲击的期盼。网络文化赋予人们平等交互的机会，使大众文化的传输从大众传播的主要渠道进入人际传播与群体传播的领域。因此，对个性的尊重与强调便自然地成为网络文化区别于大众文化的新时代标志。

然而，网络的"个性化"也只是对于现有大众文化的重组和二次排列，与人们选择看什么电视节目并无差异，仍然是在现有文化中进行的文化建构与重组。诚然，网络文化的崛起使得受众从被动的接收者逐渐转变为传播过程和文化建构过程的主动参与者，但网络文化并不能够在本质上动摇或颠覆文化的根基。

（三）网络传播中新的大众文化形式

目前，网络文学已经在网络空间中形成了既定的发展模式和创作规则且初具规模，在我国的新文学领域占有重要一席。网络文学的形式以小说为主，也有诗歌、散文等形式，但真正使网络文学"名声大振"的是网络小说，它在短时期里形成的规模和声势在文学史上实属罕见。我国留美学生是开创网络文学这一文化传播形式的先锋，互联网为其提供了抒发思乡、念友情感的空间和平台，由此催生了最初的网络文学。经过我国市场和网络空间长达多年的培育，如今的网络文学已然发展为以网络新媒体为载体而传播的、本义为首发于网络的原创性文学。由于网络文学建立在开放性网络平台之上，节省了大量的人力、物力、财力资源，使得作者和读者之间几乎实现了零时差。实时回复、实时评论和投票的功能也为网络文学积累了原始流量和忠实读者，产生了与传统文学迥然不同的阅读体验。

我国网络文学的起源可以追溯到1998年的《第一次的亲密接触》，这部情节简单的言情小说经过BBS的传播，在短短几个月内征服了无数青年网民的心。作为迄今为止影响最大的网络小说，它激发了无数文学爱好者的写作热情，加速了全民写作时代的到来。自此部小说起，"网络文学"一词开始集中出现于我国媒体报道之中，众多文学爱好者开始关注网络文学并纷纷试水，走上网络写作之路。21世纪初期，国内网络文学网站"榕树下"

孕育出被誉为内地网络文学"五匹黑马"的"李寻欢""邢育森""宁财神""俞白眉"和"安妮宝贝"。

此后,越来越多的人开始在网上阅读和写作。个人博客的成熟和壮大更是掀起了一场全民写作运动,各大文学网站也开始寻找可行的商业模式。创办于1999年的天涯社区以论坛、博客为基础交流方式,对原创作品持开放、包容的态度且充满人文关怀,广受网民推崇。《武林外传》的编剧"宁财神"是天涯社区第一代网友;在天涯社区首发、边写作边集结成书出版发行《明朝那些事儿》的作者"当年明月"一举成名……众多天涯写手见证了我国网络文学从无到有、从幼稚到成熟的每一个阶段,天涯社区则见证了我国网络文学的无穷生命力。

如今,网络文学的视野更加开阔,通过与影视合作实现纵深发展、深度融合。为了赢利,文学网站会有意识地对作品进行分类,甚至进一步刺激签约写手进行专业化的类型创作。尽管网络文学平台能够给予创作者广阔的艺术创作空间,但其创意、情节都难免落入大众文化的俗套,难以摆脱作为文化工业批量化、规模化"产品"的命运。

第三节　网络文化与主流文化

主流文化被称为"网络文化的初始标靶",说明了作为"草根文化"的网络文化和主流文化之间的某种对照关系。主流文化是在文化竞争中形成的具有强大的融合力、传播力,被广泛认同的文化,它也是在社会文化中具有主导话语权的文化。之所以说主流文化对于网络文化来说存在更多的标靶意义,其实指向了网络文化在主流文化影响下的发展道路,即在二者的相对关系中,挑战主流文化是网络文化的出发点,但到了发展的后续阶段,追求主流文化的地位或跻身于主流文化之列逐渐成为网络文化自身的发展追求。

一、主流文化的概念

所谓"主流文化",是在社会的一定历史阶段为统治阶级所主宰,在社会意识形态领域具有主要影响力并为公众所接受的文化。主流文化是一个社会的主流意识形态的重要组成部分,包括占主导地位的价值观和行为模式。一般而言,主流文化崇尚的公德、法制、秩序和社会责任感是绝大多数社会成员的共识和行为准则,具有强大的主导力和影响力,是一种多样的、得到广泛认同的文化形式。

主流文化承担着推动社会文化发展的重任。不同的时代特征决定了不同的主流文化形态。在我国几千年的历史长河中,自汉武帝"罢黜百家,独尊儒术"直至清末,封建社会的君主制度决定了当时社会推崇儒家文化为主流文化,几乎历代帝王都崇尚儒学。而在西方社会的发展进程中,中世纪后,人们开始以基督教文化为主流。到了我国社会主义初级阶段,中国特色社会主义文化无疑是唱响时代的主旋律,即新时代下的主流文化。这是我国政府所主张并向全社会倡导的且已成为社会文化生活的基本构成。

(一)主流文化与网络文化的特性

网络文化与主流文化同为社会文化的一部分且都属于人类的精神范畴,两者也有着某些相似的属性和联系,然而两者在制约与控制人们的行为方面有着完全不同的特性。

主流文化具有较强的凝聚力。对于世界上任何一个国家和民族而言,经过历史的沉淀和发展,都或多或少地已经形成符合自身文化价值取向的主流文化系统。在我国,长久以来传统价值观念引导着社会舆论和社会伦理的方向并对非主流文化施加一定的影响,如社会成员对社会规范的认同、对社会道德的尊重、对自身身份的肯定等。而网络文化则具有高度的离散性且网络文化具有重新审视既定的社会规范的目的,但它并没有形成自我约束的成熟形态,因此与主流文化中的高度认同仍然存在一定的差距。

需要强调的一点是,常态化的主流文化常常自觉地追随其所处国家的意识形态和传统民族文化的价值取向,因此有着明显的地域、民族、宗教、性别等特征,但常态化的网络文化则产生于超越国界和民族的互联网语境,其源头与主流文化的源头其实并不一致。

因此不难发现,主流文化所带有的民族性和地域性是其属性中的核心特质。主流文化是在长期的历史发展和文化竞争中形成、确立的,社会文化思潮的微调和随之产生的不同思想均会对主流文化产生不同程度的影响,任何一个国家或民族的主流文化在吸收不同非主流文化的同时都势必会进行一定程度的筛选和改变,但主流文化依然深深扎根于民族文化的内核。相对而言,网络文化更加倾向于反映世界范围内多极化和全球化的发展特点,网络文化发展的基础是对社会主流文化的承认与认同,进而能动地向主流文化提供精神营养并发展成为多元文化格局中的重要一员。网络文化在开启精神世界之窗的一刹那,考验着主流文化的主导地位。

(二)主流文化和网络文化的建构

1. 主流文化能动性特征的建构

文化并非一成不变的精神概念,主流文化的发展和流变具有主观能动性,主要体现在其通过引领、整合功能的现实路径切实地发挥作用并在现实生活中获得大多数人的精神响应。随着社会环境和历史背景的不同,社会文化也相应地进行着更新和更迭,不断进行着重塑与建构。主流文化具有较高的稳定性,但并非意味着它在时代的变化中持续受到社会成员的认同,主流文化同样需要在新时代的新特征下随着时代精神、人文环境、社会结构的变化进行新一轮的组织和建构。当网络文化作为突起的异军对主流文化产生渗透和影响时,主流文化也应考虑自身如何从宏观性指导走向微观层面的指导,从而发挥现实作用,成为"能动地改变世界"的现实力量。主流文化在与外部现实世界不断沟通的过程中要经历解构和重组,这就不可避免要走下宏观指导的"神坛",与网络文化进行接触、碰撞。

2. 网络文化精神内涵的建构

对于网络文化而言,它对精神建构的需求更加迫切,原因在于以下两点。

第一,当前网络环境中犯罪形式日益多样化、复杂化。随着计算机病毒、黑客的侵入和破坏,社会商务活动和人们日常经济生活中的欺诈行为和欺骗乱象已然扰乱了现实生活中的社会秩序。而目前的网络文化建构研究中,我们直面的是"放大个人"和"拒绝崇高"

的网络价值取向，而这两种价值取向恰恰成了培育社会不良现象的土壤。从这个层面来看，互联网的工具性受到了负面的运用。

第二，由于网络文化的离散程度要高于主流文化，"放大个人"和"拒绝崇高"的网络价值取向并未获得多数网民的认同，也没有发展成为网络文化内核的绝对趋势。然而，互联网上庸俗的、不健康的信息正在蔓延是不争的事实。对网络文化的精神内核进行补充和修正，打造健康的网络文化主体格局，要求我们具备全球化的视野与历时性的深度，做到既能从内向外地观察世界变迁，又能从外向内地观察网络的变迁。

二、主流文化与网络文化的冲突和融合

主流文化和网络文化之间的相互作用与影响构成了二者相互冲突、相互融合的动态关系。

（一）主流文化与网络文化的冲突

在全球化的背景之下，在互联网场域内维护各个国家或民族的特色文化是一个重要的时代主题。依靠不断发展的网络技术纵深面向网络社会互动的广度和深度，以此补充、发展主流文化既有的核心内容，这种扩大了主流文化范围的作用被称为"网络文化对主流文化的补充作用"。补充作用与认同作用不同，后者主要从政治价值和道德价值上主观能动地实现与主流社会的一致，而前者则依靠创造性的网络实践来丰富主流文化的内容。

同时，主流文化和网络文化之间存在相互异化的作用。例如，某种价值观、道德观与现实社会背道而驰的文化被称作"反文化"，它会对现实社会的正常发展造成不良影响。骇人听闻的"蓝鲸游戏"就是一个典型的例子，诸如此类的"死亡教科书"都属于网络文化未经纠正而产生的病毒传播文化，对社会发展产生了恶劣的影响。

因此区别于主流文化的网络文化是一种不同于传统文化的文化模式，具有其自身的话语体系、思维方式、生活态度和价值评判标准。面对网络文化的挑战，主流文化必须做出积极响应。

（二）主流文化与网络文化的融合

主流文化对于网络文化的认同作用和同化作用是二者相互融合的前提。一方面，主流文化依靠它的主导作用把核心价值渗透到网民的行为中，我们把这种作用力称为"主流文化对网络文化的同化作用"，这种作用力的方向是从主流社会指向网络，同化动力来自主流文化在进入网络空间后逐渐发展的主导能力。所谓"同化作用"，本质就是主流文化价值观策略理性地渗透进网络文化的过程，它与网络亚文化的融合可能会通过各种不同的形式。另一方面，网络文化在主流文化的相互渗透中产生了与主流文化方向一致的变异形态，即研究者所说的"网络文化对主流文化的认同作用"。这种作用力的方向是从网络指向主流社会，认同源自网民主动进入主流社会视野的积极性，在这种融合特征之下的文化依存主要体现在以下两个方面。

1. 主流文化需要借助网络渠道进行全面传播

在网络时代下，网络已经逐步取代了传统媒介，成为最主要的传播工具。在对主流文化的弘扬过程中，通过数字化的高新技术进行文化创新，发展和推广弘扬民族精神、反映

时代主题的网络主流文化产品并使之走出国门,让主流文化在互联网环境中渐渐适应并发展是当前主流文化进步的路径之一。

2. 网络文化的成长必须受制于主流文化的规范

网络文化虽如雨后春笋般出现,但作为"新生事物",它仍然不成熟,存在天然的弊病和致命弱点。如果脱离主流文化的指引和规范,网络文化很可能误入歧途甚至"夭折"。只有与主流文化合并并接受其指导,网络文化才能更好、更快地适应当前社会的发展潮流,逐步走向成熟,逐步成为被广大网民所熟知、理解、喜爱的新文化。

第四节　网络文化与亚文化

一、亚文化的概念

亚文化是主流文化的对立概念,属于整体文化范畴领域中的一个特殊分支。主流文化是在社会大环境中占据主导地位的权威性文化,它为大多数社会成员所接受和认同且对社会上大多数人的价值观念、行为方式和思维方式都具有一定的指导意义。亚文化则是只被社会群体中一部分成员所接受的或某一社群所持有的文化形态。

产生亚文化的因素包括特殊的群体文化等社会性因素和地理、阶层、民族等自然因素。相对于整体文化的概念而言,亚文化属于次属文化的范畴,一旦形成,亚文化就成为一个相对独立的功能单位,对群体内的全体成员都具有约束力。

根据亚文化的形成因素,可大致将其分成三个主要类别:① 民族亚文化,指社会中少数民族群体所拥有的文化;② 职业亚文化,指社会中各种职业群体所拥有的文化;③ 越轨亚文化,指反社会集团所持有的文化,反社会集团并非一个贬义的概念,而是抽象地形容那些因行为规范偏离主流文化所规定的行为规范而聚集起来的社群,相对于主流文化而言,其群体规范属于越轨的范畴,故名"越轨亚文化"。

二、亚文化中的主力军——青年亚文化

(一)理解青年亚文化

随着互联网的迅速发展和普及,我国网民中的青年群体逐渐壮大。第 48 次《中国互联网络发展状况统计报告》显示,截至 2021 年 6 月,20~29 岁、30~39 岁网民占比分别为 17.4%和 20.3%,高于其他年龄群体。显然,青年群体已经成为主要的互联网使用者。互联网为当代青年群体提供了极为广阔和自由的发展空间,青年群体用超乎过往任何文化创造主体的生产力和生产速度输出属于自身群体的文化价值。例如,针对网络小说、游戏、"饭圈"等衍生的亚文化层出不穷。事实上,青年群体的生活方式和其所建构的群体文化都深受互联网的影响,青年亚文化与网络文化的融合程度也逐渐提高。正如马中红指出的,青年在亚文化实践活动上投入大量时间和精力建立起自己独有的、无法被他人掠夺的亚文

化资本，青年正在以网络时代特有的方式与主流文化进行互动。

由于青年的叛逆心理和创造性，青年亚文化常常不受控于主流文化，转而发展、壮大其小众化的亚文化领域。青年亚文化是青年文化系统中的一种"次文化"，是处于从属、边缘地位的青年试图通过风格化或另类的符号等载体对主流文化进行抵抗，建立起区别于其父辈文化的次属性文化。作为主流文化的补充，亚文化拓展了社会范围内的文化边界，充实了社会文化的多元结构。伯明翰学派的代表人物迪克·赫伯迪格在《亚文化：风格的意义》一书中指出，亚文化的抵抗表现在亚文化的风格之中并使用"收编"这一概念分析亚文化与主流文化的关系，他认为任何亚文化最终都将被主流文化以意识形态和商品形式的方式"收编"。

而在网络时代背景下，互联网虚拟、碎片、自由与实时的特点也改变了青年与主流文化互动的方式，网络媒介的技术赋权使青年群体在与主流文化群体对话时获得了更多的独立自主性，这也让青年所创造的亚文化与主流文化的对话发生了新的改变，这一改变投射到当下恰巧体现在了网络文化与传统主流文化复杂而多样的互动之中。青年群体在寻求与现实达成和解，从改变世界转向通过某种方式抵抗或顺从生活世界的要求，以便让生活变得可以承受，保留某种认同。新媒介时代，青年获得了更高的技术独立性与更大的话语权，其与主流文化的互动也从弱势者的对抗和被"收编"转向了消解与融合，由此可见网络亚文化对于社会成员的渗透和影响力进一步加深。

（二）青年亚文化的特征

在上述背景下，青年亚文化作为网络文化的重要组成和代表，也折射出了网络文化的诸多特征。网络文化背景下的青年亚文化具有以下几个特征。

1. 主体的广泛性

在网络时代早期，亚文化的研究对象主要是特定空间内的少数群体，如芝加哥学派的城市"边缘人"和伯明翰学派的工人阶级青年群体。这种亚文化群体中，社会群体组织风格鲜明，强调成员的组织性和归属感。在时间和空间概念被弱化的移动网络时代，青年亚文化摆脱了传统的异端性、小团体模式，成为年轻人共同参与和分享的文化。互联网使得处于不同时间、空间的人们因共同喜好而聚在一起，通过不断地交流、彼此影响形成只有相互之间才能够理解的小众文化。然而其成因和范围并不受限，也因此构成了主体的广泛性。

2. 娱乐化倾向

网络媒体具有与生俱来的娱乐性、交流性，以智能手机为代表的移动网络技术进一步强化了网络的娱乐属性。微博、微信，直播平台、移动游戏等的推广和普及推动了青年亚文化的进一步娱乐化。此外，消费主义文化对娱乐的利用是当今青年文化娱乐化形成的一个关键原因。工业文化生产各种各样的商品，以娱乐的形式获得人们的时间和资本。在移动网络背景下，青年亚文化形成消费主义的过程也必然离不开娱乐。正如波兹曼所言，这是一个"娱乐致死"的时代，作为充斥着享乐主义氛围的青年群体也实在不能免俗。

3. 虚拟现实性

班尼特指出，在互联网空间里，年轻人可以从"他们日常生活中的社会经济和文化束缚中解放出来，以跨地域的可交流的青年文化话语为基础，自由自在地结成新的联盟"。网络的匿名性把人们从现实社会的约束中解放出来，人们不必在意表达的限制和对被孤立的恐惧，可以在网上尽情地展示真实的自我而不必背负现实社会中的压力。因此，越来越多的人开始将自己在互联网中的身份和在现实中的身份分裂开，一个网络中的"意见领袖"在现实生活中可能是个少言寡语的"宅男"；一个在网络群战中激烈对峙的"杠精"，可能在现实生活中是个低调、沉默的"键盘侠"。在青年亚文化的不断裹挟下，虚拟与现实的边界越发模糊。

（三）典型亚文化现象

1. 二次元及弹幕文化

"弹幕"原指在短时间内密集炮击，形态上近似一个"幕布"的军事战术，起初出现在射击类游戏中，用来形容火力强大的作战状态。而游戏作为 ACG[动画（anime）、漫画（comic）和游戏（game）]文化的一个分支，将"弹幕"作为一个亚文化视阈下的专有名词不断发展起来。根植于人类叛逆精神土壤的亚文化反映了亚文化群体对现有事物的不满，激发其对于新事物的渴望与需求并促使其创造新的事物来满足需求。作为亚文化之一的 ACG 文化无疑也有着天生叛逆的基因。滥觞于日本的弹幕网站本是"御宅族"的"天堂"，这类对现实社会的人、事、物有一定排斥心理的特殊群体希望逃避"权威"与"规则"，因此沉迷于 ACG 营造出的"虚拟现实空间"，衍生出毫无顾虑、尽情享受快乐，随心所欲表达自我，个人主义色彩浓厚的"弹幕"文化。

弹幕网站形式在 2008 年前后进入我国，AcFun（简称 A 站）和 Bilibili（简称 B 站）是我国两家比较流行的弹幕网站，所孕育出的我国弹幕文化充满了调侃、戏谑、讽刺主流文化的叛逆精神。不同于消费社会主流文化的普罗大众，具有逆反心理的"御宅族"将弹幕作为建立共识、认同和防御认同感丧失的武器，在这个亚文化环境中，圈内人利用"发弹幕"这种独一无二的沟通形式共享彼此相似的隐语和爱好。

目前，弹幕作为二次元文化的衍生品，被越来越频繁地嵌入爱奇艺、腾讯、优酷等主流视频网站。在发达的网络环境下，观看视频的用户来自各行各业、各个年龄层，其依据自身日常经验所发表的即时评论拥有各种各样的特点。在原有的视频文本上线后，随着观看者评论的不断增加，原始文本的意义不断得到新的阐释并在此基础上形成广泛的信息传播。弹幕作为一种新兴文化，在互联网积极的传播环境下具有极其复杂的特点，具体表现在以下几个方面。

（1）弹幕种类多样且使用特有的语言体系。在内容上，陈一等人将弹幕分为基于视频文本的弹幕、游离于视频文本的"闲聊式"弹幕、无文字的"效果型"弹幕三类。基于视频文本的弹幕较为常见，包括对文本的分析与解读、对视频情节的调侃和吐槽等。

（2）弹幕具有高度娱乐性。有时候，人们在视频网站上打开弹幕不是想从弹幕中获得实质性信息，而是单纯享受匿名性互动带来的快感。

（3）弹幕具有实时互动性。弹幕的互动特性实际上是参与式文化下的集体智慧。传统评论被置于视频的下方，观看评论与观看视频这两种行为难以同时进行，弹幕视频的互动程度高，观看者能够就已有评论进行即时互动。

（4）弹幕具有去中心化的特点和草根化、碎片化的倾向。与严肃、统一的大众媒体不同，弹幕评论解构了传统媒体"一对多"的传播状态，呈现出娱乐化、狂欢化趋势。

2. 表情包

网络表情包的兴起是媒介技术渗透进文化领域并主动发挥作用的结果，表情包已然成为当前网络传播和人际交往中重要的组成部分和表达方式。尤其是在青年群体的交往中，它承载的不只是简单的符号意义，还是一种新的情感表达方式和独特的亚文化，试图建构一种"情感共同体"。近年来，无论是"帝吧出征"Facebook，还是微博话题"我们都有一个'爱豆'，名字叫阿中"的迅速走红，都反映出表情包在青年社交互动和参与网络文化构建方面的重要作用，这些活动的行为主体具有去中心化、匿名化的特征，与快闪等网络运动的特征非常相似。不难发现，亚文化不仅表现为对主流文化的抵抗，有时甚至表现为一种妥协。表情包这种特殊的话语表达方式带来的语态和生态变革具体表现在以下几个方面。

（1）构建小众话语壁垒。对表情包进行套用、制作和传播的过程实则就是完成了作为这种亚文化参与者进行内部的身份认同建构的过程，该社群成员以此来证明自己的爱国主义情怀和对亚文化群体的支持。表情包的流行在一定程度上反映了通过草根话语来抵制主流话语的过程，虽然它还没有摆脱主流文化权威性的"硬"平台，但其可取之处在于创立了一条以图像为主要表意形态话语体系的"软"渠道。

（2）社交互动呈现以量取胜的发展趋势。表情包的传播具有促进亚文化群体进行社交的现实功能，群体成员通过图片和表情的自我创作，进行情感召唤，鼓励更多的人参与到网络集体行动中。伴随着某一舆论事件，亚文化群体往往表现出出奇一致的社群活动与行为，加速了该圈层的社群互动与构建。

（3）加剧对主流信息传播的离心作用。在主流文化主导下的传统社会中，有关公众话题的社会争议和公共舆论主要依赖于主流媒体的话语表达和建构，但在当前的网络文化格局中，这种主流化表达的地位已被表情包大大削弱。随着传播技术的更新换代和信息接收渠道的爆炸式增长，媒体的声音被不断消解，其公信力在不断下降。但表情包通过对变形、夸张、比拟、对比、暗示、象征、影射等手法的巧妙运用，向受众诠释出一种关于笑的艺术，使受众获得情感的释放，因此备受青睐。

3. 直播和"网红"文化

2016年被称作"中国直播元年"，观看网络直播的用户数量和以斗鱼、快手、映客为代表的直播平台及其附带的直播服务都在这一年经历了井喷式发展。随着越来越多的"80后""90后"等数字原住民进入网络直播发展行列，全民直播受到越来越多的关注。毫无疑问，网络直播如今已经成为很多青年人的日常性活动并且涉及人们现实生活的各个方面，包括购物、旅行、教育、广告……从本质上来说，直播的流行是对于以青年群体为代表的直播受众之间传统的信息传播和社交模式的颠覆。在以网络和移动终端为基础设施的各种层出不穷的交往手段和平台当中，青年群体在使用过程中不断进行文化翻新，形成了与主流文化相异的各种亚文化现象，网络直播就是其重要的表征之一。

4. 以兴趣为纽带的社群部落文化

"社群"文化本身来自于亚文化受众彼此之间的交流和凝聚，满足了青少年寻求认同感和归属感的心理需求。网络直播之所以受到当代青年亚文化群体的广泛追捧，根本原因在于他们能够通过直播平台的互动和内容的分拣寻找到志同道合的"圈内人"。通过现代媒介技术将来自不同空间和地域的"同道中人"集合在一起，形成一个个基于共同兴趣的"社群"和"部落"，从而可以实现分享信息、交流情感、寻求身份归属、促进互助和认同的媒介功能。

三、网络文化背景下的亚文化与主流文化

主流文化与亚文化是相对而言的一组概念，在互联网不断发展和媒介技术进步的过程中，二者都与网络文化进行着一定程度的交融与渗透。赫伯迪格在《亚文化：风格的意义》中指出，亚文化通过两种形式被收编：一种是亚文化的符号（服装、音乐等）转变为大量生产的物品，即在当代社会发展中形成带有利益价值的商品形式；另一种是拥有支配权力的团体——警方、媒体、司法制度等意识形态形式对偏常行为"贴标签"和重新定义。值得我们关注的是，在网络文化迅速崛起的大背景下，主流文化与亚文化都是网络文化的一个方面，在彼此对立、交互、整合的过程中也对网络文化的趋向产生了一定程度的影响，这已然成为一个不争的事实，因此要尊重网络环境中不同群体的文化差异性，同时要积极地对这些亚文化进行升华、转化，如此不仅能够让主流文化更加"接地气"，也能让亚文化更主动地与主流文化进行融合，规避网络文化发展过程中的冲突。

网络环境下，亚文化与主流文化的相互影响具体可以分为两点：一是亚文化在资本和新媒介的推动下逐步实现主流化、大众化。例如，网络小说成为当前影像传播内容的主要来源，一些亚文化产品在主流文化领域内非但没有被同化，反而进一步扩大了自身的知名度、受众群与影响力。二是主流文化更加开放地吸收亚文化元素，主流文化主动"拥抱"亚文化元素的成功案例就是弹幕这一媒介形式的流行与普及。

纪录片《我在故宫修文物》在B站的迅速走红可以作为我们分析主流文化与亚文化相互融合关系的一个案例。《我在故宫修文物》是故宫博物院九十周年的献礼纪录片，共分3集，剧情围绕文物修复师为准备大庆修文物的故事展开。《国家宝藏》在我国最大的弹幕视频网站"B站"开通了名为"央视综艺官方"的账号，将B站作为重点播出平台，先于其他视频网站对《我在故宫修文物》进行视频的更新。该纪录片首播于央视纪录片频道时并未引起轰动和观众的重视，直至一个月后上线了B站"纪录片"版块后才在网络上大肆走红。在这一颇具有戏剧性的变革过程中，弹幕起到了至关重要的作用，对纪录片文本的解读、对内容的调侃等丰富了纪录片的意义、内涵，促使其得到更广泛的受众的理解和认同。

亚文化群体通过风格化来确定群体属性和文化的认同。一方面，依靠风格化的弹幕语言，弹幕群体将圈内人和圈外人隔开。另一方面，由ACG文化爱好者组成的圈层内部所产生的情感反应更为类似，产生了一种虚拟的在场观影错觉，进一步增强了弹幕族的"群居感"。

弹幕网站带给观看者新颖的观看体验，无形中使得视频的热度持续发酵。由此可见，

积极活跃的亚文化群体并不仅仅是以一种调侃的姿态看待主流文化，也并非表现出对于主流文化的消解，而是创造出许多富于新意、趣味、足以影响主流文化的"卖点"。

思 考 题

1. 简述网络文化的特质。
2. 简述网络文化与主流文化关系的嬗变路径。
3. 谈一谈你对"网络文化是否会带来大众文化的终结"这一问题的看法。
4. 你还知道哪些与网络文化密切相关的亚文化现象？试着分析其与网络文化的关系。

实 践 任 务

以小组讨论的方式，举例说明一种网络文化并对其发展脉络和当下特征做出分析和总结。

本章参考文献

[1] 庄晓东. 文化传播：历史、理论与现实[M]. 北京：人民出版社，2003：46.

[2] 陆俊. 重建巴比塔：文化视野中的网络[M]. 北京：北京出版社，1999：6.

[3] 冯鹏志. 延伸的世界：网络文化及其限制[M]. 北京：北京出版社，1999：25.

[4] MARK DERY Cyberculture[J]. SAQ91（Summer1992）：509。转引自：先锋译丛 5——网络幽灵[C]. 天津：天津社会科学院出版社，2000.10.

[5] MCQUAIL D. Audience analysis[M]. London: Sage Publications, 1997.

[6] 喻国明. 解读新媒体的几个关键词[J]. 广告大观（媒介版），2006（5）：12-15.

[7] 陆扬，王毅. 大众文化与传媒[M]. 上海：上海三联书店，2009：19.

[8] 杭之. 一苇集[M]. 上海：上海三联书店，1991：140.

[9] 罗尔. 媒介、传播、文化：一个全球性的途径[M]. 董洪川，译. 北京：商务印书馆，2005：190.

[10] 王一川. 当代大众文化与中国大众文化学[J]. 艺术广角，2001（2）：4-10.

[11] 张远灯. 网络文化与主流文化嬗变初论[J]. 经济师，2010（9）：52-53.

[12] 《中国信息年鉴》编辑部. 中国信息年鉴 2004[Z]. 北京：中国信息年鉴期刊社，2004.

[13] 王十禾. 主流文化与网络文化：两种精神维度的融合与差异[J]. 毛泽东邓小平理论研究，2007（12）：44-48.

[14] 马中红，邱天娇. 身份认同：Cosplay 亚文化的实践意义[J]. 青年研究，2011（5）：8-18+94.

[15] 班尼特，哈里斯. 亚文化之后：对于当代青年文化的批判研究[M]. 中国青年政

治学院青年文化译介小组,译. 北京:中国青年出版社,2012:14.

[16] 王蕊,刘瑞一,矫立斌,等. 走向大众化的弹幕:媒介功能及其实现方式[J]. 新闻记者,2019(5):44-54.

[17] 林爱珺,张博. 作为话语的表情包:网络表情包的符号消费与社会学反思[J]. 现代传播(中国传媒大学学报),2019,41(8):35-40.

[18] 陈霖. 新媒介空间与青年亚文化传播[J]. 江苏社会科学,2016(4):199-205.

第五章

网络技术与新闻传播

> **本章导读**
>
> 新闻传播是一种面向大众的活动，网络所具备的去中心化属性与新闻传播领域所关注的大众传播十分契合。伴随媒介技术的快速更迭与发展，新闻业的变革成为大势所趋，机遇与挑战并存。本章从网络技术角度观察新闻传播生态的发展变化，分析网络时代新闻传播的困境与出路。

传播学家麦克卢汉曾说，媒介是社会发展的基本动力，也是区分不同社会形态的标志，每一种新媒介的产生与运用都宣告着我们进入了一个新时代。对于传媒业而言，技术是新闻传播变革的重要路径，每一次技术变革都带动了新闻生产和传播方式的转型升级。

第一节　网络时代背景下新闻传播生态的变化

从 Web 1.0 到 Web 2.0 再到 Web 3.0，网络技术不断迭代更新，它的发展改变了人们的传播方式和沟通习惯。互联网 Web 1.0 时代实现了从原始、闭塞的机器与机器之间的技术连接到平民化文本的内容连接；Web 2.0 时代实现了交互性的、人与人之间的社交关系的连接，海量、即时的内容被大量制造出来；Web 3.0 时代在实现个性化移动互联的基础上，拓展到场景化的万物互联阶段。网络时代的到来不仅影响着传播手段、传播渠道的改变，也带来了新闻传播生态的全方面变革。

一、网络时代背景下主体的扩展

Web 1.0 时代，商业性门户网站依托海量的用户基础一度占据新闻传播过程的主导地位；Web 2.0 时代，社交媒体平台崛起，社交关系网络成为信息传播和扩散的主要渠道，因此新闻生产者逐渐向这些平台靠拢；Web 3.0 时代，社交媒体成为主要的新闻分发渠道，传统的新闻媒体则成为内容供应商。尽管传统媒体积极适应网络时代的节奏进行数字化转型，但新的新闻生产者仍然对传统新闻媒体的主体地位造成了冲击。网络时代，新闻发布的主体不再局限于传统的具有一定资质的专业新闻媒体机构，自媒体、公民都可以成为新闻内容的生产者。

现阶段的新闻生产主体大致分为以下三类。

第一，专业化新闻生产主体。此类主体是伴随着互联网应运而生的内容服务商，它们的门户网站或客户端以新闻信息的生产为核心目标，其依托庞大的互联网用户基础，成为网络传播的主要力量之一。一部分具有传统媒体背景的新闻从业者以自媒体的形式另起炉灶，通过微博、微信公众号、博客等渠道参与新闻传播的过程。

第二，非专业化新闻生产主体。当前，自媒体运营日益成熟，不同类型的自媒体拥有不同的受众群体，众多业余的自媒体在长期的探索过程中同样参与到热门新闻事件的探讨中，通过评论、叙述等方式推动新闻事件的传播与扩散。各种机构、组织、企业也利用自媒体平台参与新闻的生产、传播过程，掌握相关信息的发布主导权，也对专业媒体发布的内容起到了补充和校正作用，如"平安北京""中国消防"等微博官方账号以及一些政务媒体、社会组织、商业品牌等也都开设了机构的官方账号。

第三，信息分发整合平台，此类主体不参与新闻的直接生产过程，但其依托庞大的网站流量与用户基数影响着新闻传播的格局，如今日头条、一点资讯等。

技术的进步不仅影响着新闻主体的变化，随着算法、新闻写作机器人的不断演进，新闻生产环节的主体将进一步扩大。

如今网络时代拓展的不仅是主动传播新闻的主体，被动的受众群体同样发生了改变。多元主体共同参与新闻生产的各个环节，传、受双方的界限变得模糊，一个双向的、更加平等的传播模式展现在人们面前。

首先，多元主体的参与表现在对专业媒体生产信息的补充环节上。专业新闻媒体由于人力、时效等因素的制约，不可能面面俱到，无法覆盖新闻事件的每个细节。而多种主体力量的参与会对专业媒体信息起到有效的补充作用。每个个体的参与正不断延伸着专业新闻媒体的触角，拓宽了专业媒体的报道视野。尽管每个个体的能力有限，仅能提供相关信息的局部碎片，但多个主体的协同补充会最终呈现出相对完整、立体、全面、真实的景象。

其次，每个个体都是一个新的节点，通过信息过滤与传播影响其所连接的人际交往圈子，成为新的把关人。以微博为例，某个事件能否登上热搜榜单，进入大众视野，取决于流量和事件的热度。社交网络中，个体的每一次点赞、评论、转发都是对原始新闻信息的优化和扩散。在这种机制下，由于网民的媒介素养参差不齐，有时会出现过度娱乐化、低俗化的趋势，影响新闻的传播格局。

在这样一个充满冲击与挑战的背景之下，多元主体瓜分话语权，专业媒体也在发生着改变。一方面，专业媒体在漫长的发展过程中积累了一定的忠实用户基础，具备其他新兴传播主体不具有的权威性、专业性。当下网络环境纷繁复杂，众声喧哗的舆论场域往往需要权威的声音，专业媒体的独特性就在于此。另外，专业媒体需要维持其"参照坐标"的地位，因此应不断提升自身的专业水准，与时俱进，适应新的传播环境，不断改进业务模式和结构并在其他主体的参与下进行内容补充和优化，取长补短，将优势纳入自身的运行轨道，实现优化。

二、网络时代背景下分发平台的扩展

过去，新闻分发平台由传统媒体独享，随着技术的不断演进，新的、更加适应用户需求的平台不断出现。当下，整合平台、社会化媒体、区块链新闻平台等多元平台不断涌现，未来，还会不断出现更多更具应用性、针对性的分发平台。

总体来看，任何一种新的分发平台得以存活、发展都在于其能够满足用户不断增加的需求。原始的网络分发平台广泛推送新闻，依靠规模化的用户基础带来的庞大点击量得以维系生存，内容聚合平台则聚集了多元化的内容生产者，极大地满足了不同用户的多样化需求，以内容全面取胜。此后出现的支持多重感官体验的新闻平台则以听新闻、看新闻、读新闻等不断满足用户的阅读偏好，未来还会出现结合触觉等感官系统的场景化的新闻分发形式以及具备兼容性的分发平台，将用户、内容和服务融于一体，延伸平台价值并形成新的盈利模式。

目前，许多学者对区块链新闻平台予以厚望，区块链技术将对建构新媒介格局起到重要作用。区块链新闻平台是指运用区块链的分布式、去中心化、匿名性、共同维护等技术特征，通过发行代币（token）建构的新闻内容生产媒体。新闻分发平台利用区块链形成新的生产与分发结构，通过与互联网媒体结合，形成区块链新闻平台，改变了以往的新闻生产方式。依托区块链关键技术构建的新闻内容聚合企业已有多家，如国内有 CCTime、亿书、商机头条等，国外有 Hubii、Civil、Bibblio、Userfeeds 等平台。在平台的代币机制的影响下，未来可能会出现重实务的区块链新闻平台，它更加符合媒介形态及新闻传播的演进规律，既是一种新型媒介形态，又是一种新的新闻生产商业模式。

可以看出，随着越来越多的新闻分发平台的出现，传统新闻媒体在平台分发环节中的话语权被逐渐削弱，有些媒体不断建设并维护自己的专业平台，也有些专业媒体转型成为平台内容的提供者。无论走哪一条发展路径，作为新闻媒体，最重要的仍然是保证内容的真实、客观、权威，这才是价值转化的关键所在。对于新闻分发平台而言，如何维护平台的传播秩序，避免虚假新闻、洗稿、水军等现象出现，如何做到良性发展、激发群智、维系信息平衡应当是其不断思考的重要问题。

三、网络时代背景下相关政策的完善

自 1994 年我国正式接入互联网，至今已将近三十年。随着网络技术的革新、互联网用户的增加，网络新闻迅速成为我国公众获取资讯的重要来源。与网络发展基本同步，我国互联网新闻的管理政策从无到有，不断健全、变革。回顾互联网新闻政策的变迁与完善有助于我们立足现实、放眼未来，在媒介融合发展之路上行稳致远。

1997年，国务院新闻办公室、新闻出版署发布《关于利用国际互联网络开展对外新闻宣传暂行规定》，对网络传播做出严格管束，所有机构必须"在中央对外宣传信息平台统一入网"，严禁"自行在国外入网"或"自行通过其他途径入网"。

2000年，中共中央宣传部和国务院新闻办公室共同制定了《国际互联网新闻宣传事业发展纲要（2000—2002年）》，提出互联网新闻宣传事业建设的指导原则和奋斗目标是"积极发展，加强管理，趋利避害，为我所用"。2002年下半年，从国务院到信息产业部、广电总局等相关部门出台了多项政策，全力支持重点新闻网站建设。以重点新闻网站为主要网络新闻与舆论阵地的传播局面基本形成。

2005年9月25日颁布的《互联网新闻信息服务管理规定》进一步明确了网络新闻的管理范围。2014年8月7日，国家互联网信息办公室颁布了《即时通信工具公众信息服务发展管理暂行规定》，规定即时通信工具的公众信息服务者要遵守"后台实名、前台自愿"的原则。2016年9月2日，国家新闻出版广电总局颁布《关于加强网络视听节目直播服务管理有关问题的通知》，规定从事网络视听节目直播服务需"持证上岗"。2016年11月4日，国家互联网信息办公室颁布《互联网直播服务管理规定》，指出互联网直播服务提供者和互联网直播发布者在提供互联网新闻信息服务时应依法取得互联网新闻信息服务资质等要求。2017年5月2日，国家互联网信息办公室颁布《互联网新闻信息服务管理规定》，将网络新闻信息服务的管理范围扩大到了微博客、公众号、即时通信工具等更多平台。2019年1月，中国网络视听节目服务协会发布《网络短视频平台管理规范》和《网络视频内容审核标准细则》。2019年8月，国家广播电视总局印发《关于推动广播电视和网络视听产业高质量发展的意见》，要求广播电视和网络视听内容创作生产更加繁荣，作品质量更加精良。

通过上述法规的建立与完善可以看出，网络信息内容对公众的影响范围逐渐扩大，我国立法不断规范网络传播秩序，保障网络内容的健康性，为公众营造良好的网络环境。这些法规尽管对网络新闻传播过程加以限制，但也为专业媒体之外的其他主体提供了一定的发展空间，维系了健康的网络环境。

四、对未来新闻传播生态的展望

（一）新闻生产主体的扩展

随着算法、人工智能、大数据等新技术的进一步发展，未来机器将进一步参与到人类新闻工作的各个环节，新闻生产的主体将进一步扩展，机器不仅可以完成信息采集，还可以进行智能化加工。

目前机器人写作被广泛应用到新闻传播领域，主要集中在财经、体育、娱乐、天气新闻领域，人工处理这些领域的信息往往非常耗费时间和精力，属于劳动密集型工作，而通过人工智能技术，机器人能够自动整理新闻脉络，提炼知识图谱，帮助工作者从庞杂的信息中找到核心内容和线索，提高信息获取效率，将人类工作者从繁杂的数据中解放出来，使人类更好地投身于创造性工作。

2015年9月，由腾讯财经开发的写作机器人Dreamwriter发出首篇稿件，它可以根据算法自动生成稿件，在一分钟内将重要资讯和解读送达用户。2017年8月8日21时19分46秒，四川省阿坝藏族羌族自治州九寨沟县发生7.0级地震，中国地震台网机器人用25秒写出快报新闻稿《四川阿坝州九寨沟县发生7.0级地震》。2019年8月1日，首个科学新闻写作机器人"小柯"正式"上岗"，其创作的首批作品同日上线。

值得注意的是，写作机器人背后是程序员对机器人新闻写作模式的深度挖掘。目前，机器人写作还存在语义不当、段落结构有连接障碍、事实与观点逻辑错位等问题，过度沉溺于算法和技术的便利容易使人丧失主动性，产生思维惰性。人类应当致力于不断对机器人写作加以完善和优化，使其更加符合人的价值观。

（二）数据采集来源的延伸

万物互联之下，数据采集来源更加全面，获取物联网数据成为可能。对于以往难以获取的用户生理层面的真实感受和反应，可以通过传感器进行深入的智能采集、加工，用户数据的采集将不再局限于在线生成的文本痕迹等数据，对不同场景之下的用户需求、个性化选择与服务的采集和分析都会成为数据获取的一部分。

例如，传感器新闻能够开辟信息采集新维度，提供预测性报道依据，传导用户需求，为"定制化"信息服务提供可能。在新闻生产中，传感器扮演两种重要角色：一是作为信息采集工具的传感器；二是作为用户反馈采集工具的传感器。前者是作为人的感官延伸的传感器，能帮助人类突破自身局限，从更多维度获取、解读信息，如对以往无法涉足的高山险滩，现在利用无人机便可实现数据的采集。后者将用户反馈深化到生理层面，通过收集用户的心跳、脑电波状态、眼动轨迹等身体数据准确测量出用户对某些信息的真实反应。2015年10月，央视推出的"数说命运共同体"专题中，数据分析员运用GPS获取数据并进行对比分析发现，2014年"一带一路"沿线主要国家的海上货运量同比增加了14.6%。

（三）信息处理环节的优化

1. 编辑室的扩展

未来，编辑室可以通过记录每一位工作者的特质，结合工作者的空间地理位置和能力结构，有效调配工作，兼顾速度和质量。此外，未来的编辑室还可能具有舆情诊断与稿件分析、新闻线索整合与管理、现场调度与监控、在线一体化编辑的稿件处理、直播、数据存储与对外发布、选题研判、辅助编辑、传播效果追踪及分析等功能，可以大幅度地提高新闻工作者的工作效率。

2. "中央厨房"运行机制的应用。

"中央厨房"这种"一体策划、一次采集、多种生成、多元传播"的媒体融合体系致力于激发各渠道的积极性，具有数据化、移动化、智能化的特征，通过信息再加工和深加工创造内容价值。例如，由人民日报"中央厨房"金台点兵工作室与学习大国工作室联合出品的短视频《致老兵，我们的二十四分之一》聚焦退役军人主题，全网总播放量超过 1 亿次。人民日报"中央厨房"为庆祝新中国成立 70 周年策划、制作的"56 个民族 30 天表白祖国"系列融媒体产品同样取得了良好的传播效果。

（四）新闻分发模式的变革

传统媒体因为具有"地位赋予"功能以及议程设置能力，坚守新闻专业主义传统，其社会地位在用户群体中得到广泛认可。传统的新闻，无论是刊登在报纸版面还是门户首页，采用的是以编辑为中心的分发方式。新闻的筛选和排列主要基于人工判断，考虑的是大众的普遍需求，在一定程度上脱离了用户的社交关系和个体偏好，忽略了用户习惯。

随着网络技术的演化，在如今的网络新闻分发网络中，传统媒体的分发权力被多家社会化媒体平台和信息聚合平台分割，新闻分发模式发生变革。基于场景的新闻分发将 LBS（location-based service，基于位置的服务）技术应用到内容层面，实现了基于用户实时定位的内容智能推荐。它根据用户地理分布情况并结合用户大数据，对内容推荐的颗粒维度进行细化，从而向用户推荐更加符合其地理位置的内容。未来，随着技术的不断完善，新闻分发可能细化到商圈、社区、小区一级的场景，实现个性化推送。

由于同一圈子中的成员具有同质性和心理上的亲近感，因此基于社交关系进行新闻分发是一种有效的传播模式。这种模式基于微信、微博等被普遍使用的社会化媒体形成的社交网络，通过在朋友圈和社群里将新闻投放给用户，进行点对面和面对点的二次传播并依据用户好友的阅读兴趣为其推送内容。

现有的网络新闻分发模式固然有益，但也存在信息茧房、低质信息泛滥等负面问题。高度个性化的新闻分发方式使得用户不断接收到同类内容，随着时间的积累会造成内容推荐的顽固循环，这种个性化分发最终可能使用户在无意识中错过重要的公共性信息和具有挑战性的观点，限制用户对环境认知的广度和深度，导致桑斯坦所提及的信息茧房。从数字鸿沟的角度来看，用户虽然已经接入互联网，然而基于自身兴趣的"点击—算法推荐—点击"的顽固循环可能会扩大信息与知识获取利用能力层面的数字鸿沟，拉大信息富有者与信息匮乏者之间的差距。

（五）信息存储环节的丰富

过去的媒体主要通过自己的内部系统处理信息，完成新闻生产的环节。随着云端存储技术的发展，一些媒体已经开始使用公共平台上的处理系统进行内容存储和新闻生产。新闻传播领域应用云端存储技术能够有效提升效率、降低成本，极大地丰富媒体的消息来源和新闻素材，提升信息的便利性。

美国谷歌公司于 2015 年推出新闻实验室计划，记者可以获取来自谷歌应用程序和平台的所有数据并通过谷歌的渠道进行新闻发布。我国的今日头条也在 2016 年推出今日头条媒体实验室，面向创作者提供数据分析服务。2018 年，凤凰卫视已经部署完成阿里云专有云敏捷版 OSS（object storage service，对象存储服务），通过和凤凰全媒体平台的有效结合，生产效率提升 50%，成本降低 30%。

第二节　网络技术在新闻传播生产中的运用

从公共化传播到个性化传播，网络技术、人工智能技术等新技术的革新和迅猛发展深刻影响着新闻业的变革，为新闻传播注入活力，助推新闻报道朝着更加高效、准确的方向发展。本节将从新闻的主体、内容、表现形式、生态模式四个角度对网络技术在新闻传播生产中的运用展开论述。

一、多元生产：新闻主体泛化

随着技术的发展，媒体与受众之间的传播关系已经发生变化，互联网技术带来话语权的平等。受众既是信息的消费者，也是信息的生产者和传播者。受众对新闻的需求不再由传统媒体所独享，自媒体、UGC、搜索引擎、社交媒体丰富了受众获取新闻信息的个性化选择。

作为新闻生产的重要组成部分，非专业生产者原创内容的加入拓宽了新闻报道的视角。众多新闻平台鼓励用户提供新闻线索或相关报道，设置原创内容板块便于用户参与内容创作生产。此外，人工智能技术的应用也使得记者的报道更加精准可靠、系统高效，让记者有更多的精力提炼文章、挖掘更具深度的观点、进行更加锐利的分析。

新闻生产主体不再局限于人本身，也延伸到了物。无人机新闻等传感器新闻的出现突破了传统新闻采访的地域限制，写作机器人凭借快速的编辑和整合能力，打破了传统的新闻生产流程，提升了新闻写作效率，增强了新闻发布的时效性，在新闻数据挖掘方面也颇具优势。

二、新闻内容：以用户为导向

技术进步为用户数据挖掘和新闻呈现带来了更多的便利，用户获取信息的行为习惯也在被重塑。传统的权威式、线性新闻生产模式已不再占据主导或者主流地位，以用户为中心、对话式的新闻生产模式正在迅速兴起。新闻生产环节对大数据新闻的挖掘可以为新闻生产提供更广泛的用户参与基础，深入了解用户的内心，进行用户画像，满足用户需求，消除了传统新闻生产中由编辑部一揽全局所带来的弊端。

大数据时代，通过人工智能等技术对海量数据进行分析、处理、归类和加工极大地提升了媒体人的工作效率。新闻工作者应用数据采集技术，可以得到详细的用户数据；通过对数据的分析处理，挖掘选题，找出事物之间隐藏的关系网络，进行深度报道。新技术的应用使得新闻报道的题材更多、素材更广、内容更丰富。

除使新闻选题更加丰富以外，新技术的应用也使媒体针对新内容对用户进行前测及后测的意见反馈收集、互动建议收集更加便捷。在这种双向互动机制之下，新闻媒体所生产的内容能够更好地反映民生，更加准确地贴合大众的阅读兴趣和阅读习惯。

三、表现形式：新闻形式创新

大数据技术广泛应用到新闻传播领域提升了新闻传播的广度、深度，给新闻生产带来革新，促进了新闻形式的创新。可穿戴设备、VR/AR 技术、全景视频等的多元和立体化呈现给现代新闻传播领域带来深刻影响。临场化新闻、数据新闻、个性化新闻、传感器新闻、分布式新闻、可视化新闻等新闻形式都已成为现实。

（一）临场化新闻

临场化新闻强调受众与现场的深度互动。目前，临场化新闻主要有网络视频新闻直播和 VR/AR 新闻。

网络视频新闻直播可以为观看者营造出一种在场感，增强观看者的沉浸式体验。这种报道形式有别于过去的电视新闻直播，直播的主体、体裁、方式与观看者的体验都有了很大的变化。

虚拟现实技术是借助于计算机仿真技术生成逼真的视、听、触觉等一体化的虚拟环境，用户借助必要的设备与虚拟世界中的对象进行实时交互，从而获得身临其境般的沉浸式新闻体验。增强现实技术通过将计算机生成的文字、图像、三维模型、音乐、视频等虚拟信息模拟仿真后应用到真实世界中，两种信息互为补充，从而实现对真实世界的"增强"。VR、AR 报道的出现打破了传统仅限于视觉、听觉的传播形式，能够充分调动包括嗅觉和触觉在内的全身感官，给用户带来前所未有的新闻体验。用户可以根据自己的主观偏好选择不同的观看视角。

VR/AR+直播的形式目前主要被应用于大型事件和体育赛事的报道。例如，2019 年 3 月 8 日，新华社记者在"部长通道"使用智能 AR 直播眼镜，以智能化手段升级了现场新闻的报道形式，提供了第一视角新闻场景，全息化展现新闻第一现场。

（二）数据新闻

数据新闻又被称为数据驱动新闻，它是一种基于数据的抓取、挖掘、统计、分析和可视化的新型报道形式，核心是对数据的处理。数据新闻是计算机辅助报道在大数据时代的发展与提升，其在报道的系统性、时效性、交互性、阅读体验等方面都有长足的进步。2018 年"普利策新闻奖"解释性报道《墙：未知的故事、意外的后果》就运用了数据新闻的形式对报道内容进行深度剖析。

（三）个性化新闻

个性化新闻指通过算法把关、个性化推荐、协同过滤等方式推送给用户的新闻内容。这种新闻结合大数据对用户阅读习惯的捕捉对用户阅读兴趣进行预测和推断，通过个性化推荐为用户推送更符合其需求的新闻内容。简而言之，个性化新闻基于用户的个性化信息智能匹配，是根据个性化需求聚合相关的信息和应用以满足用户需求的个性化内容。

相比于传统新闻的规模化生产模式，个性化新闻更具优势。一方面，它以"新闻内容+数据化精确指导"的生产方式为用户解决了信息冗余的困扰，提供了更加优质的内容服务。另一方面，个性化新闻能够有效开发"长尾市场"，使得长尾内容得到有效利用。个性化推荐机制对小众用户爱好的挖掘使用户的小众需求得到了充分的满足。值得注意的是，个性化新闻尚不成熟，仍需要进一步规范，其可能导致用户所接触的内容信息范围窄化，甚至可能引发信息茧房或群体极化问题。

（四）传感器新闻

传感器新闻是使用数据处理技术，基于传感器进行信息采集的新闻生产模式，相比传统媒体，它在广度、深度、准确度方面更胜一筹。从新闻生产的角度来看，传感器扮演着两种重要角色：一是作为信息采集工具；二是作为用户反馈采集工具。

（五）分布式新闻

分布式新闻借助计算机的分布式计算进行具体的分布式处理，实现多主体、多角度的协同报道。随着移动互联网的发展，新闻实践正在从一种相对封闭的新闻生产体系向更加开放的体系转变，这预示着我们正进入一个全新的新闻生产时代。《赫芬顿邮报》饱受好评的项目"off the bus"是分布式新闻的典型代表。2008年美国总统选举期间，该报社从各行各业招募了约1.2万名公民记者，让他们共同参与到总统选举报道中。这些公民记者接受报社分配的任务，一则报道由约150人完成。

（六）可视化新闻

可视化新闻是以数据为核心、以信息为支撑、以可视化为载体的跨媒体新闻报道形式，它综合了现代信息技术、数据化制作和可视化生产等多种应用。简而言之，可视化新闻是基于数据挖掘、以可视化为呈现形态的报道形式。这种新闻形式将新闻转化成图像与图形相结合的形式，能激发用户的阅读兴趣且兼容性强，可实现纸媒端、计算机端、移动端的统一、同时发布。例如，获得"2019年全球数据新闻奖——最佳数据可视化奖"的作品《拯救恒河的竞赛》着重使用令人震撼的照片、交互式网页和动态地图、离散图等并辅以大量数据，直观、形象的呈现方式给用户留下了深刻的印象。

四、生态模式：走向媒介融合

媒介融合是一个不断发展的过程，发端于传播路径的融合，电信网、互联网和电视网的三网融合为之提供了技术支持，也为不同媒介之间实现内容和资源的共享提供了可能。广义的"媒介融合"包括一切媒介及其有关要素的结合、汇聚甚至融合，不仅包括媒介形态的融合，还包括媒介功能、传播手段、所有权、组织结构等要素的融合。

2015年开始，媒介融合从报网融合转向平台融合，新闻传播不再局限于某个特定的媒体端口，"两微一端一抖"成为当下新闻传播版图的重中之重。2018年8月，县级媒体融合的进程开始启动，这标志着媒介融合开始"下沉"。目前，我国县级融媒体中心建设正处于政策红利发挥、行业格局形成以及业务模式形成的高速发展期，但受到资金、人才等诸多因素的制约，县级媒体的推行要达到预期目标，打通传播的"最后一公里"，还有待进一步完善。

未来,随着 5G 通信、物联网、区块链等技术的成熟,新闻业将发生又一次变革,"万物皆媒"的时代将会到来。

第三节　网络新闻传播中的专业主义与把关人

随着技术的发展,新闻专业主义受到前所未有的挑战与冲击。正视新闻专业主义和把关人的变化与重构是当今时代新闻媒体的社会责任与使命,也是其在新的时代背景和新媒介视阈下继续丰富和发展的基础。

一、网络新闻传播中的专业主义

(一)新闻专业主义的本质

新闻专业主义的核心是"客观性",后来发展为一整套制度和规范。新闻专业主义及与此相关的"社会责任理论"主要指自律,即这种职业共同体的自我规范和相互监督。西方社会的新闻专业主义服务于既定体制的意识形态。

20 世纪 90 年代后期,"新闻专业主义"的概念被引入我国内地。与西方国家相比,我国特有的历史传统使得新闻专业主义在我国具有独特的发展特征。早在六十多年前,《大公报》总编张季鸾即提出"不党、不卖、不私,不盲"的"四不"原则,以我国独特的方式表达了媒体必须独立、自主和中立的理念。我国历史造就的"名记者"或"名报人"为新闻从业者的成名想象勾勒了一个我国独有的话语场域,媒体人继承了"家事国事天下事,事事关心"的传统和主持公理、指斥时弊的理想。

学者陆晔和潘忠党将新闻专业主义的要素归纳为:传媒是社会的公器,新闻工作者必须服务于公众利益,而不仅限于服务政治或经济利益集团;新闻从业者是社会的观察者、事实的报道者,而不是某一利益集团的宣传员;新闻从业者是信息流通的"把关人",把关的基准是以社会中产阶级为主体的主流社会的价值观念,而不是政治、经济利益冲突的参与者或鼓动者;新闻从业者以实证、科学的理性标准评判事实的真伪,服从于事实这一最高权威,而不是臣服于任何政治权力或经济势力;新闻从业者受制于建立在上述原则之上的专业规范,接受专业社区的约束,而不受除此之外的任何权力或权威的控制。因此,新闻专业主义又被赋予了重构媒介和新闻从业者社会角色与功能、改变新闻实践逻辑的作用。

(二)新闻专业主义 2.0

当前,新闻传播环境日渐复杂,新闻工作的自主性和权威性正面临威胁,受到博客、UGC 等各种新兴力量的挑战。就此,学者吴飞提出"新闻专业主义 2.0"的概念。他认为,虽然新媒体条件下社会公众都可以成为新闻信息的传播者,但这并没有改变社会对新闻的基本诉求。新闻专业主义基于新闻的生产过程,只要存在新闻生产,只要社会对新闻的基本需求没有发生根本性变化,那么新闻专业主义就仍然是一个有效用的分析性概念。

首先,即使在人人可以成为记者的网络时代,新闻传播的专业门槛仍然存在,即从事新闻工作所要求的专业技能需要经过一定的训练才能获得。普通公民参与新闻生产环节,更快速地传播所见所闻,可以使人们对新闻事实表象的获取来源更加多元,但表象背后隐匿的事实和发生的逻辑仍需要专业的新闻媒体进行深入的调查和访问。

其次,公民新闻运动与新闻专业主义的碰撞实际上是新闻生产主体泛化下规则重构的前奏,是新闻专业主义在新媒介视阈之下丰富和发展的必经之路。随着公民新闻等的加入,面对诸多竞争性因素的冲击,专业媒体会投身于更加专业的报道和工作,彰显出自身的核心竞争力。专业性新闻传媒机构能够为高水准的新闻报道持续提供人力、财力、物力的支持。正如传媒伦理学者克利福德·克里斯琴斯(Clifford. G. Christians)所说的,在技术崇拜的时代,我们所面临的危机不是对规则的违背而是无规范的真空。

此外,新闻专业主义应以更开放的参与式面貌回应新技术条件下的新闻生产生态的重构。郭镇之认为,无论是我国的媒体,还是西方的媒体,它们共有传媒技术特有的信息知晓和影响放大的权力。巨大的权力意味着高度的责任感,伦理的最高准则是自律。无论是媒介的自治地位、新闻的客观性原则,还是传播的道德审视与伦理约束,在我国都是迫切而实际的目标。

面对网络环境下出现的种种质疑,我们不应该局限于对"新闻专业主义"理论的争论,而应该转变思路,探讨如何从实践层面提出切实可行的行动原则。对于"观点"与"意见",每个主体都有主观判断标准,但相较而言,实践操作上的客观规范更易遵守。

彭兰认为,网络传播时代,对于专业媒体和以内容生产为目标的自媒体而言,都应坚守新闻专业主义,这包括如下三个目标。

第一,坚持新闻业的基本原则。面对环境压力和生存压力,网络新闻传播仍要坚持新闻业的基本原则:独立、客观、公正、平衡、追求真相。新环境下,适当地在某些内容中加入经营元素是可行的,但要坚守底线,在面对严肃新闻时要端正态度,坚守专业主义精神。

第二,坚持与提升新闻专业能力。扎实的专业能力是使新闻专业主义得以实现的保障。专业媒体与自媒体的重要目标有三个:一是提高辨识能力,当下网络环境与传播特点对媒体在新闻客观性、真实性方面的追求造成了一定的干扰,应加强对事物真相的探索和对事物发生的背后规律的解读。二是提高对碎片化信息的价值判断、删选与整合的能力。三是兼具对机器、数据等新技术的操作能力和更高的专业水准。

第三,坚持新闻传播伦理。人们应在眼花缭乱的信息空间里保持一定的理性与定力。未来,随着虚拟现实和增强现实技术的发展,现实和虚拟的边界会更加模糊。新闻专业主义可能会不断受到多种不同力量的冲击,但对真相的追求仍然是人类对新闻传播活动的不变期望。新媒介环境下,如何更加合理地保证新闻真实性等问题仍值得我们思考。

二、网络新闻传播中的把关人

(一)把关人的本质

"把关人"(gatekeeper)的概念最早由被称为传播学奠基人之一的美国社会心理学家

库尔特·卢因（Kurt Lewin）在研究群体信息流通渠道时提出。卢因最初研究的是妇女对家庭食品的把关作用。1947年，他在《群体生活的渠道》一书中再次论述了这个概念，他认为在群体传播中存在着一些把关人，只有符合群体规范或把关人价值标准的信息内容才能进入传播的渠道。

1950年，传播学学者怀特将把关人概念引进新闻研究领域，明确提出了新闻筛选过程的把关（gate-keeping）模式。该模式认为，社会上存在着大量的新闻素材，大众传媒的新闻报道不是也不可能有闻必录，而是经历一个取舍、选择的过程。在这个过程中，传媒组织形成一道"关口"，通过这个关口传达到受众那里的新闻只是众多新闻素材中的少数。

传媒组织的把关标准主要有三个方面：新闻价值、业务标准和市场标准。构成新闻价值的要素包括真实性、新鲜性、重要性、接近性、显著性和趣味性，其中真实性是第一位的，是新闻的生命，它包含在各个要素之中。业务标准是指事件适合于媒介进行新闻处理的各种条件。市场标准指的是事件能够满足受众新闻需求的条件以及激发受众兴趣的条件。此外，把关活动最终还受到传媒的立场、方针和价值标准的影响。

美国学者休梅克和瑞斯更系统地阐明了媒介把关涉及的五个方面的影响。

（1）来自媒介工作者个人的影响。例如，传播者自身的特性、职业背景、态度和职业角色。

（2）来自媒介日常工作惯例的影响。例如，截稿时间及其他时间限制、出版物的版面要求、新闻报道的倒金字塔结构、新闻价值、客观原则及记者对官方信源的依赖。

（3）媒介组织方式对内容的影响。例如，媒介组织的盈利目标能以各种方式影响媒体的内容。

（4）来自媒介机构之外的组织对媒介内容的影响，如利益集团、政府等的影响。

（5）意识形态的影响。意识形态体现的是一种宏观层次的社会现象，包罗万象的意识形态可能以多种多样的方式影响媒介的内容。

其中，意识形态方面的影响处于最顶端，其影响力通过各个层次向下渗透。因此，媒体的把关不是一种简单的业务标准或市场标准参照下的取舍，它的背后具有更深刻的社会背景。

（二）网络时代的把关人

互联网的网状结构给每个个体带来一定意义上的权利平等，以往媒介中心的单向、线性、管道式传播模式被打破，变成现在的网络式传播，传者和受者之间的界限变得模糊，在这样的信息网络中，每个人都是一个信息节点，与其他无数信息节点相连。网络时代，传统的专业媒体对新闻信息把关的主导地位受到冲击，"把关人"这个概念也随之延伸。

1. 把关主体扩大

新闻生产过程的重塑在一定程度上消除了新闻把关主体的边界。在传统媒体时代，把关人的角色多由记者、编辑承担，职业新闻工作者数量少、业务精湛，只有少数的大众媒介内部人员掌握着信息传播的权力，决定哪些信息能够进入大众的视野，非专业媒体人员基本无法参与新闻的把关环节。而在传播渠道更为畅通、传播权力更加平等的网络时代，传播过程越来越体现为一种双向的、互动的模式。专业的传媒组织不再是传播话语权的垄断者，网络把关人主体呈现多元化态势。除新闻从业者外，公众通过博客、社交媒体和各种自媒体平台参与到新闻传播活动之中，兼任新闻的传播者与把关者的角色。

一方面，把关主体的扩大促进了新闻传播市场的竞争，给新闻生产注入了新的活力，推动了新闻质量的提高。另一方面，众多非专业把关主体专业性不足，在一定程度上削弱了把关的力度。部分非专业生产者的实践造成信息泛滥、虚假新闻等问题，甚至引发一系列伦理道德上的碰撞与冲突，导致新闻传播领域出现种种乱象。例如，广泛流传于"梨视频"等短视频发布平台的"偷拍""爆料"类内容对公民的名誉权、隐私权造成了侵犯。

此外，随着技术的发展与应用，目前推荐算法也被应用到了新闻传播领域并取代记者、编辑等成为新的信息把关人。新技术的加入同样会引发一些新问题，未来新闻工作者应当发挥主观能动性，最大化地利用技术优势完成新闻工作。

2. 把关节点位移

传统媒体时代，传媒组织内对信息的把关主要在于把关人对信息的采写、审核、决策以及发布等。在内容发布前就进行筛选和加工属于信息发布前的"事前把关"，这种事前把关是单一的渠道把控，更看重社会的有效控制，主要体现在政府通过管控媒体把控社会舆情，以期达到维护民众利益和社会安定的目的。

网络传播环境中，个人作为把关主体，往往是"事后把关"。网民的分享行为变成一种筛选机制，个人在网络传播中更注重先点赞、过滤、转发，再以传播者的角度发表言论、观点，评论社会事务，对自己的言论进行把关。把关节点的位移不仅对信息的流向起到重要作用，还涉及真实性的再把关问题。目前多数网民不具备严谨的把关意识，未来需要对网民进行更多的媒介素质教育。

3. 把关程序简化

传统媒体时代，信息的发布往往要经过记者、编辑等角色的采写之后，再通过校对、编辑、责编、总编等层层把关，把关人员和程序较多，信息的筛选较为严格。网络传播时代，传统媒体的新闻网站只是将纸媒新闻"复制、粘贴"上网，一般只有少量的网络编辑直接负责。以赢利为目的商业机构更是如此，由于缺乏专业团队，其信息发布权甚至仅由少量的非专业人员直接掌握，大大缩减了把关程序。这种做法虽然在某种程度上放大了受众的知情权，但也带来了网站新闻质量变差、商业娱乐新闻泛滥、受众接收面变窄等一系列问题。

网络媒体的发展需要与之匹配的新闻传播秩序的重建，但这一重建并不是完全建立在传统媒体时代的传播管理制度及思路上的。网络所具有的"分布式"结构在赋予每一位受众话语权、丰富传播内容的同时，也提高了信息流动过程的复杂程度和把控环节的难度。网络新闻传播中的把关是多元主体的协同把关，专业媒体在其中起到关键作用，但个人层面的把关也不容忽视。正如人工智能技术的发展对把关形式的进一步丰富，"算法+人工"把关将成为一种新趋势。媒体的新思维与新能力、新的平台责任观、新的媒介素养观对于新秩序的建设尤为重要，它们是构建良好的传播秩序所必不可少的关键因素。

第四节　网络时代新闻传播的困境与出路

对新闻媒体而言，技术的进步与更新是机遇也是挑战。一方面，新技术推动新闻生产、采集、传播各个环节不断变革。另一方面，随着新技术的发展，越来越多的具有非专业背景的公众参与到新闻传播过程中，这也给新闻传播带来伦理道德方面的冲击。网络时代下，新闻传播可谓机遇与挑战并存。

一、网络时代新闻传播的困境

（一）变动之下如何自处

当前，算法、大数据、人工智能等技术渗透到新闻生产、传播的各个环节中，它们将人类从复杂、烦琐的工作中解放出来的同时，也影响到人类在新闻领域的生存地位。一些学者对此持悲观的态度，认为过度使用技术对新闻从业者及受众有害。

1. 过度技术依赖

目前，推荐算法被广泛应用于一些新闻客户端，使用推荐算法向受众推送的新闻信息被称为"算法推荐新闻"。新闻客户端可以根据受众的阅读兴趣、地理位置、社交关系等主动为受众推送信息，高效对接受众需求和信息。国内最先使用推荐算法推送新闻信息的新闻客户端是一点资讯和今日头条。从2012年3月张一鸣创立今日头条，到后来"猜你喜欢"的推荐方式遍布新闻客户端的主页，如今大量新闻媒体都想搭上推荐算法的便车，提高用户黏性。

如今，算法作为新的技术尚处于探索阶段，整体而言并不完善。例如，算法容易以隐蔽的方式带来偏见与歧视且机器只懂得根据指令执行操作，并不能辨别内容质量，过分依赖算法会导致新闻内容的雷同，使同质化现象日趋严重。由此，人们开始对算法进行反思与更正。2017年7月6日，《人民日报》发表名为《新闻莫被算法"绑架"》的文章，对一些沉迷于算法的新闻客户端提出批评。文章一出立即在业内引发热议，正视算法的弊端、及时弥补算法的漏洞是摆在我们面前的客观问题。除算法推荐外，机器人写作同样存在技术依赖的隐患。应用新技术应当时刻保持警惕，只有保持自身对现实世界的洞察力与判断力，才能更好地利用技术造福社会。

2. 信息茧房与回声室效应

信息茧房概念是由美国学者桑斯坦在《信息乌托邦》一书中提出的。桑斯坦认为，公众对信息的需求并非全方位的，公众往往只关注他们感兴趣的内容和让他们觉得愉悦的内容，而对其他信息选择忽视，久而久之，会陷入蚕茧一样的"茧房"，失去和外界的联系。由于推荐算法推送给受众的新闻信息常常具有某些相似性，这样就使受众容易被同质化信息所包围，感知不到其他信息。受众就像蚕蛹一样被困在媒体铸造的"茧房"中，难以接受不同的信息和观点。

回声室效应是指信息或想法在一个封闭的小圈子里得到加强。这个概念更多地强调群体或系统的封闭，它不仅仅源于信息视野的狭窄，也源于群体互动。有关社交媒体的研究表明，在用户优先连接到与他们共享观点的其他用户的时候会发生意见和情绪的传染。

信息茧房与回声室效应会在一定程度上影响受众的心理健康。某些新闻客户端充斥着娱乐八卦、暴力血腥等内容，一些自制力较差的受众往往会陷入这些信息所营造的世界，不仅会浪费大量的时间和精力，还会危害心理健康，有些人甚至会对新闻报道里出现的不良行为进行模仿，令人十分担忧。

另外，信息茧房与回声室效应也会导致多元信息缺失，降低受众的社会参与度。推荐算法虽可为受众推荐他们感兴趣的内容，但也隔绝了多元化信息，甚至会造成群体极化。一方面，个体易受到茧房群体内部的影响，产生极端的决策行为。另一方面，人与人之间的共同信息量减少将导致人们缺乏共同的关注对象和话题，群体与群体之间缺乏互动成为常态。受众难以知晓社会上发生的事件，长此以往就容易和社会脱节，其社会参与度、社会责任感也会降低。

3. 虚假新闻

在信息爆炸时代，虚假信息的大量传播极大地干扰了正常的新闻传播秩序，造成普通受众信息的不对等。例如，在重庆公交车坠江事件当中，开始阶段"女司机逆行"迅速成为热点话题，舆论集中对所谓的"肇事女司机"予以谴责，甚至整个女司机群体遭到舆论的抨击，随后还原真相的新闻调查和官方声明又让事件完全逆转。新闻报道频繁反转，受众的情绪和意见也随着事件的进展多次反转，造成舆论场域的撕裂和传播秩序的混乱。

除此之外，一些"网红"、自媒体为博取同情、赚流量，不惜造假，发布虚假新闻，严重影响了网络环境和现实环境，甚至引发了一系列模仿行为，这不仅干扰了正常的社会秩序，也破坏了健康的社会风气。

有时，媒体从业者也会成为假新闻的生产主体。媒介走向市场之后，来自媒体外部的压力使得新闻从业者感受到市场竞争的激烈。受行业竞争压力的影响，资本运作和增值逻辑近乎成为媒介发展、新闻创新的唯一逻辑，部分媒体工作者为了赢利，争分夺秒地"抢头条""蹭热点"。例如，2018年5月18日，《重庆青年报》官方头条号发布了一篇名为《大学生破解彩票漏洞获利380万，被取消保研名额并获刑》的新闻报道。报道前半部分称就读于某知名大学的张某因涉嫌利用专业知识破解彩票漏洞非法获利而被判刑，后半部分详细介绍了作案手法并晒出了张某与昵称为"注册网址"的博彩网站管理员的聊天页面。这篇"新闻报道"发布后在各类内容平台上热传。随后，《北京青年报》的记者发现这篇报道疑点重重，经调查后证实此篇新闻张冠李戴，实为广告。

杜绝虚假新闻需要得到每个人的重视。首先，媒体机构、各平台可以利用人工智能进行筛选并辅以人工识别，削弱虚假新闻的传播与发酵力度；其次，新闻从业者要提高职业素养，维护新闻的真实性；最后，网民应提高自己的媒介素养，担当起社会责任，保持中立、理性，不传播虚假新闻。

（二）外界乱象层出不穷

郭镇之指出，在公民新闻和非专业记者中，由于专业素养普遍低下，存在更多的不规范、不合法行为。例如，暗访、偷拍成为舆论监督特有的曝光方式，人肉搜索虽"战果累累"，难免伤及无辜。总体而言，由于公民记者和社会媒介鱼龙混杂、良莠不齐，其权威性和公信力往往比传统媒体低得多。

1. 网络暴力

由于网络上广泛传播的观点通常涉及"是""非"等简单的定性判断，因此网民在虚拟的网络环境中更多地表现出群体偏执、专横和放纵。网络社会中，网民隐匿于缺乏社会约束力的匿名 ID 之下，这种状态容易使部分网民失去社会责任感和自我控制能力，在"法不责众"心理的支配下做出宣泄本能的冲动行为或者选择盲目站队、非理性思考，甚至做出人身攻击、诽谤侮辱等行为。

2. 后真相

"后真相"（post-truth）一词被《牛津词典》选为"2016 年年度词语"，它反映了客观事实的陈述往往不如诉诸情感和煽动信仰容易影响民意。该词最早出现于 1992 年，美国剧作家斯蒂夫·特西奇（Steve Tesich）在谈到"水门事件""伊朗事件"等令人羞耻的真相时说："我们希望生活在一个'后真相'时代。"2004 年，美国作家拉尔夫·凯伊斯（Ralph Keyes）出版了《后真相时代》一书，他在书中指出："后真相时代，我们面临的不只是真相和谎言，我们还面临着第三种情形，那就是一种模糊的陈述，它不是确切的真相，但也不构成谎言。"

后真相现象在社会化媒体传播的影响下日渐突出，在以社交网络为传播渠道、以个人为传播节点的社会化媒体平台上，诉诸情感的内容往往比诉诸理性的内容更容易得到传播。意见、情绪、立场常常凌驾于事实之上，同时又渗透到对事实的陈述之中，事实与意见之间的界限日益模糊。这种环境下，专业媒体在追求事实的道路上面临的阻碍也越来越多，各种未经证实的信息充斥在网络环境中。面对后真相，新闻媒体更应该发挥标杆作用，重建一个可以接近客观性标准的框架，坚守客观、真实的原则。

3. 隐私泄露

网络时代，新闻发布的主体不再局限于传统的新闻媒体，自媒体和公民记者大量参与新闻传播，成为新闻报道内容的生产者。大部分新闻媒体都采取了对新闻事件当事人的姓名、容貌进行模糊化处理的保护措施，而许多自媒体和普通民众等疏于对当事人隐私的保护，甚至出现过度披露隐私信息的违法行为，对当事人造成不可逆转的损害。

对于上述问题，一方面需要不断完善新闻监督机制和行业规范，加强对媒介信息的监管，特别是对虚假新闻、不良新闻的打击。另一方面，需要多主体协同治理，注重培养网络中每个个体的媒介素养。

二、网络时代新闻传播的出路

新技术、新应用不断充斥互联网并深刻地影响和改变着新闻传播的模式和途径。

据美国有线电视新闻网（Cable News Network，CNN）报道，2017 年 7 月，华盛顿大学的研究人员利用人工智能技术制作了一段时长为 1 分 55 秒的美国前总统奥巴马演讲的假视频,其图像和声音都达到了以假乱真的水平。该研究团队设计了一个人工智能程序,让其分析互联网上奥巴马的各种音频和视频,经过 17 个小时的"自主学习"后,该人工智能程序能通过奥巴马的声音判断出对应的面部细节,从而模拟出匹配的数字图像。而于 2019 年异军突起又很快淡出公众视野的 AI 换脸软件"ZAO"给人们敲响了警钟。用户只需一张正脸照就可以将各种视频中的人物的脸替换成自己的脸,相应地,人脸数据可能承受被泄露、被他人利用的巨大风险。如何保证新闻的真实性、客观性?如何维护天朗气清的网络传播空间?

(一)合理利用新技术

新闻媒体需要合理运用人工智能、大数据、5G 等先进技术,对新闻生产和传播等各个环节进行优化。以技术赋能丰富新闻产品,整合新闻资源,提高新闻时效,与时俱进,扬长避短,增强信息的传播力,扩大媒体影响力,更好地满足人们的信息需求。除此之外,还应当延长新闻媒体产业链,打造媒体品牌,探索新的变现方式,加强新闻从业人员的基本素质和业务能力,不断改进新闻传播方式。此外,伴随着 5G 时代的到来,短视频正在成为下一个行业风口。新闻媒体机构要抓住机遇,坚定新闻理想,坚持正确的政治方向和舆论导向,调整传播机制,将采访报道资源向短视频产品倾斜,进而推动短视频产品加工、生产全流程的规范化运行。

(二)以用户为本

不同年龄、职业的人对新闻信息有着不同的偏好和需求,获取信息的途径也在不断发生着变化。新闻媒体需要把握好互联网发展的趋势,利用大数据、算法等技术掌握用户的信息需求和诉求,提升新闻产品的兼容性,以适应碎片化跨屏时代,丰富新闻产品的类型,通过多样化传播手段实现信息传播。例如,针对网站用户,可以用丰富的文字、图片表达内容;针对微博、微信用户,着重使用图片和简短、生动的语言。根据不同用户采用不同的表达方式,多层次地满足大众的需要。

(三)以内容为王

优质内容始终是支撑媒介组织发展的基础,内容为王,渠道是金。内容是一切的基础和前提,内容的真实与否直接影响着受众的认知、态度与行为。新闻媒体若不能及时治理,任由虚假信息泛滥、谣言甚嚣尘上,将会在很大程度上影响媒介组织的权威性和公信力。

内容与受众的关联度和清晰度是受众选择接触渠道的根本和基础。过去,主流媒体的逐利性使其不可避免地带有一定的精英主义色彩,对于被"他者化"的边缘人关注得较少。不仅如此,由于自身立场的局限,其传播的信息也具有一定的片面性。如今,更多的媒体人开始关注社会边缘群体,过去很少被关注的议题进入受众的视域范围,如纪录片《人间世》等现象级作品都立足于当下的社会问题,以立体、真实的视角进行表达,贴合受众的内心需求。

思 考 题

1. 请举例说明当今时代新闻内容生产主体分为哪几类？
2. 未来的新闻生态格局可能会在哪些方面产生变化？
3. 新媒体时代，传统的专业媒体对新闻信息把关的主导地位受到冲击主要体现在哪些层面？
4. 信息茧房与回声室效应有什么区别和联系？

实 践 任 务

请收集、整理 2～3 则机器新闻写作的案例，结合案例分析机器新闻写作所具有的优势与弊端。

本章参考文献

[1] 付红安. 技术与制度：区块链新闻平台的网络法律规制[J]. 新闻界，2019（5）：76-83.

[2] 彭兰. 网络传播概论[M]. 4 版. 北京：中国人民大学出版社，2017：38.

[3] 孙苗苗，王希. 人民日报"中央厨房"同时斩获 3 个中国新闻奖，秘诀何在？[EB/OL]. （2019-12-27）[2022-03-22]. http://media.people.com.cn/n1/2019/1227/c40606-31525124.html.

[4] 郭镇之. 舆论监督与西方新闻工作者的专业主义[J]. 国际新闻界，1999（5）：32-38.

[5] 郭镇之. 公民参与时代的新闻专业主义与媒介伦理：中国的问题[J]. 国际新闻界，2014，36（6）：6-15.

[6] 陆晔，潘忠党. 成名的想象：中国社会转型过程中新闻从业者的专业主义话语建构[J]. 新闻学研究，2002（71）：17-59.

[7] 吴飞. 新媒体革了新闻专业主义的命？——公民新闻运动与专业新闻人的责任[J]. 新闻记者，2013（3）：11-19.

[8] 郭庆光. 传播学教程[M]. 2 版. 北京：中国人民大学出版社，2011：131.

[9] 赛佛林，坦卡德. 传播理论：起源、方法与应用[M]. 郭镇之，译. 北京：华夏出版社，2000：264.

[10] 桑斯坦. 信息乌托邦[M]. 毕竞悦，译. 北京：法律出版社，2008：8.

[11] 胡泳. 新词探讨：回声室效应[J]. 新闻与传播研究，2015，22（6）：109-115.

[12] 技术的担忧——路透发布《2017 年度媒体预测报告》[EB/OL]. （2017-01-13）[2022-03-22]. http://dy.163.com/v2/article/detail/CAM0RA7H05118VJ5.html.

[13] 陆益峰. 未来我们还能看到真实的世界吗？[N]. 文汇报，2018-02-01.

第六章

网络营销

> **本章导读**
>
> 网络营销是随着互联网进入商业应用而产生的，它属于营销范围，是以互联网为介质的一种营销表现形式。随着互联网技术、信息技术和数字技术的快速发展，网络空间也给营销活动带来了新的活力，多样的网络营销模式有助于企业的发展和社会经济的增长。本章从网络营销概述讲起，介绍网络营销的发展脉络和常见的网络营销方式，帮助读者更加深入地了解网络营销的运作模式。

随着互联网的快速发展，传统的营销活动已经不能满足市场、企业和消费者的需要，网络营销愈发成为更加重要的营销活动。随着网民行为、媒体环境、技术竞争力的日新月异，营销活动也在技术的进步和数据的驱动下展现出多种多样的运作模式。

第一节 网络营销概述

21世纪是网络消息技术飞速发展的时代，网络技术改变了信息的分配和接收方式，影响着人们的生活、工作、学习、交流等。对于企业营销来说，传统的营销观念已不适应网络时代的市场环境，无法满足企业的竞争需求，于是诞生了新的营销方式，即网络营销。

一、网络营销的概念

（一）市场营销的定义

网络营销是市场营销在互联网时代的发展。要学习网络营销，首先需要厘清何为市场营销。关于市场营销的定义，由于不同时期的市场环境不同，营销界对其有着不同的表述。美国市场营销协会（American Marketing Association，AMA）在 2004 年提出市场营销既是一种组织职能，也是为了组织自身及利益相关者的利益而创造、传播、传递客户价值，管理客户关系的一系列过程。著名的营销学家菲利普·科特勒（Philip Kotler）认为，市场营销是个人和群体通过创造产品和价值并同他人进行交换以获得所需所欲的一种社会及管理过程。

通过对以上定义的了解，可以把握市场营销的三个核心要点：第一，市场营销的目的是创造产品、价值及维系客户关系；第二，市场营销的关键环节是交换，通过交换才能实现其目的。第三，市场营销的主体是个人或群体，对象是消费者或用户。

（二）网络营销的定义

网络营销是个人或组织利用互联网技术创造和传播产品价值，有效满足客户所需，从而实现其营销目标的一种新型市场营销方式。网络营销不是简单的在互联网上售卖产品，而是传统营销理论在互联网时代的实践与发展。网络营销不等于电子商务，电子商务强调的是交易方式和交易过程的各个环节，而网络营销本身并不是一个完整的商业交易过程，而是为促成电子化交易提供支持，是电子商务中的一个重要环节。

从狭义上讲，网络营销是以互联网为主要手段，为实现个人或组织的营销目的而开展的一切营销活动。从广义上讲，网络营销是个人或组织利用一切网络，包括社会网络、计算机网络、企业内部网、行业系统专线网及互联网、有线网络、无线网络、有线通信网络与移动通信网络等所进行的营销活动。

此外，网络营销不单单是一种利用互联网工具开展营销活动的手段，还是一种营销思维，是互联网思维下营销观念的变革。它与互联网发展紧密贴合，随互联网发展环境的改变而不断调整。受互联网传播去中心化特点的影响，网络营销更加注重对用户（在网络营销环境中习惯称消费者为用户）的洞察，无论是传播内容还是传播渠道的策略选择，乃至产品设计都需要以用户的偏好、习惯为中心，讲求与用户通过交互方式进行沟通交流，了解其所需，为其创造良好的消费体验。此外，网络营销还注重数据思维，善于利用互联网大数据进行分析，有效掌握用户的生活轨迹，从而优化营销策略。

二、网络营销的优、缺点

（一）网络营销的优点

基于互联网的众多优势和特性，网络营销呈现出以下五个优点。

1. 成本低

与传统营销相比，网络营销最明显的优势就是成本低，主要体现在以下几个方面。

（1）广告制作成本低。网络营销所需要的绝大多数宣传物料都是以数字化方式呈现的，节省了印制、刻录等的成本，营销人员仅通过一台计算机就可以实现"制作—发布—效果评估—调整"这一流程，减少物料资源浪费的同时，还可以随时进行商品信息与广告创意的更新。

(2) 广告投放成本低。网络上的广告位价格相对低廉，同时官网、微博、微信、社区论坛等开放平台为企业的营销推广提供了免费的宣传渠道，降低了广告投放的成本。

(3) 物流成本低。企业可以通过网络建立起供应商与用户之间的供应链系统，可以准确地把握商品的供需水平，减少企业库存以及商品流通的中间环节，从而降低物流成本。

(4) 销售成本低。相比于实体店的固定成本，网络营销支出的费用要少很多。B2C、B2B、C2C等模式中买卖双方直接交易，省去了分销商等中间环节，降低了营销环节中的销售成本。

(5) 人力成本低。与传统营销推广方式相比，网络营销中无店面销售人员，网络营销团队的人员规模大大缩小，部分营销工作甚至由人工智能完成，由此节约了人力成本。

2. 效能高

信息储存量大、流通速度快、实时更新且便于搜索等特点使得网络营销更加高效，具体体现在以下两个方面。

(1) 宏观：缩短营销战略实施过程。在传统营销时代，企业制定营销战略时通常会针对市场引入期、市场巩固期、市场维系期等阶段分别制定不同的营销战略和广告投放策略。具体而言，在引入期，企业投放广告的目的是吸引潜在消费者的注意，建立品牌知名度。在巩固期，企业应大力进行产品信息的推广，为消费者提供详细的产品信息。在维系期，企业会策划各类营销活动以建立和消费者之间的联系，提高其对品牌的忠诚度。而在网络营销时代，消费者看到网络营销的广告信息后，可以点击页面链接获得详细的商品信息并填写用户资料或直接参与网络营销活动，甚至可以直接下单完成购买行为。一次行动可能直接达成原先三个阶段的目的，大大提高营销活动的成效。

(2) 微观：提高企业的生产、销售效率和消费者的购买效率。随着互联网生活的逐渐丰富，企业可以通过网络实时观测用户的行为，获取潜在用户的消费习惯、生活方式等信息，及时掌握市场新动向，同时对先前的营销活动的效果进行实时监测，收集用户反馈等。针对这些数据信息，企业可以对产品的研发设计、价格及销售渠道进行调整，满足市场所需，提高企业生产与销售的效率，以获得更高的收益。用户也可以在短时间内通过接触网络营销信息或参与网络营销活动了解自己所需商品的丰富信息并在同一时空下获得更广泛的消费选择，提高购买效率。

3. 交互性强

网络营销突破了传统营销模式中信息单向传播的路径，企业发布产品相关信息后，可以根据兴趣自由获取，企业也可以在网上进行产品测试的调研活动，了解用户对产品的满意程度。用户也可以通过与企业沟通互动参与产品的设计研发、定价等生产流程。在买卖双方平等交互方式下开发出的产品，可以更好地满足用户所需，适应市场发展的需要。

4. 个性化

互联网以人为本的特性激发了个体的主体性。在网络营销中，每个个体都可以被看作营销的主体，企业通过对收集的数据信息进过分析处理，可以形成用户画像，为用户定制满足其需求的个性化产品、服务。从用户端来看，算法可以根据用户的搜索及浏览痕迹进行智能化商品推荐,方便用户购买到所需要的商品。

5. 多媒体呈现

网络媒体是集文字、图片、声音、动画、影像等多种形态于一体的信息传输媒介。网络营销人员可以充分发挥自身的创意,以图、文、声、像等多种形式传递商品信息,全方位地刺激用户的感官,吸引用户的注意力,增强用户对产品的好感,通过良好的体验服务达成购买行为,增强网络营销的实效。

(二)网络营销的缺点

虽然网络营销与传统营销方式相比具有成本低、效能高、个性化等优点,但网络营销仍存在一些缺点。

1. 隐私安全问题

为了达到服务的个性化、精准,企业需要获取大量的用户个人信息,如年龄、职业、身份、爱好、联系方式、银行账号等,这些关乎个人隐私的数据信息一旦被泄露,将会给用户造成很大的困扰,降低用户对企业的信任感和忠诚度,影响企业网络营销活动的继续开展,进而降低产品的口碑,使企业的利益受损。因此,如何平衡网络营销服务的精准性与用户个人隐私信息的安全性是企业网络营销人员在开展营销活动时应该高度重视的问题。

2. 用户体验、感受不佳

网络营销中,用户大多只能通过视觉、听觉接收产品的信息,而无法运用味觉、触觉、嗅觉等感官,因此那些需要用户亲身体验才能形成购买决策的产品(如汽车、服装、食品等)的生产企业无法通过网络营销影响用户的决策。虽然目前 VR、AR 等新媒体技术的应用可以提升网络营销中用户的体验感,但由于技术发展的不成熟,尚不能达到让用户身临其境、全方位、多感官地接收产品信息的效果。

3. 用户信任度降低

网络营销中,不良商家会进行虚假宣传诱导用户,使其无法准确、快速地识别出正确的产品信息,导致用户因权益受损而对商家产生不信任感。与线下推广方式相比,网络营销中,买卖双方无法通过直接沟通的方式建立起情感连接,需要企业花费大量精力逐步建立起与用户之间的信任,待信任建立起来后,还需对品牌忠诚度进行维系,这将会增加企业在营销上的成本投入。

4. 准入门槛低、竞争加剧

网络营销中的信息传播平台大多是免费的且操作方便、准入门槛低,如微博、微信、网络社区论坛。当市场上的绝大多数企业都采取网络营销方式优化自己的营销战略时,网络营销的优势将不再凸显,市场竞争加剧。在这种环境下,企业需要实时掌握网络营销的发展动态,不断更新观念,学习前沿知识,利用更先进的网络营销方式提高自身竞争力。与此同时,要把握网络营销的核心思维——不是仅仅利用互联网工具开展营销活动,而是适应互联网思维模式,根据互联网发展背景下市场环境的变化调整自身的营销战略。

三、网络营销的理论基础

网络环境改变了传统的市场和技术背景,使得传统营销理论不能完全胜任对网络营销的指导,为适应新环境的变化,更好地指导企业开展网络营销活动,学界在原有的理论基础之上进行了发展和创新,其中较有代表性的理论包括以下四个。

(一)关系营销

关系营销是 1990 年之后逐渐受到重视的营销理论。所谓关系营销,是把营销活动看成企业与消费者、供应商、分销商、竞争者、政府机构及其他公众发生互动作用的过程,其核心是建立和发展企业与这些公众之间的良好关系。

互联网作为一种有效的双向沟通渠道,可以实现企业与消费者之间的低成本的沟通和交流,为企业与消费者建立长期关系提供有效的保障。首先,利用互联网,消费者可以直接提出个性化需求,企业则可以根据消费者的个性化需求提供相应的产品或服务,最大程度地满足消费者需求;企业也可以通过消费者的需求了解市场、细分市场、锁定市场,最大程度地降低营销费用,提高对市场变化的反应速度。其次,互联网不受时间和空间限制的特性极大地方便了消费者与企业的沟通,消费者可以借助互联网在最短时间内以简便的方式获得企业的服务,同时企业可以实现对产品质量、服务质量及交易服务等的全程控制。

(二)软营销

软营销是相对于强势推广而言的概念,其基础是消费者购买产品的目的不仅是满足基本的生理需要,还包括满足高层次的精神需要和心理需要。软营销强调企业的市场营销行为应更加自然、隐蔽,同时必须重视消费者的感受和体验,让消费者能舒服地主动接收企业的营销信息。在互联网上,信息交流是自由、平等、开放和交互的,强调的是相互尊重和沟通,因此企业若采用传统的、强势的营销手段在互联网上开展营销活动势必会适得其反,而网络软营销恰好是从消费者的体验和需求出发,采取拉引策略吸引消费者关注企业来达到营销目的。需要注意的是,在互联网上开展营销活动特别是促销活动一定要遵循一定的网络虚拟社区规则或网络礼仪(netiquette)。

(三)直复营销

直复营销(direct marketing)即"直接回应的营销",起源于美国,是 20 世纪 80 年代后发展得最快的营销形式之一。美国直复营销协会(American Direct Marketing Association,ADMA)的专家对直复营销的定义是:一种为了在任何地方产生可度量的反应和(或)达成交易所使用的一种或多种广告媒体的相互作用的市场营销体系。其内涵体现在四个方面:第一,直复营销作为一种相互作用的体系,特别强调直复营销者与目标消费者之间的双向信息交流,以克服传统市场营销中单向信息交流方式无法在营销者和消费者之间建立沟通桥梁的问题。第二,直复营销活动的关键是为每个目标消费者提供直接向营销人员反映情况的渠道,企业可以凭借消费者的反应找到不足,为下一步的营销活动做好准备。第三,直复营销活动强调在任何时间、任何地点实现与消费者的信息双向交流。第四,直复营销活动最重要的特性是效果可测定。

互联网的发展和商业应用为直复营销提供了良好的发展环境。利用互联网，企业可以全天候地提供网上信息的发布、沟通，消费者可根据自己的时间安排自由获取信息。同时，企业和消费者之间可以通过网络实现一对一的信息沟通和交流。此外，通过网络技术和数据库技术，可以对企业和消费者之间的所有交互数据进行保存、分析，这些数据可以为企业的营销决策提供依据。

（四）整合营销传播

整合营销传播理论（integrated marketing communication）是美国西北大学市场营销学教授唐·舒尔茨（Don Schultz）提出的，该理论指的是一个营销传播计划，其要求营销策略充分认识用来制订综合计划时所使用的各种可以带来附加价值的传播手段并将之结合，提供具有良好清晰度、连贯性的信息，使传播影响最大化。最初的这个定义并未体现品牌与消费者，汤姆·邓肯又从这两个角度对该定义进行了补充：简单地说，整合营销传播是一个提高品牌价值、管理消费者关系的过程。

从这个角度而言，整合营销传播理论倡导更加明确的消费者导向理念，完成了"以传者为中心"到"以受众为中心"的传播模式的战略转移。通过战略性地控制或影响相关团体所接收到的信息，鼓励数据发展导向，有目的地和他们进行对话，从而创造并培养与消费者和其他利益相关者之间的可获利关系。

目前的市场环境下，互联网去中心化的特征使消费者的地位逐渐提升，网络互动的特性使消费者能真正参与到整个营销活动过程中，不仅增强了消费者的主动参与性，消费者在网上选择商品的余地也变得很大，其选择产品或服务的主动性也得到了加强。因此，在满足消费者个性化需求的驱动下，企业需要建立起以消费者为中心的服务理念，整合一切资源，为消费者提供适时、适地、适情的服务，最大程度地满足消费者的需求。

第二节　网络营销的起源与发展

一、网络营销的起源

20世纪90年代初，互联网的飞速发展带来了全球性互联网应用热潮，众多企业开始通过互联网传递信息、拓展业务、处理各类日常运营和管理事务。为了更好地适应互联网发展的需要，企业也开始探索新的营销管理模式，网络营销应运而生。网络营销的诞生有其技术基础、观念基础和现实基础，是多种因素综合作用的结果。

（一）技术基础：互联网技术在商业领域的拓展

互联网起初应用在军事及科研服务领域，其主要目的是为用户提供共享大型主机资源的宝贵机会。伴随着接入主机数量的增加，越来越多的人把互联网作为通信和交流的工具，一些企业还陆续在互联网上开展了商业活动，其在通信、信息检索、客户服务等方面的巨大潜力被挖掘出来。面对如此庞大和迅速发展的网络市场，企业开始逐步将网络纳入自己的营销战略。由于传统的营销理论与方法不能完全适应网络市场的需求，网络营销理论与方法论随之诞生。互联网的发展为网络营销提供了新的传播媒介平台与新的营销理念方式，更有效地促进企业营销活动的实施与商业价值的实现。

（二）观念基础：消费者中心论的强化

纵观经典营销理论的发展，从 4P[即产品（product）、价格（price）、渠道（place）、促销（promotion）]到 4C[即消费者（customer）、成本（cost）、便利（convenience）、沟通（communication）]再到 4R[即关系（relationship）、节省（retrenchment）、关联（relevancy）、报酬（reward）]以及 IMC（integrated marketing communication，整合营销传播）理论的演变，可以看出消费者的地位在逐渐提升。最初，营销理论强调以消费者为中心、消费者需求至上，重视企业与消费者之间的双向沟通。随着互联网的发展，技术赋权下的消费者群体的主体地位更加突出，其消费需求也在发生改变，具体体现在以下三个方面。

1. 更加追求个性化的消费体验

随着社会生产力的提高，一方面，物资的极大丰富使消费者摆脱了物资匮乏时代不得不选择单一产品品种的情况，自由选择度提高，释放了消费者追求个性化产品的欲望；另一方面，经济的发展与可支配收入的增加赋予消费者更强大的购买力，消费者在满足基本需要的前提下开始追求更高的生活品质，个性而多元的选择代表着独特的生活方式，因此个性化消费正成为消费主流。

2. 更加追求便捷、轻松的购物方式

信息时代，伴随着社会生产效率的提高，人们的生活越发忙碌。快节奏的生活方式下，工作、学习等占据了人们大部分的时间，为了节省时间，人们希望消费尽可能轻松、方便、高效。此外，线上点一点即可送货到家的购物体验也重塑了人们的消费习惯。

3. 更加主动地获取产品信息和服务

过去，消费者获取产品信息和专业化知识的渠道有限，只能依赖卖方与买方之间的单向传播模式，随着网络技术的普及，信息的开放程度与检索的便捷性大幅度提高，消费者有更多的途径可以轻松地获取产品信息与专业知识，而不单单依赖于企业的官方传播渠道。在新的营销环境下，消费者的主导性增强，影响着企业对消费者的把握，企业要想更好地引导消费者参与营销活动，就需要思考新的方式与逻辑。

（三）现实基础：市场竞争日益激烈

互联网技术的进步对各行业的发展提出了更高的要求，一方面，竞争日益激烈的市场环境迫使企业做出巨大的调整；另一方面，在互联网新技术面前，企业是平等的，带给企业挑战的同时也给予企业更多的机遇。从某种意义上讲，谁能把握互联网发展的规律，让互联网技术为己所用，促进自身的转型、升级，谁就能在激烈的市场竞争环境中立于不败之地。因此，在新的市场竞争环境下，企业的市场营销需要根据互联网发展的需求，不断调整自身策略，做到在加速自身发展的同时推动社会向前进步。

具体而言，在这个信息泛滥的时代，消费者每天要处理大量的信息，时间的碎片化使消费者处理信息的精力有限，企业要让自己的产品和品牌在众多竞争对手中脱颖而出，吸引消费者的注意力、增强自身影响力是核心关键。因此，企业一方面需要尽可能地降低产品的生产成本，缩短产品的制作周期，使产品的迭代发展适应市场的迅猛变化；另一方面，企业需要优化营销、宣传策略，以新的创意吸引消费者，这需要营销人员在思路与手段上有所创新，找到消费者感兴趣的话题，吸引消费者的关注，与消费者维持良好的关系。

网络营销的低成本和高效运作模式为产品生产贡献了力量，其强大的互动性又使得消费者的意见能得到快速反馈，助力产品迭代升级，其个性化、精准及多媒体展示等优势可帮助营销人员寻找到符合消费者需求的创意点，增强企业的竞争优势。

二、网络营销的发展

网络营销的发展与互联网的发展密切相关。现如今，学界与业界习惯将互联网的发展分为 Web 1.0 时代、Web 2.0 时代、Web 3.0 时代三个阶段，受这三个阶段的互联网特征的影响，网络营销在不同阶段也呈现出不同的发展态势。

（一）起步阶段：Web 1.0 时代

在 Web 1.0 时代，互联网发展的主要特征是衍生出门户网站、搜索引擎、电子邮件等应用以及催生出早期的电子商务模式。在这一阶段，企业借助这些应用和服务开展营销活动，形成了一些早期的网络营销手段与形态；网络营销主要基于技术的应用，以技术创新为主导模式，在营销工具的使用上有所突破。

在 Web 1.0 时代，信息门户网站如同报纸媒体一样，成为受众了解信息与外在世界的重要窗口，同样也成为企业、组织等的宣传媒介。与门户网站同时期诞生的还有搜索引擎技术。1994 年基于互联网的知名搜索引擎 Yahoo、WebCrawler、Ifoseek、Lycoscr 等相继诞生。搜索引擎的出现方便了用户对各类信息的获取，用户逐渐习惯并依赖利用搜索引擎检索自己想要的资源，使得搜索引擎成为互联网信息和流量的中心。企业同样可以依靠搜索引擎技术的特性，增大自己的曝光量，吸引用户注意到自己，以达到营销的目的，由此诞生出搜索引擎营销（search engine marketing，SEM）。

1994 年，国外出现最早的网络旗帜（横幅）广告，也是第一条网络广告。1995 年，eBay 网站开始登载广告，给传统广告业务开创了一种新模式。除信息门户网站外，企业、组织也可以搭建自己的官方网站，通过网站平台展示自己的产品与服务，宣传企业、组织自身及品牌的价值主张，展现企业、组织的能力，发布促销活动信息以及提供产品购买信息和售后服务等。搭建官方网站成为这一时期企业进行网络营销的重要手段。1995 年 7 月，全球最大的网上商店亚马逊成立，它是最早开始经营电子商务的公司之一。随后越来越多的电商平台涌现，涵盖 B2C、C2C、O2O 等多种模式。

此外，在 Web 1.0 时代，电子邮件的普及也给网络营销方式提供了新的思路。美国亚利桑那州两位从事移民签证咨询服务的律师 Laurcncc Cantcr 和 Martha Siegel 通过互联网发布 E-mail 广告，只花费了 20 美元的网络通信费用就吸引了约 25 000 名客户，最终获利约

10万美元。此后，人们开始关注电子邮件对营销的作用，电子邮件营销逐渐成为一种成熟的营销方式。

（二）成长阶段：Web 2.0 时代

Web 2.0 时代的互联网更注重用户的交互作用，这意味着网络营销将更注重思维方式的转变。正是在这一阶段，网络营销的核心要义之一——以用户为中心得以形成，在这一核心要义的影响下，网络营销呈现出以下四个方面的变化：第一，企业更加注重与用户之间的沟通。第二，用户可以更多地参与产品生产环节，企业在设计产品时更多地采纳用户的创意。第三，以"趣缘"为中心的圈层群体成为企业制定营销策略时进行市场细分的重要依据。第四，用户之间的相互影响也对企业营销计划的实施具有关键的影响。

基于社交媒体的发展，Web 2.0 时代的网络营销模式有 SNS 营销、BBS 营销（也称论坛营销）、博客营销、微博营销、微信营销、视频营销、直播营销等。从早期的 SNS、博客、论坛到现在的微博、微信以及各类基于兴趣内容设计的垂直类 App，企业或组织利用这些社交媒体有目的地对外宣发文本、图片、音频、视频、动画等内容，直接而有效地将产品及服务信息传递给用户。社交媒体除具有媒体属性之外，还具有社交属性，在社交媒体上，企业与组织的形象不再是居高临下的，而是可以如同用户的朋友与其平等交流，有助于提升用户对产品和品牌的好感。例如，百雀羚公司在其官方微博账号外开设一个年轻化、活泼的子账号"因雀思听"，该微博账号除推广产品外，还会与粉丝进行话题互动交流、不定时转发抽奖、赠送粉丝产品等，提升了百雀羚品牌的亲和力，增强了用户黏性。截至 2020 年 1 月，该账号的粉丝量已达 113 万。百雀羚成功地实现了从老牌国货到深受年轻人喜爱的时尚产品的品牌形象转变。

（三）继续发展阶段：Web 3.0 时代

Web 3.0 时代的互联网技术拥有更大的带宽、更快的连接速度，云计算技术也得到了快速的发展。语义网的搭建推进了人工智能的普及，VR、AR、MR 等新媒体的广泛应用以及万物互联的"物联网时代"等都促使着网络与现实的全面接轨与融合。Web 3.0 除可以满足用户对信息的更高层次的个性化追求，还可以调动用户的积极性，让用户参与网络化生产。聚焦到网络营销领域，相比于 Web 2.0 时代，Web 3.0 时代的营销更加智能化、场景化、协同化。具体而言，Web 3.0 时代的营销生态发生了以下三个方面的变革。

1. 网络营销智能化

计算及存储能力的提高使企业可以在全网范围内捕捉到产品信息、用户行为与画像（包括历史用户、长期用户、潜在用户等）、竞品信息、客户信息（包括供应商、分销商、合作伙伴等）、市场及行业发展动态等方面的数据，数据间的交叉匹配分析以及算法对用户需求的精准捕捉可以实现网络营销的研发生产、设计、定价、渠道、创意推广、关系维护等多环节策略的智能化制定，帮助企业建立起完善的营销管理数据库。

2. 关注各类消费场景及消费流程

Web 3.0 时代，多屏终端的出现导致众多生活场景被细分，用户可以随时随地接触到各类信息，用户多元场景化的需求有机会得到满足。著名营销专家菲利普·科特勒曾在

"2019科特勒未来营销峰会"上就未来营销趋势发表演讲指出,未来企业营销要关注"消费者旅程"。所谓"消费者旅程",是指消费者从产生消费需求到实施消费决策再到完成消费行为等整个流程所经历的心理活动和具体行为以及接触到的所有场景。企业需要在"消费者旅程"中找到接触点,同时要保证每个接触点上的营销工作的有效性,如此才能让消费者购买产品。为实现营销工作的有效性,企业需要具备场景化思维,集合各种场景元素综合思考消费者会在何种场景下产生怎样的消费需求,借助 AI 及算法分析消费者行为并以多屏终端方式呈现产品信息,实时下单,完成购买,实现真正的精准营销。

3. 注重企业价值观

面对 Web 3.0 时代的数据化浪潮,一个企业的价值主张尤为重要,因为数据是冰冷的,企业要在数据的基础上传递其背后的情感价值才能直击消费者的心灵,让消费者愿意参与企业的价值生产环节。有正确价值观的企业才能真正形成自己的群落,与消费者共创价值。

第三节　常见的网络营销方式

随着互联网的发展,网络营销的手段、方法和工具逐渐丰富,网络营销模式也从单纯的网站建设向多元化方向转变,对不同类型营销方式的组合已成为企业制定网络营销战略的重要内容。本节将结合当下互联网的发展背景,介绍几种常见的、比较流行的网络营销方式。

一、搜索引擎营销

(一)搜索引擎营销的定义

搜索引擎营销(search engine marketing,SEM)是基于搜索引擎平台的网络营销,它利用人们对搜索引擎的依赖和使用习惯,在人们检索信息的时候将营销信息传递给目标用户。搜索引擎营销的基本思路是企业通过搜索引擎平台付费推广产品或服务,引导用户发现营销信息并点击进入相关网页进一步了解所需要的产品或服务信息,用户可以直接与企业客服人员进行交流,促成交易。

(二)搜索引擎营销的主要方法

SEM 的主要方法包括竞价排名、搜索引擎优化、关键词广告、付费收录等。

1. 竞价排名

竞价排名是基于搜索引擎关键词的一种广告形式,搜索引擎平台对购买了同一关键词的企业按照付费高低进行排名,付费越高者,其信息的排名越靠前,在用户搜索相关关键词时,搜索引擎平台就会将已排好顺序的信息链接呈现给用户。竞价排名按用户点击次数计费。竞价排名的优势在于价格低廉且企业可以自主掌控。此外,与位置定位服务相结合的竞价排名还可以呈现本土化信息,即当用户搜索某些生活服务方面的关键词时即可获得周边的服务推荐，这为本地企业、中小企业提供了非常有效的推广途径。

2. 搜索引擎优化

搜索引擎优化（search engine optimization，SEO）是一种通过分析搜索引擎平台的排名规律，了解各种搜索引擎平台怎样进行信息搜索、怎样抓取互联网页面、怎样确定特定关键词的搜索结果排名的技术。基于上述分析，企业要对自身的网站栏目结构、网站内容、网站功能和服务、网页布局等网站基本要素进行合理的设计，提高自身网站对搜索引擎平台的友好性，使得网站中的网页尽可能多地被搜索引擎平台收录并且在搜索引擎平台上获得较好的排名，从而获得尽可能多的潜在用户。相比于竞价排名，SEO 的价格更低且不需要为用户的每一次点击付费，同时管理起来也更简单、稳定，只需要企业定期优化、维护网站，使自身网站具有关键词搜索的优势即可。此外，SEO 的兼容性强，即针对某一个搜索引擎平台进行优化后，企业网站在其他搜索引擎平台的排名也会相应地提高。

3. 关键词广告

关键词广告即企业通过购买相关的关键词将广告内容呈现在用户的搜索结果页面上，实现高级定位投放。关键词广告设置可以是关键字词，也可以是关键语句，主要类型涉及企业名、产品名、品牌名，与企业、产品、品牌相关联的广告语、热点话题、公众人物等。当用户搜索这些关键词时，与企业网站或网页超级链接相关的信息就会出现在搜索结果页面的突出位置。这种投放方式简单，企业信息出现的位置也比较灵活且企业可以随时查看网站链接的流量统计信息，可以随时做出调整。

4. 付费收录

付费收录是在原有的免费收录的基础上增加付费门槛，企业一般只需支付一定的服务费用即可让自身网站被搜索引擎平台的索引库收录。由于这种方式可能对搜索结果的公平性及客观性造成负面影响，因此逐渐被市场所淘汰。

（三）开展搜索引擎营销的步骤

1. 构造适于搜索引擎检索的信息源

企业网站中的各种信息是搜索引擎检索的基础，因此利用搜索引擎进行营销时，企业应先构造信息源，即优化企业网站，其原则是用户友好与搜索引擎友好。

2. 为网站、网页被搜索引擎平台收录创造机会

网站建设完成并发布到互联网上并不意味着就可以达到搜索引擎营销的目的，因为无论企业的网站设计得多么精美，不能被搜索引擎平台收录，用户便无法通过搜索引擎平台发现企业网站中的信息，当然就不能实现传递企业营销信息的目的。因此，让尽可能多的网页被搜索引擎平台收录是网络营销的基本任务之一，也是搜索引擎营销的基本内容。

3. 让企业的信息出现在搜索结果页面中靠前的位置

用户在搜索信息后，通常会对信息进行挑选，只有那些相关性最强、最能吸引用户注意力的信息才有可能获得较高的点击率。由于搜索引擎平台收录的信息非常庞大，用户搜索某个关键词时会得到大量的反馈结果，如果企业信息出现的位置靠后，可能不会被用户看到，也就无法保障搜索引擎营销的效果。因此，企业除了要让自身的网站、网页被搜索

引擎平台收录，还要让企业信息出现在搜索结果页面中靠前的位置。

4. 为用户获取信息提供方便

用户通过点击搜索结果进入网站、网页，这是搜索引擎营销产生效果的基本方式，用户的进一步行为决定着企业搜索引擎营销能否最终获得收益。因此，企业开展搜索引擎营销时，应考虑网站信息发布、顾客服务、网站流量统计分析等其他网络营销工作，在为用户获取信息提供方便的同时与用户建立密切的关系，使其成为购买者或潜在顾客。

二、微信营销

微信是腾讯公司于 2011 年 1 月 21 日推出的免费即时通信应用软件，起初主要提供免费的图文、语音、视频等聊天服务，随着用户的增加及用户需求的增多，朋友圈、公众号、微信支付、小程序等功能纷纷上线并逐渐完善，由此微信的营销功能日渐强大。目前比较流行的微信营销方式有公众号运营、朋友圈信息流广告、公众号广告、小程序、朋友圈+微信群等。

（一）公众号运营

微信公众号可分为服务号、订阅号、企业微信三类，三者的定位不同，功能也不同，企业或组织可以根据自身规模和营销目标来选择注册、运营哪种类型的公众号。

1. 公众号的分类

（1）服务号。服务号具有强大的业务服务与用户管理能力，适合权威性较强的大型企业或组织。它功能丰富，类似小型 App，可以接入内容推送、客服、支付、第三方平台介入（主要是电商平台）等功能。此外，微信服务号允许每日多次推送信息，推送信息会直接显示在用户的消息列表窗口，触达率较高，同时可以提供会员管理服务，为企业维护客户关系、沉淀客户、扩大市场以及转换流量等提供便利。

（2）订阅号。相比于服务号，订阅号的功能并不是那么强大，其主要是为用户提供信息和资讯，在企业和用户之间搭建沟通的桥梁，比较适合中、小型企业或组织。订阅号每天只允许推送一次群发信息，但企业可以选择以直接或单条的方式呈现消息内容，也可以选择以多条图文链接的方式呈现消息内容。虽然订阅号无法直接接入第三方链接以实现消费引流，但可以通过"阅读原文"、二维码链接等方式接入外链，呈现更丰富的产品购买信息。

（3）企业微信。企业微信是由原来的企业号发展而来的，服务号、订阅号主要面向用户端，而企业微信则主要针对企业的内部管理，旨在与员工、供应商、合作伙伴等建立更好的关系。利用企业微信，企业可以快速、低成本地实现生产、管理、协作、运营的移动化，建立员工、上下游供应链与企业 IT 系统间的连接。企业微信可以简化工作流程，加强信息沟通，提高企业生产线各方的协同效率，从而提高企业的管理水平，方便企业的营销管理。

2. 公众号运营的要点

（1）定位精准。定位是运营公众号的基础，企业或组织应根据自身进行微信营销的目的和竞争者的情况定位自身的公众号运营策略，定位内容包括利用公众号进行营销的目的是什么，面向什么样的用户群体，日后的运营需要推送什么信息，运营风格是权威、严肃的还是轻松、活泼的，如何彰显自身的独特风格以区别其他竞品，是否需要建立微信公众号矩阵等，后期的内容及栏目设计都需要围绕定位工作展开。

（2）功能设计简洁。公众号的功能设计主要涉及自定义菜单栏、自动回复语和引导关注等（见图6-1），设计原则除简洁、直观、易识别、好操作外，还需体现公众号自身的统一风格。

图6-1 自动回复语、自定义菜单栏、引导关注的示例

通常情况下，自定义菜单栏不易设置太多内容，可以围绕公众号推送内容的主题或者公众号的主要服务事项进行归类并取简洁的名称予以引导。

自动回复语分为两类：一类是首次关注回复语，它相当于公众号的门面，需要将公众号的主要功能以简洁的语言传递给用户且需要体现自身的独特风格，让用户眼前一亮，提升用户的好感度；另一类是关键词回复语（见图6-2），即通过自动添加一些主要功能的关键词来达到自助服务用户的目的，不仅可以减少人工回复的工作量，还有助于即时反馈和运营效率的提高。

引导关注通常位于公众号图文内容的开头或结尾部分，目的是提示读者关注公众号，最大程度地留住文章的读者并将其转化为粉丝。除引导读者关注外，此部分内容还可以融入品牌或产品的slogan、卖点或公众号的定位及功能简介，但设计风格应统一，具有可识别性、独家感，体现专业性。

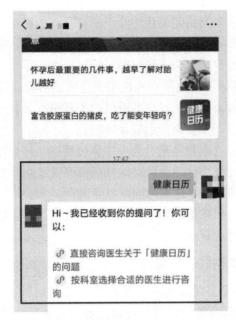

图 6-2　关键词回复语示例

（3）3I 原则。企业、组织所发布的公众号推送内容要想吸引用户的注意，3I 原则是基础，即有趣（interesting）、利益（interest）、个性（individuality）。

有趣是指内容足够有创意，能够吸引用户的关注。无论是标题，还是文章的行文风格、组织架构，都需要营销人员花心思去构思。有趣不仅指趣味化的主题或语言，还指不生硬的推广形式，即软文或者可引起用户情感共鸣的内容。

利益是指内容对用户有用、有价值，能使用户获益，即微信公众号推送的内容具有一定的实用性，可以为用户提供各类帮助。企业不仅可以利用公众号提供直接的产品或服务信息、促销活动信息，还可以推送生活服务类文章、资讯类文章等，让用户切实体会到公众号对他们的生活有很大的帮助，从而留住用户，保持稳定的粉丝量。

个性是指企业、组织在公众号上所发布的信息内容具有可识别性，在语言风格、内容倾向等方面长期保持独特个性，如此可以增强用户的记忆，提高用户黏性，获得用户的持久关注。

（4）选择合适的推送时间。推送时间的选择对公众号信息内容的传播效果具有十分重要的影响。同样的内容选择在不同时间段推送，可能具有不同的触达率和反馈率。对于具体选择在什么时间段推送消息，需要企业根据目标用户的阅读习惯和生活习惯来决定。如果企业的目标用户群体是一、二线城市的上班族，则可以选择在早、晚高峰或中午休息时间推送消息，因为在通常情况下，上班族在这些时间段比较空闲，为打发无聊可能会选择浏览微信，企业的公众号文章被浏览的概率相对较高。此外，如果企业自身的品牌和产品的影响力不是特别大，可以避开大型企业的推送时间，错峰推送，避免因扎堆儿而影响自身公众号信息的传播效果。

（5）注重与粉丝的互动。企业需要在设计文章内容时尽可能多地设置互动点，如转发、留言评论、集赞等并结合产品促销活动给予参与互动的粉丝一些奖励，这样做一方面可以博得用户的持续关注和好感，另一方面可以通过粉丝的二次传播效应，扩大企业的影响力，寻找到更多的潜在用户，扩大市场份额。

（6）定期进行效果评估。为使公众号长期保持营销活力，微信营销人员需要定期通过后台数据统计功能进行效果评估，对前期所做的工作进行量化考核，分析得失，评估前期制定的营销策略是否得当，如发现问题应及时调整。

公众号的效果评估可以选取粉丝量、流失率、传播率、转化率、好评率、分享率、反馈率等指标。目前，微信公众平台后台针对这些指标开发了用户分析、图文分析、菜单分析、消息分析、接口分析等功能，这些功能可以帮助营销人员轻松地监控微信公众号的数据，进行效果评估。此外，一些第三方平台，如清博大数据、新榜等，也可以帮助企业或组织对内容、数据的价值进行评估。

（二）朋友圈信息流广告

2015 年 1 月，微信正式上线信息流广告推广模式。微信的信息流广告镶嵌在朋友圈信息流中，当用户刷新页面流量信息时，可以浏览到企业发布的单条广告信息，类似微信好友所发布的朋友圈，用户可以评论、点赞、点击链接了解具体内容，还可以看见好友对广告的评论并与好友针对广告进行互动。企业可以根据用户的地域、使用习惯等因素进行智能投放，因此朋友圈信息流广告具有很强的交互性、原生性、趣味性、智能化等特点。

1. 朋友圈信息流广告的主要形式

朋友圈信息流广告主要有图文广告、视频广告、互动游戏广告三种形式，如图 6-3 所示。

图 6-3　三种形式的朋友圈信息流广告示例

图文广告主要包括广告主的头像及名称、外层文案、外层图片、文字链接和互动区五个部分。广告主的头像及名称可以链接至其公众号主页，引导用户关注；外层文案和外层图片是彰显营销创意的关键部分，直接触达用户，吸引用户的眼球，引导用户点击下方链接或进行互动评论；文字链接可以设置链接到公众号文章、品牌官网、营销活动详情页、电商平台产品页、H5、下载应用界面等，对此营销人员可以根据营销目的自由选择；互动区是用户自由评论或点赞的区域，可让用户参与其中。

视频广告主要包括广告主的头像及名称、外层文案、外层小视频、文字链接和互动区五个部分，广告主的头像及名称、外层文案、文字链接和互动区的内容同图文广告一样，外层小视频则是通过动态的视频形式传达广告创意。视频时长有 6s 和 15s 两种类型，点击可以查看完整视频（时长在 300s 以内）。相比图文形式，视频形式可以更全面、更生动地阐释产品及其功能的信息，传播效果较好，但对广告创意的要求较高。

互动游戏广告形式是 2019 年出现的新形式，主要是在视频广告形式的基础上增加互动点，即在一段完整的视频中加入游戏元素，引导用户点击进行互动，查看完整视频，这种富有趣味性的新广告形式更加吸引用户的眼球，可以有效地提高广告的阅读率。

2. 朋友圈信息流广告的优点

朋友圈信息流广告是基于微信公众号生态体系、以类似微信好友原创内容的形式展示在用户朋友圈信息流中的原生广告，通过整合亿级优质流量，为广告主提供了独一无二的互联网社交推广营销平台，其优点可以归纳为以下五个。

（1）用户活跃度高。用户活跃度高极大地提高了朋友圈信息流广告的曝光率与受关注度，增强了广告传播的有效性。

（2）原生性强。朋友圈信息流广告模拟微信好友发布信息的形式对广告内容进行包装，拉近了企业与用户间的心理距离，削弱了用户对广告的排斥心理。

（3）投放精准度高。朋友圈信息流广告依靠大数据进行智能化投放，借助腾讯建立的微信用户数据库锁定目标用户群体，根据用户的年龄、性格、兴趣、爱好、使用习惯、地理位置等细分用户群体，模拟出用户画像，为不同用户群体定制不同的广告内容，大大提高了广告投放的精准度。

（4）微信是基于强关系模式开发的社交软件，在这种虚拟的熟人社交网络中进行广告传播更容易在企业与用户之间建立情感连接，提升广告的可信度，增强用户对品牌的信任感，从而达到良好的传播效果，为营销推广提供便利。

（5）操作简便、易于管理。企业只需要登录微信公众平台后台开通广告主功能即可自主设定目标人群、广告投放时间，完成下单后即可实现广告投放。此外，企业还可利用微信公众平台后台的清晰数据详细地观察所发布广告的曝光情况、点赞数量、关注次数、外链转换率等，方便营销人员进行数据管理。

3. 朋友圈信息流广告的购买方式与价格

朋友圈信息流广告的购买方式有两种：一种是按曝光排期购买，其逻辑为预定未来目标人群的广告展现机会，冻结对应广告金额，最终按照实际曝光情况结算广告费用；另一种是按曝光竞价购买，其逻辑为广告主在确定投放人群及每日预算后，可以对广告曝光进行出价，通过实时竞价的方式与其他广告主竞争从而获取广告位。这两种方式的价格标准如表 6-1 所示。

表 6-1 曝光排期和曝光竞价的价格（2021 年）①

购买方式	售卖门槛	售卖定价
曝光排期	单次广告投放预算 5 万元起	按千次曝光定价，由投放地域和广告创意外层媒体类型共同决定 （1）外层视频创意。 核心城市：180 元/千次曝光 重点城市：120 元/千次曝光 其他城市：60 元/千次曝光 （2）外层图片创意。 核心城市：150 元/千次曝光 重点城市：100 元/千次曝光 其他城市：50 元/千次曝光
曝光竞价	每日广告预算 1000 元起	按千次曝光出价，最低出价由地域决定 核心城市：100～600 元/千次曝光 重点城市：60～400 元/千次曝光 其他城市：30～400 元/千次曝光

注：核心城市包括北京和上海；重点城市包括广州、成都、深圳、杭州、武汉、苏州、重庆、南京、天津、西安、沈阳、长沙、青岛、宁波、郑州、大连、厦门、济南、哈尔滨、福州共 20 个高活跃城市；其他城市包括除以上 22 个城市之外的其他城市

（三）公众号广告

微信公众号广告是基于微信公众平台生态，以类似公众号文章内容的形式在文章底部、文章中部、互选广告、视频贴片、返佣商品 CPS 广告这五个广告资源位进行内容展示的广告。通过整合亿级优质用户流量，利用专业数据处理算法，公众号广告为广告主提供了一个成本可控、效益可观、定向精准的互联网内容营销平台。

与朋友圈信息流广告一样，公众号广告可以依托微信专业的数据处理算法将不同的广告按照地域、性别、年龄、手机相关信息（品牌型号、手机系统及联网环境）、婚恋情况、最高学历、兴趣标签（商业兴趣/App 兴趣）、再营销以及媒体类型等用户人群属性或营销属性进行定向，从而精准地展示在向目标用户推送的内容中。

1. 公众号广告适用的营销场景

（1）推广品牌活动。公众号广告可以帮助广告主实现海量品牌曝光，传递品牌调性，强化品牌形象，同时可以赋能多种推广页，以满足不同广告跳转效果，辅以小程序礼品卡等生态内产品，配合精准定向，实现品效合一。

（2）推广门店。公众号广告可以详细介绍门店信息且可以链入地图导航、一键拨号等功能，进一步向感兴趣的用户介绍门店并引导其到店，更好地满足教育、房产、婚纱摄影等行业广告主在公众号场景下的投放诉求，如图 6-4 所示。

（3）收集销售线索。公众号广告可以定制自定义的销售表单链接，帮助广告主高效地收集销售线索，开发潜在客户，以可控的成本获取更高的效益，适合教育、婚纱、汽车

---

① 价格表信息来自微信广告官网：https://ad.weixin.qq.com/.

4S等行业。

（4）推广产品。广告主可以在公众号广告中设置链接，引导用户点击广告后直接转入商品购买页、促销活动页、商城等成交转化页面。其转化链路短且适用于大、中、小型企业商户，如图6-5所示。

图6-4　公众号广告示例——推广门店

图6-5　公众号广告示例——推广产品

（5）推广应用。利用公众号广告推广iOS及安卓移动应用十分便捷，支持一键下载应用，可以帮助广告主轻松实现应用内转化，如图6-6所示。

（6）优惠促销。公众号广告外层可以设置优惠券领取等窗口，联动微信卡券功能，在线派发优惠券，助力广告主快速推广优惠活动。广告主可以利用"线下活动+线上微信卡券"这一结合推广形式扩大活动触达用户的范围，引导用户到线下实体店进行卡券核销，增强线下活动的影响力，如图6-7所示。

图6-6　公众号广告示例——推广应用

图6-7　公众号广告示例——促销优惠

（7）推广公众号。影响力较小的企业、组织为增强自身影响力可将公众号关注链接的广告展示在目标用户关注的其他公众号阅读场景内，吸引阅读高频用户一键关注，完成高效转化，助力公众号快速扩充账号规模、构建粉丝生态，如图6-8所示。

图6-8　公众号广告示例——推广公众号

2．公众号广告的购买方式和价格

公众号广告的展现形式不同，其购买方式与价格标准也不同。公众号文章底部广告支持曝光排期、曝光竞价和点击竞价三种购买方式；文章视频贴片广告支持曝光排期和曝光竞价两种购买方式；公众号互选广告按文章收费，文章价格由流量主自主决定；公众号文章中部广告支持曝光排期和点击竞价两种购买方式；返佣商品和 CPS 广告按照成交付费。具体标准如表 6-2 所示。

表 6-2 公众号广告收费标准（2021）[①]

展现形式	购买方式	售卖门槛	售卖定价
文章底部广告	曝光排期	单次广告投放预算 1000 元起	按千次曝光定价，由投放地域决定 （1）外层视频创意。 核心城市：40 元/千次曝光 重点城市：35 元/千次曝光 其他城市：30 元/千次曝光 （2）外层图片创意。 核心城市：35 元/千次曝光 重点城市：30 元/千次曝光 其他城市：25 元/千次曝光
	曝光竞价	每日广告预算 50 元起	按千次曝光出价，出价范围 20~200 元/千次曝光
	点击竞价	每日广告预算 50 元起	按每次点击出价，最低出价 0.5 元
文章视频贴片	曝光排期	单次广告投放预算 1000 元起	按千次曝光定价，由投放地域决定 核心城市：25 元/千次曝光 重点城市：20 元/千次曝光 其他城市：15 元/千次曝光
	曝光竞价	每日广告预算 200 元起	按千次曝光出价，出价范围为 10~200 元/千次曝光
文章中部	曝光排期	单次广告投放预算 1000 元起	按千次曝光定价，由投放地域决定 核心城市：25 元/千次曝光 重点城市：20 元/千次曝光 其他城市：15 元/千次曝光
	点击竞价	每日广告预算 50 元起	按每次点击出价，最低出价 0.5 元

注：核心城市包括北京和上海；重点城市包括广州、成都、深圳、杭州、武汉、苏州、重庆、南京、天津、西安、沈阳、长沙、青岛、宁波、郑州、大连、厦门、济南、哈尔滨、福州共 20 个高活跃城市；其他城市包括除以上 22 个城市之外的其他城市

（四）小程序

小程序是微信于 2017 年 1 月上线的新功能，它是一种不需要下载、安装即可使用的应用，可以实现微信的一些简单功能，同时可以借助微信的社交属性帮助开发者收获更多的用户。小程序的开发门槛相对较低，能够满足简单的基础应用，非常适合生活服务类线下商铺进行网络营销推广。随着小程序功能的逐渐完善，其营销功能也不断被挖掘出来。目前，小程序的营销优势主要体现在以下三个方面。

[①] 价格表信息来自微信广告官网：https://ad.weixin.qq.com/。

1. 赋予公众号更多的营销功能

单纯的公众号运营如果想实现销售引流，必须借助第三方平台链接，因此受制于第三方平台的稳定性。而开通小程序商城，即使不依靠第三方平台，也能让公众号具备更多"内容"之外的营销功能。例如，在公众号推文中嵌入小程序，用户点击后可以直接进入小程序商城下单购买对应产品，实现企业最终的营销目的，如图6-9所示。

2. 助力本地商家的营销推广

当线下门店开发小程序后，微信小程序的"附近"功能即可捕捉到门店信息并展示给周边的用户，用户可通过小程序导航到门店或直接在线上体验购买服务。对于线下商家来说，微信小程序一方面可以直接触达潜在消费者，吸引其到店消费；另一方面，商家还可以借助小程序开发微商城。相比进驻淘宝、京东等大型电商平台来说，小程序的门槛低、成本低，可帮助本地化及小型商家实现网络营销梦，如图6-10所示。

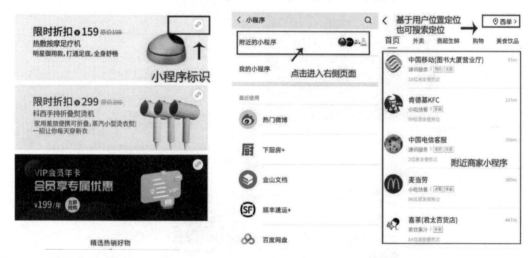

图6-9　在公众号推文中嵌入小程序的示例　　图6-10　"附近的小程序"示例

3. 实现传统营销与网络营销的融合

面对当下线上流量红利收窄的情形，小程序的优势是创建和连接场景，进一步挖掘线下商家的网络营销潜力，实现线上和线下的双向引流。例如，商家可以通过小程序发起营销活动，派发促销优惠券、体验活动预约卡券等，将线上用户引导到线下门店消费。线下门店也可以设置小程序码，吸引用户加入会员或使用其他线上服务，让品牌在各个营销节点收集丰富的用户数据，挖掘出更大的用户价值。

（五）朋友圈+微信群

互联网技术带来传播权力的下放，人际传播的影响力日渐增强，改变着商家在网络营销中的流量攫取方式。如今，用户的圈层化特点愈加突出，人们获取信息和产生消费的渠道也逐渐碎片化，由此商家越来越难吸引消费者的注意力，部分商家开始意识到想要抓住消费者必须打入消费者圈群内部，利用朋友圈+社群的运营思维来提高用户黏性。当大流量的性价比逐渐降低，利用有限的资金获得更多私域流量成为新风口。控制这些流量的

KOC（key opinion consumer，关键消费者），也就是人们常说的"带货王"，比 KOL（key opinion leader，关键意见领袖）更加深入消费者的生活。他们凭借自己的消费经验将产品信息分享给身边的朋友。从消费者的角度来讲，他们更加相信身边熟人的推荐，同时也认为通过这种方式会更加便捷地购买到自己真正需要的产品，一旦 KOC 信任机制建立起来，消费者将形成长期的购买习惯，形成品牌忠诚度。

具体而言，企业或商家可以打造自己的"真人微信号"（见图 6-11），由专人或团队运营，赋予这些微信号完整的人设，模拟消费者朋友的形象，充当消费者的购买顾问，通过组建潜在消费者微信群来维持用户活跃度。可以在朋友圈中发布融入产品信息的精致生活内容，也可以在微信群内发布一些基于产品的内容分享，组织一些促销活动吸引消费者参与。相比于直接利用已有领域内 KOL 等有影响力的人物进行推广，企业自己打造社群和 KOC 形象的成本更低，也更容易管理消费者，控制营销走势。

图 6-11 营销案例：完美日记品牌利用朋友圈+微信群

三、微博营销

微博营销是企业、商家、组织、个人以微博作为平台开展营销活动或通过微博平台发现并满足用户各类需求的商业行为。国内外具有代表性的微博平台分别为新浪微博和推特（Twitter）。微博上聚集着众多的用户，每个用户都有可能成为企业和商家的潜在目标消费者。企业通过建立自己的官方微博发布产品信息、企业信息以及其他配合营销的传播内容，不断更新话题并与用户粉丝群体保持互动关系，可为企业树立良好的品牌形象，以此推进营销目标的达成。

微博营销包括个人微博营销和企业微博营销。个人微博营销主要是指明星、名人、网络博主等利用微博进行形象管理，与粉丝群体保持互动，提高粉丝的好感度。企业微博营销主要是以赢利为目的，企业通过微博提高品牌及产品的知名度，找到目标消费群体并与其保持良好的长期关系。

（一）微博营销的优点

1. 成本低

以弱关系连接为基础搭建的微博平台聚合了各方信息和资源，采用一种"众包"内容生产传播模式，以最少的成本实现传播效力的最大化，为企业、组织节省了资金成本、人员成本和时间成本。

2. 立体化

微博整合了多种社交媒体的传播特性，可以为企业提供各种品牌传播方式。图片、文字、影像、投票等多种形式不仅可以丰富品牌营销的类型，使潜在消费者更形象、更直接地接收信息，同时还可以加强企业与消费者之间的互动。

3. 传播高效

微博从传统的线性传播中解放出来，引领传播模式走向网络互动时代，改变了人际传播点对点的传播模式以及传统传播点对面的传播模式，建立起面对面的传播网络。每一个微博用户都是一个信息接收节点，同时也是信息传播节点，众多节点联系在一起，实现内容的多次传播。这种裂变式的传播效应可以使企业发布的信息实现快速扩散，传播的级数越多，企业的影响力就越大。

4. 互动性强

微博的出现让企业和消费者开始体验真正的互动。通过微博，消费者可以与企业直接对话，企业也可以通过组建话题、转发评论、转发抽奖、投票等方式吸引消费者踊跃讨论、响应，培养出一群互动密切的忠实粉丝。当用户能够主动选择成为品牌的粉丝，企业将他们转化为品牌忠实消费者的概率就更大。

5. 即时性

企业可以保持微博时时在线，对品牌舆论进行即时监控和跟踪，通过关注利益方、媒体的相关言论，及时发现潜在危机，从而迅速制定方案，第一时间解决问题。如果出现的问题已经对品牌造成影响，企业还可利用微博即时公关，更有效地弥补失误，以防止事态扩大化。此外，依靠微博的互访性和在线交流功能，企业可以即时与消费者保持联系，听取意见，收集评价，实时进行市场调研，以加强品牌定位的精准性。

（二）微博营销策略

企业或商家在进行市场环境、平台环境、竞争环境分析之后需要进行账号定位，针对不同的定位制定内容策略和互动策略。策略制定完成后要制订运营计划，在实施计划的过程中要实时监控数据，通过分析数据对营销工作进行评估，发现问题后及时调整策略，优化下一步的营销工作。

1. 账号定位

微博账号定位可以从目标用户群体、企业和品牌形象以及微博账号的运营目的这三个角度进行思考。

（1）目标用户群体。进行微博账号定位时要对目标用户群体的性别、年龄、兴趣、地域、身份等特点进行分析，建立兴趣图谱，根据用户的兴趣偏好进行内容策划，把握微博账号运营的内容主题与调性。

（2）企业和品牌形象。这是指要明确企业自身品牌和产品的优势与特点，建立个性化运营特色。同品牌差异化一样，微博账号的运营风格也需保持企业自身独特性，在吸引用户的同时映射出企业和品牌形象。

（3）微博账号的运营目的。企业或商家运营微博账号的目的包括宣传产品或服务、维护品牌形象、销售产品、管理公共关系等，实现不同运营目的的运营策略有所不同。

2. 内容策略

内容是企业提高传播力、影响力及实现商业价值转化的核心。企业在制定微博内容策略时，应充分考虑品牌推广、产品介绍、促销、维系粉丝关系等营销目标，如表6-3所示。

表6-3 根据营销目标制定微博内容策略

营销目标	内容策略
品牌推广	以品牌故事、企业活动、企业新闻、经验、理念等用于宣传形象的内容为主题
产品介绍	以产品类别、产品用途、产品功能、产品价格、产品销售渠道、用户体验及反馈等为内容主题
促销	设立微博话题，吸引粉丝用户讨论并通过转发、抽奖的方式提高互动量，活跃粉丝群体
维系粉丝关系	将品牌、产品与粉丝感兴趣的话题联系起来，与粉丝保持情感的互动，拉近彼此间的距离

3. 互动策略

有了好的内容策略，还要选择合适的互动方式和互动对象来实现预期的传播效果。一般情况下，企业可以通过转发、评论以及@互动对象等方式进行互动。对于普通的粉丝用户群体，企业除了通过高质量的内容吸引粉丝主动转发、关注外，还需要关注粉丝的评论，及时回复，这一方面可以使企业形象更加亲民，另一方面还可以激发用户的创意，助力品牌设计。例如，2017年"故宫淘宝"曾分享粉丝购买的故宫文创产品，当时有其他粉丝留言建议"故宫淘宝"与彩妆品牌合作，随后在2018年年底，故宫彩妆正式上线，如图6-12所示。

在激发粉丝自发创造内容、加强与粉丝的互动的同时，企业还应重视与其他品牌官方微博的互动。例如，2016年国庆期间，海尔与高德地图的官方微博就一起搞了件"大事情"（见图6-13），网友纷纷转发评论，为网友们带来乐趣的同时，双方还获得了极高的关注度和美誉度。

企业还可以与品牌、产品有关明星、大V等进行互动，借助明星、名人、大V的影响力，扩大传播范围，创造更高的商业价值，如图6-14所示。

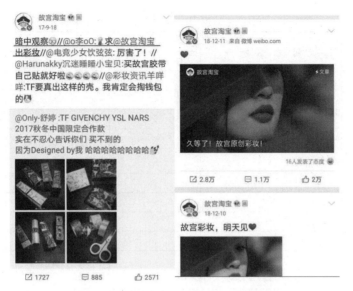

图 6-12　营销案例：故宫彩妆上线始末

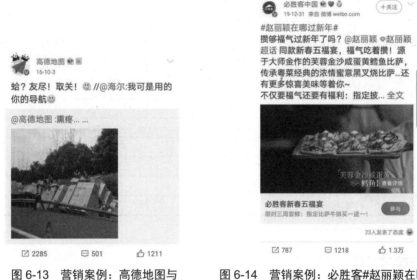

图 6-13　营销案例：高德地图与　　图 6-14　营销案例：必胜客#赵丽颖在哪过新年
　　　　海尔的互动　　　　　　　　　　　　　#新春营销活动

4．数据监测

为了达到良好的营销效果，企业和商家需要持续监测微博运营数据。就新浪微博而言，平台开发了微博数据中心产品，为微博账号提供微博营销效果分析数据，主要功能包括粉丝分析、内容分析、粉丝互动分析、相关趋势分析。数据中心包括免费版、会员版和付费版三个版本。免费版和会员版可展示最近 30 天的数据，付费版可展示最近 90 天的数据。不同版本的数据分析指标不同，企业和商家可以根据自己的营销需求选择合适的版本。新浪微博数据中心各版本包含的具体数据分析指标如表 6-4 所示。

表 6-4 新浪微博数据中心各版本包含的具体数据分析指标

功能	具体指标	免费版	会员版	付费版
粉丝分析	新增粉丝	√	√	√
	粉丝细分	√	√	√
	不再关注粉丝	×	√	√
	关注人总数	√	√	√
	互粉数	√	√	√
	粉丝性别、年龄细分	×	×	√
	粉丝地区分布	×	×	√
	粉丝来源	×	×	√
内容分析	我的微博	√	√	√
	我的转发和评论	√	√	√
	微博内容列表	×	×	√
互动分析	我的影响力	×	×	√
	页面访问分析	√	√	√
	微博效果分析	×	×	√
	阅读数	√	√	√
	触达数	×	×	√
	点击趋势分析	×	×	√
	点击细分	×	×	√
	互动趋势分析	√	√	√
	互动细分	×	×	√
	最活跃粉丝前 10 名	×	×	√
	转发最多粉丝前 10 名	×	×	√
	长微博阅读数和展开数	×	×	√
行业趋势分析	行业相关微博账号	×	×	√

注：表格信息来源于微博会员介绍

四、直播营销

直播并不是一个新鲜的概念，传统媒体平台上早有综艺直播、赛事直播、晚会直播、新闻直播等节目形式。而随着互联网技术的兴起，直播被赋予了新的含义。如今提到直播，大部分人想到的是网络直播，即通过网络视频平台实时在线观看各类信息内容并展开互动。2016 年，移动直播迅速崛起，社交平台完成了从文字、图片、语言到视频，再到视频直播的完美升级。视频直播中丰富的场景和实时互动给用户带来了全新的感官体验，用户纷纷沉浸在这种视觉狂欢之中。

（一）直播营销的定义

起初，直播营销指的是企业以直播平台为载体进行营销活动，以达到提升品牌形象或促进产品销量增长的目的。如今,直播营销更多是指企业利用互联网直播平台所开展的一系列营销活动。

(二)直播营销的分类

根据直播者的身份,直播营销分为个人直播营销和企业直播营销。

个人直播营销是指个人通过直播平台展现自己的技能、才艺及生活等博得网民的关注。随着全民直播热潮的兴起,直播平台为草根文化的崛起提供了绝佳的秀场。

企业直播营销是指企业、商家通过直播形式将丰富的产品信息直观地展现给消费者,营造消费场景,激发消费者的购买欲望,引导消费者下单完成购买。企业基于互联网的直播营销通常包括场景、人物、产品、创意四大要素。

(1)场景。企业需要利用直播平台搭建销售场景,让观看者仿佛置身其中,可以亲眼看见实物并与主播进行互动。

(2)人物。主播或嘉宾是直播的主角,他们的定位需要与目标用户相匹配,从而引导用户展开互动、转发或购买。

(3)产品。主播需要巧妙地将企业产品植入台词、道具、互动等,从而达到企业的营销目的。

(4)创意。如何巧妙地将产品融入直播内容,增加互动点,唤起用户的情感需求及购买欲望,这些都需要营销人员在直播开始前进行精心策划。

(三)直播营销的优点

1. 连通品牌、用户和社群

网络直播形式新颖、趣味性强、使用门槛低,目前已成为一种全民参与的线上活动。对企业或商家来说,它们借助直播带来的巨大影响力实现了有效的品牌曝光。对消费者来说,他们可以在直播过程中随时下单,缩短了消费过程。此外,主播可以邀请消费者加入贴吧或关注企业、商家的微博、微信公众号等,有助于企业搭建社群,维护长期的客户关系。

2. 利用群体间的感染与从众心理提高销售量

直播让拥有共同兴趣点的人聚合在一个场域内,形成一个具有仪式感的观看小群体,群体中的成员容易受到其他成员的情绪感染和从众心理的影响,进而产生购买欲望,产品的销售率就会提高。

3. 提升用户对品牌的信任感

直播使主播与用户、用户与用户间的信息传递快速而透明。通过直播中的试吃、试玩、试穿等场景,主播可将毫无修饰的产品实物呈现在用户眼前,从而提升用户对产品或品牌的信任感,进而形成跟风式消费。

4. 获得有效的营销反馈

借助直播,企业一方面可以收到已经用过产品的消费者的反馈信息,另一方面可以与观看直播的用户保持交流,收集他们所反馈的问题,便于在下一次直播营销时予以调整。直播过程中产生的用户反馈信息更加真实且针对性强,有利于企业改进营销工作。

（四）直播营销的模式

网络直播已经成为当下网民生活中的重要组成部分，越来越多的网民开始使用直播平台进行生活化内容的共享。直播平台的技术日趋完善，电商平台也推出相应的卖家直播秀，一些品牌也开始借助移动网络直播平台进行直播营销，取得了良好的营销传播效果。目前企业借助网络直播进行营销的模式主要有以下四种。

1. 直播+明星

企业可以邀请与品牌和产品调性相符的明星等参与网络直播营销活动，也可以邀请明星、"网红"等参加线下品牌活动并直播，明星自带粉丝和流量，更容易被观众关注并转发分享。网络直播中近乎真实的现场感可以让观众产生与明星"面对面交流"的体验，而网络直播互动性强的特点也可以有效地提高消费者的黏性。例如，巴黎欧莱雅曾经邀请巩俐、李宇春、李冰冰、井柏然参加名为"零时差追戛纳"的直播活动（见图 6-15），直播结束仅一天，很多产品就出现了脱销现象。

图 6-15　营销案例：零时差追戛纳

2. 直播+广告植入

直播营销最简单的模式之一就是在直播活动中进行广告植入，通过将产品的使用方式、使用场景、使用效果真实、客观展现在消费者眼前弥补网络营销无法带给消费者购物体验感的缺憾。直播+广告植入的方式分为两种：一种是企业与"网红"合作，在"网红"的日常直播中植入产品广告。2017 年至今，抖音、快手、美拍、陌陌、映客等直播平台纷纷推出广告平台，为"网红"和企业的对接提供专业服务，帮助"网红"实现商业价值变现的同时，也为企业的营销推广提供了新渠道；另一种是由企业策划直播活动，吸引用户的关注并将产品巧妙地植入直播活动。例如，华为在推广 P9 型号手机时联合质男 XY App 在映客和花椒直播平台发起了主题为"怎么玩都型"的连续 7 天的 6 场户外直播，设置了冲浪、滑雪、花式自行车、攀岩、DJ 涂鸦、点唱会等户外潮流活动并以挑战完成任务的形式由主播带领观众闯关，吸引观众参与活动，在主播与观众的互动中引入对 P9 型号手机拍摄功能的展示，让观众在潜移默化中接受企业所传递的品牌价值观，对企业的品牌和产品产生强烈的认同感。

3. 直播+线下活动

企业一般根据宣传品牌形象或发布产品的需要，在固定的场所和时间组织线下推广活动,然而受限于时间、空间和人数,单纯依靠线下推广活动来进行品牌宣传是不够的。网络直播形式一方面可以扩大传播声势,拓宽企业营销传播的辐射范围,另一方面移动网络直播场景化与互动性强的特点正好弥补了网络用户不能亲临活动现场的遗憾,增强了用户的代入感。例如,百事可乐曾经举办过名为"Live For Now,渴望就现在"的全年主题演唱会并与腾讯视频 Live Music 合作进行线上直播(见图 6-16),邀请了王菲、郁可唯、张震岳、品冠等明星。在直播中,平台设置有定制版直播道具、弹幕彩蛋等多元化互动形式,营造演唱会狂欢气氛的同时,也帮助品牌实现了曝光。此外,腾讯视频 Live Music 还为这场主题演唱会打造了一次 VR 专场,利用 VR 的沉浸感为屏幕前的观众塑造了身临其境般的直播体验,提升了观众的参与感。这场直播吸引了近 7 亿的观看人次,联合海量域外媒体资源,共实现 21.3 亿人次的播放量。

图 6-16　营销案例:"Live For Now,渴望就现在"

4. 直播+电商

电商平台一直是企业开展网络营销的重要阵地,但是由于消费者对购物体验的要求越来越高,加上消费者在与企业的沟通和产品的对比选择方面的体验不佳,企业在电商平台上的经营逐渐陷入困境。移动网络直播的出现在一定程度上提升了消费者的体验,消费者可以更加便捷地与企业直接沟通,而且可以在直播中看到主播现场试用产品,能够更加真实地掌握产品的功能及外观,而不再被美化过的产品图片所诱导。鉴于直播营销的优势,电商平台纷纷进驻直播领域并邀请商家开通直播功能。以淘宝为例,淘宝直播从 2016 年开始试水,2018 年淘宝直播平台带货超过 1000 亿元,增速近 400%,81 位主播年入超过 1 亿元,天猫商户的直播渗透率超过 50%。艾媒咨询发布的《2019 上半年中国在线直播行业研究报告》显示,超过五成的直播平台用户观看过明星或"网红"的电商直播活动,直播电商发展迅猛。未来,随着直播电商的进一步落地,市场发展或将持续加速,直播+电商或将成为连接人、货、场的重要模式。

(五）直播营销的关键点

1．选择的平台应符合品牌定位

网络直播平台是移动网络直播的重要载体，其数量在不断增长，截至2016年上半年，国内互联网市场已有超过两百家网络直播平台，较为知名的有斗鱼、映客、花椒、美拍等。不同平台的定位和影响力有所不同，在游戏类直播平台中，斗鱼、虎牙较为著名；秀场类直播以YY、映客、花椒为代表；体育直播以直播吧、腾讯体育为代表；财经类直播平台有知牛财经、橙牛TV；社交类直播平台有抖音、快手、一直播、陌陌等。企业在选择直播营销的平台时，要充分考虑所选平台与自身品牌的相关度，根据平台属性和自身品牌定位选择合作对象。例如，2016年唯品会在周杰伦出任唯品会品牌CJO（首席惊喜官）的发布会上宣布与美拍平台进行合作，如图6-17所示。美拍平台的用户以女性为主，重点针对舞蹈、美妆、手工、穿搭、美食等内容进行扶持，而唯品会的目标用户群体也是年轻、时尚的女性。唯品会借助美拍平台已有的流量优势，与之联合完成了整场发布会的现场直播并邀请美拍达人Danny、HoneyCC、刘阳、"喵大仙"等到场引爆话题。活动当天，唯品会美拍账号吸引流量超百万、点赞人数近千万，品牌的美誉度与影响力均实现了大幅度提升。

图6-17 营销案例：唯品会&美拍—品牌CJO发布会

2．内容依旧是直播营销时代的核心

在直播市场井喷式发展的背景下，企业要想分享直播营销的红利，使自身传播内容脱颖而出，吸引用户的眼球，就要提高对内容策划的要求。优质的内容不仅可以吸引流量，甚至可以直接完成变现。在直播的时代，内容策划要符合有关、有用、有趣的原则。内容要具有连贯性并兼顾深度互动，这样才有利于持续传播。所谓深度互动，是指相对于评论、打赏、送礼物等互动形式，要强调互动点与视频内容的融合，尽可能让用户沉浸在企业所策划的直播中。例如，以搞怪著称的男性护理品牌Old Spice曾在游戏直播平台Twitch上策划过一次颇具创意的直播（见图6-18），直播采取真人秀的方式，招募嘉宾到野外丛林中生活三天，期间嘉宾的行为完全由观众控制，将直播的实时互动性发挥得淋漓尽致。

图 6-18　Old Spice 丛林生存直播营销

第四节　网络广告、网络公关与网络营销

一、网络广告

（一）网络广告的定义及特点

1. 网络广告的定义

网络广告就是以互联网为媒体发布、传播的商业广告。也就是说，网络广告是指利用数字技术制作和表现的基于互联网传播环境的广告。网络广告作为一种全新的广告形式，受到各个国家及地区的企业的重视。

2. 网络广告的特点

与电视、广播、报纸、杂志等媒体的广告相比，网络广告具有如下特点。

（1）互动性与主动性。不同于传统媒体的信息单向传播，强互动性是网络媒体最大的优势，用户可以获取他们认为有用的信息，对网络广告感兴趣的用户不再被动地接收广告，可以及时地做出反应，企业和商家也可以随时得到宝贵的用户反馈意见。网络广告可以做到一对一的发布及一对一的信息反馈，让交易过程进一步加速。

（2）实时性。传统媒体时代的广告制作、更改成本高，广告一旦制作完毕就很难再调整，而在互联网上做广告则能根据需要随时变更广告内容，这样就很容易做到广告策略变化与广告作品变化之间的无延迟。

（3）传播范围广。网络广告的传播范围广泛，可以 24 小时不间断地将广告信息传播到世界各地。

（4）数据化与可测量。广告主可以通过第三方服务器精确地统计出所发布广告的曝光量和被点击次数，还能记录网民上网的时间分布和地域分布情况，甚至可以分析网民的个人爱好和上网习惯。广告主可借助这些经过精确统计的数据评价广告效果，进一步审定广告投放策略，并利用互联网的互动性和实时性特点，按照需要及时变更广告的形式和内容，从而节省广告成本，实现广告效益的最大化。

（5）精准化。互联网用户的圈群化特征十分明显，企业可以通过网络后台数据库分析用户的地域分布、年龄、性别、收入、职业、婚姻状况、爱好等，建立用户群体画像并利用技术实现广告定向投放，不必为与广告无关的人群付费，也可根据用户的特点进行跟踪监测，对广告效果做出客观、准确的评价，提高广告投放的精准度。

（6）类型多样。网络广告的表现形式包括动态影像、文字、声音、图像、表格、动画及虚拟现实等，可以最大程度地调动各种艺术表现手段，制作出形式多样、生动活泼，能够激发消费者购买欲望的广告。

（二）网络广告的类型

1. 横幅广告（包含 Banner、Button、通栏、竖边、巨幅等）

横幅广告是以 GIF、JPG、Flash 等格式建立的图像文件，定位在网页中大多用来表现广告内容，同时还可使用 Java 等语言使其产生交互性，用 Shockwave 等插件工具增强表现力。

2. 弹窗广告

弹窗广告是指打开网站后自动弹出的广告。类似于电视广告，弹窗广告尺寸不一，有全屏的，也有小窗口的，互动程度包括静态和动态。浏览者可以通过关闭窗口不看广告。弹窗广告往往是强迫式出现，会打断正常信息内容的传播，因此目前有很多广告主会选择更加缓和的方式来设置这类广告，如不在浏览者进入网站第一时间弹出广告、减小广告画面面积等。

3. 文字链接广告

文字链接广告通常位于页面的显著位置，以文字的形式出现，用户点击文字即可进入链接的网站。这类广告语言精练，文字通常在 15 个字以内，其优点是醒目且不影响网页原本的下载速度。

4. 赞助式广告

就像对电视广播节目的赞助一样，广告主也可以对网站的专题内容进行赞助。企业出资赞助网站的一个或一组相关页面，作为交换条件，网站会给企业提供充分展示产品或品牌的机会。具体的方式包括冠名、旗帜广告等形式，也可能会采取增值套餐的方式将广告主的品牌和网站的内容结合起来。

5. 信息流广告

信息流广告又被称为社交媒体广告，是镶嵌在各类社交媒体平台上，针对不同用户群体属性、用户喜好和特点进行智能推广的广告形式。

6. 原生广告

原生广告是从网站和 App 用户体验出发的一种盈利模式，它由广告内容所驱动，整合了网站和 App 本身的可视化设计（简单来说，就是融合了网站、App 本身的广告，这种广告会成为网站、App 内容的一部分，如 Google 搜索广告、Facebook 的 Sponsored Stories 以及 Twitter 的 tweet 式广告都属于这一范畴）。简单来说，原生广告就是融合网站页面内容本身的广告，将广告作为内容的一部分植入到实际的页面，让用户在浏览过程中自然地接收广告信息。原生广告的优势在于不会破坏用户原有的浏览体验，还可为用户提供有价值的信息，因此这类广告是当下及未来网络广告的主要发展趋势。

二、网络公关

（一）网络公关的定义

网络公关（PR on line）又叫线上公关或 e 公关，它利用互联网的高科技表达手段营造企业形象，为现代公共关系提供了新的思维方式、策划思路和传播媒介。

（二）网络公关的优势

1. 网络公关主体的主动性增强

网络公关突破了传统公关的时空限制与媒体的控制，使组织拥有更大的主动权和传播优势。网络媒体的即时性、互动性、跨时空性、低成本以及全方位传播等特点使组织能够不通过传统媒体的层层过滤即时发布信息，直接与公众交流并对公众产生影响。同时，网络公关可以充当组织的新闻发言人，成为媒体获知组织最新信息的新闻源。网络公关即时、灵敏的反应速度为组织的信息传播提供了有力的工具，也为组织提供更多增值服务创造了机会。

2. 网络公关客体的能动性提高

网络媒体的互动性不仅使组织增强了主动性，也使公众拥有了更大的能动性。在互动过程中，客体不仅仅是被动地接收信息，同时也可作为信息传播源，网络公众可以对网络信息进行自由选择、编辑、加工，还可以将使用产品和服务所遇到的问题及时反馈给公关主体，因此在网络环境下的公关活动比以往更加注重公众利益与需求。

3. 网络公关更容易实现量化评估

网络公关比传统公共关系更容易进行效果评估。目前，通行的评估方法有三种：一是基于项目策划和实施的质量评估（网络流量变化、主流媒体认可度、用户满意度、品牌知名度等）；二是基于项目执行的数量评估（信息传播量、用户关注度、用户参与度以及媒体推荐度等）；三是基于资源投入的成本评估（如千人成本等）。

（三）网络公关的主要类型

1. 网络公关新闻

网络公关新闻是指社会组织和企业通过互联网发布的消息以及其他新闻性信息的总称。由于新闻传播介质不同，新闻写作的手法也有所不同，除遵循基本的新闻价值原则外，还需要借助互联网的多媒体属性，利用丰富的展现形式传递信息，增强新闻的可读性，以获得更高的关注度和更好的传播效果。此外，新闻发布后还要注重网民的评论和回复，并对这些反馈和评论进行搜集、分析，为制订下一步的网络公关计划提供参考依据。

2. 社会化公关

社会化公关是指利用能够帮助人们构建社交关系的网络应用及平台进行信息收集和发布，监测公众舆论并对此做出反应，以达到塑造和维护组织形象、降低组织经营风险等目的的活动。社会化公关强调对微博、微信、论坛、社交网站与社交应用等多平台的整合，运用多种传播手段进行交流活动，以编织出能与目标用户沟通的虚拟社会关系网。社会化公关不仅是在企业、组织出现危机时与公众沟通的平台，还可以作为日常公关活动的阵地。企业、组织可以组建自己的虚拟社区，设立兴趣板块、讨论区、反馈区等，既可以让用户自由讨论，形成便捷的信息反馈渠道，也便于企业监控、管理、疏导用户的舆论，维护长期的公共关系。

3. 网络危机公关

网络危机公关是指利用互联网对企业的相关品牌形象进行公关管理，尽可能避免在搜索企业的相关人物与产品服务时出现负面信息。如今，网络已经成为企业危机公关的触发器与放大器，在网络的作用下，信息传播速度快、范围广，改变了媒介与受众之间的传播关系，也改变了整个传播话语环境，这助长了负面信息的传播扩散，给企业和组织造成新的危机和隐患。因此，在网络时代，"说真话""赶快说"成为网络危机公关最基本的经验。

此外，企业或组织的日常运营应该高度重视防范网络危机，建立制度化、专业化、日常化的工作流程。一方面，要建立舆情监测系统，在危机未发生之前，掌控公众舆论的内容、走向、价值观等，做到防患于未然。另一方面，要建立、健全网络危机应急预案，成立网络公关小组，由专人专责并组建危机案例库提供参考，平时注重日常公关活动的开展，当危机来临时确保在第一时间掌握主动权，危机过去后还要继续跟进，处理遗漏的负面信息并反思出现危机的原因，引以为戒。

三、网络广告、网络公关和网络营销的区别与联系

探讨网络营销、网络广告和网络公关之间的区别与联系，需要回到其本质上。营销是个人和群体通过创造并同他人交换产品和价值以满足需求和欲望的一种社会过程和管理过程。广告，通俗来讲即广而告之，是一种让他人了解信息的过程。广告是由可确认的广告主对其观念、商品或服务所做的任何方式的付费的非人员信息传播活动。公关是公共关系的简称，是指一种为维系良好公共关系而进行的传播活动和在传播活动中所遵循的行为策略和规范。基于三者定义间的对比分析，我们可以发现其具体的区别与联系。

(一) 广告与营销的区别与联系

1. 区别

（1）范围不同。广告仅仅指企业为了宣传、推广产品或服务时所进行的信息传播活动。营销所涉及的活动不仅包括信息传播环节，还包括产品管理活动。

（2）活动对象不同。广告是以广大消费者为对象的大众传播活动，而营销的对象除消费者外，还涉及分销商、供应商、合作伙伴等。从完成产品及服务的信息传递的角度看，广告是非人员推广行为，而营销除非人员推广外，还包括人员促销。

（3）目的不同。广告更多是为了使商品信息被目标群体关注并使其购买，本质是实现促销。而营销的目的不仅限于促销，还涉及品牌建设、客户关系维护等。

（4）学科归属不同。广告的本质是一种信息传播活动，其相关研究通常被归为传播学的范畴，而营销在本质上属于企业的经营管理行为，通常被归为管理学范畴。

2. 联系

从某种意义上讲，广告与营销是整体与部分的关系。广告是企业营销的组成部分，属于营销中的促销环节。广告要和产品、价格和渠道等要素相配合才能实现企业的营销目标。

（二）公关与营销的区别与联系

1. 区别

（1）范围不同。公关与营销各自所包含的范围有所不同，公关具有更广泛的社会性，营销更多地局限在商业经济领域，但公共关系所涉及的是任何一种社会组织与公众的关系。

（2）活动对象不同。公关活动的对象为公众。所谓公众，指的是与公关主体目标或利益具有相关性的社会群体。相比于营销，公关的对象更广泛，如媒体、政府、金融界等都是企业公关活动的重要对象。

（3）活动目的不同。一般而言，公关的目的是为企业及其品牌树立良好的形象并产生良好的公众信誉，从而使组织获得长足的发展，不以具体的产品或服务为导向。营销的直接目的则是销售产品，从而进一步扩大盈利，实现商业效益最大化。

2. 联系

对于企业、商家及商业性组织而言，公关是促销环节的重要组成部分。站在商业角度而言，公关是企业、商家在从事市场营销活动中树立良好形象，从而促进产品销售的一种长期活动。因此，公关活动要与企业营销目标相适应，需要在营销计划的指导下开展。

明晰了营销、广告、公关的区别和联系，也就容易理解网络营销、网络广告、网络公关的关系。从商业角度来看，在网络环境中，网络营销包含网络广告和网络公关。网络广告和网络公关是网络营销促销环节中的重要组成部分，二者受网络营销策略的指导并影响网络营销目标的实现及任务的完成。

思 考 题

1. 网络营销的优点有哪些？
2. 谈谈你对整合营销的看法。
3. 请尝试比较传统的线下营销和互联网环境下的网络营销。
4. 请尝试描述 Web 3.0 时代的网络营销。
5. 你认为微信朋友圈信息流广告的传播效果如何？

实 践 任 务

假设你是某品牌手机的大区广告经理，恰逢"双十一"，请策划一场网络营销活动。

本章参考文献

[1] 康俊. AMA新时期的市场营销定义[J]. 现代营销（学苑版），2005（6）：64-66.

[2] 科特勒，加里. 市场营销[M]. 俞利军，译. 北京：华夏出版社，2003.

[3] 李莉. 网络营销[M]. 厦门：厦门大学出版社，2014：31.

[4] 瞿彭志. 网络营销[M]. 北京：高等教育出版社，2001：62.

[5] 初广志. 国际传媒整合营销传播[M]. 北京：中国传媒大学出版社，2011：59.

[6] 方英. 搜索引擎营销模式及其商业价值分析[J]. 商业时代，2009（3）：32-33.

[7] 蔡红. 搜索引擎营销模式的分析及其发展趋势[J]. 图书馆论坛，2006（1）：95-97+149.

[8] 王惟强. 微信朋友圈信息流广告特点及应用[J]. 传播力研究，2019，3（32）：287.

[9] 季丹. 微博营销的价值、内涵和启示[J]. 传媒，2012（10）：51-53.

[10] 兰孝玲. 利用微博构建品牌营销的创新思考[J]. 价格月刊，2014（11）：74-77.

[11] 杨琨，杨伟. "网络直播+"：移动互联网影响下的品牌营销新模式[J]. 出版广角，2017（10）：65-67.

[12] 王乃考，肖扬. 网络视频直播时代品牌营销的新策略[J]. 青年记者，2017（23）：116-117.

[13] 丁俊杰，康瑾. 现代广告通论[M]. 北京：中国传媒大学出版社，2013：37.

[14] 李金英，吴素红. 浅谈网络广告及其道德建设[J]. 商场现代化，2007（16）：316-317.

[15] 李彪. 信息流广告：发展缘起、基本模式及未来趋势[J]. 新闻与写作，2019（10）：54-58.

[16] 张梅贞. 网络公关[M]. 武汉：武汉大学出版社，2012：5.

第七章

网络传播中的失范现象

> **本章导读**
>
> 在人人都有麦克风的时代，由于新媒体的开放性和匿名性，网络传播中各种失范现象层出不穷。产生网络传播失范现象的原因是多方面的，从现实世界角度来看，基于我国人民日益增长的美好生活需要与不平衡不充分的发展之间的矛盾，一些网民迫切需要表达，容易产生情绪化言论；就网络空间自身的特性而言，对互联网的监管、制度化管理必然要经过一个逐步完善的过程，在这一过程中难免出现漏洞。本章从网络谣言入手，对网络传播中的各种失范现象展开深入探讨。

伴随着网络的普及和新媒体的迅速发展，目前的传播环境已经发生了深刻的变化。随着话语权的下放，互联网格局呈现去中心化、多极化，谣言在网络空间的蔓延相对现实世界来说速度更快、范围更广，网络暴力与侵犯隐私等问题频发。本章针对网络谣言、网络侵权以及其他失范现象，分析其原因及治理对策。

第一节 网络谣言

一、谣言的起源与定义

谣言并不是互联网的特有产物，早在互联网出现以前就存在谣言，主要是以人际传播的形式进行范围相对较小的流传。"谣言"一词始于汉代，《后汉书·蔡邕传》记载东汉有"三公谣言奏事"制度。这里的"谣言"既可以是颂赞，也可以是诽谤。可见，在我国古代,"谣言"一词起初是中性的,而现代意义上的"谣言"则往往具有贬义。

关于谣言,目前没有一个完全统一的定义,已经形成的比较权威的定义包括以下两类。第一类是来自于词典的定义:① 民间流传的歌谣或谚语;没有事实根据的传言(《汉语大词典》)。② 没有事实根据的传闻;捏造的消息(《辞海》)。③ 没有事实根据的传闻;捏造的消息;民间流行的歌谣或谚语(《古代汉语大词典》)。

第二类是来源于各学者的定义:① 心理学家奥尔波特在《谣言心理学》中指出,谣言是一种通常以口头形式进行人际传播,目前没有可靠证明、标准的特殊表述。② 桑斯坦在《谣言》中指出,谣言是一类言论,这些言论声称某些人、群体、事件和组织机构发生了某些事情。这些言论尚未被证明真伪,却从一个人传向另外一个人。③ 胡钰在《大众传播效果》中指出,谣言是指在特定的环境下,以公开或者非公开渠道传播的针对公众感兴趣的事物、事件或问题的未经证实的阐述或诠释。④ 童兵在《新闻传播学大辞典》中指出,谣言是没有事实根据的传闻或捏造的消息。

根据以上定义,我们可以看出,虽然各学者定义谣言的措辞有所不同,但从总体来说,谣言可以理解为一种针对人们所关注的、感兴趣的话题、事件,目前没有可靠证据证明其客观事实的阐述。

值得注意的是,虽然许多书中没有明确地区分谣言和流言,但严谨地说,谣言与流言是不同的。对此,郭庆光在《传播学教程》中指出,流言是一种信源不明、无法得到确认的消息或言论,是集合行为中的一种"信息流"。谣言(lie)不同于流言(rumor),流言有自然发生的,也有人为制造的,但大多与一定的事实背景相联系,而谣言则是有意凭空捏造的消息或者信息。在集合行为中,总会有一些别有用心的情绪煽动者会利用群体的不理性来达到某些特定的目的,其中散布谣言就是破坏力极大的一种行为,因为在群体感染和群体暗示机制的作用下,人们理性地识别谣言的能力会降低,导致谣言随着流言快速扩散,引起群体极化行为。

二、网络谣言的定义与分类

(一)网络谣言的定义

顾名思义,网络谣言就是以互联网为介质传播的谣言。从本质上来说,网络谣言是一种信息交流的过程,是谣言的一种新的特殊形式,是通过网络发布没有事实根据但具有某种影响力的言论或信息。当今时代,互联网快速发展,通过网络进行传播的谣言所产生的副作用越来越大,已经成为危害社会公共安全的主要因素之一。网络谣言通常是指在网上传播的胡编乱造、不切实际、损害他人名誉、违背社会公德、扰乱社会秩序、破坏安定团结、影响政治稳定等的言论。

(二)网络谣言的分类

网络谣言从不同的角度可以划分为不同的类型。

1. 按照内容划分

按照内容,网络谣言可以分为网络政治谣言、网络犯罪谣言、网络食品及产品安全谣言、网络灾害谣言等。

（1）网络政治谣言。网络政治谣言是指为了某种特定的政治需要或政治利益，针对有关政治人物或者政治事件而捏造的网络谣言，是政治权利斗争的产物和工具。

（2）网络犯罪谣言。网络犯罪谣言一般是捏造一些骇人听闻或令人发指的犯罪信息，引起公众的愤怒、恐惧等情绪，引发公众对政府及其工作人员或某些群体的不满，同时影响当事人的声誉，扰乱他们的正常生活，如"贵州风车幼儿园性侵事件""黔西部分乡镇儿童被抢劫盗肾"等。

（3）网络食品及产品安全谣言。网络食品及产品安全谣言一般是编造或夸大某些食品或产品存在的质量问题，其危害是引起公众对这些食品或产品的不信任或抵制，给该类食品或产品的生产者、销售者造成经济损失和声誉损害。例如，"广元柑橘事件""皮革奶粉事件"等让橘农、奶粉企业蒙受了巨大的损失。

（4）网络灾害谣言。网络灾害谣言通过捏造并发布某种灾害即将来临的信息或者夸大已发生灾害危害性的信息，引起公众的恐惧、恐慌，扰乱社会经济秩序，不仅会给公众的生命财产造成严重损害，还会引起公众对政府管理的不满，破坏社会稳定，如"响水爆炸事故中18名消防员不幸身亡"等。

2. 按照动机划分

从动机上划分，网络谣言可分为有意捏造的和无意讹传的。有意捏造的网络谣言往往是制造者为了获取经济利益、扰乱社会秩序、吸引眼球等针对具体目标和对象炮制出来的。无意讹传的网络谣言则是由于消息在传递过程中因种种原因出现遗漏、颠倒、错误或虚构、联想和夸张产生的不正确传播。

3. 按照后果划分

按照引发的后果划分，网络谣言可分为有害网络谣言和无害网络谣言。有害网络谣言具有煽动性，故意传递焦虑或躁动情绪，导致社会秩序混乱。但是，不是所有的网络谣言都是有害谣言。例如，2019年年底，某网友图新鲜、有趣，通过后期处理技术把自己拍到的野生狐狸视频改成红色狐狸并声称见到了"火狐狸"，随后在微博上获取了很高的点击率，事后该网友进行了辟谣。这类未引发恶性后果的谣言就属于无害网络谣言。

三、网络谣言的特征

（一）传播速度快

正如尼尔·波兹曼在《技术垄断》中指出的："任何技术都是塔姆斯法老的审判，既是一种恩赐，也是一种包袱，不是非此即彼的结果，而是利弊同在的产物。"信息技术革命在推动社会高速发展的同时，也为谣言的快速传播提供了温床。与传统谣言的传播速度相比，由于互联网的即时性，网络谣言在信息时代获得了"瞬间的传播速度"，几乎达到了异地"同步"的程度。借助三微一端（微博、微信、微视频、客户端）等网络媒体平台和手机等新媒体设备，谣言出现后在几天甚至几小时内就可到达高潮。

(二)危害大

网络谣言不同于传统的谣言,在接收与发送谣言信息的过程中,信道扩张,信息井喷,不同的信息载体互为信源,可能会出现群体思考(groupthink)的现象。因为没有明确的信源,谣言内容随着传播主体的复杂化和传播平台的多元化而变得分散、迥异,在意见的交汇与互动中,谣言得以不断完善。因此,谣言会由于乌合之众的参与而造成更加庞大的影响力和破坏力。芝加哥大学教授凯斯·桑斯坦(Cass Sunstein)在《网络共和国——网络社会中的民主问题》一书中提出了群体极化(group polarezation)这一概念,他认为"团体成员一开始即有某些偏向,在商议后,人们朝偏向的方向继续移动,最后形成极端的观点……人们对于谣言信息的意见在社会群体的持久互动中趋同了,影响力和破坏程度均达到最大"。

(三)传播主体隐蔽

互联网的出现为人们提供了一个虚拟的信息传播空间,同时也让谣言的传播更加隐蔽。网民隐藏在虚拟 ID 的背后在网络空间进行交流和信息的发布,犯罪成本、造谣成本大大降低。互联网的匿名性成为网络谣言制造者的挡箭牌,由于造谣者隐匿在庞大的网民群体中,同时他们会采取一定的自我保护措施,如匿名、给关键信息打马赛克,提高了调查、求证和追责的难度。

(四)传播内容的蛊惑性强

传统的谣言主要依靠人际传播,内容较为简单、模糊不清,影响力也很有限。但是在新媒体技术的加持下,网络谣言可通过文字、图片、音频、视频等综合信息传递方式呈现较为复杂的信息,更加生动、具体,使人不得不信以为真。

(五)情绪煽动性更强

网络的虚拟性和匿名性使得网民的发言极易受情绪左右,在匿名、从众、应激、宣泄心理的共同作用下产生信念偏见——如果有一个可信的结论与人们对问题的心理表征一致,人们便倾向于接受这个结论,"键盘侠""杠精"等互联网流行语能够从侧面反映出这一点。此外,人们往往会通过网络发泄自己在现实世界中无法抒发的情绪,由此导致在发布信息或发表言论时缺乏理性思考。

四、网络谣言的形成机制

作为一种未经证实的信息,网络谣言实际上是没有生命力的信息。然而,网络谣言在很多情况下比真实信息具有更多的发育机会、更快的传播速度、更广的传播范围和更大的现实影响力。为理解这种"悖论"现象,需要厘清网络谣言的形成机制。只有了解网络谣言的形成原因与规律,才有可能找到切实有效的治理之策,构建应对网络谣言的长效治理机制。

(一)主流信息的缺位成为谣言的温床

奥尔波特和波斯特曼在《谣言心理学》中指出了谣言产生的两个基本条件：第一，故事的主题必须对传谣者和听谣者有某种重要性。第二，真实的事实必须用某种模糊性掩盖起来。谣言的强度可以用公式表达为：$R=I\times A$，R 指谣言（rumor），I 指重要性（important），A 指不明晰性（ambiguous）。用文字来表达这一公式，即谣言的强度与问题对当事人的重要性和有关其命题的证据的不明晰性的积成比例。这个公式还可以进一步解释为：只要重要性和不明晰性中有一个为零，网络谣言就无从产生。如果问题对人们不重要，无论状况多么暧昧，流言也不会流传。同样，问题再重要，但状况不模糊，流言也不会广泛传播，因此，谣言的传播在很大程度上源于主流信息的缺位，公众对于重要的消息得不到及时、明确的解答、澄清，才导致小道消息到处流窜，形成谣言。

(二)高风险社会背景下公众的不安全感提高

谣言取决于环境，正如罗斯诺在《谣言的内幕》中指出的，谣言是"夹杂了个人对世界的主观臆测的公众信息"，"表达了试图认知生存环境的人们的忧虑和困惑"。鉴于认知的局限与误差，对突发事态模糊前景的主观臆断与揣测、对事件梦幻般的联想及捏造一旦符合人们的臆测，谣言便会产生。

目前，我们正处于乌尔里希·贝克所说的"风险社会"。社会转型时期，各种矛盾激化，突发事件发生之后，环境的变动一旦具有危机性，就会引起社会成员的危机感。公众不仅会模仿、跟从他人做出类似行为，还会促使或推动他人做出类似行为，这为"从众行为"提供了发育的空间或机会。

一般来说，网民对于网络信息尤其是谣言的辨别能力越强，网络谣言传播的空间越小。我国社会进入转型期以来，一部分人常常用怀疑的眼光来感知一切，更容易以个体的切身感受或想象而不是以理性的心态来对信息做出判断，这是谣言制造和大规模扩散的社会心理基础。

此外，一些谣言往往依存于一些突发的重大公共事件，如地震、瘟疫等灾难性事件。这些事件往往和公众有着密切的利害关系，导致相当一部分公众的心理承受能力被削弱，恐慌、焦虑的情绪不断蔓延，如果权威性信息缺失或者模糊，必然令更多的公众抱着"宁可信其有，不可信其无"的心态来对待网络谣言，对网络谣言可信度的辨别能力下降。

(三)信息过载时代背景下网民媒介素养缺失

不同于以往的传统谣言，互联网上的谣言往往打着"科学"的旗号，以虚假的数据、理论作为支撑，利用普通群众科学、医疗知识有限的弱点和盲目崇拜等心理实现传播目的。随着互联网时代信息量的指数级增长，网民通常不会对接收的信息进行深度思考和理解，也很难理性地辨别信息的真假，信源的可信度变得并不那么重要，重要的只是夺人眼球的内容。网民媒介素养的缺失导致他们在获取、分析、评价网络信息时缺乏独立判断能力，出现网络价值观混乱的现象。

(四) 社会公信力危机与公众 "逆反化" 认知

社会公信力危机表现在多个方面，如公众对权威性信息发布机关和具有专业知识的专家的不信任，这是由诸多原因造成的，如政府部门或专家就一些事件发布的消息或做出的预测不准确、政府部门或专家出于社会安定的考虑有意隐瞒真实信息等。在缺乏社会公信力的环境下，公众往往无所适从，宁愿相信小道消息也不相信官方部门发布的权威消息或宁愿相信民间传言，也不愿相信专家的言论。在这种 "逆反化" 认知或心理的驱使下，小道消息或民间流言往往具有广阔的市场或传播空间。

(五) 媒体失范行为加剧谣言传播

长期以来，广播、电视、报纸等传统媒体担当着权威信息发布者的角色，群众对其具有很强的信任感。但是，近年来，随着互联网等新媒体的发展，传统媒体在舆论监督的速度和程度上显得越来越力不从心，其舆论监督的主导地位面临越来越大的威胁。我国目前的网络管理机制尚不完善，缺少类似传统媒体的 "把关人"，容易被不法分子钻空子，散布负面舆论信息，蒙蔽广大公众的认知。

此外，在某些情况下，大众传媒也会有意或无意地成为网络谣言的传播渠道和放大工具。当一个谣言被广泛传播特别是在可信度比较高的大众传媒上得到传播时，公众对这一谣言的信任度和认可度就会直线上升，如 "重庆公交车坠江事件" 中，一些主流媒体在消息没有得到证实的情况下把公交车坠江归咎于女司机，导致部分公众跟风围攻女司机。媒体的这种失范行为会导致公众对网络谣言深信不疑，导致网络谣言超越互联网范畴而产生更加广泛的社会负面影响。

五、网络谣言的治理

有效治理网络谣言，要建立长效机制，依靠法制化、制度化手段；要加强对公众媒介素养的培育，切实加强整个社会的诚信、文明意识，做到不造谣、不信谣、不传谣、敢辟谣，全面阻止谣言兴风作浪、蛊惑人心。

(一) 政府信息公开透明

网络谣言得以传播的一个重要基础是真实、权威信息的模糊或缺失，政府信息的公开程度越高，谣言的形成空间就越小。因此，在公共突发事件发生初期，政府应及时向公众公开事实真相，不给谣言以可乘之机。

(二) 提高公众的媒介素养

所谓流言止于智者，只要公众能够理性地对待网络谣言，那些虚假的、恶意传播的谣言就会不攻自破。要治理网络谣言，提高公众辨别是非、真伪的能力，开展网络媒介素养教育是有效的手段之一。英国是最早开展媒介素养教育的国家，澳大利亚是世界上第一个通过法令使媒介素养教育成为常规教育的国家，日本是亚洲国家中最早开展媒介素养教育的国家。网络媒介素养教育的重点在于充分发挥各级政府组织、非政府组织、学界、企业界等多元主体的作用，通过教育来培养公众对媒介信息的分析与判断能力，形成围剿网络谣言的合力。

（三）媒体肩负社会责任

传统大众传媒是专业的媒介组织，具有公开、可靠的信息源且在百余年的传播实践中形成了一套被社会广泛认可的行业规范，在公众心目中是相对可靠的传播信息源。因此，大众传媒应该充分发挥其专业性、权威性，提高社会责任意识和职业道德水平，在事件发生后把握第一话语权，从专业的角度调查研究、辨析真伪、严格把关，深入调查、跟踪报道，真正起到辟谣的作用。

（四）平台加强技术监管

以技术监管阻击网络谣言也是行之有效的做法。技术监管主要涉及三个方面：第一，通过过滤、反垃圾邮件等技术监管网络内容。第二，通过身份鉴别、网络审计、入侵检测等技术监督网络行为。第三，通过网络数据监听、截获、分析等技术监控网络状态。网络平台必须提高社会责任感和把关意识，认真遵守相关法律、法规，建立一系列长效辟谣机制，严守职业道德，成立诸如微博辟谣专区的信息查证系统，及时对虚假信息、不准确信息以及诈骗性信息进行查证，加强对有害信息的治理。

（五）推进立法、执法工作

目前，我国针对谣言及造谣者出台了许多法律、法规，取得了很好的治理实效。例如，对于网络谣言的管理，最高人民法院、最高人民检察院联合发布了《关于办理利用信息网络实施诽谤等刑事案件适用法律若干问题的解释》，明确了利用信息网络实施诽谤的行为方式、入罪标准和处罚等问题。国务院信息化工作办公室（简称国信办）发布的"微信十条"用文明法治思维管理微信等即时通信工具，对于塑造诚信网络文化具有重要意义。面对网络技术的不断进步，需要制定、更新相关法律、法规，对故意造谣、传谣者重拳出击，依据谣言造成的危害程度给予相应的惩罚，运用法律手段规范和约束互联网信息传播秩序。

第二节　网络侵权

一、版权的基本概念

版权（copyright）从字面意义上来看就是复制权。"版权"是英美法系中的概念，着重于保护作者的经济利益，而人们常说的"著作权"是大陆法系的概念，虽然两者之间有细微的差别，但是随着两大法系的互相借鉴和融合，这种细微的差别也在不断缩小。对此，我国《著作权法》第六十二条明确规定："本法所称的著作权即版权。"版权是指作者依法享有对其创作的科学、文学、艺术作品所享有的人身权和财产权的总称，是创作者的专有权利。

版权保护的对象主要包括科学、文学、艺术作品，表演者的表演，广播节目，电视节目，电影和唱片等。版权的性质包括可转让性、保护时效性、可继承性、版权内容构成的多样性、版权中人身权地位的突出性。版权的主体包括自然人、法人和非法人单位，在一定条件下，国家也可以成为版权主体。版权的内容包括人身权和财产权。人身权又包括发表权、署名权、修改权和保护作品完整权。财产权包括复制权、发行权、出租权、展览权、表演权、放映权、广播权、信息网络传播、摄制权、改编权、翻译权、汇编权以及著作权人享有的其他权利。

二、网络版权的基本概念

在数字化技术不断发展的背景下，任何作品都可以通过数字化手段进行存储和传播，高科技电子设备和网络传播的飞速性使所有经过数字化处理的作品可以快速、准确地传播到世界上的各个地方。技术的发展是一把双刃剑，它一方面为文化与知识的传播及创作提供了便捷的工具，另一方面也为侵犯作者权利的复制和传播行为提供了可乘之机。

网络版权具体是指文学、音乐、电影、科学作品、软件、图片等知识作品的作者在互联网中对其作品享有的权利。数字化形式的作品也属于著作权法律的保护范畴。

网络版权的主体包括两大类：作者和网络服务商。其中，作者与传统意义上的作者相似，只是其创作平台从传统媒介转变为网络。网络服务商对其网页的整体享有版权，可以看作其网页的"作者"。此外，由于网络服务商对网页内容进行数字化处理和编辑，因此作为网站内容的编辑者，网络服务商对其网站的内容整体享有版权，同时必须承担相应的责任。

三、网络版权侵权的表现

依照我国《著作权法》的规定，公民、法人对自己依法享有著作权的作品享有发表权、署名权、修改权、保护作品完整权以及依法使用作品并由此获得报酬的权利。《著作权法》第十条第十二款规定：著作权人对自己的作品享有信息网络传播权，即以有线或者无线方式向公众提供作品，使公众可以在其个人选定的时间和地点获得作品的权利。

作为知识产权的一种，著作权具有时间性、地域性和专有性的特点，它在一定程度上与网络空间倡导自由开放、互动连接、跨域分享的文化氛围存在内部冲突。如何在发挥网络功能、促进人类文明成果广泛传播的同时，有效地保障著作权人合法的人身权和财产权，成为当前互联网环境下法律专家、著作权人以及广大公众面临的共同问题。从著作权的法律意涵和当前网络空间的现实情况出发，网络版权侵权主要表现为以下几种。

（一）侵害作者的发表权

发表权即决定是否将作品公之于众的权利。既然作品的发表权属于作者，就代表作者有权利决定作品是否发表、什么时候发表、以何种形式发表。由于互联网的便利性，盗取他人作品变得轻而易举，因此近年来网络上出现了很多未经作者许可或不标明作者及作品出处就擅自将其作品发表于网络的行为。

此种侵权行为主要有以下几种形式：第一，未经作者许可将其创作的作品公开化。第二，违背作者意愿，提前或者推迟其作品的公开。第三，不按照作者授意的形式公开作品。例如，作者授权网站在作品以图书形式出版1年后方可连载，而网站在半年后就予以连载公布，此举显然违背了作者保护其作品的图书销量的意图。又如，作者只是授权作品在网络上传播，网站却擅自与传统媒体合作，将其作品公开发表等，这也侵害了网络作品作者的发表权。

（二）侵害作者的署名权

署名权就是作者在其作品及作品复制件上标记作品来源的权利。很多作者在完成作品以后为了防止他人窃取，会在作品上以特殊的方式署名（签名、水印等），但由于网络作品容易被复制、修改，使得篡改作品署名的操作也变得相对容易。侵权行为人在他人的作品上标以自己或者他人的姓名并在网络上传播，这不仅侵害了作品作者的署名权，也对作者的名誉权、荣誉权等人身权利造成了损害。

（三）侵害作者的修改权和保护作品完整权

修改权即修改或者授权他人修改作品的权利。保护作品完整权即保护作品不受歪曲、篡改的权利。基于网络资源的特殊性，网络作品较之其他的传统形式的作品更容易受到侵害，未经作者的允许而改编、歪曲、篡改其作品并用于网络传播的行为极大地侵害了作者的修改权和保护作品完整权。

（四）侵害作者的复制权、发行权、展览权、放映权等权利

未经作者允许擅自以复制、发行、展览、放映等方式将其作品用于网络传播的行为，严重侵害了作者的著作财产权。以上述方式使用作品，必须征得作品版权人的许可。例如，某网站举办国画作品展览，首先应取得作品版权人的许可。一般来说，获得了许可并不一定代表取得了作品的所有授权，版权人只是允许网站行使展览权，展览单位（网站）欲将展品复制发行，必须另行征得版权人同意，否则即发生了侵权。

（五）侵害作者获得报酬的权利

将他人作品用于网络传播且未按规定支付报酬即侵害了作者获得报酬的权利。获得报酬的权利是作品版权人所拥有的一项重要权利，是他们收回智力成本或金钱投资、获取利益的保障。侵害作者获得报酬的权利主要有以下情形：第一，经法定许可使用他人已发表的作品用于网络传播，但未按规定支付报酬。第二，依许可合同取得某作品的使用权，但未按约定支付使用费。第三，强制许可的使用人未依法向作品的版权人支付报酬。

（六）侵害版权邻接权

网络环境下，侵害版权邻接权是一种普遍发生且比较严重的侵权现象。邻接权（neighbouring rights）亦称作品传播者权，指作品的传播者在传播作品的过程中对其创造性劳动成果依法享有的专有权利。我国《著作权法》将这一部分权利称为"与著作权有关

的权利"。版权邻接权依其保护对象的不同可以分为狭义的邻接权和广义的邻接权。狭义的邻接权又称为传统的邻接权,包括表演者权、录制者权、广播组织权。广义的邻接权包括一切传播作品的媒介所享有的专有权,除上述三项传统的邻接权以外,还包括出版者权。

(七)侵犯商标权

网络商标是企业实体商标在互联网上的应用,是由中国互联网络信息中心结合中华人民共和国工业和信息化部、中华人民共和国国家工商行政管理总局等国家权威机关注册、审核的企业互联网络标识。商标侵权指行为人未经商标权人许可在相同或类似商品上使用与其注册商标相同或近似的商标或者干涉、妨碍商标权人使用其注册商标,损害商标权人合法权益的其他行为。

商品经济的发展使得作为经营性标记的商标、商号突破了传统的标志和区分功能,其财产价值日益凸显。网络商标实际上就是传统商标在网络世界中的延伸,具有五个主要特点:第一,网络商标具有很强的技术性,它必须依附于现代网络技术,如域名、关键词广告、元标记等。第二,网络商标的构成要素更加生动丰富,如动态的 Flash 形式。第三,网络商标的广告功能更突出,表现为网络商标和商品本身分离,只能以图片、视频等数据电文形式展示商品和服务。第四,网络商标凝结的商品声誉、商业信誉更突出,商誉一旦受损则很难恢复。第五,在网络商标侵权案件中,商标权人的维权难度更高。

基于上述特点,相比传统商标而言,网络商标侵权纠纷的环境更加复杂。首先是涉案主体增多。在网络商标侵权纠纷中,涉嫌侵权的行为人不仅包括商标权人特定的竞争对手、网络技术服务提供商,同时还有数量不定的一般网络用户。其次,在互联网环境下,侵权的行为方式更加隐蔽。基于电子证据的不稳定性,当侵权人面临被控诉的危险时可以快速销毁证据。最后,网络商标侵权对商标权人的危害性更大。因为互联网本身的虚拟性和交互性,行为人可以很容易地实现"傍名牌"却不容易使自己受追诉,但是损害结果很难消除。

目前主要的网络商标侵权行为包括以下几种类型。

1. 与域名有关的商标侵权

域名一般由字母和数字组成,用于标记某一台计算机或计算机组在互联网上的电子方位,相当于现实中的门牌号。因为域名作为一种网络资源具有一定的稀缺性,导致在域名注册时常常会出现抢注情况,域名被抢注可能淡化商标权人商标和特定商品(或服务)的对应性,削弱商标的广告和宣传功能,劫获商标权人在长期的经营和广告宣传中获取的商品声誉和商业信誉,构成对商标权人利益的侵害。但是,需要注意的是,因为组成元素有限和跨国性等因素的限制,域名在注册时可能因为谐音、字符形态相似出现两个商标相同或近似的情况,这种情况一般不宜认作网络商标侵权行为。

2. 与链接有关的商标侵权

链接作为跨越式网页联通技术,在畅通、整合网络信息,提高信息流通效率等方面发挥了不可替代的作用,但也为不法分子进行商标侵权提供了便利条件。这种形式的网络商标侵权主要体现在深层链接中,具体分为视框链接(也称加框链接)和埋置链接。视框链接是指通过 HTML 编码将浏览器的窗口分为若干个小窗口,各窗口的广告内容可以同时独立地呈现在用户面前,即设链者的广告框和被链者的网页信息同时出现在设链者的视框网页中,造成设链者和被链者网页信息的混同或使网络用户误认为两者存在某种商业联系。埋置链接是指设链人把被链人的网址信息等埋置在原设链网页的 HTML 编码中,网络用户访问设链人网页时,浏览器就会自动访问被链网页的信息,从而在高速缓存中复制被链网页的信息(迎合网络用户需要的信息),其与传统商标侵权中的反向假冒极其类似。

3. 与搜索引擎有关的商标侵权

与搜索引擎有关的商标侵权主要表现为元标记侵权和竞价排名。元标记是置于网站的源代码中的一种软件参数,是一种机器语言,是产生搜索结果的依据。元标记侵权一般表现为行为人故意把商标权人的商标信息设置在自身网页的元代码中,当网络用户输入商标权人的商标信息时,侵权行为人的网址就会以链接式列表的形式出现在搜索引擎中。竞价排名是对系统自动搜索进行的一种人为干预,首先由广告主购买关键词和竞价排位,搜索引擎根据广告主的出价来排位,出价越高,与之有关的关键词搜索结果在搜索引擎页面显示的位置越靠前、越醒目。搜索引擎技术服务提供商往往基于可观的广告收入对广告主"傍名牌"的行为视而不见,甚至把侵权行为人的广告链接放在商标权人的前面。这些新型的商标侵权行为伴随着互联网的产生而产生且发展速度惊人,目前对其适用的法律、法规仍处在探索阶段。

以北京乐汇天下科技有限公司侵犯"海贼王"图文组合商标专用权被诉案为例。2013 年 6 月至 2014 年 7 月底,当事人北京乐汇天下科技有限公司在多家手机软件运营平台上使用"口袋海贼王"和"街机海贼王"作为游戏软件名称并提供下载、安装服务。这两款游戏的界面及宣传页面中均使用了"口袋海贼王"和"街机海贼王"图标。消费者通过下载软件可在手机上在线使用上述两款游戏并可通过购买虚拟货币充值消费。乐汇天下科技有限公司共计收取游戏分成 2937 万元。但北京随手互动信息技术有限公司早已于 2010 年 8 月 7 日和 2010 年 3 月 21 日获准注册"海贼王"图文组合商标。北京市工商局海淀分局认定当事人乐汇天下科技有限公司构成商标侵权。2017 年 6 月 16 日,北京市工商局海淀分局依法责令当事人立即停止侵权行为,罚款 2937 万元。此案是北京市查处互联网商标侵权违法行为的首例大案,办案人员克服了取证定性的困难,突破了传统商标案件监管领域与常态工作执法经验的局限,率先尝试对互联网领域的商标侵权行为予以规范,为首都知识产权保护工作树立了标杆。

(八)侵犯著作权的其他行为

1. 未经许可擅自使用

未经许可擅自使用指未经著作权人同意或许可,将著作权人尚未公开发表的作品擅自上传、登载到网络上,该行为侵犯了著作权人的发表权和信息网络传播权。

2. 转载侵权

转载侵权指将著作权人已经发表但明确声明不得转载的作品在网络上予以转载或者著作权人虽然没有声明不得在网络上转载,但转载时没有标明著作权人姓名、转载发表后也没有向相关著作权人支付使用费的行为。这种行为的实施人可能是个人或提供内容的网络服务商,转载内容的来源既可能来自于其他网站,也可能来自于其他纸媒体。因为具体侵权行为的不同，内容转载既可能侵害著作权人的信息网络传播权，也可能侵害其获得报酬的权利，即财产权。

3. 网络抄袭与剽窃

网络抄袭与剽窃指单位或者个人剽窃使用网络及其他媒体上已经发表的文字、图片、影音等资源用于非公益目的，即大段抄袭或者剽窃著作权人的作品，在网络上以自己的名义发表、传播。这种行为同时侵犯了著作权人的人身权（署名权）、财产权（信息网络传播权和获得报酬权）且侵权手段相对隐蔽、性质较为恶劣。除登载于网络上的各种作品以外，网络设计也是一种较为特殊的权利保护对象。网页的版式设计直接体现了网站设立者的独特风格，有时甚至体现了网站的运作理念，能给初次浏览者造成直接的画面感知。从这个角度上说，网页整体模式本身就是一个作品，理应受到著作权相关法律的保护。网站经营者随意抄袭、剽窃其他网站的网页设计实际上是一种不劳而获的行为，也属于侵犯他人著作权的行为。

4. 链接侵权

链接侵权指某些网络运营商缺乏法律意识和对作者及用户人身权的尊重，利用互联网、计算机的强大功能，随意链接或使用其他网站用户的原创作品。互联网所具有的超链接特征使得信息的聚合阅读更便捷，只需轻轻一点，用户便可实现内容界面的跳转。通常情况下，如果链接仅仅指向需要浏览的其他网站的首页，一般不构成侵权行为。但是，有些网站通过内链技术无偿利用被链接网站的声誉，导致用户难以辨别商品或服务的来源，这构成了事实上的侵权行为。

5. 下载侵权

下载侵权指某些商业性组织未经网站和著作权人同意，私自下载、出版其在网络上的文字、影音等作品，以获取经济利益的行为。这种私自下载他人享有著作权作品的行为如果只是为了满足个人的欣赏需求或者用于符合著作权相关法律的合理使用范畴，一般不构成侵权，但如果是为了达到商业目的，则侵犯了网站和著作权人的合法权利，客观上造成了对作品的无授权使用和对网站及著作权人财产权的侵害。

网络侵权行为实施简单、侵权范围无限制扩大、侵权影响异常恶劣，对著作权人权利的侵害非常严重。不同于其他传播媒体，网络作品的作者多匿名或使用网名，很容易被侵权者肆意剽窃，致使网络侵权官司的认证难度大，著作权人的合法权益难以得到有效的保障。许多作者明明知道自己的作品频频被侵权，也只能无可奈何地接受。倘若任由侵权行为蔓延，势必打击网络用户的创作积极性和主观能动性，进而给互联网的发展带来恶劣的负面影响。

四、当前网络版权保护存在的问题

（一）融媒体时代传播影响力与版权收入不成正比

在过去传统媒体的收入结构中，广告收入占有很大的比重，扩大自身的传播影响力成为传统媒体的追求，因此对于新媒体的侵权行为，传统媒体毫不在意。近年来，传统媒体的广告收入呈断崖式下滑，新媒体迅速发展的态势让传统媒体警醒——内容才是传统媒体的核心竞争力。从当下媒体融合的情况来看，只有在保证传播力的前提下制定较为完备和严格的版权体系，协调好内容创作和渠道分发之间的关系，才能激发创作者的活力，产生更多更好的作品。

（二）VR、AR、网络直播等新兴领域中侵权乱象丛生

信息技术的日新月异和传播形式的日益多元化使得网络版权侵权现象在新兴领域层出不穷，同时新技术的兴起也造成了版权问题的复杂化。例如，2016年里约奥运会期间，并没有赛事转播权的花椒、映客等网络直播平台多次通过直播的形式在赛后采访菲尔普斯、何姿、秦凯等运动员，由此可见采访权有待规范。再如，2017年发生的"橙子VR"非法提供盗版影视作品案也显示出新兴领域侵权状况频发的状况。针对这些情况，应对新闻作品、影视作品、音乐作品、App等领域的版权问题开展长期专项整治。

（三）相关主体版权保护意识淡薄

网络环境下，侵权成为我国数字版权保护领域的常见现象。首先，权利主体大都缺乏数字出版保护意识，不注重或不能进行自我权利的保护，导致自己的作品在互联网或数字化环境下被侵权。其次，鉴于数字出版具有易复制、易传播等特点，版权保护意识薄弱的用户乐于随意使用和传播受版权保护的内容且有相当一部分用户完全习惯于互联网信息获取的零成本，根本不知道自己随手复制、粘贴的行为是一种侵权行为。对于不法网络经营商来说，网络传输方式较之传统方式更为便捷且成本低廉，为了获取利益，它们往往忽视与版权相关的法律规定，未经授权，擅自使用、肆意侵犯著作权人的权利。

（四）法律规定中"合理使用"的边界模糊

著作权合理使用是重要的著作权限制机制，它是指在特定的条件下，法律允许他人自由使用享有著作权的作品而不必征得权利人的许可，不向其支付报酬的合法行为。合理使用应包括以下五层含义：一是使用要有法律依据；二是使用基于正当理由；三是无须经作者与著作权人许可；四是不支付报酬；五是不构成侵权，是合法行为。

如今，基于互联网技术和新媒体技术的数字版权与传统版权不同，各类作品之间的界限日益模糊。利用数字技术对文字、声音、图像等多种表现手段进行统一处理所形成的作品可能涵盖了若干基本作品类型，很难对各部分的著作权加以区分。在这种情况下，法律规定中的"合理使用"的边界也变得模糊起来。在网络环境下，数字技术的发展使数字化作品的复制变得异常简单且成本低廉、效果逼真，不少人打着"合理使用"的旗号免费下载网络数字化版权作品，"合理使用"变成了"合理侵权"，严重地损害了权利人的利益。

（五）维权难度系数大，维权途径不顺畅

由于网络的虚拟性和匿名性特点，网络版权侵权的主体更分散，发生频率更高，很多侵权者披着虚拟ID的保护衣开展违法行动，导致打击侵权行为和追责的难度不断增大。另外，由于维权门槛高、成本高，而所获得的赔偿却非常低，加上诉讼程序烦琐，很多被

侵权人主动放弃维权。根据最高人民法院信息中心发布的《司法大数据专题报告——知识产权侵权》，2015年1月1日至2016年12月31日，全国知识产权侵权案件平均审理周期为105天，维权所花费的时间较长也是许多被侵权人主动放弃维权的原因。

五、网络版权保护的对策

（一）加强制度建设

网络市场秩序的规范需要制度的保障。一是要从制度建设入手，根据网络与网络版权的特殊性，重新定义网络出版行为，制定数字版权相关法律、法规，制定可操作性强的具体措施，明确版权所有人、作品属性及网络出版保护方式。二是在传统出版权利范围的基础上加入"网络传播、合理的传播形式"等更为适用的权利内容，对出版所涉及的特殊问题做出更细致、更妥善的安排并针对各种不同情况提出相应的处理措施。

（二）加强网络监管力度

要发挥网络平台的作用，严格履行实名登记制度，完善内容审核机制，做好把关人。可将网络版权保护纳入监管部门的职责范围，设立"数字作品传播监管中心"，深入各大网络平台实施监管，以便及时发现违法行为并进行打击，加强监管力度，有效加强网络版权的保护，稳定互联网市场的交易秩序。

（三）引导公众参与网络版权保护

由于网络的开放性与自由性，仅凭政府的力量是远远不足以支持网络版权保护的，应将社会公众纳入网络版权保护的阵营，充分发挥他们的力量。要加强对版权保护的宣传，同时应制定并实施激励、奖惩机制，对积极举报侵权行为的公众给予奖励，对侵权行为重拳出击，加强公众的网络版权保护意识。通过正激励与负激励，引导社会公众参与网络版权保护，更好地打击侵权行为，提高网络版权保护的水平与管理效率。

（四）加强公众的版权保护意识

许多公众已习惯于零成本地复制、粘贴互联网上的信息，并没有意识到这是一种侵权行为，对此，法律规定、社会制度、媒体舆论应发挥规制、促进、引导之作用，培养公众的媒介素养，促进形成自觉尊重、维护网络版权的良好社会氛围。应通过学校教育、社会宣传等传统手段和网络平台、自媒体等现代手段加强对版权保护的宣传，加强公众的维权意识，让公众了解维权的手段，明确侵权的危害，提高公众的自制力，减少侵权行为的发生。

（五）利用技术手段加强网络版权保护

利用技术手段加强网络版权保护是通过增加数字产品的权限设置来实施网络版权保护。早期的数字版权管理系统着重资源使用的安全性和加密，目前新一代的数字版权保护系统则侧重于DRM（digital rights management，数字版权保护）系统的权限管理。目前，数字出版领域常用的数字版权保护技术有数字加解密技术、数字指纹技术、数字签名技术、数字水印技术等。同时，伴随着 5G 时代的到来，区块链可以用于对版权的保护，也可以对版权使用进行追踪，在一定程度上能够实现在版权登记确权、版权交易、涉版权案件司法审判、证据链保存等方面的应用与实践，全方位地为网络版权保护保驾护航。

（六）国内外关于网络著作权的法律规定

1. 国外关于网络著作权的法律规定

美国对网络著作权的解决方案基于发行权。美国于 1997 年通过了《网络著作权责任限制法案》《世界知识产权组织著作权条约实施法案》《著作权与科技教育法案》，后于 1998 年 10 月颁布了《数字千年版权法案》（Digital Millennium Copyright Act，DMCA）。DMCA 规定了数字化信息版权保护和使用的问题，同时赋予信息所有者"数字化作品如果在互联网上使用，就可以对其收取使用费"的权利。《数字千年版权法案》的适用对象是所有数字音乐作品，同样适用于在互联网上放映和播放的音乐作品。也就是说，唱片公司和歌手获得了"可以对在网络上播送的数字内容收取使用费"的法律权利。但是该法案没有具体规定作品使用的费用和费率。日本于 1997 年 6 月 10 日通过《著作权法修正案》，修正的主要内容是扩大了传媒的公开传播权的范围。1997 年 11 月 12 日，欧盟执委会针对信息社会著作权制定了履行世界知识产权日内瓦条约的新规则，其中规定了复制权、公开发行权、拷贝权、著作权管理信息等内容。

2. 我国关于网络著作权的法律规定

2000 年 11 月 22 日最高人民法院审判委员会第 1144 次会议通过《关于审理涉及计算机网络著作权纠纷案件适用法律若干问题的解释》（后于 2003 年 12 月 23 日第一次修正、2006 年 11 月 20 日第二次修正），该司法解释为网络作品的著作权保护提供了一定的法律保障，具体包括以下内容。

网络著作权侵权纠纷案件由侵权行为地或者被告住所地人民法院管辖。侵权行为地包括实施被诉侵权行为的网络服务器、计算机终端等设备所在地。对难以确定侵权行为地和被告住所地的，原告发现侵权内容的计算机终端等设备所在地可以视为侵权行为地。

受著作权法保护的作品，包括《著作权法》第三条规定的各类作品的数字化形式。在网络环境下无法归于《著作权法》第三条列举的作品范围，但在文学、艺术和科学领域内具有独创性并能以某种有形形式复制的其他智力创作成果，人民法院应当予以保护。

互联网服务提供者通过网络参与他人侵犯著作权行为或者通过网络教唆、帮助他人实施侵犯著作权行为的，人民法院应当根据《民法典》的规定，追究其与其他行为人或者直接实施侵权行为人的共同侵权责任。

第三节　网　络　诈　骗

网络诈骗通常指以非法占有为目的，利用互联网采用虚构事实或者隐瞒真相的方法骗取数额较大的公私财物的行为。由于互联网的匿名性、隐蔽性、连通性特征以及非直接接触的信息传递方式，网络诈骗行为在近年来频频发生。综合来看，网络诈骗的主要特征包括虚拟性、隐蔽性、区域性、犯罪链条产业化、诈骗手段多样化。

在计算机网络快速发展的同时，网络诈骗方式层出不穷，令人防不胜防，主要有以下几种。

一、网络钓鱼

"网络钓鱼"（phishing）是指犯罪分子利用欺骗性电子邮件和伪造的互联网网站行骗，以此获得受骗者财务信息进而窃取其资金的行为。"phishing"一词源自"phone"和"fishing"，原因是"网络钓鱼"早先主要通过电话行骗。目前，"网络钓鱼"的主要形式是"钓鱼者"（即诈骗的行为人）用短信、伪造的 Web 站点（如网站域名很容易混淆的、网站的风格与装饰非常雷同的）或者欺骗性电子邮件等作为他们"钓鱼"的"鱼饵"，诱骗网站访问者或收件人"咬钩"，从他们在网上的操作或者回复的信息中获取他们的身份证号码、家庭住址等个人信息，再通过使用这些信息资料获取不正当的利益。随着网络的迅猛发展和不断壮大，"网络钓鱼"不断增多且方式层出不穷。总的来说，现阶段的"网络钓鱼"主要有邮件式"钓鱼"、假冒网站式"钓鱼"、调查问卷式"钓鱼"、混合式"钓鱼"、网络鸡尾酒式"钓鱼"等。

二、网络购物诈骗

网络购物诈骗中犯罪分子会使用虚假的身份信息在天猫、淘宝、京东等知名购物平台发布一些虚假的商品销售信息和虚假广告，以所谓的超低价来吸引消费者，骗取消费者购买其商品，赚取利益。网络购物诈骗涉及的商品种类多种多样，小到服装、饰品、工艺品，大到计算机、汽车、机器等，当消费者购买商品的时候，犯罪分子会要求消费者预先付款或交保证金、押金等，一旦犯罪分子收到货款，就会消失。

三、网络中奖诈骗

网络中奖诈骗是犯罪分子通过 QQ、微信、网络游戏、邮箱、短信等给他们设置好的号码发送虚假的中奖信息，诱骗受害者访问虚假网站、拨打虚假电话或添加 QQ、微信好友等领取奖金，受害者面对大奖的诱惑会抱着试试看的态度进行操作，然后犯罪分子会以各种貌似正当的理由要求受害者支付一定的费用，在受害者"上钩"以后，他们又会以其他看似合理的要求让受害者支付更多的费用。受害者在所谓大奖的诱惑下不断地付款、转账，当他们意识到自己已经上当受骗，想要找犯罪分子时，犯罪分子早已逃之夭夭了。

四、冒充熟人诈骗

冒充熟人诈骗的方式是犯罪分子通过各种技术手段盗取他人的 QQ、微信等个人聊天工具的账号并登录，然后用账号被盗者的身份骗取其亲友的信任，以生病、遭遇意外等理由向其亲友借钱并要求对方尽快地向指定账户转账、汇款或者通过网络电话以模糊音频技术冒充受害者的熟人，编造谎言进行诈骗。

五、其他网络诈骗方式

（一）网络炒股诈骗

网络炒股诈骗是犯罪分子通过制作虚假的股票网站，编造或者冒充其他知名公司的名称、联系电话以及地址，用内幕消息、高额回报作为诱饵，以会员费、加盟费、培训费等名义骗取受害者的钱财。

（二）网络招聘诈骗

网络招聘诈骗是犯罪分子通过在网上发布一些虚假招聘信息诱骗受害者签订合同，然后以支付押金等费用为理由，要求受害者将钱打到指定银行账户，获得一定数量的钱财后，犯罪分子就会消失不见。

（三）网络博彩

网络博彩是违法犯罪行为，具有欺骗性和危害性。网络博彩类型繁多，如赌球、赌马、骰宝、轮盘、网上百家乐等。如今，网络博彩具有以下特点：平台国际化；玩家分散性强、数量大、年轻化；专业化网络博彩公司越来越多且组织结构更加严密；赌资支付渠道网络化、电子化；下注金额巨大；赌资运转速度加快。一般来说，犯罪分子会在境外架设赌博网站的服务器，吸引不知情的受害者投注，通过视频直播赌博的整个过程提高受害者对其网站的信任程度。但是，所谓的"视频直播"其实是犯罪分子事先准备好的视频。

第四节 网络暴力

一、网络暴力的定义与特征

（一）网络暴力的定义

关于网络暴力，各个学者曾提出了各种定义。

彭兰认为，网络舆论中出现的暴力现象主要是人们在表达自己意见时的语言暴力，是能够对当事人造成直接或间接伤害的言论。

温洪泉认为，网络暴力是在一定的空间和时间内，大量网民通过激烈的言辞对某一事件的当事人做出负面评价，对当事人造成物质上和精神上的伤害。

李华君等人在《网络暴力的发展研究：内涵类型、现状特征与治理对策——基于

2012—2016年30起典型网络暴力事件分析》中对网络暴力做出如下定义：一定规模的网民群体借由网络媒介技术通过人机界面实现感官化功能，对特定对象发起大规模的、非理性的攻击，对当事人身心、名誉、财产等方面造成实质性损害，影响社会价值观并干扰社会管理。

（二）网络暴力的特征

网络暴力具有以下五个特征。

（1）网民广泛、自发地参与。由于互联网的匿名性和参与过程的易操作性，网民纷纷卷入与自身无关的网络暴力事件。

（2）盲目从众。网络暴力事件中具有显著的"羊群效应"。

（3）初始动机朴素、正义。"正义"被视为人类社会最崇高的理想和追求，是社会的基本价值取向。大多数网络暴力事件涉及备受争议、触犯基本伦理道德底线的因素，因此部分网民会将自己视为道德卫士，利用正义感对当事人进行道德审判，促使其在舆论驱使下严守道德底线，而这种朴素、正义的初始动机往往会随着舆论的推动被扭曲。

（4）价值观扭曲。传统价值观是一个民族在长期历史积淀中形成的对处事标准的基本看法和态度。网络暴力事件本身往往触犯传统价值观的底线，当事人所宣扬的价值观常与社会基本价值观相悖，跳脱大众价值观，造成大众价值观扭曲。

（5）损害个人利益。网络暴力会对当事人的身心、财产造成直接或间接的损害。

二、网络暴力的主要形式

（一）语言暴力

网络暴力最主要的形式就是语言暴力。福柯曾尖锐地指出，话语并不是被动地反映一种"预先存在的现实"，而是一种"我们对事物施加的暴力"。语言暴力会给相关当事人造成心理负担和实质性伤害。

（二）人肉搜索

人肉搜索是网络暴力的主要表现形式之一，施暴者不负责任地曝光当事人的视频、照片、电话号码甚至是家庭住址等详细信息，严重侵犯了当事人的隐私，可能给当事人造成严重的精神伤害或实质性伤害。

（三）线下恶性、群体性行为

线下恶性、群体性行为是所有形式的网络暴力中对当事人的伤害最直接、后果最恶劣的一种。在网络舆情事件持续发酵的过程中，受众的情绪受到感染，无意识的人格占主导地位，受情绪和观念的感染以及暗示的影响，集群心理朝极端方向发展且具有将暗示的观点立即转变为行动的倾向，加之网络具有责任分化作用，网民的参与感会被大大激发，极易使网络暴力由线上转为线下，对当事人展开实质性攻击。

三、网络暴力的治理对策

（一）加强平台监管

各网络平台应从"数据整合者"转向"数据开拓者"。近年来，我国网络暴力事件直指结构性危机，只有明确"结构性"网络暴力的本质、规律，才能"对症下药"，提高干预、治理网络暴力事件的效率，可以建立网络暴力事件数据库，在整合网络暴力事件数据的同时，挖掘其特征和规律，探究事件背后潜藏的社会心理，完善预警机制，建立一套完备的治理标准。

（二）提升网民的网络媒介素养

在网络"多数暴力"中，网民过于片面地强调"民主"与"正义"，以"少数服从多数"等看似公正的理由侵犯少数人的合法权益。这种多数人的暴力往往具有迷惑性、危险性，因此政府有关部门需要注重对网民媒介素养的提升，培养网民自觉、自主地分辨媚俗、真假的能力，避免随波逐流，同时要注重引导网民对不良情绪的宣泄方式，提升其参与公共议题的积极性。

（三）发挥媒体和意见领袖的引导作用

媒体和意见领袖在舆情出现时应协同政府有关部门引导网民的言论。在事件尚未发展为网络暴力前，动员相关社会力量在舆论和网民情绪引导上发力。在舆情爆发期，利用主流官方媒体道清事实原委及相关信息，积极发挥议程设置作用，避免负面消息或谣言的产生。与此同时，要注重高影响力意见领袖的协同、倡导作用，通过正面信息的爆发式增长影响舆论环境，全面调动社会资源，动员社会力量，累积舆论正能量，减少非理性、情绪化言论。

第五节　网络媒介审判

一、媒介审判与网络媒介审判的概念

"媒介审判"一词源自美国，由"报纸审判"演变而来。尤英夫认为，"报纸审判的意义较为广泛，即任何民事、刑事案件在普通法院审判前或审判后，由一般性或法律性报纸所刊载的消息或意见，不论其是以文字、图片、漫画及其他方式，不论其目的是在讨论、分析、攻击、侮辱与案件有关的法官、当事人及其他诉讼关系人还是案件内容及其胜负得失，凡足以影响审判者，都可称为报纸审判"。

我国学者魏永征认为，媒介审判是指新闻媒介超越司法程序，抢先对涉案人员做出定性、定罪、定刑以及胜诉或败诉等结论。媒介审判是对法院的审判权和犯罪嫌疑人公民权利的双重侵犯。媒介审判是媒体角色的越位或错位，往往和新闻炒作有关，形容新闻媒体产生的舆论、氛围会影响司法公正。

在互联网时代，权力下放后，人人都有麦克风，尤其是以微博大V、微信公众号为代表的自媒体，由于其自身具有互动性强、波及范围广等特点，可以吸引大量人的关注，在热点事件中能发挥强大的信息传播和舆论引导作用，由此传统的媒介审判在网络环境中不可避免地有了新的特点，也就衍生出了网络媒介审判。

网络媒介审判常常具有以下特点：① 新闻报道偏重公众的声音，对于相关法律规定的报道不足。② 新闻报道片面地陈述案件某一方当事人的观点，报道不平衡，具有严重的倾向性。③ 语言具有强烈的煽动性，通过非理性的表达方式激发公众的情绪，形成强大的舆论氛围，从而迫使司法人员在舆论压力下做出裁决，在一定程度上影响着司法权威和司法公正。

二、网络媒介审判的成因

（一）话语权的滥用

互联网时代，网民拥有前所未有的话语权，正如尼葛洛庞帝所说的，"每个人都是没有执照的电视台"。传统主流媒体"以一对多"的信息传播格局被打破，信息传播权不再是专属于主流媒体的权力，传播者与受众的边界逐渐模糊，每一个互联网的使用者既是信息的制造者、传播者，也是信息的接收者，人们在一个集大众传播、组织传播、人际传播于一体的开放、自由的空间中积极地开展信息传播等活动。

同时，网络传播中信息发布的便捷性与低门槛性弱化了媒介组织的把关权力，社会精英、领袖人物和权威媒体的话语霸权被消解，媒介组织舆论导向功能的弱化使得网络媒介审判现象得不到有效的遏制。网络的传播特性让言论传播的范围越广，舆论压力越大，越容易对司法独立造成影响。

（二）社会转型时期矛盾凸显

我国目前处于社会转型时期，各种矛盾不断凸显出来。在这种情境下，司法审判所涉及的话题多关乎社会公平正义的伸张及各类合法权益的维护和保障。例如，教育、社会公平、医疗、食品等敏感话题很容易触碰到社会公众心中"紧绷的那根弦"，公众会对暗箱操作、腐败、滥用职权、司法不公等社会现象过分担忧，从而追求公平正义的信念，对纠纷得以合理解决的愿望会越发强烈。

互联网时代，公众具备了共享诉求信息、形成网络公众舆论以与强势权力进行博弈的平台。公众对涉及社会种种不公平现象的典型案件报以热切的关注，对处于弱势的一方总会表示同情，产生共鸣，这往往会点燃或加速弱势群体对社会不公的不满和愤怒，从而导致大范围、大规模的舆情爆发，造成网络舆论审判的现象。

（三）过度追求经济利益

在媒体竞争相当激烈的当下，尤其是新媒体异军突起，瓜分了传统媒体的生存空间，各媒体不得不把吸引受众的目光放在第一位，许多新闻媒体都把追求新闻的时效性放在首位。为了留住用户,提高用户黏性,不少媒体平台不顾社会责任,开始追求眼球经济,满足受众的"猎奇心理",希望能够产生轰动效应。由此,在对某些社会热点事件进行报道、评论的时候,一些媒体便会枉顾新闻的真实性和客观性原则,在事件并没有得到核实的情况下先入为主,这种带有偏向性的误导受众的行为会进一步对受众产生影响。很多网络媒介审判现象都源自媒体将经济利益放在社会利益之上的不专业行为。

三、网络媒介审判的影响

(一)正面影响

(1)对司法审判具有一定的监督作用,有助于司法制度的改革和司法透明度的提高。

(2)维护公众的知情权。媒体满足了公众的信息需求,使他们可以参与到案件的讨论中,从而直接或者间接地参与法制建设进程。

(3)舆论压力倒逼真相出现,迫使问题得到解决。

(二)负面影响

(1)损害了司法独立原则。媒体只有监督权没有审判权,我国媒介审判的基本模式是通过舆论影响领导人,由领导人干预法官的审判,这影响了司法的独立,是一种权力越位。

(2)危害媒体自身。媒介长期以审判的方式报道刺激性强和博人眼球的新闻,这实际上是牺牲媒体自身的良好信誉和公信力以换取暂时的发行量。

(3)损害公众的权益。向公众发布片面的煽动性新闻会严重损害公众的知情权。

(4)对网络舆论环境造成破坏,煽动网民的情绪,容易导致网络暴力、群体极化等现象。

四、如何规避网络媒介审判

(一)提高网民的媒介素养,自觉维护绿色网络环境

每个网民既是传播者,又是受众。从受众的角度来看,网民应保持冷静的头脑,能对媒介及信息内容进行分辨、选择,做出理性的判断和评价,这就要求每位网民都要不断地加强自身的法律意识、道德意识和社会意识。从传播者的角度来看,每个网民都可以通过网络平台发布、转载新闻,自由地表达自己的思想和情感,这要求网民在事情真相并不清晰时不要盲目站队,发表评论应当理性、公正、客观,自觉地维护健康的网络环境,不转发信源不明、带有煽动性的媒介审判言论。

(二)媒体分清媒介审判与舆论监督的界限

对于网络舆情事件,媒体应该坚持新闻专业主义,在报道新闻事件时保持客观、理性,坚持呈现真相。媒体在传播信息时要发挥把关人的作用,珍惜媒介话语权,努力为网民提供全面、客观、公正的评论和引导,同时,要及时设置议程,发挥意见领袖作用,正确引

导网民对案件进行理性思考。此外,网络媒介应当在法律的界限内行使舆论监督权,分清楚媒介审判与舆论监督的界限,维护司法独立,承担起构建和谐社会的重大责任。

(三) 促进舆论情绪与司法执法的良性互动

在面对网络舆情时,司法部门应当建立主动型信息发布机制,坚持公开透明原则,及时发布权威信息,主动和社会公众沟通,将判决权结果向公众和媒介公开,在阳光下行使权力,尊重公众对舆情事件的知情权和监督权,从而促进网络舆论与司法的良性互动。从媒体的角度来说,媒体行使监督权固然重要,但凡事都存在一个"度",即媒体在对有关司法案件进行报道时,应保持一种中立的态度,只对案件事实本身进行客观的报道,绝不对案件本身的判决做有倾向性的论述,以免干预司法的独立性。

第六节　媒体泛娱乐化

媒体追求一定的经济利益,迎合受众、满足大众的娱乐需求本无可厚非,但随着技术的发展以及我国网民的爆炸式增长,博客、微博、新媒体以及移动端互联网的普及,人们对网络的使用逐步从工作、学习领域扩大到生活娱乐领域。在网络技术发展普及与市场经济的双重作用下,泛娱乐化现象也蔓延到互联网中,新媒体的便携性、低成本、大容量迎合了网络时代受众的不同需求,也满足了受众随时随地进行互动表达的愿望。如今,受众上网的主要目的从获取资讯信息转向了娱乐,尼尔·波兹曼在《娱乐至死》一书中阐释了电视的泛娱乐化现象并指出其正逐渐从电视媒体向网络媒体、自媒体进军。

一、媒体泛娱乐化的表现

(一) 网络新闻中硬新闻的占比降低

硬新闻关系国计民生和人们的切身利益,是具有较强的思想性、指导性的新闻,一般来说涉及党和国家重大方针、政策的制定、实施和修改,重大的党务、国务、政务活动,重大科技发明,时局变化,各地的新情况、新经验、新成就、新问题以及市场行情、流行性疾病、自然灾害等。这类新闻直接或间接地对人们的政治、经济、文化和日常生活产生影响,是人们了解世界、做出行动决策的重要依据之一。

互联网时代,网络上的信息呈指数级增长,信息过载现象屡见不鲜,受众面临大量信息而无法处理,深度阅读的习惯被消解,取而代之的是通俗、趣味性较强的碎片化、快餐式阅读,这给了那些提供媚俗娱乐信息的媒体新的可乘之机。

总体来说,一方面,网络媒介作为一把双刃剑,带给人们极大便利的同时消解了人们的理性思维,将人变成懒于思考的"平面人"或马尔库塞所说的"单向度的人";另一方面,数字化复制的简易性使得重复信息、垃圾信息爆炸式增长。受众与新媒体之间共娱共乐的消费语境重构了人们的信息环境和对世界的认知方式。

(二)网络亚文化横行

网络泛娱乐化的重要助力就是亚文化的横行,亚文化包括各种网络"恶搞"和网络流行语。"恶搞"之作常常一时间遍布网络,许多人物、事件都进入被"恶搞"的范围,如一些公众人物被网友作为"恶搞"素材加以调侃,沦为大众娱乐的对象。当"恶搞"侵入政治、经济等严肃的非娱乐化领域时,娱乐泛化就成了"低级""恶俗"的代名词,理性便失去了中心地位,一切成为娱乐的附庸。

同时,网络流行语的崛起也消解了主流文化和传统语言的严肃性。目前,网络语境中确实存在许多无法用汉字准确表达心绪而用拼音代替的现象,如"biu biu"(射击的拟声)和"duang",可见言辞的"出轨"、观念的破解与新奇的表达使得语言符号与非语言符号的嫁接与搭配开启了一场全民的"集体语言戏仿"浪潮。这种戏仿不断衍生,如"喜大普奔""不明觉厉"等仿四字成语既有别于旧的缩写造词法,也不符合语法规范,亦无规律可言,仅仅是网民打破传统语言规范的一种语言游戏,意在通过这种对传统的反叛传达自己的情绪和感受。网民的语言不断出新、出奇、出噱头,其努力的最终结果就是罗兰·巴特所说的"现代神话",而这种"世俗神话的影响力就在于它提供满足和安慰,被放大的平庸获得了神圣的价值并成为平凡生活的润滑剂和催化剂"。

二、媒体泛娱乐化的成因

(一)技术逻辑孵化网络泛娱乐化

技术低门槛、上网低成本、信息获取便捷使网民克服技术恐惧的同时获得操控技术的愉悦感。人类文化和思维被这种构建在技术垄断上的会话工具引导,个体间的网络联结、自媒体的发展让人人成为信息的生产者、发布者或评论者。

众多网民的"技术依赖症"从新媒体的技术塑形开始,都市里忙碌的"闲人"利用WiFi或移动数据网络通过各种娱乐方式来消磨时间。一天不上网的失落让人们陷入信息缺失的"心悸","寂静"的手机让人们心慌不已。日复一日,年复一年,点击、输入、浏览以及蜂鸣、闪烁、震动成为"第二人生"的技术呼唤。

在网络社交中,"身体缺席"是交往双方的互动方式,"熟悉的陌生人"成为网络人际传播的常态。"网络生存"成了人们现实生活的重要伴侣。人机界面形成新型网络人际交往方式,传统的面对面互动交往方式也迅速被其取代。新媒体的交织在潜移默化中重塑人们的生活,也改变着人们的思维方式和娱乐方式。

(二)视觉依赖造就网民享受泛娱乐化

正如居伊·德波所说的那样,我们已经进入了一个依赖视觉传播的景观社会,新媒体加速了现实社会向媒介化社会嬗变的进程,将人类抛进了信息大爆炸的"黑洞",在"第二时空"中,人们愈加频繁地通过"媒介真实"接触外部世界。例如,现在广泛应用的VR、AR甚至MR技术,能够给网民呈现出超现实的视觉体验,使网民在泛娱乐化的潮流中愈加频繁地通过视觉寻求能满足娱乐的信息。在技术造就的泛娱乐化的喧闹中,感性、即时、直接和视觉冲击取代了思考，追求感官刺激和娱乐成为一种习惯，甚至是一种依赖。

（三）把关缺失加剧媒体泛娱乐化

近些年来，受到西方媒体商业观念和我国市场竞争现状的影响，我国媒体逐渐加大了对经济利益的追求力度，为了获取广告商的青睐，必须吸引受众的眼球，那么投其所好地迎合便是良策，而如今多数人所喜好的正是浅显易懂的娱乐化信息。因此，各媒体为了争夺受众的关注，竞相生产娱乐化内容，从而导致网络上娱乐信息的积聚、膨胀，最终形成互联网的泛娱乐化局面。新媒体时代，每个人都是信息发布者，互联网上的信息以海量方式呈现。然而庞大的信息流动下却缺乏有效把关，导致许多以娱乐、搞笑为目的的垃圾无用信息在互联网上大行其道，又由于这类信息因其轻松、愉快的特征往往会博得大量关注，导致网络媒体泛娱乐化进一步加剧。

三、网络泛娱乐化的对策

网络泛娱乐化是一种常见的网络传播失范现象，要规避这种现象，和其他网络失范一样，同样需要多元主体合力解决。

首先，政府及有关部门应加强网络传播规范管理，对于低俗、博眼球的网络传播内容加以整治，对污染网络环境的垃圾信息、泛娱乐化信息重拳出击，关闭违规自媒体、个人社交媒体账户，构建"天朗气清"的网络传播环境。例如，针对《黄河大合唱》"恶搞"视频等泛娱乐化事件井喷式爆发的现象，国家相关管理部门齐亮剑，责成互联网单位清理下线涉及经典革命歌曲的"恶搞"视频3898条、"恶搞"音乐165首，获得网民的一致好评。

其次，网络媒体也应该坚持新闻专业主义，不能在资本的铜臭味中迷失了自我，一味追求经济利益而丢弃职业道德，应以承担社会责任为己任，提供更加优质、有意义的内容给受众。

最后，公众也应提升自我的媒介素养，不要在浅薄的泛娱乐化垃圾信息中迷失了方向，要自觉抵制、拒绝传播低俗信息，遇到此类信息主动举报，积极参与到网络把关的进程中，为绿色网络环境的构建贡献自己的力量。

第七节　其他失范现象

一、信息爆炸与信息污染

互联网使信息的采集、传播速度和规模达到空前水平，实现了全球的信息共享与交互。网络传播克服了传统的时间和空间障碍，大大提升了信息传播的速度和广度，将世界更进一步地联结为一体。但是面对汹涌而来的信息海洋，人们无法迅速而准确地获取自己最需要的信息。同时，在网络传播活动中，信息的发布、传播失去控制，产生了大量虚假信息、无用信息，造成信息环境的污染，增加了人们利用信息的困难。

信息是潜能巨大的战略资源和取之不尽的财富，但传播的空前自由所带来的信息爆炸并没有带来内容质量的整体提升，反而产生了信息匮乏的悖论现象，即大众媒体提供的巨量信息中严重缺乏受众所需要的"有价值的""能了解事情真相的""对自己有用"的信息。这种现象引发的后果是"我们被信息淹没，却渴求着知识"。正如阿尔夫·托夫勒在《未来的冲击》所说的那样："有时选择不但不能使人摆脱束缚，反而使人感到事情更棘手、更昂贵，以致走向反面，成为无法选择的选择。"在"量"的满溢与"质"的匮乏之间，人们往往会发现，想要直接索取自己需要的信息内容越发困难。

从现实情况来看，信息生产的"二律背反"已经对社会经济的发展产生了负面影响。在一些情况下，每天要处理的信息超过人们的分析能力，降低了人们的决策效率，甚至导致决策失误。在另一些情况下，收集某些信息所花费的成本已超过了信息本身的价值。由于个人用于接收、处理信息的时间和能力有限，大大超过人的处理能力和有效应用的需要，所以引发信息严重超载的情况，带来一系列社会问题，如信息太多导致人紧张不安、精神崩溃；滥用信息造成信息犯罪；信息堆积引起信息危机、信息雪崩、信息的错误判断等。

失去控制和无组织的信息在信息社会里并不构成资源，相反地，它成为信息工作者的敌人。网络也带来了传播权的滥用，导致信息污染现象的产生。具体而言，信息污染是指媒介信息中混入了有毒性、有害性、欺骗性、误导性信息元素或者媒介信息中含有的有毒、有害的信息元素超过传播标准或道德底线的限制，对传播生态、信息资源以及人类身心健康造成破坏、损害或其他不良影响。目前，网络内容生态中的不良信息主要集中表现为三类：低俗性和危害性信息；虚假性和伪劣性信息；重复性和图像性信息。这些信息本身缺乏实际的价值意涵，但因为互联网的平台效应，其负面影响得到大幅度增强，不仅占用了网络存储空间，也造成了信息梗阻，甚至引发社会公共事件。如何使信息资源得到有效利用，提高信息的质量，已经成为一个世界性的亟待解决的问题。

二、网络色情

网络色情是指以互联网为传播载体，目的在于挑逗、引发浏览者的性欲，不具有任何艺术、医学和教育价值的文本信息，表现形式包括网络色情图片，网络色情文学，网络色情聊天，网络色情游戏，网络色情音频、视频和网络色情网站等。

网络色情图片是人们在网络上接触得最多的、刺激性最强的色情内容，包括各种静态或动态的、事先录制的或现场截取的真实照片或卡通色情图片。这些图片的传播成本低，但市场需求量较大，因而在互联网上广泛存在。不少非法网站在其边栏处悬挂色情图片以提高网站点击量或诱导浏览者注册成为会员。

网络色情文学大多是大量、直接的性描写，包括传统的色情文学的网络版本、转译其他语言的色情作品以及网络作者自行撰写的黄色内容。一些网站或网页以大量露骨的性描写作为主要内容，为了获得高点击量，大量描写畸形的性爱关系并把性爱场面刻画得细致入微，以此来吸引网民的注意。

网络色情聊天主要存在于论坛、聊天室及某些直播平台中。一些论坛表面上是网民发表见解的平台，但实为发布低俗帖子、传播色情图片、分享黄色小说及视频的网络空间。此外，由于网上聊天室可以不用真实姓名，某些网友便用一些极具暧昧意味的网名诱导其他用户添加其为好友，以进一步开展活动。因为网络带宽的提升，某些网民采取"线上裸聊"的形式，辅之以各种露骨的煽情文字和动作进行性挑逗，以实现彼此的性心理满足。

网络色情游戏是指通过角色扮演和任务攻略等方式完成色情故事主线的在线游戏。色情类互动式游戏主要依靠故事主题、角色设计、画面质感等特征吸引用户注册登录并通过提供特殊道具和隐形特权，诱导玩家付费使用。由于目前对于网络色情游戏的监管仍较为不足，某些游戏厂商为了扩充用户群体，对其游戏角色和故事情节进行成人化改编，通过"打擦边球"的方式引诱玩家注册。

在互联网出现之前，大众传播的模式往往是单向的，传播者在传播过程中占据主导和核心地位，因此政府部门的监管对象较为单一，能够有效控制色情内容的传播。但互联网的出现和普遍应用模糊了传、受之间的角色限制，网民享有更多的自主权，能够主动搜索甚至自主创造并传播色情、暴力信息，具有较强的隐蔽性和持久性。目前，网络色情的治理主体仍旧是政府部门，主要通过对色情内容的屏蔽、色情平台的封禁和涉案人员的追捕等手段，肃清网络内容生态。

以湖北黄冈"3·01"网络直播平台传播淫秽物品牟利案为例。2019 年 4 月 26 日，黄冈麻城市公安局专案组跨境抓获主犯洪某某等人。该案于 2018 年 3 月立案。经查，2017 年 10 月至案发，洪某某与王某、张某在上海注册成立网络科技公司，组织马某等十余人在境外开设"花花"等色情直播平台，招募女主播进行色情表演，注册会员 90 万人。为躲避侦查，多次改换直播平台名称及 IP 并大量购买个人身份信息、空壳公司营业执照注册第三方支付账号，利用外籍人士开设银行账户，对涉案资金洗钱，仅 5 个月流动资金就超 1633 万元。经调查取证，该案共抓获犯罪嫌疑人 22 名，9 名骨干成员全部归案，其中 7 人已宣判，2 人进入诉讼程序。

思 考 题

1. 网络谣言的分类有哪些？
2. 如何理解奥尔波特的谣言强度公式？
3. 如何利用技术保护版权？
4. 网络暴力给我们的生活带来很大的影响，请举出具体的治理对策。
5. 如何理解后真相时代的媒介审判？
6. 简述信息爆炸与信息污染的内涵及其造成的影响。

实 践 任 务

选取一个具体的网络节目，分析其泛娱乐化的现象，以及给出你的改进措施。

本章参考文献

[1] 郭庆光. 传播学教程[M]. 北京：中国人民大学出版社，1999：16.

[2] 陈虹，沈申奕. 新媒体环境下突发事件中谣言的传播规律和应对策略[J]. 华东师范大学学报（哲学社会科学版），2011（3）：83-91.

[3] 奥尔波特. 谣言心理学[M]. 刘水平，梁元元，译. 沈阳：辽宁教育出版社，2003：32.

[4] 楼旭东，李斐. 网络谣言的传播学分析[J]. 今传媒，2012（7）：24-27.

[5] 丛立先. 网络版权问题研究[M]. 武汉：武汉大学出版社，2007：162-166.

[6] 俞灵灵. 移动电商领域不正当竞争案件的司法裁判研究[D]. 杭州：中国计量大学，2018.

[7] 高方. 国家版权局通报"剑网 2014"专项行动第三批网络侵权盗版案件查办情况[J]. 传媒，2014（24）：68.

[8] 吴汉东. 著作权合理使用制度研究[M]. 北京：中国人民大学出版社，2020.

[9] 刘岩芳，仇婷. 网络舆论暴力形成机制研究[J]. 传媒观察，2018（7）：30-35.

[10] 李华君，曾留馨，滕姗姗. 网络暴力的发展研究：内涵类型、现状特征与治理对策——基于2012—2016年30起典型网络暴力事件分析[J]. 情报杂志，2017，36（9）：139-145.

[11] 林凌. 网络暴力舆论传播原因及法律治理[J]. 当代传播，2011（3）：76-78.

[12] 魏永征. 新闻传播法教程[M]. 北京：中国人民大学出版社，2002：75.

[13] 张雅琪. 关于网络"媒介审判"的防范对策研究[J]. 魅力中国，2017（24）：159-160.

[14] 丘梦童. 网络媒体的泛娱乐化讨论[J]. 新媒体研究，2016，22（2）：11-12.

[15] 靳琰，孔璐璐. 新媒体语境下的网络泛娱乐化机理探究[J]. 现代传播（中国传媒大学学报），2016（12）：129-132.

[16] 奈斯比特. 大趋势——改变我们生活的十个新方向[M]. 梅艳，译. 北京：中国社会科学出版社，1984：23.

[17] 托夫勒. 未来的冲击[M]. 黄明坚，译. 北京：中信出版集团股份有限公司，2018：273.

[18] 邵培仁. 传播学[M]. 北京：高等教育出版社，2015：172.

[19] 斯盼，马忠红. 基于扎根理论的网络直播犯罪行为影响因素研究[J]. 山西警察学院学报，2021，29（2）：84-91.

第八章

网络治理的基础知识与网络安全法律体系的构建路径

> **本章导读**
>
> 通过本章的学习，要求学生了解网络治理的基础知识和网络安全法律体系的构建路径。网络安全治理应该发挥多元主体的合力作用，通过国家立法保障网络安全、政府行政监督维护网络秩序、网络平台行业自律进行自我管理以及网民凭借媒介素养进行自律和监督这四个路径，形成政府主导下倡导发挥业界和其他社会力量、社会公众的主体积极性，共同参与互联网治理的思路。

随着信息技术的高速发展，网络空间与现实世界高度融合、渗透，政治、经济、文化、社会等方面发生了翻天覆地的变化。互联网中存在着具有多重属性且相互交织的多种传播形态，使得网络传播十分复杂。任何技术的使用不可避免地存在阴暗面，技术的进步给人类生活带来便捷的同时为各种新型的网络侵权和网络破坏活动的滋生提供了肥沃的土壤。这在一定程度上重构了社会管理权力和关系，也在很大程度上冲击着政府的管理结构和方式，使得网络治理问题变得更加复杂。

第一节 网络治理的基础知识

当前互联网技术持续革新，对社会景观产生了深刻的影响，技术进步与社会治理一直是相伴而行的两个主题。面对互联网技术的快速发展，网络规制不仅滞后且已成为社会治理的一大难题。为此，有必要厘清网络治理的基本概念、内涵和历史演进以及网络治理的要素并以此为基础探讨网络安全、网络秩序维护、行业自律、媒介素养教育等核心议题。

一、网络治理的概念与内涵

(一) 治理的概念及应用

"治理（governance）"一词在社会管理领域被大量使用。关于治理的定义，目前存在众多说法，其中最具代表性和权威性的是全球治理委员会（Commission on Global Governance）于 1995 年所下的定义：各种公共的或私人的个人和机构管理其共同事务的诸多方式的总和。它是使相互冲突的或不同的利益得以调和并且采取联合行动的持续的过程，它既包括正式的制度和规则，也包括非正式的制度安排。

"治理"一词被学界、业界大量使用的契机是 1989 年世界银行首次使用"治理危机"（crisis in governance）来概括当时非洲的发展情形，随后被政治学、社会学、公共政策学和国际关系学等学科领域大量使用，"治理"所涉及的层面和适用范围不断扩大。20 世纪 80 年代初，我国针对严峻的社会治安问题提出了社会治安综合治理方针。20 世纪 90 年代，"治理"被应用于经济学领域，指的是通过一套包括正式或非正式的内部或外部制度来协调公司与所有利益相关者之间的利益关系的机制。21 世纪初，随着互联网的兴起和蓬勃发展，网络空间也引入了"治理"这一概念，提出了"网络治理"的概念，以应对日益复杂多变的网络空间管理问题。

"治理"一词的广泛适用得益于其概念中包含着开放、对话的内涵，强调上下互动、多元参与、平等协商的理念。这与互联网精神的核心内涵即自由、平等、开放、包容不谋而合，也意味着"治理"是比管制更适合处理网络空间安全问题的路径。

(二) 网络治理的概念

"网络治理"的英文"Internet governance"，其更准确的译名应为"互联网治理"。因为网络有多种含义，不仅可以指代以计算机网络技术为基础的互联网，还包括社会关系网络和组织内部关系网。因此，"Internet governance"译为"网络治理"易与英文为"network governance"的"网络治理"混淆，后者适用于公共政策领域，主要指建立在资源相互依赖基础上的一种新的公共管理模式。因此，需指明本书中的"网络治理"仅指网络空间治理，即互联网治理。

目前使用得较为广泛、认可度较高的是联合国互联网治理工作组对"网络治理"所下的定义：政府、私营部门和社会公众根据各自作用制定和实施的，旨在规范互联网发展和使用的共用原则、准则、规则、决策程序和方案。此后，就互联网治理的含义，各利益方达成了三方面的共识：一是互联网治理需要兼顾技术和公共政策两个层面的问题，包括政府在内的各个利益相关方均需参与治理。二是互联网治理过程应具备开放、包容、多边、透明、民主等特点。三是与互联网治理有关的公共政策问题是各成员国主权范围内的事情，成员国政府有权利且有责任对与互联网有关的国际公共政策事宜进行治理。各个国家可依据各自的国情，因地制宜地制定符合自身特色的实践路径。

(三) 网络治理的内涵

网络治理的基本内涵包括以下四点内容。

第一，网络治理的逻辑起点是理性选择网络工具。人类社会赋予了网络社会属性，社会经过选择、整合、改进与调试互联网的"工具栏"，使之成为社会相容工具。具体表现在：社会赋予网络工具的目的性和偏向性；社会因素制约了工具性网站演进的过程；网络工具引发的社会后果必须受控于社会。

第二，网络社会行动者的生活样态是网络治理的微观形态，即网络社会由无数个行动者构成，其中包括个体、组织和机构，他们对自身虚拟行为进行自我管理并生成、维持和不断完善网络生活的范式化，以保持网络社会的稳定和安全。

第三，网络合作关系是网络治理的宏观形态。面对复杂多变的、影响范围广泛的网络治理问题，网络社会行动者需要展开协作，以海量网络行为的集合形成整体效应。但鉴于网络合作关系具有很强的外部性，因此其还需合法化以获得现实社会的认可。

第四，自由与秩序的网络均衡是网络治理的历史形态。社会每一项划时代的工具跃迁都会伴随着社会治理形态的演进，其演变本质是自由与秩序的平衡关系的再确立。互联网给人类社会带来前所未有的大变革，因此从历史形态上说，网络社会治理就是建立网络社会的自由与秩序的平衡关系，这不仅要求在网络社会语境中理解治理问题，也要求在新的历史条件下寻找自由与秩序的时代坐标。

二、网络治理的历史演进

互联网是一个发展变化的领域，相应地，其治理过程也是一个动态的演变过程且与互联网的发展一脉相承，了解网络治理的历史演进有助于从宏观层面把握整体。根据学者研究，互联网治理可以分为建设期、推动期、普及期和治理期四个阶段。

（一）建设期

第一阶段是军事和政治背景下的建设期。1958年，美国国防部成立了高级研究计划署（Defense Advanced Research Projects Agency，DARPA），设计由链接的指挥点建构的系统。1969年，阿帕网（ARPANET）诞生并迅速扩充节点。1973年，英国和挪威的节点接入，标志着国际网络的产生。基础设置建成后，注意力进一步转移到了网络之间信息传递的标准和规则上。1974年，DARPA的罗伯特·凯恩和斯坦福大学的文顿·瑟夫提出了"TCP/IP协议"（传输控制协议/互联网协议），定义了在计算机网络之间传送报文的方法。1983年，阿帕网各站点统一采用TCP/IP协议，这被视为互联网诞生的标志。这个阶段确立了互联网信息传递的标准和规则。

（二）推动期

第二阶段是教育和研究接力的推动期。20世纪80年代中期，在研究需求的驱动下，美国各大高校和研究机构陆续建立超级计算机中心。1986年，美国国家科学基金会（National Science Foundation，NSF）组建了链接这些计算机中心的主干网络，以便研究人员查找信息和分享成果，NSFNet由此诞生。最早，NSFNet采用的是三级结构的广域网络，即各个主机通过校园网、地区网和主干网，再通过信息高速公路与ARPANET链接。

随着NSF的投资不断加大,各大高校、科研机构以及商业机构的研发部门陆续把局域网并入了NSFNet。到1989年ARPANET关闭,NSFNet成功"晋升",成为互联网的主干网络。这个时期的网络管理主体主要由科研机构和高校担任。

(三) 普及期

第三阶段是商业逻辑驱动下的普及期。20世纪90年代后,商业力量逐渐延伸到互联网领域。1991年,三家美国公司开始运行私营网络,为社会大众提供商业用途的互联网。1995年,NSFNet宣告停止运作,转为研究性网络。经美国政府指定的三家私营公司代替它运行互联网骨干网,这成为互联网的里程碑事件,标志着互联网的商业化之路正式启程。

资源的管理分配是商业化过程中的核心逻辑,同样也是互联网治理的核心议题。互联网域名系统(domain name system,DNS)的管理过程展现了政治和商业之间的博弈。1994年,DNS被美国国家科学基金会委托给了商业公司管理,但是此举在当年遭到强烈反对。而后在1997年,美国政府亲自出面才正式将DNS交予美国商务部。1998年,互联网名称与数字地址分配机构(Internet Company for Assigned Names and Numbers,ICANN)成立,用来平衡多方利益,暂时让这场争议落下帷幕。

(四) 治理期

第四阶段是社会发展中的治理阶段,也是当前网络治理所经历的阶段。在商业化力量的推动和政府的扶持下,当前互联网深入且全面地渗透至社会生活的方方面面。互联网带来便利的同时也引发了各种各样的问题,但是这些问题远非政府或者单个组织能解决的,需要社会各方的协商合作。信息社会世界高峰论坛(World Summit of Information Society,WSIS)的应运而生成为互联网治理阶段的标志性事件。

信息社会世界高峰论坛虽然以致力于建设一个以人为本、具有包容性和面向发展的信息社会为自身理念,但其本身其实是折中的产物,也是各利益相关方斗争的场域。WSIS虽然致力于推进多方利益相关者的协商,如倡导成立互联网治理论坛,但WSIS的主要负责人其实是由互联网治理工作组的秘书长直接任命并向其汇报,即在很大程度上受制于美国。总体而言,其实以美国为代表的ICANN在很大程度上牵制和制约着WSIS。因此,信息社会世界峰会表面上表现为各国政府与私营部门和市民社会之间的斗争,实质上则是美国与其他国家就互联网控制权而展开的博弈。

回顾互联网治理的演变历史不难发现,网络治理在本质上是公共利益决策的一部分,网络治理的架构实际上也是一种权力的分配。过去,互联网治理被认为只是由国家和传统政策机构所负责承担的事务,直至近几年才出现互联网治理该由多元主体协商的认识。在互联网治理的发展过程中,各种力量以台前或幕后的多种方式不断地进行着动态博弈,充分体现了竞争、冲突、妥协与合作以及以互联网为核心的社会权力的复杂性和丰富性。

三、网络治理的基本要素

网络治理的基本要素可划分为4个W,即what issues(治理议题)、who(治理主体)、

how（治理模式）、where scopes（治理范围）。

（一）治理议题

治理议题即网络治理到底在治理什么问题。当前，网络治理的议题十分繁杂，需要一个框架来组织和放置这些议题，明晰治理议题的层次，以构建网络治理的整体，不至于在治理的时候眉毛、胡子一把抓，做到有的放矢。这种整体性框架的构建体现了统筹思维，反映了治理者将以什么样的方式对这些议题进行勾连、整理和归类，从而构建出不同的研究路径。目前，网络治理议题可分为技术设施、数据、网络主体和活动四个层面的议题。

在技术设施层面，网络治理议题即与基础设施和关键资源管理有关的问题，即域名系统和互联网协议地址（IP 地址）管理、根服务器系统管理、技术标准、互传和互联、包括创新和融合技术在内的电信基础设施以及语文多样性等问题。

数据是网络主体通过各种活动所产生、采集、传输、存储、处理的各种类型的电子记录，在此层面，网络治理主要集中在数据资源的安全利用上，重要议题包括数据开放和共享、数据资源利用、跨境数据流动、数据安全等。

网络主体包括个人、法人、机构等，在此层面，网络治理主要集中在主体权益保护上，重要议题包括主体身份管理、个人信息保护、消费者权益保护、未成年人网上权益维护、知识产权保护等。

活动是网络主体在网络空间的各种行为，在此层面，网络治理主要集中在网络行为规范上，重要议题包括新技术的应用和推广、数字经济的发展、网络安全威胁治理、网络犯罪治理、网络内容治理等。

以上分类虽然明了但过于简洁，既存在一些逻辑陷阱，亦容易忽略各个层面间、各个议题间的千丝万缕、错综复杂的关系。所显现的议题往往是各方力量、多种因素共同作用的结果，不同的议题处于不同的场域中。所谓的"场域"，从解析的角度入手，即每一种地位间所拥有的关系认定为一个客观的大网或者一种结构框架。正如 ICANN 的董事会成员沃夫岗·科纳沃茨特教授所指出的，技术问题也受政治的影响，政治议题也存在技术背景。此外，同一议题可以从不同层面进行治理。因此，未来在考虑治理对策时不应将议题进行简单的罗列和分类，而应思考将议题放置在哪个场域去思考。

（二）治理主体

面临如此纷繁复杂的网络治理议题，治理的主体有哪些？真正参与治理的是哪些主体？进入治理过程的主体是否拥有同等的话语权？政府是否在其中扮演核心角色？不可否认，在互联网的建设和完善阶段，政府起到了强大的推动作用，但是随着互联网的商业化和社会化发展，越来越多的利益相关方纷纷卷入，网络治理主体演变为政府、私营部分（主要是指互联网企业）和社会公众三个部分。

1. 政府

随着网络安全问题的日益突出，政府逐渐在网络治理中占据主导地位。作为网络公共政策的制定者、执行者和监督者，政府负责为信息和通信技术创造有利的发展条件，包括从政策层面上制定相关法律和标准，以确立最佳实践；从技术层面上积极推动技术和标准的研究和发展，助力并推动信息和通信技术方面的能力建设，促进基础设施及信息和通信技术应用的发展，普及、推广信息和通信技术服务，以创造互联网技术发展的有利基础；从事务层面上，打击网络犯罪、解决网络纠纷、促进国际和区域合作等。

2．互联网企业

随着互联网的商业化发展，当今的互联网不再由政府一手建设和掌控，而是由包括互联网企业在内的众多私营部门共同合作发展起来的。目前，一些大型互联网企业通过运营与网络有关的关键信息基础设施，掌握了与网络治理相关的庞大信息和数据资源。因此，网络治理的良好成效是无法脱离互联网企业的配合与努力的。互联网企业在网络治理中发挥重要作用主要体现在：通过自身行动与经验等确立最佳实践；通过大力投资研究和发展技术、标准，促进创新快速发展；通过制定行业自律规范，形成行业内的自我约束力量；通过协助政府起草法律、法规，参与国家和国际政策的制定和网络治理体系的建设，推动网络治理能力的提高；参与网络纠纷的解决，承担企业社会责任，从而建立自身良好的企业形象等。

3．社会公众

梅特卡夫定律指出，网络价值与用户数的平方成正比。正是众多网民的参与，网络的价值才不断增长，网络社会的建构有赖于网民的参与和使用。只有依靠网络社会最庞大的群体——网民的共同参与，才能有效地实现网络治理目标。网络治理的目标之一便是建设和谐的网络社会，这对网民的素养和能力提出了相应的要求，即需要提高网民的网络素养，帮助其树立网络安全意识，使网民理性地对待网络突发事件，做到文明上网，接受法律和道德的约束。此外，网民还可以发展和推广最佳实践，促使企业承担社会责任，监督政府做合格的主导者等。

由于互联网是使用共享软件协议的计算机网络的产物，主要由私人实体运营，这导致互联网具有独特的多利益主体治理模式，需要政府、私营部门、社会公众共同参与治理工作。网络治理既离不开政府间和非政府间的国际合作，也离不开国际组织的参与，全球在互联网治理问题上应该形成"网络空间命运共同体"的意识。联合国、经济合作与发展组织、亚太经合组织、世界贸易组织、世界知识产权组织、欧盟、非洲联盟等国际组织都积极参与了国际网络治理。

（三）治理模式

治理模式即如何治理网络，应该采取怎样的行动。目前，国际上大多遵循多方利益相关者治理模式（a multi-stakeholder governance model），致力于促进国际组织、政府、商业、区域性组织、社会、技术群体等利益关联，共同治理互联网中出现的不良问题。该模式不仅有利于治理复杂多样的网络治理议题，也有助于打破一方独大的不平衡局面。此外，为了确保该模式能够得到有力的落实和良好的运作，国际组织亦采取了不同方式为其保驾护航。例如，联合国互联网治理论坛专门组建了多方利益相关者专家组（multi-stakeholder advisory group，MAG）。作为国际互联网治理的中心机构之一的互联网名称与数字分配机构亦声称多方利益相关者治理模式是其组织架构的指导原则。

虽然多方利益相关者治理模式是目前全球倡导的理想主流模式，但是此模式在具体问题的实践和落实中存在重重阻隔和困难。正如汪炳华教授指出的，在实际运行中，在主张网络平等的底层，依然流动着不平等的事实，话语权在很大程度上仍旧被某些掌握资源优势信息的强国和商业组织等左右。

（四）治理范围

治理范围主要探究网络治理对策在地理维度的应用范围和边界，即应该推行全球普适性治理模式还是推行具有区域特色的治理模式。有关这一问题的观点可分为两种：一种观点崇尚自由主义的路径，认为当前的互联网早已实现了"地球村"，其本质便是将各国连接起来形成彼此联系的整体，因此互联网治理应该超越国界。在此基础上，他们主张互联网治理应该突破传统的国家模型（nation-state model），倡导去国家化的全球治理。另一观点则立足于现实社会，互联网治理在不同的地理区域相互切换时，不可忽略各地的实际情况、本土特色、不同机构的能力/权限以及信息传播技术的使用等现实的具体问题。

关于推行全球普适性治理模式和推行具有区域特色的治理模式的争论，实际上是网络治理全球化和网络治理本土化之间的拉锯，两者的张力在我国的现实环境中表现得尤为突出。知名学者米尔顿·米勒用"两难境地"形容我国在互联网治理方面的困境：对于全球化和互联网使得整个世界相互依存的现状，中国既表现出参与全球重要互联网资源共享共治的强烈愿望，也做出了对抗互联网去国家化自由主义（denationalized liberalism）的努力。

事实上，应根据议题自身性质的不同采取不同层面的治理对策，形成多边、多层次的互联网治理对策，如网络人权、国际网络资源的分配等问题需要采取全球共同治理模式，而针对地域互联网使用带来的问题，则可针对当地特色制定专门的治理对策。

第二节　网络安全立法

网络空间作为与陆地、海洋、天空、太空并列的第五空间，是人类进行经济社会活动的新型活动场所。人类在享受网络带来的便利的同时也直接或间接地承受着伴随着网络产生的安全风险。就个人而言，网络安全关乎个人日常生活。就国家而言，网络安全影响着国家安全。

习近平总书记在中央网络安全和信息化领导小组第一次会议上指出了网络安全的重要性："没有网络安全就没有国家安全，没有信息化就没有现代化。"显然，网络安全已成为全社会普遍关注的重大的互联网治理问题。由于网络社会产生密切的社会互动，传统的管理方式已经不再适用于互联网，因此法律必须为构建网络社会秩序奠定基石，成为规范网络治理问题的必要手段和维护网络安全的强力保障。网络安全立法规范的构建路径主要包括建立立体化的网络立法规范体系，吸收多元主体参与立法、修法，践行科学、动态的立法观。

一、网络安全的概念与内容

（一）网络安全的概念

网络安全（network security 或 cyber security）是个宽泛的概念，既可以指信息安全，也可以指网络空间安全，但侧重点是线上安全和网络社会安全。相对于现实社会的信息安全而言，网络安全是基于互联网的发展以及网络社会到来所面临的信息安全新挑战所提出的概念。一般来说，网络安全被国际标准化组织（ISO）定义为"为数据处理系统建立和采取的技术与管理的安全保护，保护网络系统的硬件、软件及其系统中的数据不因偶然的或者恶意的原因而遭到破坏、更改、泄露，系统连续、可靠、正常地运行，网络服务不中断"。

随着物联网、智慧城市、云计算、大数据、人工智能、空间地理信息集成等新一代信息技术和载体的出现，网络与人类现实社会的连接更加紧密。这些新的技术和载体同时也带来了更加复杂的安全问题，呈现出隐蔽关联性、集群风险性、泛在模糊性、跨域渗透性、交叉复杂性、总体综合性等新特点。在网络空间，安全主体易受攻击，安全威胁的不可预知性增强且易形成群体极化，安全防范技术的有效性下降，这给云端大数据带来信息大量泄露的新威胁。物联网、智慧城市等技术使海量个人信息和机构数据时常处于暴露状态，为网络犯罪提供了可能。除信息泄露，一系列威胁网络安全的因素，如网络武器、网络间谍、网络犯罪、网络政治动员等也相继产生。

由此，网络安全的外延不断拓展，涉及网络政治、网络经济、网络文化、网络社会、网络外交、网络军事等诸多领域，形成了跨时空、多层次、立体化、广渗透、深融合的新形态，使信息安全具有综合性和全球性的新特点。因此，网络安全成为具有总体安全、综合安全、共同安全、合作安全性质的新安全领域，亟须建立系统完善的网络治理法治体系，以全面落实和确保网络空间安全。

（二）网络安全的内容

网络安全涉及四个方面的内容：一是网络物理安全，即互联网技术设备等的安全和环境安全，具体而言包括环境、设备和记录介质在内的所有支持信息系统运行的硬件设备的安全。硬件设备是互联网得以运行的前提和基础，因此网络物理安全是网络安全的前提和基本保障。网络物理安全主要是通过物理隔离来实现网络安全。二是网络数据安全，主要是指网络数据信息的保密性、完整性、可用性、不可抵赖性。三是网络运行安全，主要是指网络运行体系、数据处理服务系统、网络应用软件等能够正常运转，不被非法侵入和破坏。四是网络信息内容安全，是指网络信息应当符合法律的规定，不得危害国家安全，不得损害社会公共利益和个人的合法权益。

以上四个方面的网络安全是彼此联系、相辅相成的，缺一不可。其中，网络物理安全是前提，网络运行安全是基础，网络数据安全是核心，三者可以从技术层面得到很大程度的维护，但是网络信息内容安全则更需要社会、文化方面的共同维护。只有这四个方面的网络安全都得到保障，安全、可信、和平、健康的网络空间才得以维护。

二、国内外网络安全立法概况

当今社会,随着互联网的社会影响力逐渐扩大,网络安全问题也使国家治理面临更加严峻的挑战。网络空间不是法外之地,解决网络安全问题必须依靠法律手段已经成为所有国家的共识。法律通过明确主体的权利、义务和责任,规范人们的行为,建立维护网络安全的法律秩序,实现维护网络安全的目的。

(一)国外网络安全立法概况

网络安全已经成为国际焦点议题,世界各国都非常重视以立法维护网络空间秩序,纷纷制定了各种维护网络安全的法律、法规。一方面,由于网络安全形势日益严峻,亟须统筹规划应对风险;另一方面,世界各大网络强国均希望通过建章立制抢占全球网络空间的制高点,争夺制网权。

1. 美国的网络安全立法

美国是最早研究网络技术的国家之一,在计算机领域一直处于领先地位。随着国外网络发展的竞争日渐激烈,计算机发展也面临严重的社会问题,为此美国制定了一系列法律规定和发展政策,以保证本国技术发展与网络安全并行。1966年,美国出现全球首例关于网络系统犯罪的案件。1977年,美国当局制定了《联邦计算机系统保护法案》,首次将计算机系统列为法律的保护对象,对所有侵入网络系统的行为予以规制。1984年,美国联邦政府通过了全国性的打击计算机犯罪的《计算机欺诈与滥用法》。此后,美国先后制定或修改了一系列法律、法规,包括《计算机欺诈与滥用法》(1986年)、《计算机安全法》(1987年)、《国家信息基础设施保护法》(1996年)和《通信内容端正法》以及一些针对特殊群体的网络保护法,如《儿童互联网保护法》《儿童在线隐私保护法》《儿童色情预防法》。此后,还制定了《爱国者法》(2001年)、《关键基础设施信息法》(2002年)、《网络安全强化法》(2014年)、《国家网络安全保护法》(2014年)和《网络安全法》(2015年)等网络专门法律,以确保美国的网络信息安全。

2. 欧盟及其成员国的网络安全立法

随着战后经济的稳定发展,欧洲各国也在网络技术和信息化产业方面有了长足的发展,欧盟及其成员国也非常重视网络安全立法。欧盟在1992年颁布了《信息安全框架协议》,这是欧盟出台的第一部针对计算机信息安全的法律。此后,欧盟出台了一系列协议来保障计算机信息安全,如《关于建立欧洲网络与信息安全局的条例》《隐私与电子通信条例》《数据存储指令》《关于信息系统安全领域的决定》《关于建立欧洲网络信息安全文化的决议》《关于建立欧洲信息社会安全战略的决议》等。此外,欧盟的成员国也根据自身情况对欧盟的决议、决定进行了再次修订,转化为国内法在国内实施。

3. 日本的网络安全立法

日本的网络信息产业发展迅速,但在网络安全法律、法规的建设上起步较晚。1999年,日本政府出台了两个关于网络信息的发展战略和构想。此后,日本实施了信息安全的基本战略、计划,制定了《网络安全基本法》《个人信息保护法》《禁止非法链接法》《色情网站管制法》《网络服务商责任法》《特定电子邮件规范法》等专门的网络法律,修改了《刑法》等传统法律,形成了较为完善的网络安全法律政策体系。此外,日本与美国、欧盟还共同缔结了《网络犯罪公约》,协力合作打击网络犯罪。

(二)国内网络安全立法概况

我国网络安全法治化进程的开启与我国接入国际互联网几乎是同步的,具体可分为以下三个阶段,这三个阶段与互联网技术、互联网业态的发展相契合。

第一个阶段是 Web 1.0 时代的互联网立法(1994—2000 年),这一阶段我国互联网安全立法主要侧重于域名管理、电信条例、计算机信息系统安全等互联网基础设施。1994年,我国全功能接入国际互联网,同年我国即颁布了第一部网络安全立法《计算机信息系统安全保护条例》,标志着我国网络安全的法治化进程正式开启。

第二个阶段是 Web 2.0 时代的互联网立法(2000—2011 年),这一阶段用户成为互联网服务的核心,互联网服务提供商与用户之间的交流互动更为密切,该阶段的互联网安全立法以互联网信息服务、互联网行业管理以及网络交易为主要对象,网络安全也逐渐受到政府的重视。2003 年发布的《国家信息化领导小组关于加强信息安全保障工作的意见》(中办发〔2003〕27 号)明确提出研究起草信息安全法,建立和完善信息安全法律制度,明确社会各方面保障信息安全的责任和义务。2011 年,《国民经济和社会发展第十二个五年规划纲要》首次提出"加强网络与信息安全保障"的总体要求,明确提出要健全网络与信息安全法律、法规,这把我国的网络安全立法推向了全面繁荣阶段。

第三个阶段是 Web 3.0 时代的互联网立法(2011 年至今),这一阶段移动互联网的发展使得人们通过手机 App 进行社会交往、网上购物、网上支付、网上出行等成为社会生活的常态,电信网络诈骗、个人信息泄露等安全问题也随之而来。因此,这一阶段互联网安全立法的重点为网络信息安全、个人信息保护和电子商务等,同时国家也加快了网络安全立法的进程,加大了力度。2016 年 11 月 7 日,第十二届全国人民代表大会常务委员会第二十四次会议正式通过《中华人民共和国网络安全法》,这是我国第一部专门针对网络的国家立法,使网络安全保障从诸法分立走向协调统一,在网络安全的法治化进程中具有重要的里程碑意义,标志着网络社会的法治化进程大大加快。同年 12 月,国家互联网信息办公室发布《国家网络空间安全战略》,重点分析了我国网络安全面临的"七大机遇"和"六大挑战",提出了总体国家安全观指导下的"五大目标",建立了旨在共同维护网络空间和平安全的"四项原则",制定了推动网络空间和平利用与共同治理的"九大任务",是我国关于网络空间安全的纲领性文件。2018 年 6 月,公安部发布了《网络安全等级保护条例(征求意见稿)》。2018 年 9 月,公安部又发布了《互联网个人信息安全保护指引(征求意见稿)》。

从我国网络安全治理的法律体系来看,网络安全法律可以分为两种形式:一是由国家立法部门专门制定的与网络有关的法律、行政法规、行政规章和司法解释等;二是在新制定或新修订的其他部门法中规定了一些关于网络安全的内容。我国目前的网络安全保护法律体系已经具备一定的架构,从法律类型上看,包含宪法和法律、行政法规、规章规定、技术法规和国际公约,这一体系还在不断地完善、扩充。目前,我国网络安全治理立法的特征为：在法律渊源上，内容覆盖广泛、效力层级多元；在表现形式上，以成文法为主导、以司法解释为补充；在立法宗旨上，重公权维护、轻私权保障；在权限划分上，以中央立法为主、以地方立法为辅。但是，相关立法的操作性和实效性有所欠缺，关键领域空白和立法滞后现象突出，司法解释的补充性功能需进一步加强，同时国际经验不足。

三、网络安全立法规范的构建路径——构建立体化网络安全法律体系

面对网络安全问题跨时空、多层次、立体化、广渗透、深融合的新形态，法律体系的建设需要不断加快完善的步伐，不仅需要建立立体化的网络安全法律体系，还需要让多元主体参与法律体系的建设并践行科学、动态的立法观，以实现网络治理的有法可依。

网络安全立法需要保障网络物理安全、网络数据安全、网络内容安全和网络运行安全，因此网络安全立法应形成立体化的法律、法规体系，应在"顶层设计"即国家网络空间安全战略的指导下，以网络基本法为网络治理法治体系的基础层和框架，构建立体化网络法律体系。此外，还需与国际法保持协调。

（一）以网络安全基本法为根基

健全的法律体系需要具有指导性的网络安全基本法来夯实基础。从美国、欧盟的发展历程来看，它们都拥有比较完善的网络安全法律体系，在网络安全立法领域较为领先，这受益于它们均较早地颁布了具有框架性和宏观指导意义的网络安全基本法，如美国的《计算机安全法》和欧盟的《信息安全框架协议》。

从我国的网络安全法律体系来看，虽然我国的《网络安全法》出台较晚，但是它的颁布彻底改变了我国之前诸法分立的局面，开启了网络安全法治化的新进程，其进步之处表现为以下四点：一是系统化，即将原先零散的各类安全事项、规范性要求纳入统一的保障框架，使网络安全转变为统一的法律客体。二是细致化，该法将对网络安全法时代的重点立法关注点进行了细化，成为独立的安全保障制度，如网络安全等级保护、网络信息内容管理和个人信息保护。三是灵活化，该法为内容过于复杂或目前尚不清晰的特殊问题预留了立法接口。四是前瞻性，该法将发展问题纳入规范体系，明确了网络安全的支持与促进，形成了标准化、社会化服务体系建设，宣传教育和人才培养等相应制度，为网络安全法律的进一步完善提供了必要的创新基础。这标志着我国在建设具有整体性、协调性和统一性的网络安全法律体系的路上又前进了一大步。

（二）以针对性网络安全专门法为配套

网络安全法律体系构建中，网络专门法是不可或缺的重要组成部分。网络安全基本法只为网络安全法律体系的建设提供了框架和基础，其主要作用是从宏观上指导计算机网络安全的发展方向和规划，规定最基本的网络安全事项，具有普遍性和一般性，而特殊、复杂的网络安全难题还需要利用网络安全专门法进行更细致的规范和更有效的解决。从其他国家的网络安全立法实践来看，网络安全立法较为领先的国家建立较完善的网络安全法律

体系逻辑是：以其网络安全基本法为基础，根据网络安全的不同领域，制定具有针对性的专门法或单行法，从而形成一个较为完善的网络安全法律体系。

以我国《网络安全法》为例，其中部分条款规定特殊治理问题还需相关部门针对性地制定具体、完备、细致的制度、措施，如第二十一条（关于网络安全等级保护制度）、第二十三条（关于网络关键设备和网络安全专用产品目录）、第三十一条（关于关键信息基础设施的具体范围和安全保护办法）、第三十七条（关于个人信息和重要数据出境安全评估办法）等。更多专门法或单行法的颁布有利于网络安全法律、法规的贯彻和落实以及监管能力的提高。

《网络安全法》之所以这样规定，是通过预留立法接口，让有关部门可根据安全问题的特性或区域性、行业性进行专门立法，以提高立法的针对性与可适用性。对此，我国尤为关注关于互联网监管体制、虚拟财产保护以及个人信息保护方面的法律规章制度：2018年8月第十三届全国人民代表大会常务委员会第五次会议通过了《电子商务法》，保障电子商务交易安全；2019年10月第十三届全国人民代表大会常务委员会第十四次会议通过了《中华人民共和国密码法》；2021年8月我国颁布了《个人信息保护法》，用于保护公民的个人信息安全，增强对公民信息自由权和隐私权的保护。此外，还有地方性法规，如我国贵阳发布的《贵阳市大数据安全管理条例》作为全国首部大数据安全管理地方性法规，规定了安全保障、大数据监测预警、应急处置机制等内容。

（三）多元主体参与立法修法

随着网络治理主体的多元化，依法治理网络成为社会共识，政府、市场（企业）和社会（公众）应该共同参与互联网法律、法规的制定和修订过程，充分体现企业和公众的智慧，使得多方利益达到平衡的同时，真正发挥多元治理的效用。

早期的网络安全治理存在政府、企业和公众的权利与义务不对称等现象，立法滞后。例如，2011年爆发的中国互联网史上规模最大的用户数据泄密事件产生了恶劣影响，之后，《关于加强网络信息保护的决定》才颁布实施。这反映出两个方面的问题：一是市场（企业）、社会（公众）在互联网立法中处于缺位状态，缺乏自律自治的动力。二是政府对网络安全问题的监测和发现有滞后性，使得过往的立法呈现被动防御的状态。

因此，应在保持政府部门的主导地位的基础上，调动市场（企业）和社会（公众）的积极性，邀请市场（企业）、社会（公众）共同参与互联网相关法律、法规的制定和修订，如此既有利于立法、修法及时回应社会需要，也有利于市场（企业）、社会（公众）增强其自律意识，及时解决已经出现的问题并提前预防可能出现的问题，充分发挥法律的规制与引领作用。我国《网络安全法》从立法到实施的整个过程便是一次多元主体参与献策的有益尝试。

（四）践行科学、动态的立法观

网络安全问题伴随网络技术发展不断"更新迭代"，利用网络空间开展淫秽、贩毒、洗钱、赌博、窃密、诈骗等犯罪活动的现象时有发生，网络谣言、网络低俗信息等屡见不鲜，危害网络安全的因素借助技术带来的便利以各种各样的形态出现，已经成为影响国家安全、损害社会公共利益的突出问题。习近平总书记在网络安全和信息化工作座谈会上运用唯物辩证法精练地总结了网络安全的五大特点：网络安全是整体的而不是割裂的；网络安全是动态的而不是静态的；网络安全是开放的而不是封闭的；网络安全是相对的而不是绝对的；网络安全是共同的而不是孤立的。

因此，网络安全立法并非一劳永逸，应该是一个动态的过程，立法不是网络安全法治化的终点，仅是网络安全法律体系建设的关键一环。网络安全法治依旧任重而道远，具体体现在：需要根据法律条款的实际操作情况进行调整，以提高法律条款的操作性和实效性，做到及时聆听社会和行业的反馈，以弥补关键领域的空白，改善立法滞后现象；不断拓展完善国家网络空间法律制度以及包括技术标准等在内的规则体系，并与互联网法治经验丰富的国家进行交流学习，以我国网络空间治理的生动实践，推动全球网络治理体系变革，让有序的网络空间真正成为人类社会的共同福祉。

第三节 网络行政监管相关规范

习近平总书记曾在第二届世界互联网大会上指出："网络空间不是'法外之地'""网络空间同现实社会一样，既要提倡自由，也要保持秩序"。如今，网络空间已与现实空间紧密结合，网络社会成为人类社会系统的重要组成部分，同时互联网带来的新经济形式以及以互联网为载体的经济交易活动的大量涌现，亦使之成为经济系统的有机组成。与此同时，各种网络侵权、扰乱网络秩序和破坏网络安全的问题层出不穷，网络信息泄露对人们生活的危害不断加深，愈加突出了网络行政监管的重要性。因此，人们对于互联网有序运行的需求更加强烈，政府管理和社会治理面临严峻的挑战。政府是公共利益的代表，有责任通过有效的行政监管维护网络空间秩序，保证网络社会的安全、有序。

一、网络行政监管的内涵

（一）网络行政监管的概念

行政监管是指政府及相关职能部门对市场主体的活动进行的监管，如对市场主体的资格进行审查许可、对违法违规责任的主体进行行政处罚等。行政机关对经济与社会的监管权来源于立法机关的授权。立法机关制定内容宽泛的、有关政府监管的法律并在法律中将制定较为细致的规章的权利授予行政机关或者通过专门的授权法案设立专门的独立监管机构对某一经济领域进行政府监管。

由于互联网具有工具性、商业化特点，互联网的本质是包含社会属性在内，具有多功能性的技术产品。网络行政监管主要是指与国家有关行政机关为维护公民、社会组织、企业、国家机关以及国际社会的公共利益，对违反法律和有损网络公共利益的行为进行纠正和处罚，对网络空间中的各种利益关系进行规范和整合的行为。网络秩序监管的目的是使网络按照一定的秩序运行，以确保网络社会中的每个主体都有一个安全稳定的网络环节，促使整个网络社会健康、稳定地发展。

（二）网络行政监管的功能

政府部门有义务监管、规范互联网的发展状况，不断调整网络空间的社会关系和社会秩序，保证网络社会健康、有序地发展。网络行政监管主要有以下三个基本功能。

一是监察。监察可以分为长期监察、中期监察、短期监察和专项监察，目的是监察网络用户是否存在违法行为。

二是纠错。作为一种事后监督方式，网络纠错功能其实是一种被动的政府监管功能，其目的是根据法律、法规查处、惩治破坏网络秩序、损害网络公共利益甚至构成违法犯罪的组织和个人。

三是防护。通过对网络的监测采取有效的防护措施，能够及时阻止和预防扰乱网络秩序、危害网络安全的行为的发生。

以公安机关公共信息网络安全监察部门为例，它是负责监督、检查、指导网络秩序等工作的行政部分，该部门的执法人员俗称"网警"，他们负责对网络平台中的用户行为进行监察，如发现违法行为，便依法对其进行处置；参与针对计算机病毒和危害社会公共安全的其他有害数据的防治研究工作；依法落实行政监督的监察、纠正和防护等一系列工作，维护网络空间的有序发展。

二、我国网络行政监管的现状

（一）我国网络行政监管的主体

在我国的网络行政监管中，通信管理部门、互联网新闻宣传管理部门和公安部门以及文化部门、广播电影电视管理部门（广电部门）和新闻出版部门是代表政府参与网络监管的主要职能部门。

具体而言，通信管理部门是互联网行业主管部门，包括我国工业和信息化部以及各省通信管理局；公安部门是互联网安全监督管理的责任部门；文化部门负责网吧行业和网络文化监管，黑网吧的取缔由工商部门会同公安部门负责；网络文化、网络出版、互联网视听节目服务的监管分别由文化部门、新闻出版部门和广电部门负责。这些部门在监管中均设立了针对相关服务活动的行政许可事项，重点对企业所提供信息内容的合法性、健康与否以及依法依规运营情况进行监管。在互联网知识产权保护方面，主管部门国家知识产权局依法履行其监督职责。然而，面对网络安全态势愈加隐蔽、复杂，我国在网络行政监管主体方面还要注意避免权责划分不清晰、多头管理等问题，同时要及时打造科学、高效的行政监管体系，吸纳专业人才，完善监管系统，以更好地履行监督职责。

（二）我国网络行政监管的模式

我国的网络行政监管分为事前监管、事中监管和事后监管三个阶段，这三个阶段各自具有不同的监管对象和方式，相互配合，共同构成我国的网络行政监管模式。

事前监管即政府通过掌握、监管互联网基础资源的使用、分配情况，开展网络监管基础性举措，对经营性和非经营性互联网信息服务提供者分别采取许可和备案两种不同的管理办法。此外，对互联网上的其他服务形式，如电子公告服务、电子邮件服务等，政府则采取了专项许可、备案的事前监管方式。

事中监管即对相关活动的展开过程的监管。例如，《互联网信息服务管理办法》规定，互联网信息服务提供者发现其网站传输的信息明显属于违法信息的，应当立即停止传输，保存有关记录并向国家有关机关报告。

事后监管即对扰乱市场秩序等违法违规问题采取限制措施。例如，对未取得行政许可、未履行备案手续的网站，性质、情节不十分严重的，先予以限期整改，对拒不整改的再采取关闭网站措施；对制作、传播违法信息的互联网信息服务提供者且违法情节严重的，由通信管理部门负责关闭网站，对经营性互联网信息服务提供者，可吊销其经营许可证，对非经营性互联网信息服务提供者，由备案机关责令关闭网站。

三、网络行政监管的方式

行政机关作为从事管理、控制、协调和组织社会、经济、文化等事务的公共组织，维护网络空间的秩序和公共利益是其重要职能所在。目前，行政机关对网络进行行政监管的方式主要包括：行政立法监管、行政执法监管和行政技术监管。

（一）行政立法监管

我国除设立《网络安全法》和相关网络专门法以外，国务院各行业监管部门也积极开展了互联网相关立法工作，颁布了大量部门规章，除专门针对互联网行政监管，还涉及工商管理、食品药品监管、税收征管、金融监管、交通管理等方面，覆盖了网络电子交易、网络文化、网络金融、网络交通、网络医疗等领域。

例如，在互联网行政监管方面，国家互联网信息办公室颁布了《互联网信息内容管理行政执法程序规定》，以规范和保障互联网信息内容管理部门依法履行行政执法职责，正确实施行政处罚，保护公民、法人和其他组织的合法权益；在工商管理方面，国家工商行政管理总局先后颁布了《网络交易管理办法》《网络商品和服务集中促销活动管理暂行规定》《互联网广告管理暂行办法》以及《网络购买商品七日无理由退货暂行办法》，商务部颁布了《网络零售第三方平台交易规则制定程序规定（试行）》；在食品药品监管方面，国家食品药品监督管理总局（已撤销，现为国家市场监督管理总局）先后发布了《网络食品安全违法行为查处办法》《网络餐饮服务食品安全监督管理办法》以及《医疗器械网络销售监督管理办法》等；在税收监管方面，国家税务总局颁布了《网络发票管理办法》；在金融监管方面，中国银监会等四部门于 2016 年发布了《网络借贷信息中介机构业务活动管理暂行办法》，中国人民银行发布了《非银行支付机构网络支付业务管理办法》；在交通管理方面，交通运输部等七部门发布了《网络预约出租汽车经营服务管理暂行办法》；在安全监督检查方面，公安部颁布了《公安机关互联网安全监督检查规定》等。

（二）行政执法监管

法律的生命在于实施，法律的权威在于实施。英国学者温斯莱认为："严格执法是政府的真正生命。"可见，执法特别是行政执法对于实现法治行政具有重要的价值和作用。网络法规、政策的执行是信息时代网络治理的关键。由于信息技术的复杂性，有效执行网络政策、法规并不是一件简单的事情。政府通过建立权责统一、权威高效的依法行政体制，有效建构一支专业化、技术化、公正化的执法队伍，政务在法治的框架内公开化、透明化、公正化，坚持执法必严、违法必究的原则，以对各类网络治理问题进行高效合理执法。

我国目前的行政执法惩处方式主要包括约谈和处罚两种方式。此外，政府部门作为行政执法的主体在执法过程中需要注意三点：第一，应当认识到行政监管作用的有限性，面对网络空间的全球性、多节点和高速度以及网络安全问题的诡谲多变，行政执法监管部门在客观上很难完全控制和把握网络安全问题，还需要和非政府组织、广大民众展开积极的合作。第二，要约束滥用行政权力的行为。行政监管过程中，权力的滥用不仅会降低行政部门的公信力，还会约束互联网的发展，削弱市场的活力。因此，行政监管部门应采用刚柔并济的监管执法方式，坚持以人为本的理念，借助温和的"柔性治理"方式，适度消解互联网治理中的相关利益方的抵触情绪，争取社会对于政府治理的信任、配合和参与，从而实现善治的目标，改善过去经常出现的"一放就乱，一管就死"的现象。第三，要加强国际合作。随着互联网治理问题的全球化，构建网络空间命运共同体成为世界各国的共识，网络安全的治理需要世界各国的共同参与和相互协作。

（三）行政技术监管

鉴于网络治理问题的复杂性和特殊性，在加强对法治制度规范的构建的同时也要推进技术的变革，给予网络秩序维护双重保障，让行政监管有法可依，以保障互联网技术的有序变革，维护合理、有序的网络秩序，防控网络风险。

法律规范属于内容信息，要真正发挥作用需要通过行政执法的实践，而行政执法的实践过程又无法脱离工具的使用。信息技术的研发和推进让行政监管有"技"可施，有利于防控网络风险，这是国家战略层面的重要问题。具体而言，可从三个方面展开：一是利用人工智能、云计算、大数据等新技术建立科学、高效的行政监管体系。二是监管造福社会的信息技术的革新。在网络治理的过程中，政府应全面、纵深、有序地推进信息技术革新，研发有利于经济发展、民生改善的信息技术产品。对于信息技术而言，政府的财政支持、政策引导应与科研院所研发、企业推广相结合，共同推进信息技术变革，构建我国自主的信息技术产品。三是大力发展以网络信息安全为内容的技术，如防火墙技术、数据加密技术，身份认证技术和数字签名技术等，建设防护部件，建立主动免疫、反腐败子系统，防范、打击犯罪。

第四节　网络行业自律

秉持促进网络发展、保障网络安全的基本理念，在网络治理中多方合力以有效解决目前的互联网治理困境成为共识，除国家立法规范、政府行政监督以外，行业自律力量的协同也是合力的关键。

一、行业自律与网络行业自律的内涵

（一）行业自律的内涵

德国哲学家康德认为，自律是指"自己制定出道德规律又要求自己遵守"，即"人为自己立法"。与主要来自政府的外部管制和约束相对，自律的本质是行为主体自觉、自愿实施的自我约束。具体而言，自律是个体组织或组织群体行为的自我管制，即自我规定管制规则、自我监管行为、自我执行规章。理性的经济主体在信息不对称的格局中因受到经济伦理的约束而不采取损害他人利益和公共利益的市场行为，这称为自律管理。由于可以降低交易的不确定性、减少交易费用、提高交易收益、增进社会福利，自律管理的实施成为可能。行业自律制度由规定自律行为的交易规则构成，其因实施的内部性成为一种低成本维系交易秩序的机制。

我国研究者对行业自律的定义尚未达成统一意见，国外研究中较被学者认可的定义为 David Garvin 对行业自律的定义，即行业自律就是在缺乏明确的法律要求和规定的时候，行业成员联合设定标准的活动。这些活动包括披露产品信息、监管欺诈性行为、划分产品级别、建立最低安全和质量标准。Gupta 认为，行业自律是一种规制过程，即与政府或企业组织相对应的行业组织（行业协会或专业社团）设定行业内单个企业的行为准则，负责实施规则和标准以及开展许多对产业或职业产生普遍影响的活动。行业自律具有自愿性和大众性的特征且常常代表一种阐明惩罚政策和标准的书面行为守则，可以适用于行业内不同水平的成员。

行业自律包括管理性自律和保护性自律两种形式。前者旨在构建行业的规章制度，以便促进交易，后者旨在创造防御性交易壁垒以保护产业，抵御来自竞争者的威胁。行业自律的优势在于高效和低成本，它比政府管制更灵活，同时可发挥更大的服从激励作用。但是行业自律同样面临一些问题，如怎么保证实施的有效性、如何制定制度、如何避免行业垄断或与其他利益团体形成冲突等。

（二）网络行业自律的内涵

行业自律是对政府规制的有效补充。自律义务要求网络传播平台在信息传播活动中遵守网络礼仪和行业行为守则，遵循网络信息传播的规律以及遵守为实现网络信息自由所制定的所有规则。具体而言，网络行业自律是指从事互联网产品研发、应用服务、信息资源开发、生产、维护及其他与互联网有关的科研、教育、服务等活动的成员联合体或组织，通过制定互联网行业自律公约等规章制度，建立自律机制，规范行业从业者的行为，依法促进和保障互联网行业的健康发展而做出的行为。

目前，网络行业自律机制在网络治理中的运用主要存在三种模式：第一种模式是政府过度主导，行业作用被弱化，即政府占压制性主导地位，忽视行业自律的作用，使行业自律力量的发挥受限。具体而言，此模式下，政府主要通过立法和技术手段进行内容的审查与过滤，不注重发挥社会或行业自律作用。这种模式的代表国家有新加坡、澳大利亚、德国。第二种模式强调在政府的监督下，互联网行业自律组织发挥主导作用，代表国家有英国、美国、日本等。第三种模式是政府和行业共同调控模式，如法国成立了由个人和政府机构人员共同组成的互联网国家顾问委员会。

相对而言，行业自律在网络治理中具有一定的优势，制约和监管的效果更明显，原因在于其具有更为透明和公开的机制，可以使行业成员更广泛、直接地参与网络治理。此外，就制度的制定主体来说，国家立法由政府部门起草，行政法规和行政规章往往带有浓烈的部门保护主义和地方保护主义，而行业自律规范由行业成员内部起草通过，不仅能冲淡强烈的行政色彩，还能真实地反映行业内部成员的诉求。

二、网络行业自律的主体

网络行业自律的主体包括有关网络经营活动的机构和组织及其从业人员。从提供的产品的性质出发，主要分为两类，即互联网服务提供者（Internet service provider，ISP）和互联网内容提供者（Internet content provider，ICP），它们既是法律、行政和社会监管的客体，也是网络行业自律的主体。互联网服务提供者是指提供互联网接入等相关技术性服务的主体，如中国电信、中国移动、中国联通和中国网通等。互联网内容提供者是提供内容及信息服务的主体，尽管大型 ISP 兼有内容提供功能，如中国移动也会布局内容领域，提供动漫、视频和音乐等产品，但其主要还是为互联网接入提供与传输相关的产品和服务。从行业总体来看，ISP 和 ICP 并非包含关系，而是并列关系。国务院发布的《互联网信息服务管理办法》、原信息产业部发布的《互联网电子公告服务管理规定》等法律规章以及中国互联网协会制定的《中国互联网行业自律公约》等在涉及分类的内容中均将互联网内容提供者和互联网服务提供者视为两类。

（一）互联网服务提供者的自律

互联网服务提供者作为互联网行业重要的组成部分，不仅要自律，还肩负维护行业自律的义务。与其他行业主体的自律相比，ISP 的自律可以在源头上有效地抑制和减少有害信息的传播。按照《中国互联网行业自律公约》"总则"的规定，ISP 从事的是互联网运行服务，它应"对接入的境内外网站信息进行检查监督，拒绝接入发布有害信息的网站，消除有害信息对我国网络用户的不良影响"。此外，ISP 还可以在其他网络治理方面发挥作用，如建立、健全地址分配和管理制度；在接入时对内容进行检查，使其符合法律、规章的规定，合理传播；在提供接入服务时，建立完备的记录制度。

（二）互联网内容提供者的自律

互联网内容提供者通过在互联网上提供内容及服务产品成为各类内容及信息的集散站，处于网络传播的核心地位，其信息、内容的质量和运营机制直接影响着网络生态的发展，如爱奇艺、优酷等视频平台，晋江文学城、简书等文学作品平台，快看漫画、腾讯动漫等漫画平台。互联网内容提供者的自律在很大程度上决定了它所提供的内容和服务的优劣，直接影响网络环境的优劣，因此对互联网内容提供者的规范也是我国网络治理的要点。互联网内容提供者的自律要求明确平台运行环节的管理要求，如建立、健全算法推荐的人工干预、用户自主选择机制，广告管理制度，平台公约和用户协议制度，举报制度，年度报告制度等。此外，互联网内容提供者具有强大的舆论引导力量，因此 ICP 应自我约束，承担社会责任，传播合法、合规的内容，塑造积极、健康的网络传播环境。

（三）网络行业组织的自律

网络相关企业联合组织成立的行业协会在建立行业自律制度和维护行业规范方面具有举足轻重的作用。2001 年，由国内多家从事互联网行业的网络运营商、服务提供商、设备制造商、系统集成商以及科研、教育机构等共同发起成立的中国互联网协会是我国网络行业的主要管理机构，它是我国互联网行业及与互联网相关的企事业单位自愿结成的全国性、非营利性行业组织。中国互联网行业协会采取地域化管理模式，其地方性组织的设立、变更和撤销均需要在获得各地行政主管部门的批准后，上报民政机关备案。

中国互联网行业协会主要提供非法信息举报服务，其在工业和信息化部（以下简称工信部）的委托下设立了"网络不良与垃圾信息举报受理中心"（12321）和"违法和不良信息举报中心"（12377）。除网络非法信息，该协会还负责协助工信部承担关于移动电话和固定电话等业务中心的举报、分类和调查工作。此外，中国互联网行业协会先后制定并发布了《博客服务自律公约》《互联网搜索引擎服务自律公约》《中国互联网行业自律公约》等一系列自律规范，促进了互联网的健康发展。

中国互联网协会共设有 26 个委员会，其中行业自律工作委员会的主要职责是制定和完善互联网行业自律规范，组织协会会员和签约单位贯彻实施《中国互联网行业自律公约》等行业自律规范，定期组织开展互联网服务自查、互查活动；接受社会公众对协会会员单位以及自律规范签约单位的投诉，定期向社会通报行业自律情况；倡导网络文明，抵制有害信息、网络滥用行为和低俗之风，引导网民尤其是青少年健康上网，维护网络秩序；促进互联网服务诚信体系建设，维护网络服务消费者权益；开展互联网行业自律经验交流，探索行业自律有效措施；开展互联网服务争先创优活动，宣传正面典型，树立良好风尚。此外，各省、自治区、直辖市也相继成立了互联网协会，属于地方性行业自律组织。

地方及全国互联网协会对网络传播行业的行为起着指导、约束的作用，是互联网治理中行业自律机制研究与政府、社会之间进行联系的桥梁和纽带。另外，针对新闻信息领域，中国互联网协会还设有互联网新闻信息服务工作委员会，该工作委员会的工作主要涉及新闻信息服务方面的自律。

三、我国网络行业自律机制的构建路径

面对乱象丛生的网络空间，单一的政府监管或行业自律规制无法完成网络治理这一尤为艰巨的任务。重塑互联网行业需要政府监管与行业自律机制的"耦合"，要积极鼓励并大量培育互联网行业自律组织，以放松信任危机背景下"社会共治"对于信息要件的苛刻要求，最终将社会监督引入正轨并以之为契机促使各共治主体之间的良性互动。

（一）强化网络行业自律组织队伍

当前，我国网络行业自律组织的队伍还有待强化，主要应从两个方面着手：一是扩大网络行业自律组织队伍的规模，即增加网络行业自律组织的数量。截至 2016 年 12 月，我国网络社会组织共 1333 家，其中全国性网络社会组织共 47 家，地方性网络社会组织共 1286 家；网络社会组织数量在 100 家以上的有浙江、江苏、四川、广东四个省。总的来看，我国网络行业自律组织数量少、审批严、活跃度低。对此，政府应该积极鼓励网络社会组织在中国互联网协会的指导下遵守行业自律规范，扩充自律组织的队伍，维护网络安全，促进行业自律。二是提高网络行业自律组织的水准和活跃度。网络行业自律组织只有具备一定的专业性和技术性，才能实施自我管理、加强业务建设。2011 年，北京市网络媒体逐步开始建立自律专员的选拔体系和培训机制，以邀请等方式招募社会各界人士并对其进行系统培训，通过规则的有效供给、有效执行和有效控制，扫除网络行业自律的结构障碍。

（二）政府与行业自律组织的合作机制的建立

互联网行业治理需要政府与行业自律组织建立合作机制，具体应考虑以下三个方面的内容。

第一，建立信息共享机制。在信息社会维护网络安全和秩序，首先要明确风险和隐患位于何处，这样才能及时采取措施或防患于未然。由于政府和行业往往处于信息不对称的状态，政府监管相对滞后。网络行业自律组织处于网络治理的前线，在网络舆情监测等方面具有显著优势。因此，政府和网络行业自律组织应该建立信息共享机制，合作建立大数据平台，为政府决策提供数据支撑。

第二，成立互联网治理基金会，由政府和社会共同出资扶持互联网行业自律组织的建设与发展。一方面，互联网是技术密集型行业，要从核心监管技术上取得突破，以维护网络安全和秩序，需要花费巨额费用。另一方面，企业承担社会责任的同时面临经济效益的压力，两者的矛盾使其在推动行业自律方面可能存在动力不足或能力不够等问题，因此需要在技术研发、人才培养、国际合作等方面得到充分的资金支持。

其三，产学研结合为行业自律组织输送人才，培养技术管理的储备军。网络人才既包括技术人才，也包括管理人才，加强人才建设已经成为各国抢占网络空间制高点的重大战略举措。网络空间的竞争，归根结底是人才竞争。建设网络强国，没有一支优秀的人才队伍，没有人才的创造力迸发，是难以成功的。

---- **思 考 题** ----

1. 新媒体传播给国家安全带来哪些威胁？为什么网络治理问题是国家治理的重大任务之一？
2. 如何理解网络治理是艰巨且复杂的系统工程？

实 践 任 务

除了本章讲述的构建路径，分小组讨论并分析网络治理的构建路径还有哪些。

本章参考文献

[1] 俞可平．引论：治理和善治[M]．北京：社会科学文献出版社，2000：4.

[2] KLEINWÄCHTER W. The power of ideas: Internet governance in a global multi stakeholder environment[M]. Berlin: Marketing for Deutschland GmbH, 2007.

[3] 德拉迪斯．互联网治理全球博弈[M]．谭庆玲，陈慧慧，等，译．北京：中国人民大学出版社，2016：11.

[4] 布迪厄，华康德．实践与反思——反思社会学导引[M]．李猛，李康，译．北京：中央编译出版社，2004：133.

[5] GARVIN D A. Can industry self-regulation work?[J]. California management review，1983, 25(4): 37-52.

[6] Gupta A K, Lad L J. Industry self-regulation: an economic, organizational, and political analysis. Academy of management review, 1983, 8(3): 416-425.

[7] 中国互联网协会．中国互联网协会章程[EB/OL]．（2011-08-12）[2022-03-22]．https://www.isc.org.cn.

[8] 国家互联网信息办公室．习近平：在第三届世界互联网大会开幕式上的视频讲话[EB/OL]．（2016-11-16）[2022-03-22]. http://www.cac.gov.cn/2016-11/16/c_1119925184.htm.

[9] 国家互联网信息办公室．国家网信办统计：全国现有 1333 家网络社会组织[EB/OL]．（2016-08-27）[2022-03-22]. http://www.cac.gov.cn/2015-08/27/c_1116395525.htm.

第九章
网络治理的现实困境以及我国网络治理的发展历程与主要措施

> **本章导读**
> 21世纪是信息爆炸的时代，也是信息匮乏的时代，"我们被信息淹没，却渴求着知识"。网络社会的崛起为人们描绘了一个美丽的数字新世界，但在繁华之下，网络空间肆虐的虚假信息、诈骗行为和违法活动一次又一次地考验着政府的治理能力和水平。本章着重讨论了当前网络治理的困境，通过梳理我国网络治理的发展历程和治理手段，较为系统地展现了我国网络监管与治理的总体面貌。

自1994年正式接入国际互联网以来，我国的互联网治理实践与学术研究已经走过了二十余年的历程。在技术赋能的视角下，网络参与主体获得了空前的自由，我国网络空间呈现出繁荣与疯狂交织的文化图景，考验着我国政府的监管与治理能力。

第一节 网络治理的现实困境

在互联网高速发展的背后，网络信息的良莠不齐始终桎梏着我国对于网络空间的全要素运用。网络已经成为全球性虚拟社会系统，是大国政治关系、经济关系、文化关系和地缘竞争的缩影，网络空间的治理难度极大。目前，网络治理的困境主要表现为网络治理的政策、法规滞后，网络监管队伍的建设进展缓慢，网络违法行为适用法律困难，网络犯罪取证困难，网络跨国传播管辖受限等。

一、网络治理的政策、法规滞后

相对于网络技术的飞速发展，与网络治理相关的法律制度的建设明显滞后，往往采取的是事后补救措施，这就导致针对当下产生的新情况，难以找到与之匹配的法律规定，给犯罪分子提供了可乘之机，使有关部门的治理行动落入被动局面。一方面，管理机构缺乏相关经验，管理手段和方法的更新速度较慢，这种暂时的滞后会造成一种假象——互联网是一个自由的乐园、法律的真空地带或从事违法犯罪活动的空间；另一方面，新出台的法律、法规中的某些规定在执行过程中存在各种障碍或难以实现。

二、网络监管队伍的建设进展缓慢

现有网络监管队伍中虽然有许多法律方面的专家、业务能手和一些计算机人才，但开展网络治理还需要那些了解当前网络市场发展现状和经营业态，掌握现代网络技术，精通工商法律、法规的复合型人才的参与。另外，目前有关部门既没有编印出一套系统的网络监管学习辅导教材，也基本没有组织过网络业务知识培训活动，网络监管人员的执法水平、业务能力远远不足以应对复杂的网络监管工作，网络监管工作缺少人才方面的支撑。

三、网络违法行为适用法律困难

网络经济是一种新型经济，新的交易模式和营销方式不断出现，大大超出了原有法律、法规的管理范畴。部分网络经营者利用网络的特殊性，开展了诸多损害其他经营者或消费者合法权益的活动。常见的网络经济违法行为分为以下三种。一是不正当竞争行为，即利用各种方式对他人的商品或服务进行不正当的评价和诋毁，损害其他网络商品经营者的商业信誉；雇用或者伙同他人，以虚构交易的形式为自己或者他人提升声誉；雇佣或者伙同他人，不以购买为目的，对已经购买的商品采取拒绝收货等方式，给其他网络商品经营者造成损失。二是侵权行为，即擅自将他人的注册商标或企业名称的拼音注册为网站域名，擅自将他人注册商标、企业名称通过可见、埋设等方式在互联网上进行链接使用，引人误认为是他人的网站、商品或者经营活动。三是传销行为，即利用虚假公司和产品非法牟利，没有具体实物，依靠发展下线会员提高广告点击率来给予佣金和通过网络浏览付费广告获得积分等行为。

四、网络犯罪取证困难

网络犯罪具有隐蔽性，由于网络上的不良信息都是通过计算机随时发布的，大范围的信息的横向整合与提供由系统自动完成，所有的终端、用户都可能是信息发布主体，而不仅仅是单一的某一家网站。同时，传播者可以瞬间完成传播信息的任务并且不留痕迹，然后再换一台计算机或另外一个地方传播信息，传播时间、地点具有较大的不确定性。网络技术突飞猛进的同时，从事网络非法活动和恶意传播活动的人所具备的计算机与网络技术水平也在不断提高，某些黑客的计算机技能甚至不低于管理部门和执法机构工作人员的水平。因此，对于破坏互联网安全的黑客们，难以取得其犯罪的证据成为制裁他们的最大障碍。到目前为止，还没有研制出足够有效的工具或产品来保障网络绝对安全，这给有关部门的查证、侦破和审理造成了很大的困难。

五、网络跨国传播管辖受限

网络上的违法犯罪活动经常影响很多国家或地区，然而在处理这些违法犯罪行为时，一旦在一国（地区）的纠纷涉及其他国家或地区，即使掌握了违法者的真实身份或查到了一定的证据，要想将其绳之以法，也需要进行多番交涉，包括如何判定起诉的地点、应该适用哪个国家（地区）法律，国家与国家之间或国家与地区之间的法律体系发生冲突时该如何协调等管辖权方面的棘手问题。此外，各国在文化、道德、法律观念等方面存在巨大的差异，一国认定有害的信息可能在他国并不被认为有害，甄别有害信息和非法信息的标准不同会导致信息发布者应承担的法律责任截然不同，这也给网络信息内容的监管带来巨大的挑战。

第二节　我国网络治理的发展历程和主要措施

二十余年来，互联网一方面释放出了巨大的技术红利，为传统产业的转型发展和新型高新技术产业的兴起提供了先决基础，推动了我国现代化建设和政府体制改革的进程；另一方面，作为一个开放的信息场域，互联网在一定程度上激化了社会矛盾和地区间的不平等，对既有的社会规范、传统道德乃至法律监管提出了新的挑战。

一、我国网络治理的发展历程

根据技术与社会互构理论，技术发展与社会变迁是两者相互建构的结果：技术通过互动的社会行动者改变行动者，也在社会行动者互动的过程中得到改变。因此，我国互联网技术的发展史其实也是互联网治理的演进史。基于此，我国互联网治理的发展历程可以划分为四个主要阶段：起步阶段（1994—2001年）、过渡阶段（2002—2008年）、发展阶段（2009—2015年）以及渐趋成熟阶段（2016年至今）。

（一）起步阶段：1994—2001年

1994年4月，乘着邓小平"南方谈话"的春风，在科研人员的积极争取与中央政府的明确支持下，中关村地区教育与科研示范网成功实现了与国际互联网的全功能连接，标志着我国正式进入互联网时代。随后，清华大学等高校建设运行的科研计算机网等多条线路开通。

1996年2月1日，为了加强对计算机信息网络国际联网的管理，保障国际计算机信息交流的健康发展，我国出台首个互联网管理法规，即国务院签发的第195号令《中华人民共和国计算机信息网络国际联网管理暂行规定》。该规定对"国际联网""互联网络""接入网络"等关键用语进行了概念界定,明确国家对国际联网实行统筹规划、统一标准、分级管理、促进发展的原则。在讨论和起草该规定的过程中,构建了多部委协同分工、政府学界和产业多重主体的去中心"九龙治水"模式,形成了具有我国特色的互联网治理体系。

1998年6月,微软Windows 98操作系统发布,不仅令PC(个人计算机)开始走进普通公众的生活,也为更多家庭与个人接入互联网铺平了道路。2000年之后,新浪、网易、搜狐等在线平台相继崛起。在风险投资和新经济机制推动下,我国互联网的火种由此点燃,成为后来我国互联网蓬勃发展的关键基石。网络门户网站的兴起和繁荣让在线"冲浪"成为网民获取信息的主要手段之一,使得政府部门开始采取管理媒体的方式对网上的内容进行把关。

2000年以后,《互联网信息服务管理办法》《互联网站从事登载新闻业务管理暂行规定》《互联网电子公告服务管理规定》等法规相继出台,为网站列出不得登载的九项信息内容(俗称"九不准",后扩展为"十一不准")并据此进行行政监管等。2001年,中国互联网协会成立,它由国内从事互联网行业的网络运营商、服务提供商、设备制造商、系统集成商以及科研、教育机构等七十多家互联网从业者共同发起,奠定了网络治理中的"法团主义"模式,即以互联网社团为纽带的行业管理。

在这一阶段,互联网的主要功能体现为对通信方式的革新改变了邮递信件、电报、电话等传统的信息交互方式,从根本上克服了由空间距离而导致的交流时滞,"技术赋能"是起步阶段最大的特征。而在治理方面,由于此阶段互联网作为新生事物刚刚被引入我国,政府对网络治理总体上采取引导态度,围绕基础设施建设开展实践,主要任务是应对PC互联网上新兴网络媒体带来的对传统治理模式的冲击。

(二)过渡阶段:2002—2008年

2002年8月,博客(blog)正式进入我国,博客中国网站正式上线运营,我国的Web 2.0时代由此开启。2005年6月30日,我国网民突破1亿大关,宽带上网用户数量首次超过了网民的一半。网民基数的扩大和Web 2.0浪潮使得网民群体开始成为互联网上主要的生产者和创造者。2006年,《时代周刊》将"年度人物"颁给了所有网民,期刊封面上有一个白色的键盘和一个计算机显示器,显示器上只有一个词:You,这一事件标志着互联网从机器互联走向以人为本的人的互联时代。

2007年1月9日,苹果公司首席执行官史蒂夫·乔布斯在美国旧金山发布了第一代iPhone。尽管这款手机的屏幕只有3.5英寸,配备200万像素的后置摄像头且不支持3G网络,但它满足了人们对手握互联网入口的渴望,彻底改变了移动终端设备的格局,引领了触屏设备的大爆发,被冠以"一部永远改变手机产业的手机"之名。第一代iPhone的成功使科技厂商开始关注移动智能终端的重要性,数量庞大的山寨智能手机从深圳华强北销往全国,以相对低廉的价格让大众享受到了互联网的能量与红利,以PC互联网为主导的网络形态开始向移动互联网过渡。

信息的随时随地发布与消费以及网络自媒体的兴起消解了以往网络监管中端口治理的优势,使得政府的网络治理面临"去中心化"和"匿名化"信息发布带来的实际挑战。

综合来看，过渡阶段的网络治理重点在于对网民群体行为的规范：一是对网络意见领袖的引导和规范，包括组织意见领袖游故宫、开展"博客笔会"等，强化其示范作用。二是强化对网民的属地管理。2002 年 6 月 16 日"蓝极速网吧事件"发生后，文化部、公安部、信息产业部、国家工商行政管理总局联合开展对网吧等互联网上网服务营业场所的专项治理；同年 9 月 29 日，国务院发布《互联网上网服务营业场所管理条例》（国务院令第 363 号），要求网吧经营者对上网消费者的身份证等有效证件进行核对、登记。三是出台《非经营性互联网信息服务备案管理办法》（信息产业部令第 33 号），开始推行网站备案制度并在 2006 年试行网络实名制管理，以加强网民线上身份和线下身份之间的映射关系，便于权力监督和行为追责。

（三）发展阶段：2009－2015 年

2009 年 1 月 7 日，工业和信息化部为中国移动、中国电信和中国联通发放 3G 牌照，后又于 2013 年 12 月 4 日发放 4G 牌照，这大大推动了移动互联网的发展。得益于通信速率的提升，信息传播和互动方式更加丰富，包括文字、图片、音频、视频等。这些方式相互组合令网络活动的类型不断扩展，直播、短视频、弹幕等相继出现。

2009 年，新浪微博上线并设有每条微博最多 140 个中文字符的限制，它比博客更适应移动互联网，也更能满足网民对碎片化时间的使用需求。短时间内，微博迅速崛起并取代 BBS、博客，成为民意表达的重要窗口和网络舆论中心，同时放大了网络舆情的量级：在博客时代，流量达到十万就算重大舆情事件，而在微博时代，百万量级的舆情事件屡见不鲜。

这一时期，网上购物刚刚兴起。淘宝商城（天猫）在 2009 年 11 月 11 日举办了网络促销活动，成功创造了我国商业史上最为出彩的营销模式——网络造节。2014 年，淘宝"双 11"全天交易额达 571 亿元，2015 年"双 11"全天交易额达 912.17 亿元，2016 年"双 11"全天交易额超过千亿，达到 1207 亿元。2014 年 9 月 19 日，阿里巴巴成功上市，IPO 发行价 68 美元，对应市值 1676 亿美元，超出亚马逊的 1500 亿美元，仅次于苹果、谷歌、微软、脸书（Facebook）、IBM、甲骨文和英特尔。

伴随网络文化和线上经济的繁荣，我国的网络治理也迈入"网络社会"治理时期。对于政府而言，所要面对的不仅是不良信息和非制度化集权行为，网络恐怖主义、网络空间归属、网络安全等关乎社会民生的宏观问题也开始提上日程。2014 年 2 月 27 日，着眼于国家安全和长远发展，中央网络安全和信息化领导小组成立，着手统筹协调涉及经济、政治、文化、社会及军事等各个领域的网络安全和信息化重大问题，同时标志着我国网络治理完成了新的顶层设计。也正是在这一年，我国召开"第一届世界互联网大会"并将乌镇定为永久会址。会上，我国向世界传达了"尊重网络主权""维护互联网信息安全流动""建立多边、民主、透明的全球互联网治理体系"等治理理念，开始向世界传递我国网络治理的经验和智慧。由政治性使用带来的严峻挑战作为信息化、网络化、全球化三化交织之时代特征的集中表现，促进了我国互联网治理体系的结构性改革，实现了治理方针由"大力发展、加强管理、趋利避害、为我所用"向"积极利用、科学发展、依法管理、确保安全"的调整。

（四）渐趋成熟阶段：2016 年至今

2016 年 3 月 9 日，谷歌公司研发的人工智能围棋软件 Alpha Go 以四比一战胜围棋世界冠军李世石，引发了全球公众对人工智能的持续关注。随后，以互联网为平台、以大数据和云计算为基础的人工智能技术得到快速发展与广泛应用，标志着智能互联网已具雏形，人类社会正式步入 Web 3.0 时代。Web 3.0 在当前表现出的核心特征是对网民身份及行为的精准识别与对网民偏好和需求的准确预测，其背后的机制是：通过网络平台和 App 广泛采集用户个人数据（包括身份、社会关系、财产、行为等），然后利用这些已知数据，在特定算法的指导下构建模型并根据模型精准匹配不同个体的个性化需求。

作为人工智能的基石之一，算法也逐渐深入社会的运行，从信息推送到衣食住行，在各个方面协助并监视着人们的生活。在这一过程中，百度、阿里巴巴、腾讯、今日头条等互联网巨头开始兴起。在政治领域，后真相时代的到来引发了人们对技术平台的恐慌，英国剑桥分析公司（Cambridge Analytica）通过采集大数据并运用人工智能算法，向不同公众推送符合其视角的信息以影响其态度，进而间接操纵了美国总统选举、英国脱欧公投的结果。

在这一阶段，互联网技术蓬勃发展的同时也带来了对"技术失控"的焦虑。政府的网络治理主要面向技术层面和平台主体，采取的治理手段主要是法治化和强化平台责任。互联网带来的问题和挑战已经由经济、社会层面过渡到政治层面。因此，为适应我国网络安全工作的新形势与新任务，2016 年 11 月 7 日，第十二届全国人民代表大会常务委员会第二十四次会议审议、通过《中华人民共和国网络安全法》，于 2017 年 6 月 1 日正式施行。作为网络安全领域的基本大法，《网络安全法》在明确网络安全的概念的前提下，从网络安全支持与促进、网络运行安全、网络信息安全、监测预警与应急处置层面，对我国的网络安全体系进行了详细的说明并规定了各网络参与主体的法律责任。此外，网络社会的蓬勃发展孕育出平台经济模式，平台（platform）成为网络环境中新的主体形态——既是独立运营主体，又是商业运作平台，还是社会资源配置场所。因此，网络空间治理的焦点也转向对平台权利的管理，尤其关注用户数据及个人数据的处理和使用、平台内容生态的治理和维护以及平台间的商业竞合关系。

二、我国的网络治理措施

随着网络社会的深入发展，线上虚拟空间与线下现实空间的立体互嵌造就了更为复杂的社会治理态势，也促使互联网治理成为各国面临的重要议题。在网络治理的模式选择方面，目前国际上主要形成了"多方主义"与"多边主义"两种模式，其主要区别在于治理主体的权利分配关系。"多方主义"亦即"多利益攸关方"模式，强调平等参与，主张由各网络利益相关方依循自下而上、公开透明的程序规则，共同参与互联网议题制定和网络空间治理。"多边主义"突出网络主权，认为应当经由国家之间的协商会谈，通过自上而下、平等协作的方式，在互联网规则、原则和政策制定方面达成一致，构建全球网络空间治理格局。

就我国当前的互联网治理实践而言，我国采取的是"多边主义"治理模式，强调政府在网络空间的领导地位和主导作用。与之相适应，我国网络治理措施主要体现在两个方面：一是通过多部门联合开展的网络专项行动，对网络空间进行运动式灵活治理；二是出台相关部门规章和法律制度，推进网络治理的法治化进程。

（一）网络专项行动

就网络专项行动而言，其目的不仅是维护网络空间的清朗生态，明确互联网规则、原则和用户行为规范，还包括践行社会治理为人民的立场，保障人民群众在网络空间的合法权益，构筑线上线下一体的治理格局。例如，自 2005 年开始，国家版权局等部门便针对网络侵权盗版问题，先后开展了网络视频、音乐、新闻、云存储等领域的专项行动。例如，由国家版权局、工业和信息化部、公安部、国家互联网信息办公室四部门联合开展的为期 5 个月的"剑网 2020"专项行动重点关注视听作品、社交平台、电商平台、在线教育等关键领域的既有问题。从此项活动的部署和开展中可以看出，网络专项行动在某种程度上是政治权力在虚拟空间的延伸。打击盗版侵权活动早已有之，"剑网"专项行动不过是其在线上的再实践。此类专项行动的典型特征便是凭借自上而下的政治力量的引导，通过国家部门之间的联合行动，就某一专有问题在社会上引起广泛而强烈的治理浪潮。

综合来看，网络专项行动主要包括以下三个特点。

第一，多个部门协作。网络专项行动往往由多个部门联合发起，意在通过横向的行政合力提升专项行动的权威性和深入性，突破条块化职能划分带来的体制僵化问题，促进各个部门之间的交流沟通。从内部来看，采取多部门协同的方式可以弥补单个部门人力、职能资源不足的问题，为解决工作"沉疴"提供了先决条件。同时，在目标责任制的压力下，各个部门在协作的过程中也存在"同辈压力"式的隐性竞争关系，有利于激发其工作积极性。从外部来看，多个部门就某一领域展开综合治理，能够在一段时间内产生合力，迫使各个网络参与主体审视自己的线上行为，从而实现潜在化治理。

第二，开展过程灵活。目前的专项行动没有形成明确而固定的开展类目，开展主体、开展时间、针对领域、持续时长等信息的确定均由主管部门商讨后灵活决定。这种灵活的开展过程能够在一定程度上实现对相关问题的动态把握，从而达到弹性治理的效果。

第三，注重即时成效。作为一种执行行动，专项行动自身的合法性自然要通过"短平快"的治理进程与即时性治理成效加以确证。诸如"剑网"行动、"清朗"行动、"扫黄打非"行动等较大规模的内容治理专项行动，往往在其开展完毕后召开专题记者发布会，通过程式化的汇报向社会公众说明此次治理的力度、取得的成果。作为一项运动式治理实践，以集中且高强度的短期严打取得类似"指哪打哪"的定向成效，也正是专项行动本身的目的之一。

（二）网络法治建设

我国互联网的发展令世人瞩目，经历了从无到有、从有到优的快速转变，正从世界潮流的追随者变为引领者。需要明确的是，我国互联网前行的每一步都离不开法治的护航。尤其是党的十八大以来，在互联网治理历程中，法治思维和法治方式贯穿始终。截至 2019

年，我国已出台关于互联网的法律、法规和规章等共计三百多部，形成了覆盖网络接入、网络安全、电子商务、个人信息保护以及网络知识产权等领域的互联网法律体系，网络法治建设主要集中在加强网络安全建设、严厉打击网络违法犯罪、规范互联网在线交易体系以及治理网络空间违法内容四个方面。

1. 加强网络安全建设

在网络空间安全处于极不平衡的新常态下，2016年11月7日，第十二届全国人大常委会第二十四次会议以154票赞成、1票弃权表决通过了《中华人民共和国网络安全法》。这是我国网络安全领域的基础性法律，内容十分丰富，奠定了我国网络安全保护和网络空间治理的基本框架，是引导我国网信事业沿着健康、安全的轨道运行的指南针，具有里程碑意义。

2017年3月1日，经中央网络安全和信息化领导小组批准，外交部和国家互联网信息办公室共同发布了《网络空间国际合作战略》，首次从宏观层面宣示了我国对于网络空间国际交流合作的态度主张和政策立场，认为网络技术的发展促使世界各个国家和地区成为互联互通的利益共同体，各国应在和平、主权、共治、普惠四项基本原则的基础上推动网络空间国际合作，建立多边、民主、透明的全球互联网治理体系，共创安全、稳定、繁荣的网络空间。

《网络安全法》与《网络空间国际合作战略》从国内与国际两个视角、法律与倡议两个层面表明了我国在网络空间建设和网络安全维护上的基本思路、具体路径和根本立场。在落实层面，公安机关于2018年6月发布《网络安全等级保护条例（征求意见稿）》；国务院于2021年7月30日发布《关键信息基础设施安全保护条例》（国务院令第745号），着力在《网络安全法》的基础上进一步明确对计算机信息系统分级保护的具体要求。

2. 严厉打击网络违法犯罪

1997年，我国修订《刑法》，专门增加了非法侵入计算机信息系统罪、破坏计算机信息系统罪并规定对利用计算机实施犯罪的，依照《刑法》相关规定定罪处罚，为惩治计算机犯罪提供了明确的法律依据。2009年，《刑法修正案（七）》将非法获取数据、非法控制系统以及提供黑客程序的行为入罪。2015年，《刑法修正案（九）》增设了拒不履行信息网络安全管理义务罪、非法利用信息网络罪、帮助信息网络犯罪活动罪以及编造、故意传播虚假信息罪。

当前，网络犯罪分工协作、利益共享，催生了大量黑灰产业，形成了盘根错节的利益链条，极大地降低了作案技术门槛和犯罪成本，导致网络犯罪"易实施难打击、可打击难遏制"，建立事前预防、源头遏制、综合治理的网络犯罪生态打击机制已迫在眉睫。

此外，为解决打击突出网络犯罪的法律适用问题，公安部积极推动最高人民法院、最高人民检察院出台相关司法解释，为侦办网络犯罪案件提供了定罪量刑标准，形成了较为完备的打击、整治网络犯罪的刑事法律体系。

3. 规范互联网在线交易体系

2016年8月，震惊全国的e租宝案件正式由北京市公安局侦查终结移送审查起诉，北京市人民检察院第一分院依法受理。该案涉及的e租宝实际控制人钰诚国际控股集团有限公司涉嫌集资诈骗罪，董事长兼董事局主席丁宁、总裁张敏等 11 人涉嫌集资诈骗罪，党委书记、首席运营官王之焕等 15 人涉嫌非法吸收公众存款罪。同月，银监会、工信部、公安部、国家互联网信息办公室联合发布了《网络借贷信息中介机构业务活动管理暂行办法》，对 P2P 平台设置"十三项禁止性规定"，以防互联网平台打着"网络金融"的旗号非法集资，给人民群众造成严重的财产损失。

2016 年 12 月 24 日，商务部、国家网信办和国家发展和改革委员会三部门联合印发《电子商务"十三五"发展规划》，其以适应经济发展新常态、壮大电子商务新动能、围绕全面建成小康社会目标创新电子商务民生事业为主线，对于推进我国电子商务领域政策环境创新、指导电子商务健康有序快速发展、引领电子商务全面服务国民经济和社会发展具有重要意义。

2018 年 8 月 31 日，第十三届全国人大常委会第五次会议表决通过《中华人民共和国电子商务法》，自 2019 年 1 月 1 日起施行。《电子商务法》对电子商务经营者、电子商务合同的订立与履行、电子商务争议解决、电子商务促进、法律责任五大方面做了明确规定。其条文对照到真实的电子商务场景中，可明确平台经营者的连带责任、相应责任，规定平台经营者对平台内经营者身份和信息的管理义务并对大数据杀熟、商品搭售、竞价排名等具体问题做出规定，填补了我国电商领域法律、法规的空白，也开创了我国电子商务立法的先河，对于世界范围内的电子商务立法具有示范意义。

4. 治理网络空间违法内容

2016 年 4 月 19 日，习近平总书记在主持召开网络安全和信息化工作座谈会时指出："网络空间是亿万民众共同的精神家园。网络空间天朗气清、生态良好，符合人民利益。网络空间乌烟瘴气、生态恶化，不符合人民利益。"网络内容治理始终贯穿于我国互联网治理进程并在与新型网络现象的共动中不断发展。

从 2016 年开始，国家互联网信息办公室陆续发布《网络出版服务管理规定》《互联网信息搜索服务管理规定》《移动互联网应用程序信息服务管理规定》《互联网直播服务管理规定》等，明确各种网络信息服务者和参与者的主体责任，规范网络信息活动和商业行为，推动网络治理向着法治化和精细化的方向迈进。

2019 年 12 月 15 日，国家互联网信息办公室室务会议审议通过《网络信息内容生态治理规定》并于 2020 年 3 月 1 日正式实施。作为互联网信息内容治理的综合性政策，该规定首次以"网络信息内容生态"作为网络空间治理立法的目标，明确"网络信息内容生态"的含义为：政府、企业、社会、网民等主体以培育和践行社会主义核心价值观为根本，以网络信息内容为主要治理对象，以建立健全网络综合治理体系、营造清朗的网络空间、建设良好的网络生态为目标，开展的弘扬正能量、处置违法和不良信息等相关活动。同时，该规定突出强调了多元主体共建网络内容生态的治理思路，重点明确网络信息内容生产者、网络信息内容服务平台、网络信息内容服务使用者以及网络行业组织应当承担的法律义务和道德责任。自此，网络内容生态治理成为我国互联网治理的主要目标和重要手段，注重从系统论的角度，对网络内容实行依法治理、分层治理和重点治理，推动整个内容生态的持续、健康运转。

思 考 题

1. 思考网络专项行动对于开展网络治理的积极作用和消极作用。
2. 结合具体案例说明我国网络法治化建设的主要内容。

实 践 任 务

查阅相关文献资料，试探究算法时代技术的价值中立与应用伦理问题。

本章参考文献

[1] 邱泽奇. 技术与社会变迁//李培林，等. 社会学与中国社会[M]. 北京：社会科学文献出版社，2008：584.

[2] 彭波，张权. 中国互联网治理模式的形成及嬗变（1994—2019）[J]. 新闻与传播研究，2020，27（8）：44-65.

[3] 肖红军，李平. 平台型企业社会责任的生态化治理[J]. 管理世界，2019，35（4）：120-144.

[4] 郑文明. 互联网治理的进程、模式争议与未来走向[J]. 新闻与传播评论，2020，73（2）：5-20.

[5] 诺斯. 制度、制度变迁与经济绩效[M]. 刘守英，译. 上海：三联书店，1994：127.

[6] 中共中央宣传部. 习近平总书记系列重要讲话读本[M]. 北京：学习出版社，人民出版社，2016：205.

[7] 中国网信网. 习近平：网络空间是亿万民众共同的精神家园[EB/OL].（2016-04-20）[2020-12-28]. http://www.cac.gov.cn/2016-04/20/c_1118679396.htm.

第十章
网络传播受众

> **本章导读**
> 受众是网络传播中的重要一环,因此是网络传播的主要研究内容。本章介绍了受众观的变迁。网络受众的特征包括传、受同体,个性化,数字化生存以及积极参与。此外,互联网时代的受众研究和受众的媒介素养问题也是网络传播受众的研究重点。

受众是对于大众媒介信息接收者的总称,包括报刊和书籍的阅读者、广播的听众、电影电视的观众和网民等。他们是传播活动的产生动因以及重要环节之一,同时也是大众传媒中积极主动的参与者和反馈者。离开了受众,传播活动就失去了方向和目的,便不可以称为传播。而伴随着互联网时代的到来,受众与传播者往往合为一体,被称为"用户"。

第一节 认识受众

受众是大众传播的终点,是信息的受体。传统媒体时代,个人的信息接收往往受人际传播与社会联系的影响。如今,由于社会环境、社会角色、文化背景的不同,受众在传播活动中表现出了不同的特征,不同的受众对传播内容有明显的选择倾向,他们会按照现实情况和自身习惯主动选择、获取、生产信息。

一、受众观的变迁

受众观的变迁与社会主流媒介的使用以及科技的技术发展相关。一般来说,受众的需求包括以下六个：获取信息，认识外部世界；精神消遣，满足精神、情感需求；获取知识、拓宽视野；迎接一种已经养成的媒介接触的习惯；与他人建立和谐联系（主要体现在议程融合方面）；获取认同，避免认知不和谐。麦奎尔（2006）的想法更细致，他认为需求还应该包括信息与教育、指导与意见、消遣和放松、社会联络、价值强化、情感宣泄等。正是由于受众多样且细分的需求才催生了大众传媒的产生。

在网络社会中，个人背景带来的传播活动的差异被进一步放大，丰富而多样的媒体呈现信息的技术越发纯熟，在信息生产富余的情况下，受众的个性化倾向进一步加剧。

二、受众的发展阶段

回溯历史，受众经过了以下几个阶段的发展。

（一）早期的大众理论

早期的大众理论由布鲁默提出。他认为，受众是一种典型的新型集合体的形成，是现代社会各种因素相互作用的结果。大众的不稳定、缺乏理性和容易冲动是现代工业化城镇社会这一新环境的产物，具有规模大、匿名和无限性等特点。早期的大众理论实际上是现代工业社会的某种悲观情绪的体现，也表达了人们对大众媒介负面效果的担忧。

（二）群体的再发现

"群体的再发现"出自拉扎斯菲尔德和其他受众研究者，他们发现了社会群体的作用，即受众由基于地域和共同利益而形成的许多互相交错的社会关系网络所构成，媒介则以不同的方式与这些社会网络相融合。

（三）互联网时代新媒介的影响

社交网络使得全球任意两个节点或多个节点的互动和传播成为可能，它有力地促进了传播规模水平方向的扩大，信息流的方向变得更加分散和去中心化。对受众来说，他们的传播和互动范围从一个城市迅速扩展到了全球任何有网络信号的地方。

新媒介在四个方面影响了受众：其一，新媒介的出现极大地丰富了人们的媒介内容，为人们提供了更大的选择空间；其二，新媒介的出现增强了媒介控制权，受众接触媒介的时间变得更自由和碎片化；其三，新媒介打破了传统的国家之间的信息壁垒，跨国媒介事件可以吸引全球受众，同时也对弱小国家的受众造成了文化冲击；其四，网络媒介的出现使传播由单向变为双向，传播者和受众逐渐平等。

（四）社交媒体快速发展下的受众

中国互联网络信息中心发布的第44次《中国互联网发展状况统计报告》显示，截至2019年6月，我国网民规模为8.54亿人，互联网普及率达61.2%，网站数量518万个；网络直播、网络音乐、网络视频等应用的用户规模半年增长均超过3000万人，在线教育用户规模达2.32亿人，半年增长率为15.5%，极大地满足了人民群众的教育、文化、娱乐需求。随着互联网浪潮的波动，受众的特征、身份以及群体诉求已经发生了翻天覆地的变化。

随着社交媒体的出现，受众自身的属性也在发生变化。通过科技、经济和政治三个方面，我们可以解释全球范围内的媒介景观变化是如何深远地影响我们对受众的理解的。从科技角度来看，社交媒体的快速发展让信息多对多精准传递成为可能，科技赋予受众的主观能动性让受众的地位提升、权力扩大。从经济角度来看，受众升级为具有"信息及娱乐属性"的消费者，同时，社交媒体的发言权"稀释"了大众传媒的发言权，看似给予大众自由发声的机会，实则使其成为替社交媒体工作的"数字劳工（digital labor）"。从政治角度来看，社交媒体的高可见度和快速传播模式增进草根阶层影响政治的自主性，公众被赋予了更大的发言权。

社交媒体时代，反馈的间接性转向了大数据分析的即时性、量化、智能化的反馈分析。媒体直接获得源头数据，而数据分析与传统媒体行业之间的关系变得更加紧密。受众的主动性在这个时代得到了进一步的彰显，有了更大的发言权。但与此同时，算法新闻等传播形态的出现导致受众面临更加隐蔽的选择性接触，进而加速了信息茧房的形成。

第二节　网络传播受众的特征

受众是实现新闻价值和目的的根本存在，他们可以选择性地接收新闻传播的信息，是信息是否能够继续被传播下去的重要中转站。媒介组织的盈利最终依然取决于其对受众本身特征的把握程度。网络时代的受众具有传、受同体，个性化，数字化生存以及积极参与等特点。

一、传、受同体

传统受众作为传播活动的最后一个环节，是信息的终点，但缺乏多元的反馈渠道和即时性反馈。新媒体时代，互联网为每一个人提供了发言的权力和场域。20世纪90年代，广播"触网"，从建立网站到开设官方微博、微信、客户端，传统广播与新兴媒介走向融合，网络电台、移动电台兴起，"人人都有麦克风"。

受众成为信息生产的主体，拥有了发声渠道的他们甚至能够比专业的新闻从业者更接近新闻发生的第一现场，参与提供线索、协助调查，提供完整新闻报道等。同时，受众可以通过扩散、评论、整合来辅助新闻的再生产过程。

与此同时，即时传播和传播主体的泛化导致了传统把关人的缺失。在传统媒体时代，编辑、记者通过选择过滤等把关作用为社会公众推出外部世界的整体图像，在某种程度上设置了社会公众关注的议程，从而对社会舆论的形成起到了重要的引导作用。在互联网时代，每个人都能选择、推广、传播、搜索任何想要知道的信息，原来由编辑、记者行使的把关权力落到了算法身上。在受众选择权完全释放的前提下，算法的个性化推送比编辑、记者的单向性刊发更受欢迎。

未来，随着人工智能的进一步发展。新媒体技术时代的传受关系从 UGC（用户生成内容）转变为 MGC（机器生成内容）并可能形成传受关系价值上的三重复归：在传播内容上，由价值判断向事实判断的复归；在传播过程中，由身体分离向身体在场的复归；在传播话语权方面，由受者中心向传者中心的复归。这三重复归也成为今后机器生成内容在智媒体时代的传播功能演进的三大趋势。

二、个性化

大众传播时代，受众往往是以"大众"的形态出现的，具有规模庞大、分散、匿名、同质等特点。大众社会理论把大众视为无知的、软弱无力的、一盘散沙式的存在，只能被动地接受少数权力精英的操控和影响。该理论虽有历史的局限性，但也在一定程度上折射出那个时代的受众的特质。个性化成为网络受众的新特征并非因为受众本身不存在个性，而是互联网时代的到来给予受众被媒体探索其个性化的可能。当今时代，受众已经由未分化的"大众"市场向具有特定需求的"小众"市场转变，原先同质化、缺乏原创性的大众媒体已不能满足受众的需求，大量小众化内容展现出勃兴的状态，聚集了一批黏度高的粉丝，结成了特定社群，形成了小众市场大众化、边缘受众主体化现象。

伴随着亚文化的发展与兴起，受众的多重爱好可以在不同的社区得到充分的满足或展示，形成了许多分众化社群组织，如以二次元文化为主的 B 站（哔哩哔哩）、以书影音分享为主的豆瓣等。马中红（2013）用"脱逸"一词来形容当代的青年亚文化，认为青年亚文化除"逃离"社会主导文化的规训、追求个体自由表达之外，还有一个重要的特性是对创新的不懈追逐。所谓创新，从某种程度上说就是对既有秩序、规定性和稳定性的抵抗和打破。创新是青年亚文化保持自身文化个性，从而以差异性与社会主导文化形成区隔的内在需要，是青年群体建构共同体的需要，也是青年人身份认同的需要。

在新闻传播领域，个性化带来的是个性化新闻的出现以及算法等机制的广泛应用。王卓轩（2019）认为，借助强大的算法功能对海量数据资源进行有效整合的"个性化新闻推荐"技术较好地解决了信息过载问题，降低了信息搜索的难度，在受众中大获好评，但同时也引发了一系列新的挑战，如信息茧房、机器代替编辑及新闻版权纠纷等。

三、数字化生存

"数字化生存"这一术语来源于尼葛洛庞帝的著作《数字化生存》，强调的是互联网技术带来的技术赋权，即互联网时代的受众个体不像大众传播时代的受众个体只能作为信息活动的消极旁观者，而是以互联网技术带来的技术性想象激活个体的能力，使受众从信息活动的旁观者变成了信息活动的参与者。互联网时代的受众数字化生存能力具体可以从三个方面进行考察，分别是互联网的技术性想象能力、互联网激活受众个体的能力以及互联网的技术性赋权能力。

然而，过度数字化、碎片化的信息接触方式会导致受众逻辑能力的丧失以及注意力的分散。另外，数字化生存可能使人们沉浸在信息的洪流中而忽略了对于外部世界的行动以及改变。个人的情感宣泄变得更加简单而情感的转换因为信息流的短平快而变得"时悲时喜",人们常常处于一种患有"信息疾病"的状态中,面对宏大的叙事感到气愤但无法做出实际的行动,沉浸在远方发生的事件中而忽略了近处的呼喊。

从"大众"到"个体",媒介已敏锐捕捉到受众的这一需求变化,开始进行个性化私人定制。计算机可以根据用户的地理位置、媒介设备型号、点击内容、浏览时长、搜索主题、分享评论等数据判断用户的喜好、性格、认知、需求、意图,从而为用户推送个性化产品和服务。未来的智能时代将是一个"极端个人化"的后信息时代。

四、积极参与

葛自发(2014)认为,新媒体孕育了一场史无前例的变革。在传播方式上,体现为受众参与传播方式的变化、开放性文本的出现、媒介对受众个体的社会化建构;在传播文本方面,体现为意义的"内爆"和文本的失真。同时,新媒体的出现改变了受众的生活方式,拓展了受众的参与空间,提高了信息的传播效率。

新媒体传播与电视传播的一个显著差别是"参与式传播"的出现。正如尼葛洛庞帝曾说的那样:"从前所说的'大众'媒介正演变为个人化的双向交流,信息不再被'推给'消费者,相反人们将所需要的信息'拉出来'并参与到创造信息的活动中。"在这种积极参与的网络社会中,受众的生活方式被重新构建。托拜厄斯·谢菲尔将受众参与分为三个领域:积聚、存储/组织和建构,这三大领域不仅囊括了围绕媒介内容和产品的所有参与性行为,还包括使用者借助新媒体技术生产的新内容。此外,公民参与政治的方式发生了巨大的变化,使得公共领域的形成成为可能。新媒体时代的受众是"大规模的业余化"群体,其参与行为基于临时的、当下的、偶然的组合,是一种"无组织的组织力量",能在短期内"组织"起一场激烈的无组织群体活动。相应地,"信息内爆"弱化受众能动性,碎片化阅读削减传播效力,媒介成瘾导致受众行为失范,复制技术降低受众创新力。新媒体对"积极受众"的建构与解构并存。

第三节 网络传播受众的典型身份及影响

网络传播受众的身份强调,主要是站在当下受众进行消费以及创造的特点角度来看 IP 时代的到来。有一群特殊的受众被称作"饭圈",他们构建了极其严密的制度、规则,同时又因具有极高的研究价值以及较高的社会讨论热度而被人们所关注。

一、"生产者"与"消费者"重合的受众身份——IP 时代的到来

在互联网技术日渐成熟的今天,"人们利用互联网技术实现信息共享、数据分析、舆

情勘察、互联互通，并且优化社会资源"。IP 正是在这样的前提下逐渐兴起的。IP 即知识产权（intellectual property），主要由著作权、专利权和商标权三部分组成。IP 包含的内容非常丰富，一句话、一首歌、一个符号甚至一个人都有可能成为一个热门 IP，主要具有保护性和排他性的特征。

从广泛意义上来讲，IP 主要集中在知识保护领域，近年来逐渐蔓延到电影、游戏、文学和艺术作品等领域。而超级 IP 是指外部产业延伸方向多元化，产业发展收益超过预期，在广泛范围内具有强大的影响力和较高知名度的 IP。超级 IP 主要出现在影音作品、互联网文化产品以及社交媒体之中，其中网络小说的影视化成为转换 IP 价值的热门选择。手机移动端的出现导致观看场景的泛在化、观看时间的全天候以及传播载体的多样性。第 46 次《中国互联网络发展状况统计报告》显示，截至 2020 年 9 月，网络视频用户规模达 8.88 亿，占网民总体的 94.5%。用户具有移动性、全时性以及个性化的特点。场景的泛在化使受众的观看方式具有无限可能。因此，网络 IP 影视化的投放渠道主要是传统媒体与移动视频播放端相结合。

（一）受众参与生产的 IP 过程——超级 IP 的孕育

据《2018 年中国网络文学 IP 影响力研究报告》显示，网络文学 IP 改编以其自身故事内容的丰富性和自带光环的粉丝效应活跃在影视行业，成为当下我国备受瞩目的文化现象之一，从最开始仅仅使用互联网平台发布作品并引起读者讨论的基础模式，逐步发展成为以兴趣与偏好为连接中心的社群组织。基于这一兴趣社群组织即"粉丝"的追捧行为，促使市场对各类网络小说进行影视化，从而实现二次传播。实现网络文学小说向影视化、向超级 IP 转变的产业链遵循着"孵化—开发—变现与二次变现"的发展路径，如图 10-1 所示。

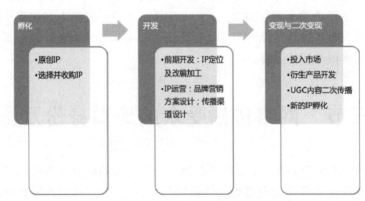

图 10-1　超级 IP 的孕育过程

1. 孵化

这一阶段的 IP 提供者来自于我国的诸多网络文学网站，网站提供平台后，诸多内容生产者公平竞争，根据内容质量和受众反馈筛选目标，同时以开放的方式加入受众，并且将 IP 孕育在特定的兴趣圈层中。在这个过程中，受众自身在平台上的选择已经成为天然数据库，生产者能够通过行业内部数据把握市场动向与受众偏好。

2. 开发

中游的 IP 开发与运营商根据用户的数据反馈，结合自身的行业经验，从网络文学网站手中购买 IP 版权进行二次营销，即寻找相应的合作商，通过合作或者售卖的方式对于 IP 进行影视化转换。

3. 变现与二次变现

在市场反响好的情况下，开发后续的衍生产品，实现 IP 变现。而这一衍生产品可能是由跨界商家合作的，也有可能是由受众自发进行创作的。但不可否认的是受众在其中依然打破了原有的行业桎梏，成为重要的一部分，最终形成兴趣社群，在社群组织内实现 IP 的可持续发展。

（二）IP 影视热的成因

网络文学作品与影视的深度融合已经成为大势所趋，这一现象形成的主要原因有以下两个。

第一，质量优势。能够成为超级 IP 的文学作品在前期已经接受了受众和市场的检验，作者在连载过程中会根据受众的反馈以及喜好及时调整故事的走向，这一创作过程是开放的。反观传统影视行业，编剧以及业内专业人士作为影视化剧本的把关人，在选择文学作品创作时具有较高的封闭性。进行挑选后改编的作品除在内容上具有一定的局限性，其在前期创作过程中缺少受众的参与和反馈。而对于受众来说，影视作品的娱乐性是其重要因素之一。"娱乐本是文艺作品的诸种功能之一，当文艺作品进入消费领域、被商品化之后，文艺产品的娱乐功能被无限制地放大"，当创作者的身份被泛化，就很难保证其专业性与职业道德操守。

第二，IP 的前期人气积累优势。网络文学作品激活了相当一部分内容创作者的创作潜能。因为在 IP 热来临时，相比较完全陌生的影视作品，受众更倾向于追捧熟悉且已经经历市场初步检验的影视作品。即使这一作品在演员演技、内容制作以及剧情上存在一定的缺陷，观众也会因为其原本 IP 的文学魅力而给予一定的理解和宽容。毕竟 IP 在此刻或许已经并非 IP 本身的文本内容，其中还有诸多受众的加持以及再生产。

二、粉丝群体的产生

粉丝是生产的消费者、写作的阅读者、影视作品的观看者。《人民日报》在《营造健康向上的粉丝文化》中提到"以年轻人为主体的粉丝群体早已不再是文化娱乐产业的被动接受者，而成为主动的参与者乃至生产者。"詹金斯提出，粉丝并非文化的被动接收者，而是"德塞都"式的、主动出击的"文本盗猎者"，即粉丝消费者就像盗猎者一样，不断擅自闯入文化工业的生产者所设立的文本禁区，掠走他们认为有用的东西并用自己的方式对这些素材进行加工改造。

粉丝的文本阐释是通过与社群中的其他成员协商讨论而形成的。粉丝不仅能保留他们利用大众文化材料生产出来的产品，还能形成自己独特的、持久的社群文化，构建出一个在媒介生产者掌控之外的艺术世界，如文学作品粉丝的二次创作以及偶像群体的"二次人设"等。

（一）网络时代的迷文化

随着媒介技术日益更新、互联网广泛普及，社交媒体迅速进入人们的生活，冲击传统媒体的垄断地位，改写传媒业市场格局。影视领域的粉丝群体转战社交媒体，传统影视则逐步从"隔空喊话"向"零距离对话"转化。克莱·舍基在《未来是湿的：无组织的组织力量》中提及网络时代的影响时指出："群体的形成现在变得如探囊取物般容易。"社会化媒体的自发性、互动性、社区化、联通性为粉丝群体规模的扩大提供了温床，促使粉丝文化愈加丰富和活跃、偶像市场愈加亲民化，联动式粉丝经济良性发展。

"粉丝"一词来自西方，指单个的粉丝或者粉丝群体，又称"粉都"或者"迷群"。著名学者约翰·费斯克在《理解大众文化》一书中将"粉丝"定义为过度的读者。他认为，粉丝的行为通常是主动的、参与式的、狂热的。美国学者亨利·詹金斯在专著《文本的偷猎者：电视粉丝与参与式文化》中将粉丝定义为"狂热的介入球类、商业或者娱乐活动，迷恋、仰慕或崇拜影视歌星或运动明星的人"。

粉丝文化又称"饭圈"文化，是基于粉丝现象，围绕着某个品牌、个人而形成的群体文化。从大众文化角度来看，粉丝文化是由对某个对象的喜爱和崇拜引发的社会实践活动，是为了自己喜爱的对象消费金钱和付出时间的一种社会文化现象以及由此现象创造出来的物质、精神成果。粉丝文化是圈层文化的代表，具有鲜明的特色和高度的互动性等。

新媒体技术的不断进步不仅为粉丝文化的发酵与成熟提供了网络平台，而且帮助粉丝从文本接收者变成了文本的主动生产者和传播者。媒介技术急速革新，推动粉丝文化与偶像市场合力变革，各自演变又相互影响。在社会化媒体普及之前，偶像只存在于电视荧屏上，距离感强，粉丝通过买专辑、海报等产品来支持自己的偶像。如今的互联网社会中，"陪伴+互动"成为新偶像的关键词，社交媒体中网民的主体意识增强，粉丝对偶像的需求变为要和自己有共性、能产生共情。市场需求推动生产转型，各种自带"素人"元素的养成类偶像节目的创新备受粉丝追捧。养成类偶像节目持续走俏，频频占领微博热搜榜首，粉丝在社交媒体上纷纷"应援"，同时也出现一大批网络新名词。

（二）粉丝文化的特点

1. 粉丝文化的无界性

互联网使粉丝群体产生翻天覆地的变化。传统媒体时代的追星族受到地域的限制，其追星行为在大多数情况下属于个人行为，而互联网打破了粉丝之间的地域限制，粉丝群体的无界性实现了畅通无阻的互动。人们有机会根据自身的爱好而与他人结缘，使得诸多粉丝在虚拟群体中获得了存在感。在社会学家米歇尔·马费索利看来，"部落"是一种隐喻，它没有准确的定义，但大体上是指因相同感情集聚起来的人群和与此相关的各种关系。新媒介技术所催生的一个个虚拟的网络社群，实际上就是马费索利所说的"新部落化"的一种存在样态，它们的建立以兴趣和情感为纽带，使现实生活中逐渐离散的人们重新聚集在虚拟空间中。毫无疑问，因共同的阅读兴趣而汇集在网络上的读者也形成了一个个网络社群并在结构和功能层面为阅读的发展带来了新的契机。

2. 粉丝文化的生产性

互联网的互动性提升了粉丝群体的创造力与参与性。积极的粉丝群体总是渴望通过对原作加以拓展或者对原作进行彻底的改写来展现自己对于喜爱的偶像或者文本的独特理解，这意味着对于媒介文本的再阐释和再生产，体现了粉丝的主动性。而粉丝对文本进行解构性的解读和制作，即粉丝二次生产又赐予了偶像文化符号以文化价值和商业价值，是新媒体时代作为消费者和生产者的粉丝发挥个人创造力的表现。粉丝自制视频流露出的是粉丝群体集体的价值取向和情感诉求。粉丝对原视频进行解构和重组，其实也是对"我群"文化的一次丰赡，通过将自制视频上传至视频网站，利用弹幕进行交流，共同完成粉丝文本内容生产的接力。但同时我们也观察到，粉丝自制视频的生产更多的是满足与自身社会情境相关的意义生成和快感表达。粉丝文化资本的红利仅是同一品位的社群中朋辈的心理和精神回报，其自身较少有经济利益的回报。

3. 粉丝的组织性与权力性

马特·赫尔斯曾说："任何既定的迷文化（即粉丝文化）不只是一个社群，同时也是一个社会层级，迷（即粉丝）在其中分享共同的兴趣，但在相关的知识、接近迷对象的权力以及地位、声誉上，也具有相互竞争的关系。"粉丝内部存在着明确的权力划分与组织体系。每个粉丝在所属粉丝团内的等级都由该粉丝的贡献值来决定，贡献值越大，等级越高，当贡献值达到一定分值的时候，粉丝在团内的等级会自动上升。同时，与偶像的接触也可以被视为布尔迪厄的"象征资本"，能够提升粉丝的地位。正是这种权力地位使得粉丝更加乐此不疲地证明自己对团体的忠诚。

4. 粉丝群体的角色性和虚拟性

粉丝群体的角色性与虚拟性表现为：网络粉丝群体以共同的偶像为精神领袖，通过网络结成一个个规模庞大的想象性共同体。粉丝的行为带有表演性，他不再是社会生活中的个人，而是一个偶像群体中的虚拟成员。在群体的梦幻和狂欢中，个人能够获得在平日生活中无法获得的认同与尊重。在所属的粉丝社群中，他们获得了全新的身份认同，得以暂时忘却矛盾、困境、孤独和焦虑。

（三）"饭圈"评价

1. "自我认同的主宰"抑或"数字劳动的奴隶"

"饭圈"中粉丝进行网络讨论，为偶像刷数据、制造热度和流量并且生产相关文化内容的同时，获得了前所未有的主体地位，不仅实现了心绪转换，还完成了自我身份认同的确认，获得了虚拟的自我满足感。但是，这些看似出于自愿的行动在不知不觉间已经成为一种被剥削的数字劳动，粉丝一边进行虚拟的自我狂欢，一边消耗着数字化生命，除了自我满足，一无所获，数字劳动的产销者生产的所有信息、数据以及内容都被转化为商业平台媒体的无形资产，被无情地私有化和商业化，成为斯迈思所说的"思维奴隶"。

2. "想象的共同体"抑或"失去理性的群氓"

"饭圈"是指粉丝通过建立自我群体的边界，与圈外人区别开来。一方面，这种我群边界的建立让圈内人更加亲密、和谐，以抵御原子化的社会和个体孤独感，形成想象的共同体。另一方面，为了增强群体的凝聚力，圈子更容易构建出一个想象中的他者或他群，导致相互攻击，基于群体心理产生的群体盲思和群体极化造成了信息的遮蔽，强化了群体的共同态度，如对偶像的过度包容等造成"饭圈"在某些时刻出现集合行为的出现，成为失去理性的群氓。

3. "情绪情感经济的勃兴"抑或"文化工业的操纵"

数字媒体技术使社交关系进入资本监控的射程，社交行为异化为市场的营销劳动，对一个偶像或一个事物的喜爱在当今的范畴中经常会显现为经济上的投入，如购买周边手办、明星代言的产品。一方面，这可以被视作情感经济或粉丝经济的兴起和发展，具有推进经济向好、带动产业升级转型的一面。另一方面，这也可以看作互联网为网民打造了一个情感表达的平台，通过持续不断的生产内容、宣传广告，"饭圈"文化被文化工业所牢牢操纵，单纯的独立意识和反抗主流话语的创造性精神被消费主义所收编，最终达到了资本增值的目的，而具有批判性、独立性、本体性的数字劳动则逐渐式微。

4. 准社会交往的发展倾向

1956年，心理学家霍顿和沃尔在《精神病学》杂志上发表文章，提出"准社会交往"概念（para-social interaction），用来描述媒介使用者与媒介人物的关系，即某些受众特别是电视观众往往会对其喜爱的电视人物或角色（包括播音员、名人、虚构人物等）产生某种依恋并发展出一种想象的人际交往关系。由于这种想象中的人际交往与真实社会交往有一定的相似性，所以霍顿和沃尔将其命名为"准社会交往"。而长时间的准社会交往形成的类似于人们通过日常面对面交流所形成的现实社会关系，称为准社会关系。

互联网的新型信息流动结构塑造了一种新型准社会交往方式。在社交媒体上拥有众多粉丝的明星形成了一个拥有众多用户的个人场域，基于准社会交往心理而诞生、发展和壮大，一旦让场域的磁场吸引用户聚集并与用户展开便捷、多元的互动，这个场域就会释放出巨大的能量，拥有强大的传播效果和社会影响力。粉丝不是在寻求对现实社会交往的补偿，而是纯粹、自愿的基于对媒介人物的爱而相互吸引、集聚和交流，其核心情感诉求点在于对准社会交往对象的喜爱与支持。而对于明星来说，在互联网上的自我表露，一方面能提高自己的曝光度；另一方面，粉丝的情感消费越多，其商品消费的过程就显得越人性化，而这正是广告主所期待的。

作为准社会交往的典型表现形式，青少年与明星的"交往"产生的重要基础是"交往对象的可视性"。明星等媒介人物借由电子媒介变得具象、直观，使引发的准社会交往的对象由社会交往的通常对象——真实社会环境中的真实个人，转换为拟态环境中的虚拟人物，突破了真实社会交往空间的接近性和交往对象的熟知性。

追本溯源，"饭圈"文化的形成与当前处于转型期的风险社会现状密不可分。人们脱离原子化社会之后，又陷入了社会化媒体的群体性孤独。"饭圈"这一自发组织的社会小团体恰恰弥补了现代人的这一情感缺失，在技术和资本的加持下成为人们抱团取暖的港湾。"饭圈"的成因和组织构成的复杂性，不可避免地造成了其影响的利弊交织和一体两面，因此要高度重视数字资本背后的新自由主义意识形态的侵蚀。

三、"分众化"的受众群体身份

(一) 分众化的概念

分众化是指传播者根据受众需求的差异性，面向特定的受众群体或大众的某种特定需求，提供特定的信息与服务。受众的分化主要有三大原因：第一，近年来，社会政治、经济、文化出现了分化，社会本身走向多样化、多极化、多层化的发展方向。人与人、阶层与阶层、集团与集团之间的社会概念、价值标准、文化理想、生活态度甚至是消费欲望和消费能力都产生了巨大的差别。第二，媒介的丰富和传播技术的发展使得受众的选择空间越来越大，他们可以根据自己对信息的"特殊需求"选择电视节目等。第三，受众的分化是媒体必须面对的一种发展趋势，因此媒体必须用不同的内容来满足受众的不同需求。进入"分众化"的"窄播"年代，受众的选择余地更大了，主动性更强了。

(二) 分众化的优势

分众化是为了顺应市场分流，对市场进行需求细分的一种营销手段。一方面，分众化可以满足多样性需求，促进了文化包容性、延续性的发展。另一方面，分众化改变了商业模式，让原本被忽略的受众获得重视，种类繁杂的产品成为新的利润增长点。如今，随着视频、音频转向的进一步深化，媒介为了满足不同受众平台的需求，纷纷入驻各大社交平台并因地制宜地打造受众所需要的内容。越来越多的商家发现了小众市场的巨大商机，提供的商品也日益丰富多样，如媒介频道化，广播媒介的数字化，纸媒的会员制度，微信、微博的矩阵运营策略等。

(三) 分众化的影响——传统媒体的转型

以《新闻联播》入驻短视频平台为例。自创办以来，央视《新闻联播》在有关政治、经济和社会民生大事方面一直发挥着意见领袖的作用。因为节目容错率低，每天播出30分钟的《新闻联播》必然要经过谨慎的节目策划与编排，"字字千钧、秒秒政治、天天考试"，陷入了僵化的定式与话语套路。这样的信息传播方式忽略了其他群体尤其是青年群体的主体性，使其处于"他者"境地，主流价值难以深入各个圈层。

2020年8月24日，《新闻联播》正式入驻短视频平台抖音、快手，入驻当天的粉丝数就达上千万。从一开始国际锐评中的"令人喷饭""怨妇心态"等刷屏金句，到"主播说联播"栏目中，康辉奉劝国泰航空"no zuo no die"（不作就不会死）、郭志坚"灵魂拷问"乱港分子"今天立秋，秋后该干啥"、欧阳夏丹为"乱港分子"送上一首《凉凉》等可以看出《新闻联播》在语言风格上的改变，通过亲切、自然的语气，大胆使用俗语和网络用语，官话民说、硬话软说。这种反差感不仅纠偏了以往观众对《新闻联播》的刻板印象，更提高了公众对于政务的参与度。有学者指出，"由于这种语态的变换，电视媒体进一步提升了在中国百姓家庭中的话语分量"。

《新闻联播》与短视频平台的联手是内容与平台的强强联合，快手、抖音这样的新媒体虽然具有新的形式和平台，聚合了大量的受众资源，但由于政策与能力的限制，往往无法自行产出高质量的文化产品，缺乏内容竞争力。此外，新媒体无力整合资源，在多方竞争下难以形成有效联动，甚至会在恶劣竞争环境下出现平台价值观扭曲、存在非理性倾向等问题。《新闻联播》、新华网等主流媒体的战略部署能够为新媒体平台提供特色优质内容，帮助新媒体进行资源的规划与整合，取得 1+1>2 的传播效应。"主播说新闻"除语言生动之外，还会配合肢体语言或在后期剪辑时配上音乐，满足受众的情感需求。为了进一步扩大受众覆盖面，该栏目团队会根据每一期的内容进行二次加工，在微信、微博、抖音等平台同步推广，如在抖音发布视频时会调整视频时长，配合显眼的字幕突出重点内容；在微博发布时除了有视频，还会根据其中的经典内容申请话题，冲热搜；微信则更加注重标题的制作，以吸引用户点击以及朋友圈转发。

（四）分众化的缺点

分众化有可能引发信息茧房以及群体极化，造成群体之间的关系日益疏远。《中国移动综合资讯应用市场年度综合分析2017》表明，从2012年今日头条上线，到2015年腾讯推出天天快报、2016年阿里发布UC头条、百度发布百度好看，巨头们已经全面入局算法分发资讯市场，十余家媒体或投资或开发综合资讯应用，海外优质资讯应用 Flipboard 也改名为"红板报"加入资讯市场的角逐，"算法+人工"模式似有逐渐取代传统人工推荐之势。但随之而来的是算法造成的信息茧房——算法帮助人们过滤了不熟悉、不认同的信息，以至于人们不断强化固有偏见和喜好，认知范围变得越来越窄。机器算法的大趋势在一定程度上迎合了人性的弱点，即惰性。便捷、高效的机器筛选帮助人类节省了主动获取信息所需的时间和精力，尽管内容越来越丰富，但方向越来越单一，受众对跨领域的内容变得越来越没有耐心。

古斯塔夫·庞勒在《乌合之众》一书中指出，作为行动群体一员的个人，其集体心理与个体心理有着本质的差别，其智力也会受到这种差别的影响，于是智力在集体中不起作用，而完全处在无意识情绪的支配之下。如果对这种心理不加约束，就会导致"群体极化"（group polarization）问题。互联网时代极易产生群体极化效应，人们可以在互联网上方便地进行群体讨论，从而加强自己的意见进而引发激烈的行为，对国家的管理产生消极的影响。张爱军等人（2019）认为，群体极化的形成涉及羊群心理等主观因素和社会矛盾等客观因素，由于新媒介技术和新传播语境等的作用，网络群体极化的成因呈现出更为多元化的时代特征。网络群体极化是动态的"变"与静态的"不变"之间的持续交互和有机结合，在网络媒介"病毒式"和辐射状的多向传播作用下，极化事件的解读由多向度的"多棱镜"视角演变为单向度的"放大镜"视角，其背后凸显的是群体思维的无意识和个体思维的迷失与自我抑制。而袁慧等人（2016）认为，网络的群体极化呈现出两个特点：一方面，现实群体极化现象被网络媒介放大，对社会的安全、稳定造成影响；另一方面，网络群体极化现象延伸至现实生活，极大地侵犯了当事人的隐私权，甚至威胁到当事人的安全。

第四节　网络传播的受众调查

受众调查（audience survey）是由研究机构或媒体实施的、了解受众媒介接触行为和态度的调查，也是了解大众传播活动中受众接收传播内容的状态、反应及其基本状况、观点，征询受众意见的活动。

网络调查是对互联网络使用情况的调查，主要包括网站调查和网民调查。网络调查相较于传统调查的优越性主要表现在以下四点：第一，可统计性。网络调查的所有信息均以数字方式出现，这表明网络传播的信息及其载体本身均可以被统计和计算。第二，经济性。网络调查不受时空的限制，费用大大低于传统方法，网络调查几乎不需要花费任何现场费用就可以获得大量受众信息。第三，实时性。网络调查的周期短，可以即时进行并反馈结果。调查与网站日常工作融为一体，能满足受众日常调查的需要，反映受众的最新变化，及时做出针对性调整。传统的受众调查往往周期较长，难以反映受众的最新变化。第四，高质量。网络调查可以不为受众所知，从而解决了样本被"污染"的问题。但同时，网络调查必须特别注意对受众隐私权的保护，在进行调查时不能出现违法行为。

一、网络调查的分类

常见的网络调查方法有软件调查法、大数据分析法、问卷调查法。其中，软件调查法和大数据分析法为在线调查（online survey），又称网上调查；问卷调查法既有在线调查也有离线调查（offline survey）。

（一）软件调查法

软件调查法指利用软件对网民的网络活动进行调查，它可以调查网民的身份、电子信箱地址、上网习惯与爱好、使用媒介情况等多种信息。

例如，服务器软件调查法可以记录、计算、分析网民访问网络的情况，是网络媒体进行日常调查的重要工具。使用该方法调查统计的网站访问量是网站吸引广告和改进经营管理、调整内容和服务的主要依据。因此，网络主体和广告商都非常看重这种方法。这套软件的统计原理在于，网络主体的所有信息都储存在网络服务器内，网民调用任何信息都必须经过服务器的许可并被服务器记录。服务器上的访问日志软件可自动统计网民的访问情况、不同内容的访问量、不同时间段的访问频率网民的IP地址等。

许多网站都采用 Cookie 技术。Cookie 是一种身份识别标志，是网民访问网站时，网络服务器自动设置在网民计算机硬盘上的文本文件。如果网民再次返回网站，Cookie 就会被一起发送到服务器中，便于统计和处理重复到访者的信息。除用来识别网民的身份、方便网民以后的访问外，Cookie 还可用于调查网民的个人资料和使用情况。主要调查内容有网民的 IP 地址、网名和 E-mail 地址，网民花在网络上（细至每个网站）的时间，网民访问的网站（以及访问度），网民的购物情况以及辨认网民正在使用的软件或操作平台。

（二）大数据分析法

大数据分析法是企业根据自身平台的隐私条例，在不违反条例且不伤害用户的前提下在软件算法的基础上进一步提升，进行数据的处理，具有体量大、分析精准且处理便捷等优点，已成为大多数受众研究的首选。如今，关系国计民生的重要大数据主要掌握在政府以及平台手中，用来治理网络不良传播现象以及帮助企业更加精确优化自身的营销计划。这一方法的数据的发布者主要来自国家统计局以及互联网企业、高校智库等单位。

（三）问卷调查法

网络问卷调查法脱胎于传统的线下调查法，结合网络的传播特点，它在形式上比传统方法更为丰富。具体而言，网络问卷调查法包括两种主要形式：网上调查（在线调查）和网下调查（离线调查）。网上问卷调查法是将问卷放在网上，在一定的时间内等待网民答卷。不少大型调查为了提高问卷的答卷率，常用抽奖刺激网民，并且在一些知名网站放置问卷的链接（联机调查），以扩大调查范围。一般来说，研究人员会采取滚雪球式问卷调查方法，通过在目标社群发放问卷的方式采集数据。然而这种做法无法追溯信息源头，是一次性信息采集。

此外，还有部分无偿或有偿网站的搭建可以给研究者提供样本服务。通常，这些网站样本的来源是网站合作伙伴、搜索引擎、博客/论坛招募、会员口碑推荐以及在问卷星上填写过问卷且自愿为样本的网民。

二、受众调查的主体

（一）国家主导

中国互联网络信息中心（China Internet Network Information Center，CNNIC）于1997年6月3日组建，现为中央网络安全和信息化委员会办公室（国家互联网信息办公室）直属事业单位，行使国家互联网络信息中心职责。

作为中国信息社会重要的基础设施建设者、运行者和管理者，中国互联网络信息中心负责国家网络基础资源的运行管理和服务，承担国家网络基础资源的技术研发并保障其安全，开展互联网发展研究并提供咨询，促进全球互联网开放合作和技术交流，不断追求成为"专业·责任·服务"的世界一流互联网络信息中心。中国互联网络信息中心的愿景是成为世界一流互联网信息中心，其定期发布《中国互联网络发展状况统计报告》《中国网民搜索引擎使用情况研究报告》以及《中国社交应用用户行为研究报告》等多批与我国互联网用户有关的高质量报告。

（二）主流媒体

主流媒体拥有大量的目标受众，受众调查结果是其在进行信息发布与节目创作时的重要参考。例如，《人民日报》等为了准确地把握传播效果，科学地研判受众的期待和需求，进一步夯实自身的公信力、影响力，会通过随报问卷及在线调查的方式定期对受众情况进行调查、统计和分析。

（三）互联网企业

互联网时代，用户研究显得日益重要。在信息量巨大、更迭速度超快的网络竞争中，谁更了解受众，谁就掌握了先机。互联网企业除对细分的用户进行调研生成行业报告，还对用户的使用动机、使用方式以及黏性进行了对应的研究。用户研究相关工作变得更加细致、专业且对于数据处理的要求有所提高。

国内互联网巨擘们对于互联网行业用户研究专门增设了部门与页面，将行业信息以及前沿报告公开，同社会共享，其中腾讯大讲堂、企鹅智酷、腾讯CDC、百度开放服务平台、网易UED用户研究报告、优酷指数行业报告、PPTV指数行业报告以及360应用商店等平台均生产用户报告。此外，国内咨询机构网站数据报告也重视对于受众的研究，如艾瑞网、199IT互联网数据中心、艾媒网、卡思数据以及易观智库等。

第五节　网络传播媒介素养

互联网时代，媒介素养正迅速成为受众必备的社会技能。受众仅仅依靠加强意识，了解新闻是为何及如何产生和被消费的是远远不够的，还需要主动、审慎地看待自身的信息传播行为，更理智地应对他人的网络信息传播行为。

一、网络传播媒介素养的内涵

媒介素养是人与媒介打交道的能力，具体来说是指公众认知媒介、参与媒介、使用媒介的能力。媒介素养的概念最早由英国学者提出，最初目的是对抗由电影普及所造成的流行文化对传统教育的冲击。美国媒介教育研究中心认为，媒介素养是指人们面对媒介的各种信息的选择能力、理解能力、质疑能力、评估能力、思辨性应变能力以及创造和制作媒介信息的能力。

认知媒介是指对媒介性质、功能以及对媒介与社会政治、经济、文化等诸多因素互动关系的正确评价，具体包括：认识媒介传播作为制度化传播的基本特征与内在规律；了解外部制度对媒介机构及其活动的控制和影响，以及媒介机构运行机制对信息的生产、加工和传播活动的制约；理解媒介反映现实和构建现实的功能，理智地辨别媒介环境和现实环境等。认知媒介是认识论层面的素养，是形成媒介素养的前提和基础。

参与媒介是指参与媒介信息传播，成为积极主动的信息获取者、解读者以及传媒信息负面影响的自觉抵御者，成为信息时代的媒介公民，这是媒介素养提出的最初动机，也是媒介素养的核心。

使用媒介是指运用媒介，有效地传播和创造信息的能力，不仅包括操作媒介传播信息，还包括使用媒介进行公众监督、优化传播和社会环境、促进社会民主发展。

二、培养媒介素养的重要性和现实性

在国内，媒介素养教育在理论和实践上大多参照西方的发展模式。随着网络传播技术的不断发展以及信息交流的日益频繁，出现了一种全新的信息传播范式——交互式传播，尤其是基于Web 2.0技术以微博、微信等为代表的网络虚拟社区的形成，更是将互联网的

交互性发挥到了极致，使之成为一种参与式媒介样式。开放、成熟化的信息传播环境与复杂、多元化的信息发布平台使得公众在纷繁复杂的信息中茫然失措。信息传播的复杂与多变深刻地影响着我国公众对传播信息的选择和认知能力，针对社会公众的媒介素养教育时代来临。

（一）信息爆炸时代，信息良莠不齐

在信息社会，信息指数级增长，自媒体传播手段不断更新。在庞大、复杂的信息传播网络中，海量信息传播也意味着肤浅、冗余信息的大量存在。现代信息技术大大缩短了信息传播的时间，对于新闻的生产具有全时、全效的要求。对新闻的时效性要求空前提高，这使得新闻的生产无法经过长时间的加工，而是迅速过渡成老新闻，沉积于传播网络中。娱乐化、草根化、低俗化信息充斥在各类线上页面，过时信息、娱乐化新闻以及其他信息内容过多地出现在人们的视野中，获取优质信息的难度直线上升。

（二）传、受泛化下的虚假新闻泛滥

由于一些新闻从业者和新闻媒体罔顾新闻真实性，无度追求时效性、可读性，虚假新闻已经成为一大公害。而后来居上的网络传播给虚假新闻安上了翅膀，让它传得更快，传得更远，传得更凶。网络的虚拟性和便捷性使得虚假信息的传播产生了明显的"蝴蝶效应"，某种群体认知一旦形成，将很难被打破，桑斯坦将其称为"信息流瀑"。信息得到不断强化之后，形成群体认知，群体共识以权威信息的方式在互联网上迅速散播，"流瀑"一旦形成，反对声音就显得比较微弱，就算证实是虚假信息，也很难完全阻止其危害的扩散。

2018年9月12日，华商头条发布《米脂"4·27"故意杀人案凶手赵泽伟昨日被执行死刑》称："华商报记者了解到，陕西省高级人民法院现已复核终结，赵泽伟于9月11日被执行枪决。"新京报网、中国新闻网、央视新闻、人民网、环球网等多家重量级媒体转载，引发巨大关注。12日，榆林市中级人民法院在微博发布声明："网上传播'赵泽伟被执行死刑'的消息系不实消息，目前赵泽伟一案正在审理中。"9月14日，华商头条就"赵泽伟被执行死刑"不实消息致歉。

华商头条的报道中没有明确交代消息来源，无法判断信源的权威性，但从后续报道来看，该报的消息显然过于"超前"了。其实质是为了抢发新闻，对所获信息的真实性未能尽到核实的义务。在融媒体环境下，新闻发布渠道大大增多，特别是这类政法新闻，执法机构不再需要通过专业媒体报道，而可以自行在自媒体上发布消息，这确实给专业媒体增加了很大的压力，生怕迟发、漏发重大新闻，但是专业媒体的核实职责是不容忽略的。

（三）全球全业态融合里的信息安全问题日渐凸显

中国互联网络信息中心发布的第49次《中国互联网络发展状况统计报告》显示，截至2021年12月，我国网民规模达10.32亿，普及率为73.0%。一方面，我国已经是一个网络大国，互联网已经融入我国人民生活的各个方面，正在深刻地改变着人们的生产和生活方式。另一方面，我们要看到，网络安全和信息化不仅事关人民群众的工作、生活，而且事关国家安全和国家发展。

依靠网络技术、移动通信技术发展起来的新媒体，因其全新的信息传播方式，对当代

世界文化生活产生了极大的影响。随着传统媒体的逐渐式微,当前,世界各国特别是西方国家的传统媒体纷纷进军新媒体领域。传播形态的革新带来了"话语爆炸",社会意识形态话语权遭受到来自社会内部的压力和外部的威胁。

在自媒体传播时代,信息安全存在更大的隐患。特别是科技的发展会使人们有能力探究别人的隐私信息、窃取企业的商业秘密、打探政府部门和军队的机密,而在跨文化传播中,信息安全升级为国际问题。例如,全球企业软件供应链频遭网络攻击,造成敏感数据泄露、设备被控、网络服务中断等安全事件,引发国际社会高度关注。目前,推动全球信息安全,尤其是工业信息安全,已成为各国深化合作的新领域、新方向、新亮点。

思 考 题

1. 受众观的变迁经历了哪些阶段?
2. 如何理解粉丝文化中的受众群体?
3. 分众化趋势会给媒介带来怎样的影响?
4. 进行网络受众调查的主体有哪些?
5. 网络传播时代对互联网受众提出哪些新的媒介素养要求?

实 践 任 务

选取你认为最典型的一种受众群体,分小组讨论并分析其身份特点、形成原因以及对媒体和社会产生的影响。

本章参考文献

[1] 麦奎尔. 受众分析[M]. 刘燕南,李颖,译. 北京:中国人民大学出版社,2006:48.

[2] 王乐萍,陈磊. 国内关于"把关人"理论的研究综述[J]. 新闻世界,2014(4):206-207.

[3] 马中红. 脱逸:青年亚文化的美学趣味[J]. 探索与争鸣,2013(12):26-28.

[4] 王卓轩. 基于受众视角看个性化新闻推荐[J]. 中国报业,2019(6):14-15.

[5] SEONG-JAE KIM, FLUSSER. Media phenomenology. seoulcommunication book[M]. London: Oxford Reference, 2013: 58-67.

[6] 葛自发. 新媒体对"积极受众"的建构与解构[J]. 当代传播,2014(1):71-73.

[7] 尼葛洛庞帝. 数字化生存[M]. 胡泳,范海燕,译. 海口:海南出版社,1996:112.

[8] 杨洪涛. 观剧——新世纪中国电视剧类型研究[B]. 北京:中国广播影视出版社,2018:317.

[9] 程倩. IP改编热和剧本荒引发的思考[J]. 艺术评论,2016(12):70-72.

[10] 人民网. 营造健康向上的粉丝文化——粉丝群体如何贡献正向价值[EB/OL].

（2019-11-28）[2022-03-22]. http://media.people.com.cn/n1/2019/1128/c40606-31478170.html.

[11] 詹金斯. 文本盗猎者：电视粉丝与参与式文化[M]. 郑熙春, 译. 北京：北京大学出版社, 2016：36.

[12] 彭兰. 网络传播概论[M]. 4版. 北京：中国人民大学出版社, 2017：78.

[13] 舍基. 未来是湿的：无组织的组织力量[M]. 胡泳, 沈满琳, 译. 北京：中国人民大学出版社, 2009：92.

[14] 许轶冰, 波第·于贝尔. 对米歇尔·马费索利后现代部落理论的研究[J]. 西北大学学报（哲学社会科学版）, 2014（1）：21-27.

[15] 郭柯柯, 蔡骐. 网络社群阅读：契机、表征及反思[J]. 中国编辑, 2018（12）：13-18.

[16] 邓年生, 姜博文, 范玉吉. 粉丝自制视频"盗猎者"的符号生产机制[J]. 编辑之友, 2017（8）：53-56.

[17] 曾文莉. 从文本消费到文本生产——浅析《阿凡达》中国粉丝的文本生产类型[J]. 北京电影学院学报, 2010（3）：40-43.

[18] 布尔迪厄. 文化资本与社会炼金术：布尔迪厄访谈录[M]. 包亚明, 译. 上海：上海人民出版社, 1997：72.

[19] 桑斯坦. 网络共和国[M]. 黄维明, 译. 上海：上海人民出版社, 2003：47.

[20] 勒庞. 乌合之众：大众心理研究[M]. 冯克利, 译. 桂林：广西师范大学出版社, 2007：91.

[21] 张爱军, 梁赛. 网络群体极化的负面影响和规避措施[J]. 学术界, 2019（4）：75-83.

[22] 袁慧, 李锦珍. 网络群体极化表现及其特征[J]. 现代传播（中国传媒大学学报）, 2016, 38（9）：140-142.

[23] 黎泽潮, 杨龙飞. 自媒体传播时代公众媒介素养中信息观的观照与培养[J]. 新闻战线, 2016（9）：56-60.

[24] 郭奇. 把媒体打造成公共话语平台——解读哈贝马斯《公共领域的结构转型》的传播学[J]. 协商论坛, 2007（1）：60-61.

[25] 哈贝马斯. 公共领域的结构转型[M]. 曹卫东, 王晓珏, 刘北城, 译. 上海：学林出版社, 1999：31.

第十一章
网络传播效果研究

> **本章导读**
>
> 传播效果是与传播实践关系最密切的研究领域，贯穿于传播学研究的整个过程。在传播学研究领域，传播效果具有双重含义：一方面，它指的是带有说服动机的传播行为在受众身上引起的心理、态度和行为的变化；另一方面，它是指传播活动尤其是大众传播媒介的活动对受众和社会所产生的一切影响和效果的总体。本章从网络传播效果的含义入手，对网络传播效果展开深入探讨。

随着互联网发展的日新月异，互联网与经济社会的结合变得更加密切，成为促进经济社会变革的重要力量。网络传播具有与传统传播截然不同的新特征，极大地改变了信息传播的方式，对传统传播效果理论产生了巨大冲击。网络传播正在以不可抵挡之势迅速渗透到人们生活的诸多领域，改变着人们的生活和世界的面貌。

第一节 网络传播效果概述

一、网络传播效果的含义

网络传播效果就是以网络为媒介的信息交流对信息受众所产生的影响和由其所带来的根本性变化，是对信息传播者信息传递有效性的一种衡量，也是对信息受众信息需求满足度的一种评价。具体体现在以下三个方面：首先，网络信息传播效果主要体现在受众的主观评价上。相比以往，网络传播使受众的地位发生了根本性变化，提升了其在信息交流与信息利用中的选择性和主动性，网络传播效果更多地通过受众个体情感、思想、态度和行为等方面的变化得以体现。其次，网络传播效果是一种复杂的评价行为。在互联网环境中，信息受众成分的复杂性及其在信息交流中所表现出的自由性、个体性与隐匿性导致网络信息传播效果评价层次多、内容广。网络传播效果的评价具有动态性、交叉性和复杂性。最后，需要指明的是，对网络传播效果的认识应具体包括两个方面的内容：一是传播者以网络为媒介进行信息传播的意图的实现程度；二是受众利用网络获取的信息对其情感、思想、态度和行为等方面所产生的有效影响的程度。

二、网络传播效果的特征

（一）即时性

互联网使得信息传播突破了时空局限性，受众在接收信息的同时，可以在线对所获信息进行即时反馈与评价，这是对信息效用与价值的即时反映。网络媒体的数字化与互动性特点决定了网络信息传播效果显现的迅速性和即时性。

（二）广泛性

网络传播所带来的影响和效果是多层次、多方面、多领域的，由于新媒体技术的赋权、议题内容日益多元化并向更深层次发展，议题衍生能力加强，受众可以左右议题发展方向并按其意愿设置新议题。因此，受众的参与性、主动性和自由言论性进一步扩展与深化了网络信息传播效果的内容，网络传播效果的内容因而更加丰满，层次更加丰富。

（三）复杂性

网络具有技术平台、传播媒介、经营平台和虚拟社会等多重属性，这些属性相互融合、相互渗透，正因如此，网络传播才展现出复杂的社会和文化景观。具体体现在以下三个方面：一是传播形态与形式复杂，网络承载了包括人际传播、群体传播、大众传播和组织传播等多重传播形态；网站、电子邮件、移动客户端等传播形式相互交织，在这一过程中，网络传播效果变得十分复杂。二是传播手段复杂，网络集合了视觉、听觉、知觉等多重感官感受，依靠图片、视频、音乐等多重手段进行传播，传播效果更加丰富。三是传播功能复杂，网络对于个体、组织、群体和社会而言，起到的作用不尽相同，层面之间的诉求也各有差异，同一信息传播到不同层面的效果也有所不同。

三、网络传播效果的表现层次

（一）认知层面效果

认知层面效果是指外部信息作用于受众的知觉和记忆系统，引起受众信息量的增加和知识结构的变化。认知层面效果是网络传播整体效果的基础，是网络传播中受众对所接收信息的初始反应。在信息爆炸的互联网环境中，信息总能有效触达受众，引起受众注意是网络传播效果的第一个层次，具体可以通过页面访问量、点击率、转发量等衡量。

（二）情感态度层面效果

情感态度层面效果是指在认知层面的基础上，信息通过对受众主观观念或价值体系的影响而引起受众情绪或感情的变化，属于心理和态度层面的效果。情感态度层面效果在网络信息传播整体效果发挥中起着承上启下的作用，既是对认知层面效果的反映，又是产生行为层面效果的直接动因。受众态度的变化可以通过网络中的各种意见表达渠道进行动态分析，也可以通过各种调查来进行有针对性的研究。

（三）行为层面效果

网络传播是一个通过改变认知、影响情感最终指导行动的过程。行为层面效果是指认知效果与情感态度效果在信息受众的语言和行动上的表现，从认知到态度再到行动，是效果累积、深化和扩大的过程，而行为层面效果是网络传播效果的最终体现，是网络传播效果的受众行动体现。

第二节 与网络传播效果有关的理论

一、议程设置理论

（一）议程设置

"议程设置"是大众传播理论的一个重要假设。它的主要观点是大众传播具有一种为公众设置"议事日程"的功能，传媒的新闻报道和信息传达活动以赋予各种"议题"不同程度的显著性的方式，影响着人们对周围世界的"大事"及其重要性的判断。这个理论的提出者是美国传播学家 M. E. 麦库姆斯（Maxwell E. McCombs）和 D. L. 肖（Donald L. Shaw），他们在 1968 年对美国总统选举期间传播媒介的选举报道及其对选民的影响进行了调查：一方面对选民进行了抽样调查，了解他们对美国社会主要问题及其重要性的认识和判断；另一方面对 8 家传媒的同期政治报道进行内容分析。对这两个方面的调查与比较表明，选民对当前重要问题的判断与大众传媒反复报道和强调的问题之间存在着一种高度的对应关系。被大众传媒视作"大事"加以报道的问题，同样也被作为"大事"反映在选民的意识中。传媒给予其问题的强调越多，选民对该问题的重视程度越高。

议程设置理论着力于探讨认知层面的传播效果，它认为传媒影响的是受众"想什么"而不是"怎么想"。在后来的研究中，麦库姆斯、肖以及其他研究者也在修正这一认识。他们认为，新的说法应该是"议程设置是一个过程，它既能影响人们思考些什么问题，也能影响人们怎样思考"。

此外，议程设置理论所考察的不是某家媒介的某次报道活动所产生的短期效果，而是作为整体的大众传播具有较长时间跨度的一系列报道活动所产生的中长期的、综合的、宏观的社会效果。

议程设置理论还暗示传播媒介对外部世界的报道不是"镜子"式的反映，而是一种有目的的取舍选择活动。传播媒介从现实环境中"选择"出它们认为重要的部分或方面进行加工整理，赋予一定的结构秩序，然后以"报道事实"的方式提供给受众。因此，作为人们获取外界信息的主要渠道的大众传播媒介，会影响人们对周围环境的认识和判断。

此后，有很多学者对议程设置问题进行了进一步研究并且发现大众传播媒介主要通过以下三种机制来设置议程：第一，大众传媒报道或者不报道某个"议题"会影响受众对该议题的感知；第二，媒介对少数议题的突出强调会引起受众对这些议题的突出重视；第三，媒介对一系列议题按照一定的优先顺序所给予的不同程度的报道会影响受众对这些议题的重要性顺序所做的判断。

麦库姆斯还提出了"属性议程设置"概念，因为大众传媒的报道对象具有各种各样的属性，有正面的、负面的和中性的，大众传媒对这些属性进行凸显和淡化处理，将对象事物的主导属性传达给受众，这也会影响受众对事物性质的认识、判断和态度。例如，某些企业形象广告或商品促销广告会凸显企业或者商品的某些正面属性，淡化甚至屏蔽某些负面属性。

尽管传统媒体的议程设置功能已经被众多的学者接受且不同学者从政治和社会生活等多方面进行了实证分析，但是随着互联网的飞速发展，网络作为新媒体已经成为信息传播的重要载体，我们需要把议程设置理论与网络结合起来，探讨网络议程设置的问题。

（二）网络议程设置

网络以其开放性、互动性、即时性、无中心化等特点彻底颠覆了传统的传播观念，对传统的议程设置发起了强有力的挑战。信息不再由单一的职业传播者发出，而是来自于所有的网络参与者。相比传统媒体而言，网络传播具有很强的互动性，网络受众可以自由地选择信息和表达观点，他们既是传播者又是接收者。

此外，网络信息的海量性、多样性以及受众选择的自主性使受众能够自由分配注意力，其受媒介议程设置的影响在很大程度上被削弱了。互联网使得信息的发布与传播权泛化到各个端口，每一个普通的网民既能成为信息的接收方，也可以成为信息的发布方。借助互联网技术，网络几乎可无阻碍传播，任何组织或个人要想控制整个网络信息的流量都是不现实的。

与此同时，网络传播高速、即时的特点使得新闻事件能在发生的第一时间在网络上传播开来并触达受众，网络受众自身的议程在媒介进行议程设置之前就已经形成，具有了先入为主的认识，难以再接受媒介发布的议程。因此，很多学者认为，网络传播中，媒介的议程设置功能将被弱化，甚至不复存在。但这并不意味着议程设置在网络世界完全不存在，网络的一些特点也决定了它具有议程设置的功能。学者彭兰指出：第一，议程设置假设认为，人们对某些议题的关注程度主要取决于这些议题被报道的频率与强度。网络信息能快速传播与繁殖，这个特点使网络可以轻易提高对某些事件的报道频率与强度。第二，在网络中，大众传播、群体传播、组织传播与人际传播是共同起作用的，而在议程设置方面，群体传播、人际传播等对大众传播是有力的补充。第三，网络中的信息传播与相关的意见领袖是相互交织的，意见传播不仅促进了信息的扩散，也有助于提高信息的受关注度。第四，利用互动技术，传播者、报道对象与受众可以建立直接联系，因此，传播者与当事人的影响会被更直接地传递给受众，这对于提高一个事件的受关注程度非常有利。

网络议程设置具有如下一些区别于传统议程设置的新特点。

1. 议题的设置权下放，设置主体多元化

互联网使得网民可以通过多种渠道，如博客、网络论坛、跟帖等发布信息及发表自己对某一事件或问题的看法，可以说，网络为公众提供了一个不受时间和空间限制的交流平台。有时候，一个议题的设置是在多元主体的共同作用下实现的，在这些主体中，除了传统的大众传媒外，还包括其他传播渠道中的组织、群体或个体。

网络议程设置打破了传统媒介议程设置的模式，议题的传播和设置朝着多元化方向发展。传统大众传媒的议程设置模式一般为：主流媒体议程设置→大众议程设置→社会决策议程设置；而在网络传播中，议程设置遵循着这样的逻辑：受众个人议程设置→公众议程设置→主流媒体议程设置→社会决策议程设置。众多的网络事件大都源于网民的某个帖子，经过网民的热议形成网络舆论之后，主流媒体跟进，最后导致舆论的扩大和问题的解决。

2. 议题多元化且具有衍生力

（1）议题内容多元化发展。由于传统媒体的把关人作用，传统议程设置的议题类型、内容都有一定的局限性，严肃的、重大的、与民生息息相关的内容往往会成为议题。而网络中，把关作用弱化，各类内容，无论是否符合传统媒介刊发信息的有关要求，只要能激发受众的兴趣，都有可能成为议题。

（2）网络议程设置议题具有很强的衍生能力。网络传播者泛化及缺少把关，使得议题在传播过程中可能朝任何一个方向发展，路径不确定并经常进行转换，这导致原有的议题可以衍生出多个与之相关甚至无关的议题。

3. 网络议程设置的全球化趋势

互联网的一大特点是无阻碍传播，网络议程设置正在向全球化发展，某些原本属于某个国家的"议程"得以在全球传播，并成为网络中的公共议程。同时，网络上也存在着信息流动不均衡的问题。居于强势地位的国家和地区往往更容易将本国的议程全球化，同时影响其他相对弱势国家和地区内部的议程。

二、"沉默的螺旋"理论

（一）"沉默的螺旋"理论简介

1974年，德国学者诺依曼在《传播学刊》上发表了论文《沉默的螺旋——一种舆论学理论》，首次提出了"沉默的螺旋"这一概念。1980年，在《沉默的螺旋：舆论——我们社会的皮肤》一书中，诺依曼对沉默的螺旋理论进行了全面的论述和总结。

该理论认为，大众传播通过营造"意见气候"来影响和制约舆论。舆论的形成不是社会公众"理性讨论"的结果，而是"意见气候"的压力作用于人们惧怕孤立的心理的结果。为了防止被孤立和受到社会制裁，一般人在表明自己的观点前要感觉一下"意见气候"，如果自己的意见与现有的多数人的意见相同或相近，人们便会较为大胆、积极地发表观点，如果发觉自己属于少数，便会迫于舆论的压力而趋向于保持沉默。概括起来，这个假说由以下三个命题组成。

1. 个人意见的表明是一个社会心理过程

人作为一种社会动物，总是力图从周围环境中寻求支持，避免陷入孤立状态，这是人的"社会天性"。为了防止因孤立而受到惩罚，个人在表明自己的观点前要对周围的意见环境进行观察，当发现自己属于"多数"或具有"优势"时，便倾向于积极大胆地表明自己的观点；当发觉自己属于"少数"或处于"劣势"时，一般人就会迫于环境压力而转向"沉默"或附和。

2. 意见的表明和"沉默"的扩散是一个螺旋式的社会传播过程

诺依曼认为，一方的"沉默"造成另一方意见的"增势"，使"优势意见"显得更加强大，这种强大反过来又迫使更多的持不同意见者转向"沉默"。任何"多数意见"、舆论乃至流行或时尚的形成，其背后都存在着"沉默的螺旋"机制，社会生活中的"舆论一边倒"或"关键时刻的雪崩现象"正是这一机制起作用的结果。

3. 大众传播通过影响"意见环境"来影响和制约舆论

根据诺依曼的观点，舆论的形成不是社会公众"理性讨论"的结果，而是"意见环境"的压力作用于人们惧怕孤立的心理，强迫人们对"优势意见"采取趋同行动的产物。在现代社会，人们判断周围意见分布状况的主要信息源有两个：一是所处的社会群体，二是大众传播，在超出人们直接感知范围的问题上，大众传播的影响尤其强大。在以电视高度普及为特点的现代信息社会，传播媒介对人们环境认知活动产生影响的因素有三个：多数传媒的报道具有高度的类似性，由此产生"共鸣效果"；同类信息的传达活动在时间上具有持续性和重复性，由此产生"累积效果"；媒介信息抵达范围具有广泛性，由此产生"遍在效果"。

诺依曼通过"沉默的螺旋"理论，重新提示了一种"强有力的"大众传播观。这个理论包括以下几个要点：① 舆论的形成是大众传播、人际传播和人们对"意见环境"的认知心理共同作用的结果；② 经大众传媒强调、提示的意见由于具有公开性和传播的广泛性，容易被人们当作"多数意见"或"优势意见"所认知；③ 这种环境认知所带来的压力或安全感会引起人际接触中的"劣势意见的沉默"和"优势意见的大声疾呼"的螺旋式扩展过程并导致社会生活中占优势的"多数意见"——舆论的诞生。

（二）网络传播时代的"沉默的螺旋"

目前，关于"沉默的螺旋"理论在网络传播中是否依然适用，有以下三种不同的看法。

1. "沉默的螺旋"依然适用

"沉默的螺旋"理论依然适用于网络传播，"沉默的螺旋"不仅没有沉没，而且仍在熠熠发光。一方面，网络新闻传播主体多元化背景下，看似人人平等，其实只是假象。表面看来，由于网络新闻传播主体的多元化，网上组织和个人在信息发布方面达成了一种前所未有的平等。但事实上，这只是某种"平等的可能"，大多个人的意见被投入信息的汪洋大海而不见踪影。另一方面，尽管人人有权建立自己的媒介，如建立私人博客、私人空间供大众参与和评判，但力量明显不及专门的新闻机构或传统媒体。受众从网络上接收的信息其实还是由传统媒介把关和筛选的。

此外，群体压力在网络传播中依然存在，并且从个人本身的角度来看，个人对被孤立的恐惧感并没有在互联网中消失。从社会心理学的一般性特征推断，这一恐惧感本身并不会随着媒体的改变而改变。在网络传播中，各个成员虽然是匿名的，但是网络上的ID仍然是他们身份的象征。因此，网络空间的群体意识和群体规范同样会使其成员产生与现实类似的压力和对被孤立的恐惧感。

网络传播具有和其他传统媒体传播联动、促成舆论的功能，有力地促使公开的意见变成公众意见。社交媒体可以迅速而集中地反映公众的意见和言论，使民间舆论或民意得以展现；还可以在重大事件发生的时候形成反馈意见群，以集体的力量向传播者或社会乃至全世界发布强大的群体意见，以产生舆论，影响局势。此外，报刊、广播、电视等新闻媒体将网上舆论加以概括和集中报道，起到将其影响"放大"的作用。

2. "沉默的螺旋"已经失灵

到了互联网时代，"沉默的螺旋"理论遭到了更为广泛的质疑，很多人认为，"沉默的螺旋"理论正在逐步失灵。一方面，网络传播集人际传播、组织传播、大众传播的特点于一身，过去那些难以产生全面影响的传播方式有可能更深刻地作用于更大范围的受众，从而使过去相对明朗的意见气候变得复杂化。另一方面，"沉默的螺旋"理论的假设里起着重要作用的"从众心理"的作用程度因为网络时代的到来而有所改变。心理学认为，从众心理的产生主要是由于认知失调和对孤独的惧怕。在网络中，多数群体并不固定，因此人们在一个群体中感到失调时，可以通过转换群体的方式而不是从众的方式来进行平衡。

同时，网络传播的匿名性会使个体在进行自我表达时较少顾及社会规范的约束，可以相对随意地发表自己的观点，而不受别人想法的影响，个体无须为自己的行为承担心理压力。网络上，任何人都可以针对任何信息发表自己的看法，通过匿名的方式，大部分人的行为都要大胆得多，不用考虑自己的反对意见会给自己带来多大的危害，使自己付出多大的代价。因此，"沉默的螺旋"理论一旦进入信息无限丰富、受众可以匿名的网络社会，其理论假设就失去了成立的基础。

3. "沉默的螺旋"仍然发挥作用，只是作用方式发生了改变

在网络空间中，由于"沉默的螺旋"的心理机制仍然存在，"沉默的螺旋"现象并没有消失，只不过表现形式发生了变化。随着传播媒介和传播模式的改变，舆论的形成及其变现方式更加多样化。除诺依曼揭示的"沉默的螺旋"之外，还可能有以下几种形式。

（1）"向上循环的螺旋"。传统的"沉默的螺旋"是向下循环的螺旋，互联网中则出现了一种"向上循环的螺旋"，即一种意见一开始属于少数人的意见，没有被社会所关注，但是由于互联网传播的快捷性，这种声音可能很快引起社会的广泛关注。

（2）"上下反复循环的螺旋"。一种意见、一个人物或一个事件，由于社会对其的意见有分歧，支持人数忽多忽少，意见气候一会儿偏向支持者，一会儿偏向反对者，从而造成"上下反复循环的螺旋"现象。比较典型的是西方首脑支持率的民意调查。

（3）"发散式螺旋"。所谓"发散式螺旋"，是指一种意见出现之后，很快在周边扩散，

一层一层向外蔓延,即由一个中心点出发,向四面八方传播,最终形成"意见气候","一石激起千层浪"就是对这种现象的形象表述。网络时代,权威被严重消解,只要内容不符合网民的意愿,他们就会一拥而上,大声疾呼,形成"发散式螺旋"攻势,直到有关方面予以澄清或纠正为止。

(4)"聚焦式螺旋"。所谓"聚焦式螺旋",是指从一开始,大众对某一事件就有很多分歧意见,经过一段时间的反复讨论,最后大众的意见逐渐趋于一致,达成共识。如果说"发散式螺旋"是由里向外扩散,那么"聚焦式螺旋"就是由外向里收敛。

尽管网络与传统的大众媒介在传播方式上有很大的不同,但是传播的控制机制并没有发生根本性变化。原有的传播效果理论经过适当改造后,可以沿用至互联网领域。我们可以看出,"沉默的螺旋"理论作为研究大众传播、社会心理和舆论关系的庞大的理论体系,在网络空间依然具有价值。而鉴于网络传播不同于传统大众传播的特性,网络空间中"沉默的螺旋"的表现形式会有所不同。

三、培养理论

(一)培养理论简介

培养理论是关于大众传播的潜移默化的效果的一种理论,又称作"涵化分析"或"教化分析"。这个理论起源于 20 世纪 60 年代后期,由美国传播学者格伯纳等人提出。格伯纳等人进行了一系列有关电视暴力内容的研究,除对电视暴力的内容进行分析以外,还测度其对受众态度的影响,最终创建了"培养理论"。该研究最初的着眼点有两个:一是分析电视画面中的暴力内容与现实社会犯罪之间的关系;二是考察这些内容对人们认识社会现实的影响。

培养理论的核心内容是:在现代社会,大众传媒提示的象征性事实对人们认识和理解现实世界具有巨大的影响。由于大众传媒的某种偏向性,人们在心目中描绘的主观现实与实际存在的客观现实之间出现了很大的偏差。同时,这种影响不是短期的,而是一个长期的、潜移默化的培养过程,在不知不觉中制约着人们的现实观。

培养理论的基本观点是:社会要作为一个统一的整体存在和发展下去,就需要社会成员对该社会有一种"共识",在此基础上,人们的认识、判断和行为才会有共同的基准,社会生活才能实现协调。该理论强调了大众传播在形成社会成员对社会的"共识"中的巨大作用并且指出大众传媒所提供的"象征性现实"与客观现实之间是有差距的。

培养理论提出后,格伯纳等人又对其做了理论上的补充与修正,提出了"主流说"(mainstreaming)和"共鸣说"(resonance)等概念。"主流说"是指不同背景不同社会群体的长时间看电视者,其对社会现实的看法即"主观现实"均倾向于"媒介现实",具有趋向"主流"的趋势。"共鸣说"是指电视的"培养"效果在某些特定群体中具有更加明显的效果,如女性更加容易受到暴力伤害,因此大量收看电视的女性观众更加倾向于认为暴力犯罪是严重的社会问题,也就是与电视中呈现的高犯罪世界的描绘产生了"共鸣"。

（二）网络传播时代的培养理论

经典的培养理论是针对电视传播效果所做的研究。在此基础上，学者们还对家用录像机、有线电视等新媒介技术环境下的"培养效果"进行了研究，以检视新媒介对"培养理论"的影响。如今，互联网的快速发展和普及给培养理论带来了全新的课题。

更多学者开始探讨在新媒体环境中的培养理论，以实现对于涵化理论的批判继承与创新。互联网为培养理论呈现了前所未有的复杂环境，对培养理论的合理性提出了挑战。如果要分析培养理论在新媒体时代的嬗变，我们需要从该理论的前提入手，即研究网络传播时代培养理论所面临的首要问题是：基于大众传播环境的"培养"效果在网络传播的虚拟环境下是否存在。此外，在网络"虚拟社会"中如果真的存在某种"培养"效果，"培养"的效果如何呢？

首先，早期培养理论将电视作为信息系统的唯一信源并认为观众的心理变化是简单而抽象的，反观互联网的"大众传播"功能，网络中向网民传播的信息早已超越了传统媒体的信息范围，这些海量的网络信息重构了受众的兴趣与行为，在此背景下，媒介对受众的整体性影响被大大削弱。

其次，网络环境下传统意义上的受众概念已经发生改变，网络受众具有传统受众不可比拟的主动性。传统的培养理论所体现的受众观是：大众传播媒介构造了一个秩序井然而又危机四伏的社会生活环境，在这样的环境里，普通人只能作为媒介的受众和舆情检测的对象，受控于一个意识形态和强权体系，他们植根于电视符号世界的模式得出真实世界的经验。而网络传播时代的一个显著变化就是传受双方的交流趋向于平等，新媒体平台的匿名性与互动性激发了受众的表达欲望，对主流意识形态产生了越来越多的抵抗。

此外，碎片化的传播语境难以形成共识。在社会多元化、媒体多元化的今天，受众对信息的评论更加随意、自由，评论内容亦出现异质性特征，而新媒体环境下的受众又被细分为一个个个体，传播者只有重视个性化需求才能形成价值认同，完成关系构建，但无数个碎片个体势必有无数个性化定制，众口难调带来的结果就是难以构建社会共识。同一篇新闻报道，基于用户画像而进行的机器算法形成个性化的千人日报分发给受众时，被差异化后新闻报道在产生共识方面的作用大打折扣。

从以上的梳理可以发现，新媒体时代，传播方式和传播效果较传统传播时代发生了质的改变，涵化理论也衍生出了新的模式和内涵。有学者对网络涵化模式的特点进行了概括并提出了"媒介涵化受众"和"受众涵化媒介"的双涵化过程，因为"由于网络的便捷性、实时性、交互性，受众可以亲自参与到网络虚拟环境的构建过程中，媒介内容和展现方式会根据受众需求的反馈而进行调整"，这正是"受众涵化媒介"的体现。另外，"媒介涵化受众"和"受众涵化媒介"实则是一个不断循环、互相影响的自我涵化过程。媒介可以首先通过分析受众的兴趣喜好调整生产发布内容，受众收阅之后又会发出反馈性信息甚至直接参与到网络媒体内容的生产中，整个过程交织着多向度的涵化进程。

例如，有研究者探究了电子游戏对于其他领域的培养影响。Beullens、ROE 和 Van den Bulck 调查了 354 个处于青春期的男孩和女孩，发现了在青春期玩电子游戏和在成长后期危险驾驶之间的联系。虽然这种联系根据游戏的内容而变化，但仍然存在很强的相关性并可能对公共交通造成负面影响。结果表明，青少年玩电子游戏更有可能在未来开车过程中表现得鲁莽并且存在安全隐患。

四、媒介依赖理论

（一）媒介依赖理论简介

施拉姆曾坦言："大众传播媒介是时间的窃贼，而人们却心甘情愿地让这个温情而聪明的窃贼盗走大量弥足珍贵的时间。"媒介依赖理论（media dependency theory）又称"媒介系统依赖论"，由美国学者梅尔文·德弗勒和桑德拉·鲍尔-洛基奇于 1976 年在论文《大众传播媒介效果的依赖模式》中提出。其核心思想是：受众依赖媒介提供的信息去满足需要并实现目标。该理论把媒介作为"受众—媒介—社会"系统中的组成部分，认为一个人越依赖通过使用媒介来满足需求，媒介在这个人的生活中扮演的角色就越重要，媒介对这个人的影响就越大。

媒介依赖理论的基本假设是：一种新的媒介在社会中站稳脚跟后，人们就会与媒介之间形成一种依赖关系，这种关系具有双向性质，但相互依赖中较强的一方是媒介，它们主要从传播内容方面控制着人们，人们越是指望收到有用信息，只要他们还没有失望，他们的依赖性就越强。媒介依赖理论认为，个人、团体等都是这个社会系统中的分析单位，他们为了实现目标，必须通过媒介获得相关的信息，媒介依赖则可以衡量任何实体对媒介系统信息的依赖程度。

由于媒介依赖理论是在社会系统中解释依赖的关系和媒介的效果，相应地，这个理论分成了宏观和微观两个层次。宏观层面即在工业社会或后工业社会中，社会系统通常存在对媒介的依赖。这种集体性的、宏观的依赖是由所有个人对媒介的微观依赖构成的。在社会中，媒介是重要的进行政治、经济活动和获得娱乐的渠道。媒介系统对受众和社会系统提出的需求进行回应，同时也依靠受众和社会系统获得与节目内容和利润相关的资源。

微观层面的媒体依赖就是个人的媒介依赖，即个人在满足基本需求的问题上对媒介重要性的感知。以下三种需求促使人们同媒介建立依赖关系：认知需求，关注的是个人对自己和世界的基本了解；认同需求，关注的是个人为了和他人有效交往而需要了解的行为规范；娱乐需求，通过各种娱乐活动帮助个人排解生活压力，了解社会角色、规范和价值观。

1975 年，桑德拉·鲍尔-洛基奇和梅尔文·德弗勒在《大众传播学诸论》一书中从四个方面对媒介依赖理论进行了详细的阐述。

第一，媒介影响力基于社会系统、媒介系统和受众系统三者之间的联系，即媒介效果之所以产生，不是因为全能的媒介或者无所不能的资讯，而是由于媒介在特定的社会系统里以特定的方式满足了特定受众的需求。

第二，受众对媒介信息的依赖程度是理解媒介中的信息何时及为何改变受众的信仰、情感和行为的关键变量。也就是说，最终媒介效果的产生和形成取决于受众并与特定媒介信息对他们的必要程度相关，受众对媒介的使用决定了媒介的影响力。

第三，在媒介化信息社会中，受众越来越依赖通过媒介来理解这个社会、在社会中做有意义的事以及追求幻想和逃避。在社会变得越来越复杂时，受众主要通过媒介来认识这个世界。受众不仅在很大程度上需要媒介帮助他们获得信息、感受意义、了解自己应该做的事情，而且需要媒介帮助他们放松和应对困境。当受众通过媒介来理解社会时，媒介塑造了受众的期望。

第四，每个受众受媒介的影响不尽相同，受众越依赖于通过使用媒介来满足个人的需求，媒介在受众个人生活中所扮演的角色越重要，媒介对受众的影响力就越大。因此，需求更多、更依赖媒介的受众将受到更大的影响。

影响媒介依赖程度的因素主要有两种：其一是媒介提供的相关信息的数量和集中程度。媒介在系统中发挥着各种各样的功能，它可以监督政府，也可以提供娱乐。对于任何一个给定的人群，媒介的某些功能会相对更加重要，随着某一媒介提供的此类功能的增加和集中，这个群体对该媒介的依赖就会进一步加强。其二是社会的稳定程度。当社会转型、冲突增加的时候，当既得利益和传统制度受到了挑战的时候，人们对媒介的依赖会相应加强；反之，依赖会减弱。

（二）网络传播时代的新媒介依赖

互联网以各种形式进入了人们的生活，不仅仅是媒介生活，还有交往的空间，现代人被各种新媒介重重包围，受众每天花费大量的时间接触各种媒介，关于媒介使用的各种研究也日益发展起来，媒介依赖理论的内涵与应用也逐渐丰富起来。

"世界上最遥远的距离，莫过于我们身在一起，而你却在全心玩手机"成为新媒介依赖的生动写照。新媒介依赖是指受众因使用新媒介而出现的一些强烈的、持续的需求感和依赖感，这种依赖影响了受众的正常生活，具体表现在受众过度沉溺于新媒介而不能自拔；一切价值和行为选择必须从新媒介中寻找依据；满足于与新媒介的虚拟社会互动而回避现实的社会互动等。

此外，个体与新媒介的关系表现出非常突出的实用性依赖目的。例如，一些商务、社交活动在传统媒介时代是不可能凭借媒介直接完成的，而在新媒介时代，受众可以足不出户进行互动交流或交易，从而获得实用性满足。网络、手机等新媒介带给人们的实用性满足是现代生活必不可少的组成部分，有了它们，人们才能够更好地工作、交往、学习、生活和娱乐，充分享受现实世界的乐趣。

受众对媒介的依赖并非仅限于实用性，也有一种仪式性目的。有学者针对高校大学生在互联网环境下的媒介依赖情况进行了实证研究，结果表明，互联网已经融入了高校学生的生活，就像早起看报纸、晚饭后和家人一起看电视一样，高校学生也与BBS、网络游戏有定时的"约会"，而且他们会把在这种媒介上的语言和行为方式带入日常生活。这种仪式性行为更加说明了互联网这一媒介的力量。此外，受众对新媒介形成的依赖还有一种接近实际生活的精神性满足，即通过新媒介来获取精神的寄托。

受众与新媒介之间的依赖关系开始改变。新媒介技术推动所带来的媒介整合让受众个人主动地参与到信息生产、传播的全过程，这使受众与媒介之间的依赖关系变得更为多样化。除受众对新媒介的主动依赖，还出现了受众对新媒介的被动依赖，如依据算法推送的大量个性化定制的新闻、大数据针对用户画像的精准营销等。

受众对新媒介的依赖更聚焦于人际依赖与群体依赖。传统的媒介系统依赖理论聚焦于微观层次和宏观层次所涉及的个人、媒介与社会系统之间的关系,没有充分考虑中观层次的群体依赖。但以当下年轻人中流行的"微博控"为例,微博客网站的吸引力主要在于一种交流感,也正是由于这种交互的微博客机制,使得用户组成多个交流分享的小圈子,群体传播在这里得到显现,而大众传播在这里被弱化。微博在很大程度上成为受众进行社交活动的平台,成为人际传播和群体传播的高效传播平台。

面对新的媒介环境,新媒介的过度依赖渗透的区域更广,更不易自觉发现,如果对媒介没有理性的认识与控制,可能会导致媒介对人的精神形成反支配和反控制。要克服对媒介的过度依赖和误用,就要正确掌握使用媒介的方法,不断提高自身的媒介素养和媒介使用能力。

第三节 网络传播效果研究的常用方法

在论述研究方法之前,我们必须关注与之相关联的一个概念——范式。美国科学哲学家托马斯·库恩将范式定义为一定时期指导科学研究的某种理论构架与概念体系,是各种具体研究共同遵循的基本理论与出发点。范式包括一套整体论和认识论的规定共识、理论或模型的通用规则和一个特定的符号性质的问题领域。研究方法是指在研究中发现新现象、新事物或提出新理论、新观点,揭示事物内在规律的工具和手段,是人们在从事科学研究过程中不断总结、提炼出来的。

从概念上看,研究方法包括在研究范式之中,每一种研究范式又有各自偏好的研究方法。经验主义范式偏向实证研究方法,而批判学派在传播方法上则偏向阐释与批判的传统。值得注意的是,方法本身并无优劣之分,只有适合与否,主要看其能否恰当地辅助研究进展,取得预期的结果。正如法国科学家贝尔纳所说:"良好的方法能使我们更好地发挥运用天赋的才能,而拙劣的方法则可能阻拦才能的发挥。因此科学中难能可贵的创造性才华,由于方法拙劣,可能被削弱,甚至被初步扼杀,而良好的方法则会增长、促进这种才华。"网络传播效果的研究十分复杂,解决研究方法问题尤为重要。

经典的传播学在其发展过程中形成了两大主要学派,即经验学派和批判学派并由此形成了两种不同的研究传统或范式。新媒介的出现为传播学研究提供了新的角度和手段,深刻改变了传播学研究的体系,也促进了传播学研究方法的创新。

一、经验学派范式

经验学派,顾名思义,就是主张从经验事实出发,运用经验性方法研究传播现象的学派,产生于美国。所谓经验性方法,是一种运用可观察、测定和量化的经验材料来对社会现象或社会行为进行实证考察的方法,它出现于 19 世纪后期,后在传播学研究中得到广泛的应用。经验学派主要运用实证研究的方法,其关注点集中在内容分析和效果分析。

传播效果研究中的诸多经典理论,如使用与满足理论、议程设置理论、培养理论等都是经验性方法研究的产物。在今天的网络传播效果研究中,实证研究方法仍是最主要的方法,包括量化研究的内容分析、调查和实验研究,使用统计、分析、解读研究数据等方法。下面介绍几种网络传播效果研究的实证方法并通过案例展示这些方法的操作过程。

(一) 内容分析法

内容分析法始于第二次世界大战期间的军事情报研究。二战后,新闻传播学、政治学、图书馆学、社会学等领域的专家与军事情报机构一起对内容分析法进行了许多科学的探究,使其应用范围大大扩展。伯纳德·内雷尔森曾将"内容分析"定义为"一种研究方法,它客观、系统和定量地描述了传播的显性内容"。内容分析法在媒介的各个领域中被广泛采用,是媒介研究的强大工具,具有经济性、安全性、非介入性等优点,具体步骤主要包括:① 提出研究问题或研究假设;② 抽样,首先要确立总体,其次要选择抽样框,最后以科学的方法进行抽样,确立研究样本;③ 编码,编码的过程实际上是确定分析单位的过程,分析单位是指实际计算的对象,为内容分析的最小元素,之后根据分析单位确立编码表;④ 分析数据,运用数据分析工具对研究所得数据进行分析;⑤ 报告研究结果。

在传播效果研究中,内容分析通常被用来调查某种特定传媒信息的存在、缺乏或者数量,它可以针对特定信息内容提供有价值的概述,以预测这些信息内容可能带来的影响和效果。因此,内容分析是逻辑性研究媒介效果的起点。借助内容分析可以准确地描述大量的各种信息内容,帮助人们发现内容所包含的东西可能会带来什么样的效果。但同时我们也应注意到,由于分析的内容不能涵盖传播的所有部分,因而内容分析结果不能作为推论媒体效果的唯一基本资料。

具有代表性的案例是布莱恩·波利迈克(Brian Primack)、玛德琳·道尔顿 (Madeline Dalton)、玛丽·卡罗尔(Mary Carroll)等学者所进行的流行音乐的内容分析。近年来,国内基于网络的内容分析被越来越多的学者所采用,如中国传媒大学调查统计研究所(SSI)所长柯惠新教授就利用网络计量学的方法对互联网使用与青少年创造力之间的关系进行了实证研究。

1. 抽样

研究者尝试查明流行音乐的内容,决定根据该行业中最具权威的、以创建当年最佳歌曲排行榜闻名的《公告牌》(*Billboard*)选出 2005 年的最佳歌曲进行分析。研究者选出包括说唱乐排行榜、现代摇滚乐排行榜等在内的全部七个榜单上均出现的歌曲进行分析。该研究中的可控样本为 279 首歌曲,他们对每首歌曲都做了分析。

2. 分析单元

样本选定后,便要确定解码的内容单元。例如,要解码报纸上一篇文章每个段落的特点,段落就是分析单元;若解码每个句子,句子就是分析单元。而波利迈克和他的同事所做的流行歌曲研究,分析单元是每首歌曲。

3. 类目表

在内容分析中,信息内容按类型设计进行解码,建立类目表。波利迈克和他的同事尝试用几种方式对每首歌进行解码。例如，他们尝试按歌手的性别和每首歌的音乐种类分类。如果一首歌里提到抽烟或吸毒，他们还尝试解码为什么提抽烟或吸毒（比如同侪压力、性行为、成瘾等）、与抽烟或吸毒相关的事件（如暴力、性行为、聚会、开车兜风等）以及抽烟或吸毒导致的后果（精神上的、行为上的、情感上的、法律上的等）。

4. 信度

数据被一个以上的编码者编码以后，就可以开始计算各位编码者已达成一致的统计指数，用来测量信度。有时，这些统计量就简单地由编码的总数除以编码者达成统一意见的个数得出。上述研究的报告称，在编码各类歌曲时，获取的最大一致性为78%。

5. 统计分析

研究者建立编码信度以后，便可用统计术语描述研究得出的数据。

6. 解释调查结果

研究者认为，听流行音乐的青少年常接触到吸毒信息，于是进一步呼吁研究人员设计出研究方式来检测接触这些信息的直接效果。

从以上案例来看，内容分析的结果虽然不能用来证明媒介效果，但是它对认识传播效果具有重大意义。波利迈克的研究就阐释了内容分析与传播效果研究之间的重要关系。一般来说，传播效果如何往往取决于特定种类的媒体内容是否存在。

（二）抽样调查法

抽样调查法是从调查对象总体中抽选出部分样本，以这部分样本为对象实施的调查，其结果可用于推论对象总体，是传播研究中经常使用的定量方法之一，尤其适用于大型的传播效果和传播者研究。伊里调查、笛卡图调查等都是典型的抽样调查研究。尽管抽样调查会伴随一定的样本误差，但经过一定的统计学修正和处理，其正确性一般被认为不低于全员调查。根据调研人员主观介入的有无，抽样方法可分为两种：一种是有意抽样，另一种是随机抽样。有意抽样多用于事例研究或特殊题目的调查，而随机抽样则是现代最普遍、最常用的方法。

抽样调查的一般步骤为：① 确立研究问题；② 进行研究设计；③ 培训调查员；④ 收集数据；⑤ 分析数据，得出结论。研究步骤中最关键的部分是问卷的设计与编排，其主要步骤体现在四个方面：① 探索性工作，即对研究的被调查者的基本情况进行大致的了解，以便对各种问题的提法和可能的回答有一个初步的认识；② 设计问卷初稿，具体做法分为卡片法和框图法，前者从具体问题开始，然后到部分，最后到整体，后者相反；③ 试用，问卷设计好之后不可直接用于正式调查，具体的试用方式包括客观检验法和主观评价法，前者是采用非随机抽样的方法选取一个小样本进行作答，后者是将问卷分发给相关领域的专家、研究人员以及典型的被调查者，请他们直接阅读、分析并给予评价；④ 修改定稿并印制，根据试用反馈进一步完善问卷并分发。

抽样调查如今在网络传播效果研究中起着非常重要的作用。例如，2008年，希拉里·克林顿和巴拉克·奥巴马在民主党总统提名的激烈竞争中都运用抽样调查来调查传播效果并决定需要在哪些地区加强他们的竞选活动。

国内对于网络传播效果的实证研究中，比较典型的是学者谢新洲在《网络传播理论与实践》一书中通过受众调查，利用统计方法对网络传播效果理论进行了实证研究。下面以其所做的议程设置在互联网环境下的实证研究为例探讨抽样调查方法。

关于网络中是否存在议程设置，这一直是一个存在很大争议的问题。而这份调查的目的就是探究议程设置在互联网环境下的适用性。调查所要验证的基本假设被分解为如下两个：一是网络是高校学生获取信息的一个主要来源；二是以网络为主要信息来源的受众在一定程度上接受网络对其议程的设置，即受众议程与网络媒介议程在一定程度上相互重合。

1．抽样与问卷调查

研究采用问卷调查方法，调查对象是北大、清华、人大和北师大的在校学生，采取简单随机抽样法，发出问卷 1000 份，收回 741 份，其中有效问卷 701 份（有效回收率为 70.1%）。除与分析密切相关的年龄、性别、专业、生源所在地等个人基本信息外，问卷主要对四所高校学生的媒介使用习惯及对互联网的使用情况和态度等进行了调查。

2．描述性统计结果

对调查问卷所得数据进行描述统计分析，69.2%的北京高校学生使用最多的媒体是互联网，80%以上的学生平均每次上网时间超过 2 小时等结果。调查还涉及学生们近期最为关注的 20 条新闻事件，调查结果中，大多数同学关注的事件数量为 5～10 个。

3．统计关系

随后，调查者采用因果分析的统计模型——回归分析进行进一步归纳。通过回归分析发现议程设置理论在一般情况下是有效的。

4．解释调查结果

调查者从客观数据分析和受众的主观判断两方面内容得出结论：媒介的议程设置作用在网络传播中是存在的，但是，应该承认其效果并非想象中那么明显，网络媒体的议程与受众议程只有部分相吻合，从而并不能完全证明假设二的合理性。但是，如果不考虑媒介议程内容对受众的利益、行为、态度有明显意义的情况，网络媒体的议程设置理论的效果依然十分明显。

（三）控制实验法

实验法的思想植根于自然科学的实证主义范式，20 世纪之后，行为主义和以数字来测量社会现象的量化趋势推动了实验法在社会科学界的流行，主要应用于心理学研究领域。微观效果研究是实验法在传播研究里最主要的应用领域。

控制实验法（experimental designs）是处理因果关系问题的传统方法，这种方法伴随着对实验对象、实验环境和条件的严格限定和控制，所以被称为控制实验。传播学中的控制实验主要用于测试特定的信息刺激或环境条件与人的特定心理或行为反应类型之间的因果关系。控制实验的过程大致由以下几个环节或步骤组成：确定实验课题—选定实验对象—制作信息测试材料—实施测试—提出实验报告。

控制实验法的主要优点在于允许实验者进行控制并提供严格的内在逻辑。但是很多实验的"人为成分"太多或设计的场景过于简化，必须予以调整，才能适应"真实"的世界。

案例

音乐的选择对情绪的影响

近些年来,一些学者开始研究媒介的使用对情绪的影响,研究者多尔夫·齐尔曼(Dolf Zillmann)对此提出情绪管理理论:人们有意使用媒介信息改变自己的情绪。在情绪很坏时,人们会选择听什么类型的音乐?是欢快些的还是忧郁些的?为弄清这个问题,西尔维亚·诺布洛克(Silvia Knobloch)和多尔夫·齐尔曼通过控制实验法,试图观察人的情绪是否与他随意选择收听的音乐种类有关。

1. 参与者

研究者招募了116名大学生参与实验,其中三分之二是女性,他们被随机设定于三种实验条件之中。

2. 因变量

因变量是情绪。为了测定情绪会怎样影响音乐的选择,研究者首先要确保参与者处在不同的情绪状态之中,让所有参与者看一些照片并让他们确认照片上的人的情绪。研究者其实已确保指认的难度,选取的照片上的人无明显可辨的情绪、表情。然后,在随机选择的基础上,告诉一些参与者他们的表现极佳,确认情绪的正确率为85%;告诉另一些参与者他们的表现很糟糕,确认情绪的正确率只有15%。参与者基于自己被设定的组别,最终的情绪要么很好、要么很坏。研究者还设置了一个第三组别的参与者,他们被告知自己的表现一般,确认情绪的正确率约为55%,该组作为中性情绪的控制组。

3. 自变量

评定照片工作完成以后,参与者被移入他们以为与前者完全无关的另一种情境,研究者让他们戴上耳机,给他们8首不同的歌曲,他们可以在接下来的10分钟内播放。因为大约有30分钟的歌曲可听,参与者必须有所选择,选出他们最喜欢的歌曲。

4. 实验结果

在10分钟听音乐的时间里,与情绪好的参与者相比,那些在情绪确认任务中情绪变得很坏的参与者选择欢快、有力的音乐的可能性更大。两个组别之间的差别在统计学上具有意义。

5. 解释结果

研究者得出结论:研究结果支持情绪管理理论。当情绪不好时,人们会选择通过媒介促使自己的感觉好一些。

资料来源:KNOBLOCH S, ZILLMANN D. Mood management via the digital jukebox[J]. Journal of communication, 2002, 52(2): 351-366.

(四)个案研究法

个案研究法源自心理学,又称为个案历史法,作为一种定性研究方法用于追踪某一个体或团体的行为。个案研究法对一个或几个个案材料进行收集、记录并写出个案报告,通常采用观察、面谈、问卷等方法。个案研究法主要有如下几个特征:限制性条件多,主要研究某一特定现象在某一特定范围、特定时间内的综合情况，通常要具备特殊性、描述性、启发性、渐进性。个案研究法有其自身独特的优点：① 个案研究的对象可以置于社会文化背景中进行考察，由此可形成对于研究对象更深层次、更全面的分析；② 个案研究收集到的资料并不是一成不变的，而是动态发展的，这对于解释某些社会行为十分重要；③ 由于个案研究需要研究者进行实地访问，因而能够获得更多体验，感性认知更加丰富。但是，作为定性研究方法，个案研究法也有其弊端，最典型的问题便是无法保证个案的代表性，难以从个案中推导出普遍规律，加之其渗透了研究者的主观认识，故不能保障结果的科学性。

（五）观察法

观察法是指通过有目的、有组织的直接观察，收集有关人类社会行为的各种非语言资料，从而分析、判断两个或两个以上的变量之间存在何种关系的方法。就其特点而言，主要包括以下几个方面：① 观察法需要制订严格且具有系统性的研究计划并严格按照计划进行实地观察，是一种有计划、有目的的研究行为；② 实地观察时，除借助人的感官外，还需要一定的工具辅助观察者的记录，如相机、录音设备等；③ 观察者不应干涉观察对象的行为，面对突发情况亦是如此。根据观察点的不同，观察可分为实地观察和实验室观察；根据观察对象的不同，观察可分为直接观察和间接观察；根据参与程度的不同，观察可分为完全参与观察和不完全参与观察。在实践中，各种观察类型之间并无明确的界限，很多时候是交叉、重叠的。

观察法的操作步骤可以分为：① 设计，主要是指进行研究设想和假设，即明确研究要做什么；② 接触，主要是解决如何顺利进入观察现场的问题；③ 建立联系；④ 收集和记录数据，主要涉及依靠感官和工具进行数据记录以及审阅相关资料；⑤ 分析数据，分析数据的过程需要研究者客观地审视研究获得的资料；⑥ 整理写作。就其优点而言，观察者的实地观察使其资料原始且真实，有些时候甚至会有意外发现，并且这种方法相对灵活，操作简单。但观察法也存在一定的弊端，主要表现为观察者无法干涉参与过程，对于观察过程中的各种突发情况，只能消极应对，此外，并非所有社会现象都能被直接观察到，在运用时存在一定的局限性。

（六）访谈法

访谈法指的是调查者通过面谈的方式与被调查者进行交流沟通以收集资料的一种研究方法，具有控制性强、回复率高、灵活性强等特点，但同时也存在费时费力、干扰条件多等局限性。根据访谈目的和形式的不同，访谈法主要分为个别访谈、集体访谈、一般访谈、深度访谈、作为收集资料主要手段和辅助手段的访谈等。

1. 个别访谈

个别访谈是最基本、最常用的访谈类型，是指访谈者对访谈对象进行单独访谈，步骤主要包括访谈准备、接触访谈对象、正式访谈、结束访谈四个环节。值得注意的是，访谈法对访谈者的素质水平要求较高，素质水平较高的访谈者在合理提问和有效引导被访谈者进一步作答方面具有重要作用。

2. 深度访谈

深度访谈又称为无结构访谈、自由访谈，指的是一种直接的一对一访谈，没有固定形式，主要应用于探索性研究。在这种访谈模式中，训练有素的访谈者通过与访谈对象的深入交流与沟通来揭示某一复杂问题背后的动因。深度访谈就原则而言主要包括三个方面的内容：悬置的态度、对于被访谈者日常生活情况的了解以及找到访谈的最佳切入点，做好这三方面的内容对于顺利引导访谈、取得深入进展具有重要意义。

3. 焦点小组访谈

焦点小组访谈又称为集体访谈，指的是访谈者邀请若干被访谈者，通过集体座谈的方式了解社会情况或研究社会问题的调查方法。焦点小组访谈法可以单独使用，但很多时候，基于研究目的，研究者会将其与多种研究方法结合使用。这种方法最显著的特征便是群体间的互动，通过互动讨论，人们可以形成对争议本身的基本认识，但有时候，这样的群体互动伴随着群体规范与群体压力的影响。焦点小组访谈的一般步骤为：定义研究问题、设计研究问题、抽样、制定访谈方案、实施访谈、收集资料、撰写访谈报告。值得注意的是，撰写报告时不能仅仅描述结果，更重要的是要把整个研究过程、研究的推进与实施、研究的主题与目的、研究者等因素包含在内。

二、批判学派范式

（一）传播学的批判学派

经典传播学的另一大主流学派是批判学派，批判学派在学术立场和方法论上都与经验学派有很大的差别。在传播学研究方法上，批判学派主张的是一种阐释与批判的传统或范式。与经验学派把研究兴趣集中在传播与人的行为上不同，批判学派更关注传播的社会结构和功能、传播制度与社会制度的关系、传播的社会发展与变迁等。在研究方法上，批判学派以思辨为主，反对实证主义，注重使用定性分析而不是定量分析，广泛运用马克思主义、政治经济学、社会文化学、现象学、符号学、精神分析理论等对传播现象进行阐释和解读。这些理论和方法在今天的新媒介研究中同样被采纳。

批判学派是在社会科学的法兰克福学派影响下，以欧洲学者为主形成和发展起来的学派。1923年，欧洲一部分学者在德国的法兰克福成立了"社会科学研究所"，从马克思主义理论出发对资本主义社会进行批判性研究，其主要代表人物有M. 霍克海默、H. 马尔库塞、T. W. 阿多诺等。

由于学者们研究的对象、分析问题的角度和方法的差异，批判学派中也形成了各种各样的流派，其中有代表性的是政治经济学派、文化研究学派以及意识形态的"霸权"理论和哈贝马斯的批判理论。

在传播学的话语版图中，媒介效果研究无疑是最耀眼的坐标。作为传播学研究主流范式的经验学派与批评学派在媒介效果研究方面取得了丰硕的成果，如"皮下注射模式""第三人称假说""媒介文化"等。但在媒介效果研究的本质归属上，两大学派的观点产生了较大的分歧：经验学派认为批判学派的效果研究只不过是借用了现象学、符号学、结构主义等其他研究范式的一些新名词,其研究成果缺乏形成理论的社会基础/实证调查;而批判学派认为经验学派过于推崇实证/量化研究,所谓的"研究结论"充其量只能归属于"假说"的范畴,难以建立具有普适价值的理论范式。

(二)网络传播效果研究的批判视角

对于网络传播效果研究的批判视角分析,总结起来有如下一些特点。

首先,批判分析大多着力于理论借用与再度阐释。批判学者大量借鉴马克思主义、精神分析、现象学、符号学、结构主义等理论来对媒介效果进行意义解读。例如,英国文化学者斯图亚特·霍尔(Stuart Hall)对媒介效果的文化研究借鉴了阿尔都塞(Althusser)和葛兰西(Gramsci)的意识形态和霸权思想并把它们融入媒介效果研究,认为媒介效果受制于意识形态的强大作用;美国学者约翰·菲斯克(John Fiske)对电视文化的研究借鉴了符号学研究方法,围绕符号传递的意义洞察媒介产生的影响。由此,相对于经验学派以"假设"作为考察媒介效果的逻辑起点,批判学派则立足于"理论"角度来审视媒介效果。

其次,批判学派的研究视野要比经验学派更为广阔。批判学派学者认为,社会本身就是一个有机的整体性结构,任何传播活动都不是孤立存在的,都与社会事实存在着关联。所以批判学派不再关注媒介对个人的影响,而是从整个社会的经济、文化等背景出发,考察形成媒介效果背后的经济控制与文化浸润。

最后,相对于经验学派对传播现状的肯定态度,批判学派则对媒介的传播行为及其效果持强烈的否定态度。批判的目的在于防止人们在媒介的潜隐灌输中失去主观能动性、迷失自我方向。此外,批判学派的批判态度与批判精神并不是对某一种学说或方法的继承或延续,而是融多种学科知识于一体的批判实践,丰富了其思想内涵,增强了理论厚度。

(三)批判视角下网络传播效果研究的未来进路

在人类科学认识的长河中,科学方法本身在不断地完善,作用也在不断地增强,作为科学认识的手段,科学方法在现代科学发展中占据越来越重要的地位,而传播学中批判学派旨在对当前不合理以及异化的传播现象进行批判性揭露和分析,对商业化、理论化的固化理论加以客观性批判。批判学派认为,大众文化不仅使发达社会的异化状况常态化、合理化,而且本身也是压抑、欺骗人的社会镣铐,它越是让人自由地拥有,人就越是丧失自由。

正如拉扎斯菲尔德所言,保护和尊重人的尊严与自由,探讨恢复人的基本价值的方法和途径,是法兰克福学派批判学者的研究特点。事实上,这种研究特点也是整个传播学批判主义研究的传统和习惯。"根植于精神—价值—人性这一永恒主题的人本主义"成为批判学派的精神轨迹,人本主义和终极价值成为他们共同关注的对象和思想根基。现在,网络媒体为恢复人的尊严、自由和主体价值提供了新的契机,也成为网络批判研究的一个有力的切入点。

随着 21 世纪信息革命的到来以及互联网的普及,"批判学派"与"经验学派"二元对立的学科版图开始被解构。实证研究的范式逐渐采纳了批判理论的框架,而在批判的范式里面出现了量化研究的方法,呈现出一种多元化的视角和多种方法并重的局面。两种研究范式的交叉、融合、互补为网络传播理论研究拓展了更大的空间,实证研究的范式告诉我们"世界现实是什么",而批判的范式告诉我们"世界应该是什么",海纳百川本身就是互联网的基本特性。

三、网络传播效果研究的其他范式——麦克卢汉的思想启发

在传播学研究中,经验学派与批判学派两种范式占据着主导地位,但是近年来媒介环境学派在传播学研究中的地位不断凸显,被描述为两大主流范式之外的"第三种可能"或"第三条道路"。

(一)麦克卢汉的媒介理论简介

马歇尔·麦克卢汉的理论与之前研究者所论及的可谓大相径庭,他并不收集任何研究数据,没有通过分析、调查或者实验验证思想,他径直说出自己所认识到的大众媒介影响。但是麦克卢汉开创了从媒介技术出发考察人类社会发展的视角并强调了媒介技术的社会历史作用。特别是在进入网络传播时代的今天,麦克卢汉的思想复苏,引发热议,他的思想理论成果为科学思考提供了巨大的参照作用。学习媒介效果,既应该坚持科学方法,也应该重新认识麦克卢汉。

1. 媒介即讯息

这是麦克卢汉对传播媒介在人类社会发展中的地位和作用的一种高度概括,其含义是:媒介本身才是真正有意义的讯息。换个容易理解的说法,即人类有了某种媒介才有可能从事与之相适应的传播和其他社会活动。因此,在他看来,在漫长的人类社会发展过程中,真正有意义、有价值的"讯息"不是各个时代的传播内容,而是各个时代所使用的传播工具的性质及其所开创的可能性、带来的社会变革。麦克卢汉认为,媒介是社会发展的基本动力,每一种新的媒介的产生都开创了人类感知和认识世界的方式,也改变了人与人之间的关系,并且创造出新的社会行为类型。因此,媒介又是区分不同社会形态的标志。

2. 媒介即人的延伸

与"媒介即讯息"的观点相联系,麦克卢汉还提出了"媒介即人的延伸"的论断。他认为,任何媒介都不外乎人的感觉和感官的扩展或延伸:文字和印刷媒介是人的视觉能力的延伸,广播是人的听觉能力的延伸,电视则是人的视觉、听觉和触觉能力的综合延伸。麦克卢汉提出这个观点是为了说明传播媒介对人类感觉中枢的影响,因此,在他的眼里,媒介和社会的发展史同时也是人的感官能力"综合"→"分化"→"再统合"的历史。

3. "热媒介"与"冷媒介"

"热媒介"与"冷媒介"是麦克卢汉就媒介分类提出的两个著名概念。对这两种媒介的划分标准,麦克卢汉本人未进行明确的界定,人们只能根据他的叙述进行推测。一种解释是:"热媒介"传递的信息比较清晰、明确,接收者不需要动员更多的感官和联想活动就能够理解,它本身是"热"的,人们在进行信息处理之际不必进行"热身运动";而"冷媒介"则相反,它传达的信息含量少而模糊,人们在理解时需要动员多种感官和丰富的想象力。

4. 地球村

"地球村"是麦克卢汉在其代表作《理解媒介：人的延伸》中提出的概念。电子媒介尤其是电视的普及把遥远的世界各地拉得很近，人与人之间的感觉距离大大缩短，于是人类在更大的范围内重新部落化，整个世界变成了一个新的"地球村"。

麦克卢汉设想的"地球村"有三个特征。首先，在电子传播时代，生活在"地球村"的所有人类合为一体，部分与整体相互依存、相互影响，传播媒介在此过程起着决定性作用。其次，麦克卢汉认为，这种变化使民族、国家等概念瓦解和重构。"地球村"里的民族和国家不再具有空间上的界限，因为"地球村"消除了时间和空间限制。"地球村"里的人类面对的是全球责任，而不再是自家门前的那一小片菜地。最后，麦克卢汉指出，在电子技术塑造的时代，人们对整体合一的需求就是对人类整体无限和谐的追求，即互联网协助民众形成一个整合的社区，因为"电子技术将使个人主义过时，迫使人们彼此依赖"。

（二）网络传播时代对麦克卢汉媒介理论的再认识

尽管麦克卢汉笔下的新媒介以电视为代表，但是其富有想象力的预言也涉及电视之后的媒介发展。他曾这样描述媒介对人体的延伸的三个阶段："机械化时代，我们实现了自身在空间中的延伸。如今，在经历了一个多世纪的电子技术的发展之后，我们已在全球范围延伸了我们的中枢神经系统，在全球范围取消了时空。目前，我们正在很快地接近人的延伸的最后阶段——意识的技术模拟阶段，在这个阶段，知识的创造性过程将被集体地、共同地延伸至整个人类社会，如同我们已通过各种媒介延伸了我们的感官和神经一样。"尽管当时麦克卢汉尚不可能对后来迅速崛起的互动型媒介做出清楚的描述，但他还是扮演了预言家的角色，虽不无模糊却大胆地对信息传播新技术革命将使知识、信息成为生产力发展的主要资源的趋势做出了预言。

早在1999年，中国社会科学院新闻研究所徐耀魁先生在发表的论文《对大众传播的再认识》中就提出，"随着时光的流逝和时代的变迁，麦克卢汉关于媒介作用的学说大都为社会实践所证实，因此，我们很有必要对麦克卢汉的学说给予重新的认识和评价"。尽管麦克卢汉无法为自己讨论的媒介效果提供确凿证据，但他指出了效果且实情与其观点一致。对此，很多学者虽皱眉却犹疑，或许他真的道破了什么？正如汤姆·沃尔夫（Tom Wolfe）在一篇文章中所描述的："他要是对了呢？假如他真是货真价实的，自牛顿、达尔文、弗洛伊德、爱因斯坦和巴甫洛夫以来最重要的思想家呢？"

1. 关于电子时代的教育

麦克卢汉曾表达了电子时代传统的印刷式教育所处的窘境。他说，20世纪中期之前，走进教室的人们知道，教室内的信息水平一定比教室外高。试想电子媒介出现之前，不入学学习，就不可能了解政府运作、国外形势或其他重大事件。书籍是通向世界的唯一窗口。可今天的情形截然不同。麦克卢汉指出，今天的孩子上学后很快发现，教室外的信息水平远远高于教室内了。在某种程度上，今天的孩子觉得上学是对他们的教育的一种干扰。麦克卢汉在电视出现前曾在小学执教了20年，他经常念叨同电视一起长大的孩子难教，他们缺乏耐性、不文雅、爱娱乐、不爱书。他觉得电子媒介的出现一定会造成印刷式教育体系的危机，这是理所当然的。

2. 关于电子时代的政治

20世纪60年代，麦克卢汉在其媒介思想最为风靡之时对总统竞选进行了政治分析，他说约翰·肯尼迪是第一位电视总统。电视的固有性质是冷媒介，而肯尼迪具有一种兼容的冷静和对权力的冷漠……任何政治候选人，只要他不具备这样冷静和低清晰度的特性，只要他不给观众留下空白，让观众去填补他的身份信息，那简直就是自杀。尼克松1960年竞选总统时与肯尼迪的电视辩论就是这样的灾难。尼克松基本上是热的，他表现出来的高清晰度、鲜明的形象和动作使他得到虚伪的恶名。

3. 关于电子时代的隐私

麦克卢汉曾经指出，独处的权利是印刷时代开拓的裨益，印刷时代让人能隐退到私人空间，进入个人阅读。独处因此而让人期待、令人珍视，独处的权利将在电子时代不断遭受冲击。他指出，即时信息流让独处变得越发难以维持。今天倘若我们重新审视这一观点，不难发现，我们的个人信息被用于广告收集，电子媒介的使用习惯被算法了解……我们的独处权利似乎在无孔不入地遭受侵犯。我们那些确立已久的社会价值，如独处的权利、个体的尊严，正在受到摧毁，因此疏离和孤立感随之产生；被电子媒体异化以后，我们变得杞人忧天，疯狂地四处奔走，找寻我们原有的身份，其间，释放出极大的破坏力。

思 考 题

1. 简述议程设置理论的相关内容。
2. 思考在网络传播环境下，沉默的螺旋是加强了还是削弱了。
3. 在网络传播环境下，涵化理论也发生了一些变化，尝试找出这些变化。
4. 简述效果研究常用的定量研究方法有哪些并选择一种详细论述。
5. 回想麦克卢汉的观点并思考其观点对于网络传播的启示。

实 践 任 务

选择一种研究方法，以小组为单位，自选角度设计一份有关效果研究的研究计划。

本章参考文献

[1] 罗莹，刘冰. 网络信息传播效果研究[J]. 情报科学，2009，27（10）：1487-1491.
[2] 郭庆光. 传播学教程[M]. 北京：中国人民大学出版社，1999：214-218.
[3] 杨理光，郑保章. 网络媒介议程设置的弱化及其影响[J]. 河北师范大学学报（哲学社会科学版），2006（4）：152-155.
[4] 彭兰. 网络传播概论[M]. 北京：中国人民大学出版社，2017：306.
[5] 刘德杰. 网络传播中的"议程设置"探析[J]. 新闻窗，2009（4）：88-89.
[6] 王晓慧. 论网络时代下的"沉默的螺旋"[J]. 今传媒，2010，18（11）：139-141.

[7] 谢新洲. 网络传播理论与实践[M]. 北京：北京大学出版社，2004：173.

[8] 原源. 变幻的螺旋：社会舆论形成的复杂性与多样性——网络时代"沉默的螺旋"面临的挑战[J]. 山西师大学报（社会科学版），2011，38（2）：152-154.

[9] 布赖恩特，汤普森. 传媒效果概论[M]. 陈剑南，等，译. 北京：中国传媒大学出版社，2006：87.

[10] BEULLENS K, ROE K, VAN DEN BULCK J. Excellent gamer, excellent driver? the impact of adolescents' video game playing on driving behavior: a two-wave panel study[J]. Accident analysis & prevention, 2011, 43(1): 58-65.

[11] 德弗勒，洛基奇. 大众传播学诸论[M]. 杜力平，译. 北京：新华出版社，1990：351.

[12] 谢新洲. "媒介依赖"理论在互联网环境下的实证研究[J]. 石家庄经济学院学报，2004（2）：218-224.

[13] 于旻生. 新媒介环境下的受众媒介依赖研究[D]. 长沙：中南大学，2012.

[14] 王靖. 三网融合时代下受众的媒介依赖[J]. 商业文化（下半月），2011（5）：28.

[15] 斯帕克斯. 媒介效果研究概论[M]. 何朝阳，王希华，译. 北京：中国人民大学出版社，2013：58.

[16] 谢新洲. "议程设置"在互联网环境下的实证研究[J]. 中国记者，2004（2）：76-77.

[17] 张卓，赵红勋. 媒介效果研究："假说"还是"理论"？——基于经验学派与批判学派的学术考察[J]. 新闻界，2019（1）：60-70.

[18] 赵志立. 论网络传播学的理论构建[J]. 西南民族大学学报（人文社科版），2008（6）：153-158.

[19] 梅琼林. 新媒介催生新的传播学研究方法[J]. 河南社会科学，2006，14（3）：54-57.

[20] 纪莉. 论麦克卢汉传播观念的"技术乌托邦主义"——理解麦克卢汉的新视角[J]. 新闻与传播研究，2003，10（1）：38-44.

[21] 杨汉云，杨祎. 国内麦克卢汉媒介理论研究述评[J]. 当代传播，2011（6）：126-127.

[22] 张咏华. 新形势下对麦克卢汉媒介理论的再认识[J]. 现代传播（北京广播学院学报），2000（1）：33-39.

第十二章

网络传播研究的发展脉络、热点与展望

> **本章导读**
>
> 随着媒介技术的发展和互联网的迭代，我国网络传播研究也在不断提升广度和深度。网络传播研究不仅有助于牢牢把握网络世界和媒介生态的变化，推动新闻传播学的学科发展，同时有利于及时把握社会价值风潮的变化，占领网络舆论的主阵地。本章第一节将我国网络传播研究划分为五个阶段，回顾了网络传播研究的发展脉络；第二节通过总结当今时代背景下网络传播的研究热点归纳了当下学界网络传播的研究主题；第三节根据目前网络传播研究的发展趋势和转变做出了相应的展望。

通过梳理某一研究领域的发展脉络不仅能展现该领域积累的研究成果，反映学界对核心问题的认识的变迁，还能在了解研究总体水平的情况下查找问题，通过探究历史及当下的不足，为今后的研究提供改进和发展思路。正所谓"以史为镜，可以知兴替"，网络传播研究也是一样的道理，若想合理展望未来的研究趋势，必须梳理研究历史进程。

第一节 网络传播研究的发展脉络

从传播学的整体发展脉络来看，在传播研究已经发展为一个较为成熟的学术领域之后，互联网才出现。而此前的媒介技术，包括电话、报纸、收音机和电视，在这些产业发展的时候，以媒介研究为核心的传播学则是伴随着它们的发展而逐渐构建框架、演变完善，所以有学者认为在互联网的演变和发展过程中，传播学学者也做出了出于本学科的独特贡献。

中外网络传播研究大体上都是从 1994 年开始萌芽并以 1996 年为网络传播研究的元年。在国内,网络传播的研究又与互联网进入我国的进程是基本同步的。1994 年,我国正式接入国际互联网,故而也有研究者将这一年称为"网络传播元年",只不过在早期网络传播研究中学者们更多地使用"信息高速公路"这一表述为研究标题。这主要是因为在 1993 年,美国"信息高速公路"计划出台后,全球都掀起了建设"信息高速公路"的浪潮。同年,我国也开始实施涉及国民经济信息化的重大信息系统工程。因此,本节将早期对"信息高速公路"的研究纳入网络传播研究的发展历程。

朱光烈在 1994 年曾对"信息高速公路"在未来对传播业的影响做出大胆预测,提出了惊世骇俗的"泡沫论",他预测现存媒介、专业新闻工作者将化为"泡沫",不再存在。后来不少学者撰文对这一观点进行商榷,主流意见认为,不论是传播手段还是传播工作者,都不会"化为乌有",而且还会借助"信息高速公路"获得新的发展契机。在商榷和回应中,"互联网"这一新概念得以逐步澄清并愈发受到重视。

1996 年之前,国外关于网络传播的研究数量较少且较为零散,直到 1996 年国际传播学会的首要学术刊物《传播学刊》(*Journal of Communication*)出版了一整期研究网络传播的专刊才改变了这一状况,主流传播期刊对网络这一新传播媒体的关注标志着传播学界整体对网络作为一种新媒介的认同。在引用量最高的一篇文献中,莫里斯等学者直截了当地确认了网络作为大众媒介的身份并警告传播学界若持续忽视对网络传播领域的研究,就会使研究失去实用性,从而导致整个学科被历史遗忘并且失去一个探讨传播学核心问题的机会。此后,其他重要传播期刊,如《新闻与大众传播季刊》(*Journalism & Mass Communication Quarterly*)、《传播电子期刊》(*Electronic Journal of Communication*)等也纷纷推出有关网络传播的专题或专集。到了 20 世纪初,一批以网络传播为研究重点的学术刊物应运而生,如《新媒体与社会》(*New Media & Society*)、《网络传播期刊》(*Journal of Computer-Mediated Communication*)、《网络传播杂志》(*Computer-Mediated Communication Magazine*)等,专业期刊的诞生又反过来激发了研究者的学术兴趣。

在探究了网络传播研究在国内外的起源后,本节将以国内为主,对国内外网络传播研究的发展脉络进行梳理。一般来说,对文献进行概括可以采用两种思路:一是纵向概括,进行历时性描述,把研究置于历史长河的动态背景之中,从比较宏观和整体的角度把握有关研究的总体形态和走向。二是横向概括,从研究主题、方法等不同角度进行总结,以达到揭示该领域总体格局的效果,使读者在脑海中形成一幅关于网络传播研究的全景图。首先将按照网络传播研究的发展分为不同历史阶段,再进一步在各研究阶段对学者们最为关注的不同研究主题进行分类综述。

一、1996—1999 年:网络传播研究的起步阶段

国内这一阶段的研究主要是对网络这种新兴媒介进行介绍、描述与前瞻,虽然未达到较深层次,只是处于起步阶段,但正是这些研究为传播学科打开了一个新的窗口,对于中外网络传播研究来说都起到了引领作用。国外在这一阶段的网络传播研究由于缺乏统筹性

研究问题，相关研究在研究主题、方法和结论上都比较分散、零乱。此外，在这一阶段国内研究整体落后于国外的网络传播研究。

从整体来看，这一阶段的研究主要有三个特点：一是学界的研究思路和范围比较狭窄；二是研究方法单一，国内只出现了一篇定量研究论文；三是专著方面表现得相对优秀，国内学者陆续撰写了多部评价互联网的作品，后来网络传播的许多议题在这些作品中已然浮现。

这一阶段的网络传播研究主要分为网络使用、网络影响、网络采纳和其他这四类研究主题。其中，网络使用研究的文献数量是最多的，它又包括三个研究侧重点，分别是不同的人如何利用互联网；互联网在不同领域的使用，包括选举、新闻传播等；互联网的本质及其与其他传播媒介使用的比较。

有关网络影响方面的研究又可以分为初级影响研究和次级影响研究。前者主要关注互联网使用给个人的生活和心理带来的影响，特别是负面的影响，通常是通俗媒体热衷报道的话题。次级影响是互联网技术对社会层次的影响。互联网经常被认为能使人们超越各种社会、政治、经济、地理和生理的障碍，而有更平等的社会参与机会。在社会和国家层次，互联网则被认为能影响和加快一个国家的民主化进程。

除上述有关互联网的使用及其影响方面的研究，还有许多有关互联网传播的其他研究，涉及政策法规、网络内容、电子商务，不一而足。1997年，传播学二级学科地位确立，大量专职研究者进入场域，学科专业化加快。从此，传播学结束"前学科阶段"，进入正式的学科化阶段。网络传播也因此受益，迎来第一次研究热潮。

二、2000—2007年：万维网时代的网络传播研究

（一）2000—2002年：第一次研究热潮

2000年，随着互联网加速走进千家万户，"网络媒体"的称谓日益普及。这一阶段，网络传播的研究有了很大的发展，这主要受益于研究人员尤其是专业人员的增多。21世纪伊始，国内大专院校纷纷成立网络传播专门机构，开展相关教学和研究。到2002年，清华大学、中国人民大学、华中科技大学、北京广播学院、北京大学、复旦大学均完成了网络传播相关方向专业和课程的设置。有学者提出，要合理解释网络传播现象，必须建立网络传播学，将网络传播研究提升到学科高度。正是有了专业的课程与机构设置，本阶段的论文在研究程序方面也越发规范。

这一阶段的研究与起步阶段相比，有四个比较明显的变化特点：一是论文数量大幅增多的同时，研究视野大大扩展，除对一般网络问题的探讨，还开始关注网络与社会、政治、经济、文化等各种因素的互动；二是实证研究的论文数量开始增多，调查、资料收集和分析方法呈现出多样化趋势；三是出现了阶段性总结和反思；四是出现了有代表性的个案研究。

本阶段，研究者们在研究主题方面主要集中于三个方面。一是对宏观概念进行探讨，如将网络传播作为整体进行分析，学界开始用"5W"模式思考网络媒体，代表成果有《网

络时代大众媒介传播的新模式——"扁平"传播》（王长潇，2001）、《网络时代的媒介与受众》（张国良，2001）、《网络成为成熟媒体的特征分析》（王再承，2001）等。二是研究互联网对传统媒体的冲击，如网络时代的电视等传统媒体的生存问题，同时也旁及网络新闻等实务性研究，如《9·11与美国网络传播》（张海鹰，2001）等。三是部分研究者开始关注网络传播的复杂性和负面效应（丁未，2000；程曼丽，2000 等）。在国外的网络传播研究已开始延伸到政治学、社会学、人类学等多种研究视角的情况下，国内的网络传播研究者也逐渐使用多种维度观照网络的多重属性。

（二）2003—2005 年：沉寂纵深发展阶段

2003 年起，BBS、论坛等网络言论空间在我国悄然发展，平民前所未有地获得了独立的言说权，不过学术界对网络传播的研究热度略有下降，论文数量出现回落，表面上看仿佛进入了研究低迷期，但从这一阶段的论文内容来看，研究更趋于纵深化发展，许多研究引入了社会学、符号学、经济管理学的多种研究视角，焦点更加明确、集中，体现出从一般大面描述到具体个案深入研究的趋势。具体来说可以总结为三个特点：第一，对于网络论坛、聊天室、博客、网络游戏等网络形态具体内容的考察研究论文增多，研究主题进一步拓展；第二，定量研究论文比例增加；第三，总结网络传播研究成果的论文和专著出现，一些国外经典译作大量出版。

在研究主题方面，网络意见空间的产生催生了与媒介管理、社会治理、官方媒体等诸多领域相关的研究议题，也使得网络社区、网络公共领域和网络舆论等领域备受青睐，如《网络传播与社会困难群体——"肝胆相照"个案研究》（陈红梅，2005）、《从网络流行歌曲看网络对青年文化价值的传递》（项国雄、黄璜，2005）、《网站管理规范的内容特征及其价值指向》（钟瑛、刘海贵，2004）、《同质化竞争下新闻网站信息资源经营策略探析》（吴信训、陈未，2005 年）等。

在研究方法方面，这一时期实证研究开始在网络传播研究领域发端，部分学者在选题、视角、方法等方面开始努力与网络传播的国际研究接轨。定量研究论文大大增多，2003 年、2004 年、2005 年实证研究论文分别占当年论文总量的 17.1%、16.7%、17.8%，如《中国大陆的文化价值观：以 2004 年网络广告分析为例》（冯捷蕴，2004）、《网络 BBS 里的"宝马撞人案"》（陈红梅，2005）、《从马加爵事件看网络受众的传播地位》（杨慧琼，2005）等。高质量的研究通常具有跨学科、跨领域的自觉并注重对核心概念进行澄清或对现象进行全面细致的概括，不过这样的研究数量终归有限——大多数论文研究论题仍然是大而无当，无所谓研究方法，论述空洞且充满臆测，有许多政策性与实用性文字甚至难以列入学术的范畴。此外，理论性缺乏、论题重复的现象也比较严重。

2003 年，理论界出现第一次对互联网研究成果的总结，同时对互联网的研究提升到宏观文化层面，如《"赛博文化"与人类的孤独》（徐宏力，2003）、《论网络新闻学学科体系的构建》（王卫军，2003）。2004 年，理论界把网络传播作为一门新兴学科方向提出，如《网络传播学科发展报告》。值得一提的是，这一阶段和网络传播相关的经典译作大量出版，为我国网络传播学研究开阔了视野，其中，马歇尔·麦克卢汉的相关著作影响最大，曼纽尔·卡斯特、卡斯·桑斯坦、勒庞等人的著作也引发了关注。这些作品无论在课题领域、研究方法还是在理论溯源上，都对国内网络传播学学者具有借鉴价值。

(三) 2006—2007年：再次复兴阶段

虽然早在 20 世纪末，国外就已经出现了记录生活的博客（Blog），但这种以个体为中心的社会化媒体很晚才被引入我国，直到 2005 年大规模的商业化博客平台的运作才出现，但这种新型网络传播形式的普及速度极快，一部分非常活跃的互联网使用者从 BBS 转到博客（以新浪博客为主），成为第一批网络意见领袖（俗称"大 V"）。博客在对人们社交生活产生了巨大影响的同时，为网络传播研究带来了转折，2005 年之后，Web 2.0 这一概念开始取代第四媒体、信息高速公路，成为主流研究话语。

在经过上一阶段研究低潮期后，2006 年的研究数量出现了显著增长。总体来看，这一时期的研究特点有三个：一是紧随互联网发展趋势，对于 Web 2.0 的研究逐步深入；二是采用生态学和系统论的新视角以及实证方法对网络传播现象进行研究已成为新的趋势；三是对于我国网络传播研究的历史意识和自省意识得到强化，使网络传播研究的未来发展方向和历史坐标更加清晰。从 2006 年开始，学界对网络传播研究的总结归纳从阶段性变为连续性，足见这一转折点的重要性。

这一阶段的研究主题已经可以被系统地分为网络传播理论、技术、监管、伦理这几个大的方面。在关于理论的研究中，学者们对网络传播的本质性变化和深层次问题进行了思考，如刘正荣（2007）从传播主体复杂化、"话语权"垄断的消失、"把关"的缺失三个方面论述了"人人即媒体"与大众化传媒要素的质变。同时，学者运用新的网络传播理论提出了一些新观点。

在关于网络技术的研究中，Web 2.0 时代下的新传播方式（以博客为主）和媒介融合是这一阶段的研究焦点。陈燕（2006）通过分析新闻博客对传统新闻媒体报道的补充作用、议题的解构和构建作用、传播格局的突破作用、话语宰制的消解作用，揭示出这一网络传播形态对新闻价值观与媒介格局的影响与改变。周海英（2006）指出，我国的博客研究主要还是在传播学的基本框架下进行的，研究视野主要是新闻传播这个维度，显得单一而狭窄，而国外的博客研究开始延展到社会学、经济学、人类学、人种学、符号学等多种研究视角。以网络传播为背景的媒介融合趋势进一步明显，已成为网络传播研究无法回避的话题。

这一阶段，网络监管研究开始兴起。关于网络传播监管的研究又可以分为宏观监管和内容监管两方面。在宏观监管方面，有研究者以国内外法律为切入点，在厘清表达自由权利内涵的基础上，探讨了表达自由与互联网的关系，对作为一种全新而独特的媒体的互联网所产生的表达自由问题以及政府和法院如何处理这些问题进行了研究。内容监管方面，国内研究者多从具体的传播内容和特定渠道入手，进行较为细致的研究。从 2006 年下半年开始至 2007 年，关于信息网络传播权的研究成为一个网络传播研究的热点。

研究方法方面，用实证方法对网络传播现象进行研究已成主流趋势，在系统论视角下对网络文化建设与管理更为关注，在生态学视角下网络传播研究的融合性和交叉性进一步凸显。至此，我国与国际在网络传播研究领域的研究方法运用水平已经在丰富性与融合性上达到大体相近的水平，以下阶段中不再赘述。

三、2008—2012 年：移动互联网时代的网络传播研究

（一）2008—2009 年：第二次研究热潮

2008 年是我国网络传播的又一个转折点，在这一年出现了一个与互联网相近但又有所不同的概念——移动互联网。新媒体的概念在经历了 PC 时代后再一次被刷新，宫承波等人将新媒体界定为依托数字技术、互联网络技术、移动通信技术等新技术的新型媒体形式、软硬件或信息服务方式。移动终端在汶川地震等一系列重大新闻事件中被广泛运用，还被纳入奥运转播体系，尤其是在社会动员与力量组织方面产生了巨大的效应。

随着整个社会步入移动互联时代，研究者们也逐渐将研究对象转移到社会化媒体这一新兴领域。同时，2008 年正值传播学引入我国 30 周年，经过多年的探索、积累，学科逐渐成熟，具备了批判吸收、自主创新的条件，学术共同体建设日益深入，而作为其重要分支的网络传播研究也呈现专门化和深化态势。相应地，西方思想著作的翻译引进产生的影响力进入边际效应递减状态。我国新媒体研究已经进入了更为繁荣的新阶段，新媒体研究视野进一步拓宽，新媒体研究方法更加多元。这一阶段最大的特点就在于学科体系走向成熟，许多学者从本体论角度思考网络传播的结构模型，考查网络传播的元理论建构，重新验证议程设置、沉默的螺旋等一些经典的传播学理论。

这一阶段的研究主题可分为对新媒体概念与理论、发展态势、技术与产业、传播现象的研究。其中，国内传播学者对新媒体的研究热点集中在五个方面：危机传播与舆论监督、媒介形态与数字技术、社会媒体与媒介融合、传媒产业及其转型、媒介使用及受众分析。由于网络从多方面重组我国社会，于是对舆论、舆情的研究成为焦点。学者们开始关注互联网上的亚文化群体、网络身份的建构、网络社区的特质等。

（二）2010—2012 年：指数级扩张阶段

2010 年是中国移动通信技术商用的第二年，技术的成熟与智能手机的普及使得手机移动终端逐渐成为天然的媒介融合代表并受到广泛关注。在时代和三网融合媒介环境下，手机新媒体研究的重要性日益凸显。同时，微博、SNS 等社会化媒体异军突起，与我国国情相结合，产生了前所未有的巨大影响，推动网络传播研究在规模上达到新的高度。

这一阶段网络传播研究的特点有两个：一是研究者集中将手机这一移动终端为载体的社会化媒体作为研究对象；二是研究主题多维度扩张，学界对新媒体传播领域进行了广泛而深入的探索，使得宏观脉络趋于清晰，微观研究有所创新。

在研究主题方面，这一阶段，手机媒体作为首个移动媒介进入传播学，为网络传播学研究拓展新的理论空间。通过对这一阶段我国手机媒体研究的回顾可以发现，随着移动通信技术的发展，在三网融合的媒介发展背景下，手机的"内容"和"使用"依然是热点且多数研究都基于大众传播、媒介生态和广告营销等方面展开。同时也应该看到，手机实际上具有双重使用功能，即工具性使用和表达性使用，但是当前学界和业界对于技术发展所带来的负面影响和危机的重视度不高，"工具理性"研究相对缺失。

在新媒体传播的理论维度上，亦有研究者进行了深入思索。在研究的宏观方面，童兵

（2012）认为，当代新闻学要想在传统新闻传媒的实践经验基础上有所发展，必须针对新兴传媒的新鲜经验在理论上有所突破，从而不断提升我国当代新闻学的科学性、权威性和影响力。李良荣等学者（2012）认为，新传播革命本质上是传播革命资源的泛社会化和传播权力全民化，以"去中心—再中心"为基本特征，从而为政府机构塑造全新的执政环境，争夺传播主导权成为国家的全新课题。

在这个以移动互联网传播为主导、多种新兴信息传播技术为支持的新媒体传播发展阶段，随着新媒体传播技术、网络、产业的快速发展，新媒体产品、服务、应用均愈加复杂、丰富、多元。移动互联网时代下的中国新媒体传播研究总体上表现得非常活跃，研究者们对于新媒体传播现象及其规律性进行了全面而深入的研究，为进一步推动网络传播研究在高速移动互联网时代的发展奠定了理论研究的新基础。

四、2013—2016 年：网络传播研究沉淀阶段

2013 年，移动通信 4G 发展正式启动，我国进入了一个信息传播技术持续演进、国家信息传播战略不断升级的发展时期。4G 的运用和以 3G 为基础的移动互联网的深度渗透为我国新媒体发展带来了新的变化和发展空间。我国新媒体传播研究总体上开始围绕技术、应用、内容、舆论、治理等主题进行广泛深入的研究，在大数据和社会化传播语境中进一步探索了我国新媒体传播的发展规律并为推动我国新媒体传播的持续发展提供了理论层面的有力支持，而后新媒体传播研究进一步聚焦于 4G 移动通信技术及移动互联网背景下的网络安全、媒体融合和互联网治理等重要研究主题，从多个维度对处于新常态发展格局中的我国新媒体传播的新进展进行了广泛研究。

2014 年，我国进入了国家信息传播顶层设计及相关国家战略不断清晰完善、新一代信息传播技术持续演进发展、媒体融合产业不断发展壮大、移动新媒体社会化应用日益渗透的新时期。在此历史背景下，新媒体形态、大数据传播、互联网思维、产业互联网、媒体融合、互联网治理等日益成为我国新媒体传播研究的主流话语，我国新媒体传播研究在这一年以多元研究方法从新媒体传播实践的多个层面进行了新的理论探索。这一年的新媒体传播研究进一步聚焦于网络强国战略、大数据战略、互联网+、4G+、移动通信技术及高速移动互联网背景下的传播形态、传播生态和传播治理等重要研究主题，从多个维度对处于多重国家战略架构中的我国新媒体传播的新进展进行了广泛研究。

2015 年，我国的国家信息传播顶层设计及相关国家战略进一步清晰化，新一代信息传播技术持续向着更快速率、更大范围、更广应用的方向发展，深度融合产业生态不断扩展新的发展领域，高速移动互联网新媒体社会化应用进一步模糊了现实世界和虚拟世界的边界。在此历史背景之下，网络强国战略、大数据战略、4G+、互联网+、新传播形态、多元传播治理等已成为我国新媒体传播领域新的研究话语。我国新媒体传播研究在这一年以更为深入的跨学科、跨文化、跨国界方式从新媒体传播实践的多个层面进行了新的理论探索，为更为广阔的新媒体传播研究提供了新的方向和新的路径。

2016 年，关于我国社交媒体与新媒体的相关研究在持续增多，主题更加多元，一些传统的研究主题因为传播实践的更新和新研究视角的引入而焕发出新的生机。例如，对传

效果方面的研究，学者们通常更加关注社交媒体对大学生、青年群体的影响。范颖等人（2016）研究了青年用户使用微信公众平台的动机，发现便捷信息性动机的因子贡献率最高，也就是说青年使用微信公众平台是由于它的便捷性和信息性。此外，社交媒体对社会关系的影响以及社交媒体的隐私问题也是学者们关注的重点。

除了传播效果，2016年的社交媒体研究主题还有社交媒体广告、营销与运营；社交媒体环境下的舆论研究，这其中又可分为对社交媒体环境下的舆论场特征的研究和意见领袖与其影响研究；关于社交媒体与国家形象、文化差异等的研究。这一阶段也不乏对社交媒体的反思性研究，随着社交媒体的广泛普及，其带来的负面作用也凸显出来，社交媒体的使用加强了"拖延症"现象，人渐渐被手机征服、被技术反向驯化，最终会导致人的异化，这一系列副作用引起了学者的警惕和反思。

从研究质量来看，这一阶段出现了不少具有典范意义的论文。特别是2013年起，一系列论文奖项陆续设立，起到了良好的示范作用。但总体而言，研究成果产出的增长不再像前一阶段那样迅猛，总量甚至有下滑趋势，这表明网络传播研究进入了沉淀期，正在为新一轮发展积蓄力量。2014年起，大量反思性文章的出现表明学界对此前的粗放式增长提出了质疑，试图推动学科更加健康、稳定地发展。

五、2017至今：智媒时代网络传播研究精细化阶段

2017年被称为"人工智能元年"。皮埃罗·斯加鲁菲（Piero Scaruffi）曾指出，人工智能与机器人写作是未来媒体十大发展趋势之一。近年来，技术发生翻天覆地的变革，使得学界对新媒体的研究多聚集于技术面向，研究主题主要集中于人工智能与虚拟现实、增强现实技术并对其所带来的变革、问题及其发展路径进行探讨。随着人工智能从技术开始走向实际运用，学者们也陷入深深的（学科）身份焦虑和未来忧思。在这种背景下，本阶段的新媒体研究除对技术的关注外，整体也呈现出浓厚的反思氛围并出现了一些新的特点与面向。

首先，在关于新技术的研究方面，研究者们对传媒的产业模式、经济形态、盈利方式所发生的变化进行了研究。随着传播技术发展、传媒业剧烈变动，版权问题、互联网治理的规制问题日益凸显，成为学者们关注得较多的问题。研究主题既涉及微观、中观的版权制度、个人信息安全，也涉及宏观的互联网治理。此外，在我国媒体融合已进入深度融合的背景下，学者们也对本阶段内媒介融合所浮现的问题及其推进策略进行了研究。例如，喻国明在2017年提出，互联网的发展迈入"下半场"，媒介融合的诉求从"大而全"向"专而精"发生了转移。

在这一阶段，对于新媒体传播的整体研究也在逐渐增加。在传播模式方面，我国学者为了更加完整地分析新媒体环境下的信息传播实践，引入了国外其他学科的理论思想，更加确切地阐述了个体和媒介的复杂关系。在传播形式方面，短视频的迅速发展为学界提供了研究对象，出现了大量对短视频的研究且研究深度逐年提升，从对特征、行业现状的描述，到如今也出现了大量系统性反思的研究。

本阶段，网络舆论生态走向多元化，国内学者对新媒体环境下的网络舆论研究主要体现在三个方面：一是对于舆论研究本身的学术探讨；二是具体结合突发事件或热点话题，对不同平台的舆情信息传播进行分析；三是对于网络舆论力量的分析及其启示。此外，在由科技发展引发的多维反思中，众多学者们不约而同地聚焦于"身体"这个至关重要却在过去的研究中若隐若现、得不到应有重视的问题。

整体来说，在本阶段，我国网络传播或者新媒体研究的对象涉及各个领域，研究视野进一步拓展，学术研究整体呈现出网状化、精细化特点。即便如此，陈力丹教授仍指出，目前学术界对网络传播研究的很多论文选题，包括硕博论文和社科基金项目的选题，多局限于"经世致用"的狭小视野，学术成分稀薄。

学界的职责不仅是对网络传播中的新现象、新问题进行描述，甚至也不限于告知如何解决问题、应对危机，学者更应该做的是为大众提供一种批判性思考方式。毕竟任何科技都是双刃剑，指出负面影响比一味赞美进步更可取，比纠正偏见更可贵。只有学术研究者保持一种批判思维，研究才会继续推进，社会才会持续进步。

如今，我国已经进入互联网发展的"下半场"时期。所谓互联网发展的"下半场"，指的是互联网发展的"人口红利"已经消失殆尽，过去（即互联网发展的"上半场"）那种发现一个"风口"，大家便一拥而上、野蛮生长的阶段已经一去不复返了。代之以专业化程度更高、智力输入更加密集、范式创新更为关键的新的发展阶段。

对于网络传播研究来说也是一样的道理，自 1996 年网络传播研究元年至今已有 26 年，期间网络传播研究经历了起步阶段；万维网时代下的第一次研究热潮、沉寂、复兴三阶段；移动互联网时代下的第二次研究热潮和扩张两个阶段；高速移动互联网时代下的沉淀阶段，最终进入智媒时代下的精细化发展阶段。追求数量的粗放式增长时代已经成为过去式，因此可以说，网络传播研究已经进入"下半场"。为了便于大家了解下半场的学界研究，我们将在第二节对当下的研究热点进行总结。

第二节　当下网络传播研究的热点

一、技术发展研究

（一）人工智能与算法：数据指导下的新闻实践

自 2017 年"人工智能元年"开始，机器和算法已广泛应用于新闻传播领域：在社会化媒体、搜索引擎、个性化新闻客户端等新兴媒体信息聚集与分发平台内部，正发生着把关权力从人工编辑向智能算法的让度和转移。智媒化给全球范围内的传媒产业发展都带来了巨大的影响，这也使它成为国内外学界和业界研究的热点话题。

人工智能技术的本质是一种算法模型，算法是一种编码程序，通过特定的运算把输入数据转化为想要得到的输出结果。而这种算法模型的"智能化"程度取决于计算能力、数据与大数据以及算法模型的"三位一体"的品质。如果我们把人工智能比喻为构成世界"三位一体"的物质、能量和信息的话，在人工智能中，数据就是人工智能得以成长的物质基础，算法的信息即内容，而计算机的计算力则是使数据得以处理的能量。

算法与新闻的结合是人工智能进入传媒业的主要方式之一。所谓算法新闻，是指从大数据中获取海量信息的人工智能机器根据一定的算法规则替代人工（即记者、编辑）所生产出的新闻。算法新闻由生产和分发两部分构成，一方面，由自动化的新闻写作软件利用算法程序从海量的数据库中收集各种题材的数据，建立数据间的联系并以此形成报道内容；另一方面，媒体平台利用算法机制实现内容的分发和推荐。

目前的算法新闻生成流程主要分为以下五个步骤：① 读入大量的结构化和标准化数据；② 测量数据中的"新闻性"；③ 提炼出合适的报道角度并依照重要性进行排序；④ 将报道的角度与数据中的事实相匹配；⑤ 生产报道的文本。在算法新闻生成之后，利用算法新闻分发的机制进行内容推荐。

而当下既有的算法新闻分发主要有三种机制：一是用户画像算法，也称内容推荐，其原理是平台利用大数据跟踪并记录用户在网络上的行为轨迹，以挖掘和分析用户偏好信息，对其进行标签化处理，勾勒出其兴趣图谱和用户画像，再对其进行精准化信息推送；二是协同过滤推荐，即计算机通过计算不同群体的兴趣偏好，对有相似兴趣、爱好的用户进行匹配；三是单因子推荐，即基于用户对于某一条新闻信息的点赞数、阅读量、转发量等数据进行分析过滤，选取热度高的信息进行自动推送。除此之外，混合算法推荐也开始被更多的平台所采用。所谓混合算法推荐，即赋予算法结果以不同的权重，在进行混合加权之后再向用户进行信息推荐。目前，算法新闻集中体现在机器写作（算法内容生成）和个性化推荐（算法内容推荐）这两种新闻实践上。对此，学界给予了持续的关注和深入的思考，也产生了一些新的观点和看法。

关于人工智能对新闻业的影响，白红义（2018）提出"劳动—知识—权威"的三级分析框架：新闻劳动是新闻业内直接遭受人工智能冲击的部分，体现为记者的劳动过程、雇佣状况、职业满意度等不同层面的变化；新闻知识是一个相对抽象的认识论层面的问题，它反映在作为知识类型的新闻文本和作为知识实践的新闻技能方面的调适和改变；最后一级的新闻权威是更为抽象的概念，它关心的则是新闻业在社会中的位置这一根本性问题。人工智能技术的介入将新闻全流程都纳入人为无法识别的"黑箱"，带来算法偏见、算法主权、透明度等诸多问题。

（二）5G：催动万物互联的信息革命

"第五代移动通信技术"（5th-generation mobile networks）是面向 2020 年以后移动通信需求而发展的新一代移动通信系统，通常被简称为 5G。5G 具有超高的频谱利用率和能效，在传输速率和资源利用率等方面较 4G 移动通信提高了一个甚至更高的量级，其在无线覆盖性能、传输时延、系统安全和用户体验上有着更卓越的表现。

2019 年年初，工业和信息化部宣布发放 5G 临时牌照，引起了学界关于 5G 的热烈讨论，而同年 6 月 6 日工信部正式发放 5G 商用牌照则标志着我国正式跨入了 5G 时代。在中国知网对"5G"进行搜索可以发现，在新闻与传媒文献分类中，2018年以前关于5G的文章加起来不过35篇，而2018年一年发表了60篇，2019年有664篇，所以可以说2019年就是"5G研究的元年"。学者们在5G这一基础技术变革视域下重新审视网络传播中各方面的研究，使5G成为当下网络传播研究中当之无愧的热点。

美国威瑞森通信公司（Verizon）首席执行官卫翰思（Hans Vestberg）认为，5G是一种"量子跃迁"，与3G、4G截然不同。5G有着远高于之前的蜂窝网络高速率，最高可达10Gbit/s的数据传输速率能为4K高清画面实时传输、VR/AR直播传输等大数据传输提供技术保障，而其带宽的突破也掀起了"大数据""云计算"的发展浪潮；5G有着超低时延的终端反馈，把传统4G网络下的低时延升级为近乎零时延，5G状态下点击链接、打开应用都将实现极速的内容呈现，大大缩短等待时间，提高用户的使用体验。同时，5G有着区别于前四代移动通信技术的网络架构开放性，其电路交互、IP开放互联，为技术应用带来无限可能，手机、电视、计算机等多种移动终端设备、智能家庭设备、公共智能设备将得以实现大规模连接。5G的出现将改变现有的信息生态，实现人与人之间的通信走向人与物、物与物之间的通信，实现万物互联。

（三）区块链：互信共赢的未来平台

2018年年初，在金融、商业、网络安全等领域受到热捧的区块链技术，开始实质性地涉足新闻业，尤其是对网络新闻的传播产生了很大的影响，不仅欧美国家已开展将区块链技术应用于新闻业的新尝试，我国的人民网、新浪网、凤凰网等媒体纷纷成立区块链频道。面对这种新实践和新发展，我国学者也给予了及时的关注和介绍。

区块链技术是将数据"化整为零"后分别存放在全球互联网络中数以千计的节点（计算机）上并同时使用一种强大的加密技术将这些数据相互锁定在一起，从而确保数据的完整和安全。它对新闻业的价值体现在确保数据采集的真实、确保报道的安全、保护内容版权、利用虚拟货币获得新的众筹商业模式等方面。但是，区块链技术里的新闻不一定就是真相，只是"拯救新闻业"的黑暗隧道中突然出现的一条通路。

有研究者认为，区块链技术能自动、"忠实"、完整和非中心化地记录网络时代所发生的一切"交易"，而且其加密货币也可能成为内容产业微支付的手段，从而为其与读者建立直接联系、摆脱广告商业模式提供了条件。但也有研究者指出，区块链基础上的加密经济虽在理论上阐明了独立媒体"如何自给"，却面临现实操作中"能否自足"的问题，商业模式和技术应用的双重不成熟将给这一创新实践带来巨大挑战。

虽然区块链技术存在问题，但传统互联网解决了信息传递的效率问题，而区块链则进一步解决了价值传输问题。因此，它与致力于提高社会透明度的新闻业似乎有着一种天然的亲近感，值得我们对其进行持续、审慎地观察和关注。正如学者邓建国所言："区块链与新闻业的结合还需要更多的试错，我们固然不可对它过于乐观，但也不可断然忽视，因为很多迹象表明，它很可能已成为颠覆当今社会所有常规的革命性技术，其潜力不容小觑。"

目前被寄予厚望的区块链技术能否与新闻业实现深度融合，区块链与新闻业之间如何实现有效的合作，将是未来学界和业界寻求突破的重点。

二、媒体发展研究

（一）短视频：媒体行业的新风口

短视频是指利用智能手机拍摄 1 分钟以内的视频，可以快速编辑、美化并用于社交分享，具有纪实拍摄、内容精练、自由拼接、互动性强等特点。移动短视频应用于 2011 年出现，2013 年开始在国外风靡，著名社交软件 Twitter、Instagram 等都纷纷推出短视频分享功能，国内也相继推出腾讯微视等短视频分享软件，短视频开始崛起。2016 年 9 月，抖音面世，一时风头无两。

2017 年，短视频迎来了爆炸式发展，此后热度不减，直播、社交、新闻、照片、音乐、知识问答等各领域，新进入者络绎不绝。全面爆发的短视频行业已由文化领域成功延伸到经济领域，在表现出巨大的商业价值和全新的商业机制的同时，也吸引了资本和互联网巨头密集进场，进一步催化了原本就已经非常激烈的市场竞争。移动互联网用户的增长、智能手机的发展、移动互联网与宽带的普及、短视频拍摄与编辑等硬件和技术的提升，是移动短视频发展的外部动因；社交化视听场景，碎片化、分众化、定制化的精准推送，是其内部发展的逻辑。外因与内因联动成就了今天这种热度极高的新媒体形式。

短视频是当代人自我表达、情感宣泄的主要方式，这一文化现象也是当下社会精神文化、心理特征、价值追求的重要投射，同时也展现出我国社会现实秩序和价值观念的变化。王长潇（2018）认为，网络短视频的叙事逻辑逐渐被幕后的商业逻辑操纵，视觉奇观将受众淹没在表层信息的洪流之中时，碎片化、无深度的视觉符号形成了对人们深度思维环境的"围墙"；当整个社会的价值观被扭曲的观念绑架时，便会滋生出多种社会问题。

高菲（2018）认为，缺乏稳定的盈利模式、优质内容短缺和版权纠纷不断等网络行业的通病同样制约短视频的发展。吕鹏等人（2018）则发现，短视频平台目前主要存在雷同化、垄断化和低门槛化三大发展趋势，而以政府为主的治理也存在事后治理、模糊规范、手段单一等问题。梁玲（2018）注意到，短视频平台的崛起正在改变"看"文字或图文这种人类数千年最基本的阅读形态，5 秒到 30 秒的超级短视频已经成为移动终端最火爆的阅读形式。由此，短视频在实现对文字阅读的低成本替代、潜在地改变了人们的阅读模式的同时，也正在为出版与传播领域带来一场深刻的变革。

（二）自媒体：被赋权的平民话语

互联网时代的到来使信息传播模式发生了巨大的变革，传统媒体失去了对传播渠道的垄断，互联网给予了每个个体平等的话语权。在这样的背景之下，以微博、微信为代表的自媒体兴起，自媒体的自主性、平民性和便利性契合了网络空间发展的态势，吸引了大批用户，自媒体的话语权增加，对舆论的影响力和引导力加大。

"自媒体"概念最初出现在 Dan Gillmor 提出的"新闻媒体 3.0"的理论中，他提出，"新闻媒体 1.0"是指传统媒体（old media），"新闻媒体 2.0"是指新媒体（new media），"新闻媒体 3.0"是指自媒体（we media）。自媒体自出现以来，发展速度惊人，具有自主性、广泛性、影响力巨大等特点，为媒体环境注入了新的活力。它改变了传统媒体"点对面"式的传播方式，打造了"节点共享式"传播网络，通过节点间的"弱关系传播"和"圈层化传播"，提高了用户的黏性，扩大了用户的影响力。同时，在注意力经济时代，以微博、微信为代表的自媒体账号利用社群经济也开辟了一种新的盈利模式，以微信公众号为代表的自媒体采用精准营销、众筹打赏、电商模式、线下活动以及原生广告等方式"吸金"无数，流量变现的天花板被打破，自媒体成为互联网行业的后起之秀。

但凡新生事物，必有利弊两面，自媒体的出现对传统媒体的新闻生产过程、新闻传播过程以及传播效果造成了巨大影响，颠覆了传统媒体对话语权和解释权的垄断。原本的舆论空间被解构，社会舆论呈现出碎片化、多元化、复杂化等特点，社会舆论变得越来越不容易被控制。

三、传播伦理研究

（一）隐私保护与信任

2018年，Facebook 被爆出"数据门"事件，5000万用户数据被剑桥分析公司所收集，用以投放定向政治广告以影响美国大选结果。与此同时，百度 CEO 李彦宏表示，中国人在个人隐私方面更加开放，愿意用隐私交换便捷性或效率。这是继2017年年末一位女生致信周鸿祎的水滴直播"别再盯着我们看了"之后，数据隐私问题再一次引起广泛的社会关注和讨论。其核心议题皆关乎数据巨型机器和人的自由的丧失、平台的权力及其规制，以及隐私权的法律边界和技术治理新政等。

那么，中国人真的如李彦宏所说的愿意用隐私换取便利吗？至少在"千禧一代"中，情况并非如此。王敏（2018）通过研究发现，我国大学生对个人隐私的平均敏感度甚至高于美国大学生。具体来说，我国大学生对个人习惯、浏览网站记录、搜索记录、网购喜好等数据的敏感度显著高于美国大学生，而美国大学生对电子邮件、手机内容的敏感度则显著高于我国大学生。在家庭层面，曾秀芹等人（2018）发现成人初显期子女在在线沟通中常常提防的是父母的"隐私入侵"，在父母介入之前，朋友圈、Facebook 主页等数字媒介平台常常被青少年当作自己的"隐私领域"，可以尽情谈论情感、健康、安全、娱乐等敏感话题。但当父母涉足子女的这一"隐私领域"时，青少年会采用屏蔽、分组、秒删朋友圈等行为策略来调整和管理隐私边界。因此，随着时代的变化，跨文化传播学者以往所认定的中国人隐私观念相对淡薄、重集体隐私、轻个人隐私的论点也面临着挑战。

实际上，很多时候，我国国民是不得不用隐私换取便利。尽管《网络安全法》明文出台了信息保护条款，但相当一部分网站在收集个人信息时并未提供隐私政策的声明，教育类网站收集信息的比例最高，其在提供隐私声明方面的表现却最差；大部分网站在用户注册时就默认用户将接受相关推送服务，但是用户的投诉/举报途径、删除权与更正权、选择性加入/退出机制等权利却没有得到充分保障。几乎所有网站都采用了 cookies 收集个人信息，但超过75%的网站都不会明示信息收集的方式且近四分之三的敏感信息类网站都存在中级以上的数据安全漏洞。移动 App 客户端也多存在霸王条款现象，强行让用户接受相关隐私政策且隐私政策水平参差不齐。在公共机构—网络中介—用户的三方博弈机制中，体制内力量对互联网的治理和个体权力的实现都不得不依赖于网络中介，使其得以占据核心有利地位并往往能从中获得最大利益。因此，如何提高网络中介"私权力"运行的透明度，是国内外传播法都必须面对的问题。

（二）自媒体传播伦理

互联网时代的到来使信息传播模式发生了巨大变革。传统媒体失去了对传播渠道的垄断，互联网给予了每个个体平等的话语权。在这样的背景之下，以微博、微信为代表的自媒体兴起，自媒体的自主性、平民性和便利性契合了网络空间的发展态势，吸引了大批用户，自媒体的话语权增加，对舆论的影响力和引导力加大。凡事有利必有弊，在注意力经济时代，自媒体在流量变现的压力之下对新闻的把关缺失，虚假新闻、反转新闻等媒体频频出现伦理缺失的情况。

以反转新闻为例，反转新闻是指一些引发广泛关注的社会新闻在进行了长期跟踪报道之后，呈现出了与前期报道截然相反的事实全貌的新闻现象。反转新闻的成因主要表现在媒体的传播方式、受众的群体情绪与媒介素养、传统媒体澄清能力削弱几个方面。反转新闻发生的根源是信源的首发失真，媒体作为信息的把关人，并未对信息的真实度进行全面的检验，为求时效性而忽略了新闻的真实性。同时，自媒体在传播信息时往往采取先入为主的固有新闻模式，在报道新闻时带有刻板印象，这样直筒式、片面化的传播方式使受众掉入媒体设置的逻辑陷阱，激发了受众的群体情绪，加之受众的媒介素养不高，对信息的辨别能力不强，舆论才会出现一时倾倒的情况，对社会造成了极大的负面影响。反转新闻通过激起群体情绪，引发舆论狂潮，导致舆论监督异化，带有偏向性的舆论不仅会对当事人造成二次伤害，还会影响国家公共部门和媒体的公信力。

技术是外衣，新闻是内核。无论用怎样的形式，都不可得鱼忘筌，在使用新技术的同时我们也应该合理规划，避免对新闻内核的侵蚀。仅仅依靠行业内部的自律是不可靠的，外界的监管也必不可少。法律与市场的双重监管是新闻在发展轨道上的标尺。以法律加以规制，做到有法可依，从立法层面对自媒体新闻生产的流程做出严密界定；同时，加强行业内部的监管，避免市场逻辑完全主宰新闻的发展。

四、网络产业发展研究

（一）网络游戏

一直被社会舆论视为"鸦片"和"洪水猛兽"的电子游戏逐渐受到传播学界的正视，玩家的研究视角成为传播学视域下游戏研究的出发点。研究者认为，手机社交游戏打破了以往的社会群体身份藩篱，创造出一个扁平化的社会交往空间。在手机社交游戏中，玩家们积极寻求维持或重新建立社会联系，寻求群体认同，主动建构起单纯以情感维系的零散部落。玩家在手机社交游戏中的行为表现会生成各类隐喻性信息，在与他人的社会互动中建构与呈现出唯一性的自我。

多数网游作品力图在主流文化、商业文化和流行文化之间谋求平衡，成为"文化产业"

的一部分，以妥协姿态与价值规范"协商"。还有一些低级、粗俗、毫无想象力的网游文本成为色情、暴力和仇恨等越轨情绪、心理或欲望宣泄的通道，正是这类文本引发了人们对网络游戏的"道德恐慌"，也使其行业形象受损。因此需对手机游戏产业开展法律法规的强制性规制、社会性的协同化规制、游戏行业的自觉性规制等。

具身性感官实践是电子游戏的一大卖点。20世纪70年代的格斗游戏正是通过手部操作以玩家身体姿态的变化，使其体验初级的感官刺激。而如今的虚拟现实技术使全身体验和沉浸感成为可能。在这类游戏中，玩家可以利用独特的空间叙事与身体交互经验，"身临其境"地感受由场景叙事唤起的情感（如恐惧），一边建立对新身份的认同感，一边激发亲历的"虚拟记忆"。研究发现，多人在线游戏的玩家们在"娱乐"和"闲聊"中形成了重复互动，其中丰富的社交线索、自我揭露和情感交流使我们看到网络社会的社群形态如何超越个人—集体、线上—线下的二元对立。

女性玩家的快速增长，将性别考虑带入游戏研究。曹书乐等人（2018）观察到，游戏呈现出社会偏见和对女性的物化倾向，游戏产业、研究者甚至女游戏玩家本身都具有性别刻板印象。这种刻板印象具体体现为女性玩家游戏水平低、竞争心弱、对他人依赖性强、注重团队协作、乐于承担辅助角色、性格好、注重外在美观而不重实际等。文章通过SEB实验和焦点小组访谈不仅发现显著的内隐性别刻板印象，而且还会带来人身攻击、边缘化和自我否定等负面的刻板印象威胁。而我国台湾学者杨美雪和赵以宁（2018）基于台湾的相关研究成果似乎没有如此悲观，研究结果显示，女性玩家已逐渐跳脱传统的性别刻板印象，会透过对角色性别和职业的塑造来展现自我，其对角色外貌形象塑造也较少受到性别认同的影响。

（二）粉丝经济与"网红"经济

进入21世纪以来，互联网的普及使得原本分散的粉丝个体结成粉丝群体，从而扩展了粉丝规模。互联网所提供的技术和场所保证使得粉丝的分享性和创造性得到最大程度的激发和满足；大众媒介文化的高度发达使得粉丝对象的范围和数量快速增长，促使粉丝规模爆炸性扩大的同时，也给粉丝群体之间带来了竞争，使得粉丝群体的活动开始变得更有组织性和目的性。粉丝文化所呈现出来的这些新变化也引导粉丝文化研究走向了新的方向。

粉丝社群研究属于粉丝文化这一亚文化群体研究。最早的粉丝文化研究主要集中在娱乐产业较为发达的欧美国家并形成了一系列粉丝文化理论，其中比较有影响力的观点主要有两种：法兰克福学派以及费斯克的粉丝理论研究。法兰克福学派在早期文化研究中占据主要的支配作用，认为文化消费行为是受生产工业控制的，因而消费者是消极被动的，也就是法兰克福所说的"白痴观众论"。这种理论虽然解读了粉丝的文化消费者身份，却忽略了粉丝消费行为在粉丝经济中的复杂性。当前，粉丝文化研究领域的主导思想来自费斯克，他首次将文化研究天平向消费者倾斜，开始认同粉丝群体的主动性和创造性并高度评价了这种能动性。霍尔的解码理论又进一步发展了粉丝文化理论，他认为粉丝对于偶像文本的解读和编码可以分为三类：主导、妥协与反抗，这为粉丝文化的研究带来了新的方向。

二次元文化也受到一些研究者的关注。日语中的"二次元"是二维、平面之意，特指以漫画、二维动画、电子游戏等媒体形态展示的"平面化"的虚拟人物与世界。有研究者指出"二次元"粉丝不仅追逐动画、漫画、影视、游戏等作品，还会对影视文本（图像、文字、声音等）进行挪用与改写，不同于同官方授权的影视剧漫画，粉丝创作的文本有着明显的个人偏好。互联网为幻想式的、自我满足的"二次元"粉丝们提供了一个更为自由的公共展示窗口和聚集地。"二次元"粉丝利用自身符码系统对原作进行阐释、重构，在虚拟社区中实现粉丝文化生产，同时使影视作品完成了由传统媒介向移动互联空间的跨屏衍生，粉丝也在这一过程中构建了特殊的身份认同。

与粉丝文化相伴而生的是近年来蓬勃发展的"网红"现象——它既见证了微观个体命运的戏剧性变化，又体现为一股强大的经济社会力量。杨江华（2018）基于网络社会理论，通过对"网红"现象的历史比较研究，发现其存在三类不同逻辑生成机制：网络虚拟空间的公共广场效应、网络交往的社群化模式以及资本市场的商业打造。而网络走红的社会后果影响经历了从文化社会领域到经济领域的过渡演变并伴随互联网经济的兴起而衍生出"网红"经济的商业模式。此外，"网红"现象还为理解我国网络社会的形成机制与发展变迁提供了鲜活样本。

（三）知识付费

知识付费作为一种新的学习模式、商业模式和信息传播模式，近年来得到不同寻常的发展。2016年由于得到、知乎、分答、喜马拉雅等知识付费平台相继上线，故而这一年被称为"知识付费元年"，还在襁褓中的行业经过一年的发展，到了2017年，我国知识付费产业规模已达49亿元人民币，在"知识付费"浪潮的带动下，"为有价值的内容付费"的用户观念也已初步形成。

徐敬宏等学者认为，知识付费给整个内容生产领域带来了新的生机：对生产者来说，知识付费能够在某种程度上保护知识信息生产者的知识版权，激励优质内容的生产；对用户来说，知识付费能够使用户高效地筛选知识，获得更个性化的信息服务。同时，在用户方面，网络中的知识付费还通过计算的手段不仅可对用户进行画像描述和筛选分类且比传统工具更快、更具信度地获得用户的关系数；在营销效果方面，计算方法在如何研究通过语义对照提升付费内容的异质性以及如何精准地推送付费内容方面将大有作为；在内容方面，计算方法可用于内容生产方向的预测（测量公众对于特定付费内容的喜好预判）；在平台方面，计算方法可用于平台所构建出的社群如何影响人们的内容付费意愿或行为的研究。

第三节　未来网络传播研究的展望

技术的每一次重大革新都会为研究主题、方法带来重要转变。当前互联网技术的移动化、智能化等重要变革已经改变了学术关注点，也为未来网络传播学研究的方向、方法，甚至研究范式转向和传播理论创新带了新的机遇。纵观互联网的快速发展，在网络传播语境下，未来的传播理论可能产生以下属性与范式的转变。

一、网络属性的转变——从工具属性到媒体属性

在互联网发展初始，海外学者主要研究网络传播工具，作为工具的技术属性主要具备五大特征，即多媒体（multimedia）、超链接（hypertextuality）、信息包交换（packet switching）、同步即时性（synchronicity）和双向互动性（interactivity）（Newhagen，1996）。然而，从 Web 1.0 到 Web 2.0 时代，互联网的媒体特征越发凸显，尤其是 Web 2.0 技术超越人际传播、社群媒体的平台，信息在社会网络中以多面向的方式进行多终端、极速性和个性化传播，传播的方式从点对面（one-to-many）的大众模式发展到点对点（point-to-point）的人际间、同辈间（peer-to-peer）的传播，互联网的媒体属性得到充分展现。从网民个体视角来看，只要上网交流，网民就成为信息的发布者、内容的创造者，传媒的来源出现了"传受同体"（prosumer）的现象，这是 Web 2.0 时代媒体属性的典型特征。

二、研究范式的转变

传统的大众传播媒体的研究范式主要是拉斯韦尔提出的点到面 5W 模式的线性传播框架，传播学研究主要将传媒作为内容制作、社会治理工具，产生把关人理论、议程设置理论、框架理论等效果理论，这些经典传播理论的核心是认识媒体如何利用不同的框架报道，进而如何影响民众的认知、态度和行为。因此，媒体研究的理论近似于社会治理的范畴。在互联网的语境下，研究范式在经历从信息控制、分发模式到社区空间、共享服务，从传播效率到参与共享式传播的根本性转变。同时，制约网络传播的社会、经济和文化等因素受到关注。

具体而言，在新的网络语境下，新传播范式是网络化社区传播，传播研究更多地关注技术背后人的社会关系。大众传媒通过大规模的机器信息生产进行高效率的传播，扩大了人际传播的范围和边界，但也弱化了人际传播中人与人之间的关系。然而，传媒既是人的一种关系，也是人的社会关系的一部分。网络的传播是依靠人际关系网络进行信息的传递，这是一种网络化与社区化的传播，不同于之前点到面的大众传播，而是用平行的社会网络进行的传播。

今天新的网络媒介范式，传媒虽然仍然是工具，但中心已经开始向公众转移，每个互联网用户都可以作为其中一个信息的传播节点，进行社会动员、大众传播和社会参与，这种参与、动员与传播对政府、公众事务的影响以及产生的公众舆论、形成的影响（如议程设置的话语权）等，都将是新研究范式需要重点关注的内容。在人际关系当中，此前大众传播主要是陌生人的传播，彼此互不相识，然而新的范式更加关注熟人之间、熟人与陌生人的传播，即"强连接"（strong ties）和"弱连接"（weak ties）。研究发现，强连接中最强的关系就是基于情感联系的亲朋好友关系，如面对巨大压力、身处逆境的时刻，人们会从这些社会距离最亲近的人中获得物资帮助和情感支持；相比之下，人们的社会关系中的

弱连接，在网络当中也会获得巨大的赋能力量，这种支持不同于情感而是更依赖于信息的支持（主要是信息的分享）。社会网络的强连接和弱连接、社会公共社区与公共领域等，这些都将成为网络传播研究新范式当中的重要内容。

三、研究主题与方法的转变

研究范式的改变带来的直接后果就是研究主题的转移，同时必然伴随着的就是研究方法的变革。正当人工智能、后人类、大数据等概念冲击人本主义观念之时，学术研究的方法论层面也呼唤着研究者们在使用新技术的同时对"人"的本质回归。

近年来，学界开始反思实证主义背后的认识论与方法论，学者们在思考当我们急于拥抱大数据的时候，是否遗忘了鲜活的个体生命？是否只看到了冰冷的数字和面目模糊的群体？毕竟，人类社会除了因果关系，还涉及丰富而复杂的意义，人文科学要做的是阐释因果之外的意义，赋予其层次井然的秩序。随着数字化技术的不断发展，如何调和技术赋能与技术异化给人类原有的思维方式、行为方式、生活方式带来的影响，值得我们思考。

上述来自研究领域的种种变化，实际上也意味着对新媒体研究者的更高要求，"呼唤研究者提高媒介研究的开放性，吸收、整合不同渠道的意见资源，批判性地看待智能媒介建构的文化价值意义，在此基础之上不断发掘传播学科能够得以回应的理论落差，勾连起新媒介技术与公共生活福祉之间的内在共鸣。"

未来已来，面对不断迭代升级的新媒体技术，学者们对新媒体研究的未来发展逻辑似乎已经达成了基本的共识：一方面，从赛博格所蕴含的"信息论生命观"出发，激发新媒体研究者的想象力，不断扩大其研究的边界，将那些原本有所忽视的问题，诸如新闻生产、传播过程涉及的硬件、软件和其他类型的技术充分纳入研究视野。另一方面，鉴于新媒体研究对象愈发显现出的复杂性和多学科特点，也要求我们更多地引入、借鉴其他学科如计算科学、统计学、心理学、社会学、政治学等的理论资源和研究范式。通过与诸多交叉学科的积极对话，妥善应对由智能技术向外部环境延伸而出现的各类新现象、新问题。

---- **思 考 题** ----

1. 网络传播研究的意义是什么？
2. 我国网络传播研究大体可以分为几个阶段？每个阶段的特点是什么？
3. 我国当下在网络传播研究中存在怎样的局限和瓶颈？
4. 未来网络传播研究的发展方向是什么？

---- **实 践 任 务** ----

请结合我国实际谈一谈，当下网络传播研究是否存在过于关注技术忽略人文的倾向，如果有，请选取适当的案例进行分析，如果没有，试说明理由。

本章参考文献

[1] 朱光烈．我们将化为"泡沫"——信息高速公路将给传播业带来什么?[J]．北京广播学院学报（人文社会科学版），1994（2）：1-9.

[2] MORRIS M, OGAN C. The Internet as mass medium[J]. Journal of communication, 1996(46): 39-50.

[3] 潘忠党，朱立，陈韬文．当前传播研究的课题与挑战．//陈韬文，朱立，潘忠党．大众传播与市场经济[M]．香港：卢峰学会出版，1997：7-20.

[4] 胡泳，陈秋心．中国网络传播研究：萌芽、勃兴与再出发[J]．新闻战线，2019（3）：53-59.

[5] 金兼斌．有关互联网的传播研究述略[J]．现代传播，2002（4）：82-89.

[6] 胡翼青，张婧妍．中国传播学 40 年：基于学科化进程的反思[J]．国际新闻界，2018，4（1）：72-89.

[7] 赵莉．十年来我国网络传播研究的进步与不足——对 1996—2005 年网络传播研究的实证分析[J]．国际新闻界，2006（11）：54-58.

[8] 付玉辉．2007 年我国网络传播研究综述[J]．国际新闻界，2008（1）：21-25.

[9] 宫承波．新媒体概论[M]．北京：中国广播电视出版社，2007.

[10] 付玉辉，李秀莹．手机媒体 2010：移动互联网时代的平台型融合新媒体——2010 年我国手机媒体研究综述[J]．中国传媒科技，2010（12）：62-64.

[11] 苏涛，彭兰．反思与展望：赛博格时代的传播图景——2018 年新媒体研究综述[J]．国际新闻界，2019，41（1）：41-57.

[12] 喻国明，赵睿．从"下半场"到"集成经济模式"：中国传媒产业的新趋势——2017 我国媒体融合最新发展之年终盘点[J]．新闻与写作，2017（12）：9-13.

[13] 杨秀，余静．2017 年我国新媒体研究综述[J]．今传媒，2018，26（5）：20-23.

[14] 喻国明．互联网发展的"下半场"：传媒转型的价值标尺与关键路径[J]．当代传播，2017（4）：4-6.

[15] 尤肖虎，潘志文，高西奇，等．5G 移动通信发展趋势与若干关键技术[J]．中国科学：信息科学，2014，44（5）：551-563.

[16] 喻国明．5G 时代传媒发展的机遇和要义[J]．新闻与写作，2019（3）：63-66.

[17] 邓建国．新闻=真相？区块链技术与新闻业的未来[J]．新闻记者，2018（5）：83-90.

[18] 谭小荷．加密经济重构媒体生态？区块链驱动下的新闻商业模式创新[J]．新闻界，2018（6）：10-17.

[19] 蒋卫阳．区块链+媒体业的 N 种可能[J]．传媒评论，2018（4），15-19.

[20] 王晓红，包圆圆，吕强．移动短视频的发展现状及趋势观察[J]．中国编辑，2015（3）：7-12.

[21] 朱杰，崔永鹏．短视频：移动视觉场景下的新媒介形态[J]．新闻界，2018（7）：

69-75.

[22] 周晓红. 自媒体时代：从传播到互播的转变[J]. 新闻界, 2011 (4): 20-22.

[23] 方惠, 刘海龙. 2018 年中国的传播学研究[J]. 国际新闻界, 2019, 41 (1): 23-40.

[24] 胡波. 浅谈"舆论反转"中的媒体责任[J]. 新闻战线, 2017 (1): 99-101.

[25] 黎勇. 透过发生机制看新闻"反转"[J]. 中国记者, 2016 (6): 56-59.

[26] 刘海龙, 吴欣慰. 2018 年中国传播学研究新观点[J]. 湖南师范大学社会科学学报, 2019, 48 (3): 133-139.

[27] 张玥. 媒介研究的转向与重构——读斯图亚特·霍尔的《表征——文化表象与意指实践》[J]. 新闻研究导刊, 2019, 10 (10): 45-48.

[28] JOHN FISKE. Understanding popular culture[M]. Taylor and Francis: 2010.

[29] 陶东风. 粉丝文化研究：阅读——接受理论的新拓展[J]. 社会科学战线, 2009 (7): 164-172.

[30] 齐伟. "臆想"式编码与融合式文本：论二次元粉丝的批评实践[J]. 现代传播（中国传播大学学报）, 2018 (10): 113-119.

[31] 徐敬宏, 程雪梅, 胡世明. 知识付费发展现状、问题与趋势[J]. 编辑之友, 2018 (5): 13-16.

[32] 刘新传, 魏然. 语境、演进、范式：网络研究的想象力[J]. 新闻大学, 2018 (3): 98-106.

[33] 李金铨, 於渊渊. 传播研究的"跨界""搭桥"与"交光互影"——与李金铨教授谈方法论[J]. 新闻记者, 2018 (7): 42-52.